Objectif BEP Industriel

Pour réviser son BEP Industriel

Toutes les matières générales

Georges Bringuier
Physique

Michel Corlin
Histoire

Annie Deroo
Mathématiques

Véronique Fafournoux
Mathématiques

Brigitte Lallement
Anglais

Jean-Claude Landat
Français

Alain Prost
Géographie

Bernard Thirriard
Chimie

HACHETTE
Éducation

Couverture : Vambacas
Maquette : Atelier Jehanne-Marie Husson
Réalisation intérieure : Typo-Virgule

www.hachette-education.com
I.S.B.N. 978-2-01-180483-9

Avant-propos

Cet ouvrage a été conçu pour vous accompagner pendant vos deux années de BEP.

Vous disposez, pour chaque matière, d'un cours concis et d'exercices corrigés qui permettent un travail en autonomie. Sont également proposés des sujets d'examen, de la méthode et des conseils pour le jour de l'examen.

Nous espérons que cet ouvrage répondra à toutes vos attentes et vous souhaitons à tous une brillante réussite.

Les auteurs

SOMMAIRE

FRANÇAIS

Épreuve écrite
Durée : 2 heures
Coefficient : 4

Pour réussir l'épreuve...

L'épreuve de BEP de français est une épreuve écrite.

Elle comporte deux parties :
– une première partie, notée sur 10, évalue les compétences de lecture ;
– une deuxième partie, notée sur 10, évalue les compétences d'écriture.
L'épreuve s'appuie sur un ou plusieurs supports d'évaluation : textes littéraires ou non, images…
Dans la première partie, deux ou trois questions visent à vérifier la capacité du candidat à construire le sens global du ou des textes.
La seconde partie vise à évaluer la capacité du candidat à écrire un texte qui s'inscrit dans une situation de communication clairement précisée par l'énoncé. Le texte attendu dont la longueur est indiquée, peut relever de différents types d'écrits.

B.O., n° 34 du 22/09/1994.

Les correcteurs évaluent les compétences de **lecture** et **d'écriture**.

Pour les compétences de lecture

Le candidat doit être capable de :
– formuler des hypothèses de sens au cours d'une première lecture, dite lecture découverte ;
– repérer dans le texte, à partir de relectures sélectives, des indices qui, prélevés, permettent de répondre aux questions posées sur le texte ;
– utiliser les notions qui facilitent l'analyse de l'écriture.

Pour les compétences d'écriture

Le candidat doit être capable :
– d'identifier clairement la situation de communication dans laquelle s'inscrit le sujet : lettre, discours, article de presse… ;
– d'identifier le type de texte attendu : descriptif, narratif, argumentatif, injonctif, explicatif, informatif… ;
– de rédiger un texte clair, cohérent, en portant un soin particulier à la syntaxe, à l'orthographe et à la présentation.

Pour bien se préparer, le candidat doit donc s'efforcer **de multiplier les activités de lecture et d'écriture**. Il devra également se familiariser avec un certain nombre de notions liées aux genres littéraires : roman, théâtre, poésie, littérature d'idées… et élargir ainsi sa culture générale.

Dans cette perspective, ce chapitre propose aux candidats :
- une présentation de toutes les notions inscrites au programme ;
- une méthodologie et des conseils pour mieux maîtriser les compétences de lecture et d'écriture ;
- des exercices corrigés qui permettent de travailler en autonomie.

1 LE TEXTE NARRATIF

1. LE ROMAN ET LA NOUVELLE

Le **roman** est un terme qui désigne une œuvre d'imagination en prose, assez longue, qui fait vivre dans un milieu des personnages donnés comme réels, et qui nous fait connaître leur psychologie, leur destin, leurs aventures (*Petit Robert*) *Roman historique, roman d'amour, roman d'aventures, roman policier…*

La **nouvelle** est un terme qui désigne un récit généralement bref, de construction dramatique et présentant peu de personnages.

Les nouvelles de Guy de Maupassant, *le K*, de Dino Buzzati, *Marcovaldo*, de Italo Calvino…

2. AUTEUR / NARRATEUR

Afin d'éviter des imprécisions ou des inexactitudes dans l'analyse des textes narratifs, il ne faut pas confondre **l'auteur** et **le narrateur**.

L'auteur est un être réel, de sang et de chair, qui imagine une histoire et rédige une œuvre. *Zola, Flaubert…*

Le narrateur est un être fictif, de papier et d'encre, qui raconte la fiction vécue par des personnages imaginaires ou inspirés de la réalité. Il n'a pas d'existence hors du texte. Il peut être présent dans la fiction (comme témoin ou personnage) ou absent. On l'identifie en répondant à la question : qui raconte l'histoire ?

Dans *Le Diable au corps*, Raymond Radiguet est l'auteur et « je » (François) est un narrateur qui est aussi personnage dans l'histoire.

3. LES PERSONNAGES

S'identifier à un personnage, vivre ses émotions, partager ses réussites et ses échecs, c'est souvent ce qui rend palpitant la lecture d'un roman. Mais le personnage n'est pas une personne.

Le personnage est un être fictif né de l'imagination d'un écrivain à la différence de **la personne** qui est un individu vivant dans la réalité.

Cyrano de Bergerac est une *personne*, un écrivain français du XVIIe siècle. C'est aussi le nom du *personnage* principal de la comédie d'Edmond Rostand.

Pour étudier un personnage, on peut identifier :

– **son identité :** nom, prénoms, pseudonyme, âge… ;
– **ses traits physiques :** taille, allure, aspects particuliers… ;
– **ses traits moraux :** caractères, comportements, sentiments, idées… ;
– **son statut social :** profession, niveau de vie… ;
– **ses paroles, sa façon de s'exprimer :** langage soutenu, familier, courant, scientifique, technique… ;
– **son évolution au cours du récit.** A-t-il progressé ? A-t-il mal tourné ? Quels changements a-t-il subis ?
– **son importance :** est-il un personnage principal ? secondaire ?
– **la façon dont il est présenté aux lecteurs :** positive ou négative ?
– **ses rapports avec les autres personnages :** ils se définissent dans des relations où :

- le sujet vise un but, essaie d'atteindre un objectif ;
- l'objet représente le but, l'objectif à atteindre pour le sujet ;
- l'adjuvant aide le sujet à atteindre son objectif ;
- l'opposant fait obstacle à la volonté du sujet ;
- le destinateur est à l'origine de l'action du sujet qu'il pousse à agir ;
- le destinataire est celui qui bénéficie de l'action.

Un **personnage** peut devenir l'incarnation d'un type humain. Ainsi chez Balzac, le Père Goriot symbolise le père qui se sacrifie pour ses enfants; Grandet, l'avare; Rastignac, l'ambitieux…

Les paroles des personnages peuvent être rapportées de plusieurs façons.

- **Le style direct**

– Il reproduit les propos d'un personnage tels qu'ils ont été formulés.

– Ces propos sont introduits par un verbe déclaratif: *dire, répondre, s'écrier…*

– Ils sont signalés par des tirets ou des guillemets, ce qui marque une rupture avec le récit.

ex.: *Qu'attendons-nous? s'écria Colomba impétueusement.* Prosper Mérimée.

- **Le style indirect**

– Il s'insère dans le récit puisque les verbes déclaratifs sont suivis par des propositions complétives introduites par « que ».

– Les pronoms personnels et possessifs, le temps des verbes sont modifiés par rapport au style direct.

– Les tirets et les guillemets disparaissent.

ex.: *Fabrice entendait les soldats qui disaient que le diable était sur le toit, et qu'il fallait essayer de le tuer à coups de fusil.* Stendhal

Les paroles d'un personnage relèvent du **discours** qui se distingue du **récit**.

Dans **un récit**, les actions sont très souvent racontées à la troisième personne. Les temps du récit sont surtout le présent de narration, l'imparfait et le passé simple.

Dans **un discours**, celui qui parle est mis en avant, d'où l'emploi de la première personne. Les temps dominants sont le présent actuel, le futur et le passé composé. La parole est en relation directe avec le moment où l'on parle.

Discours et récit sont souvent mêlés.

Au moment où Gavroche débarrassait de ses cartouches un sergent gisant près d'une borne, une balle frappa le cadavre. [Récit]

Fichtre! fit Gavroche. Voilà qu'on me tue mes morts. [Discours] Victor Hugo.

4. LA DESCRIPTION : FONCTIONS ET ORGANISATION

Dans un film, nous observons les personnages évoluer dans un **décor**. Quand on veut imaginer ces décors dans un roman, il faut prendre le temps de lire les **descriptions**.

La description représente **une pause** dans un récit. Le temps employé est le plus souvent l'imparfait alors que le récit utilise le passé simple ou le présent de narration. La description peut avoir plusieurs rôles.

Fonctions de la description

Esthétique: beauté d'un paysage par exemple.

Réaliste: l'action se déroule dans des lieux réels et connus.

Explicative: elle est en harmonie avec des comportements sociaux.

Symbolique: elle est à l'image des sentiments des personnages.

Organisation de la description

Pour comprendre comment une description est organisée, on peut s'aider du questionnaire suivant:

1. Comment la description s'insère-t-elle dans l'histoire?
2. Qui voit?
3. De quel endroit peut-on voir?
4. Que décrit-on?
5. Sur quels éléments la description s'attarde-t-elle?
6. Comment ces éléments sont-ils caractérisés? *(Emploi d'adjectifs, de compléments, de subordonnées, d'adverbes, d'un vocabulaire valorisant ou dévalorisant, d'images…)*
7. Comment la description est-elle organisée? *(Premier plan, arrière-plan; travelling, panoramique, zoom…)*
8. Quels sont les mots ou expressions qui marquent cette organisation: *à droite, à gauche, de l'autre côté, en face, derrière…*

La question 2, « Qui voit ? », interroge sur le point de vue. Celui qui voit est-il un personnage ? un témoin neutre ou un narrateur extérieur à l'histoire ?

Étudier le point de vue (ou focalisation) dans un texte narratif, c'est indiquer qui voit, qui sait, comment le lecteur prend connaissance de ce qui se passe dans le récit.

- **La focalisation interne**

Le lecteur voit, sait, par le regard, les émotions d'un personnage dont il connaît les pensées. On remarque souvent l'utilisation d'un verbe de perception.

Charles se tut. Il marchait de long en large, attendant qu'Emma fût habillée.
Il la voyait par derrière, dans la glace, entre deux flambeaux. Ses yeux noirs semblaient plus noirs... Gustave Flaubert [Le lecteur voit Emma par le regard de Charles.]

- **La focalisation externe**

Le lecteur voit par un œil témoin, anonyme, « du dehors ». Il ignore les pensées du personnage.

Devant la maison du baobab, deux grandes brouettes... Des hommes apportaient des malles, des caisses, des sacs de nuit, qu'ils empilaient sur les brouettes. Alphonse Daudet.

- **La focalisation zéro**

Le lecteur voit par le regard d'un narrateur omniscient qui sait tout sur les personnages et l'histoire. Il n'y a pas de point de vue particulier, les angles de vue sont multiples.

Le cocher, Césaire Horlaville, un petit homme à gros ventre, souple cependant, par suite de l'habitude constante de grimper sur les roues et d'escalader l'impériale, la face rougie par le grand air des champs, les pluies, les bourrasques et les petits verres, les yeux devenus clignotants sous les coups de vent et de grêle... Guy de Maupassant.

5. FICTION / NARRATION

Actions, péripéties, rebondissements... sont les ingrédients du roman qui entraînent le lecteur dans des aventures dont il est impatient de connaître l'aboutissement. Pour bien comprendre comment cet état de curiosité naît chez le lecteur, il faut distinguer la **fiction** et la **narration**.

Définition

La fiction est l'histoire avec ses personnages, ses actions, son cadre... tels qu'ils ont été imaginés par l'auteur.

La narration est *la manière dont on raconte* cette fiction par le choix de l'ordre des événements, leur rythme, leur durée, le choix des mots... Le roman (ou la nouvelle) est la narration d'une fiction.

Temps de la fiction et temps de la narration

Le temps de la fiction se mesure en minutes, heures, jours, mois années, siècles... selon la durée des événements racontés. C'est le temps que vivent les personnages.

Le temps de la narration se mesure en lignes, paragraphes, pages, chapitres. C'est le temps choisi par le narrateur.

Le rapport entre le temps de la fiction et le temps de la narration détermine le **rythme narratif**.

Le rythme narratif

On distingue plusieurs rythmes.

- **La scène :** le temps de la fiction coïncide avec celui de la narration : c'est le cas des *dialogues.*
- **Le sommaire :** énumération rapide d'événements multiples. Le temps de la narration est inférieur au temps de l'histoire : le rythme s'accélère.
- **L'ellipse :** suppression d'une partie des événements d'une histoire pour une durée variable. Le rythme s'accélère.
- **La pause :** c'est un arrêt dans le récit qui correspond à *des descriptions, des digressions.* Le rythme ralentit.

Ainsi **le rythme narratif** ralentit quand un grand nombre de pages relate un court moment de l'histoire. Au contraire, il s'accélère quand un petit nombre de pages relate une période longue.

L'ordre de la narration

Les événements d'une histoire ne suivent pas toujours l'ordre chronologique de la fiction.

- **L'analepse (*flash-back* au cinéma):** il s'agit d'un retour en arrière par rapport au moment de l'histoire racontée.
- **La prolepse:** c'est au contraire une projection vers l'avenir.

Le schéma narratif

On peut partager un récit en plusieurs séquences narratives en distinguant:

- **La situation initiale:** situation d'équilibre avant le début des événements de l'histoire.
- **L'élément déclencheur:** qui va apporter un changement à la situation initiale pour commencer l'action.
- **Les péripéties:** événements qui vont faire évoluer l'action.
- **L'élément équilibrant:** qui va orienter l'histoire vers une fin heureuse ou tragique par exemple.
- **La situation finale:** nouvelle situation d'équilibre, résultat de tout ce qui s'est passé.

6. LIRE LA PREMIÈRE PAGE D'UN ROMAN

Le 15 septembre 1840, vers six heures du matin, *la Ville-de-Montereau,* près de partir, fumait à gros tourbillons devant le quai Saint-Bernard.

Des gens arrivaient hors d'haleine; des barriques, des câbles, des corbeilles de linge gênaient la circulation; les matelots ne répondaient à personne; on se heurtait; les colis montaient entre les deux tambours, et le tapage s'absorbait dans le bruissement de la vapeur, qui, s'échappant par des plaques de tôle, enveloppait tout d'une nuée blanchâtre tandis que la cloche, à l'avant, tintait sans discontinuer.

Enfin le navire partit; et les deux berges, peuplées de magasins, de chantiers et d'usines, filèrent comme deux larges rubans qu'on déroule.

Un jeune homme de dix-huit ans, à longs cheveux et qui tenait un album sous son bras, restait près du gouvernail, immobile. À travers le brouillard, il contemplait des clochers, des édifices dont il ne savait pas les noms; puis il embrassa, dans un dernier coup d'œil, l'île Saint-Louis, la Cité, Notre-Dame; et bientôt, Paris disparaissant, il poussa un grand soupir.

M. Frédéric Moreau, nouvellement reçu bachelier, s'en retournait à Nogent-sur-Seine, où il devait…

L'Éducation sentimentale – 1869
Gustave Flaubert.

Les programmes recommandent la lecture de romans, contes et nouvelles des XVIIIe, XIXe et XXe siècles.

« Un apprentissage progressif peut commencer par la lecture de récits brefs, de nouvelles ou de contes. »

« Des œuvres appartenant aux quatre catégories (poésie, théâtre, *prose narrative*, discours argumentatif) seront abordées. »

B.O., n° 31 du 30/07/1992.

Le mystère d'un personnage tient à ce que l'on ignore de lui. L'auteur, qui a tout conçu, se garde bien de tout révéler par la narration.

Comment faire apparaître les personnages? À quel moment? Que dire et que taire sur leur vie? leur passé? Faut-il tout dire? ou dévoiler peu à peu?

Sa caractérisation et les champs lexicaux qu'elle utilise, le cadre et les moments d'apparition du personnage, la fréquence et la durée de ses apparitions, son rôle, ses rapports avec les autres personnages…

2 LE TEXTE POÉTIQUE

1. LE VERS

Le vers désigne la ligne d'écriture du poème. Il commence en principe par une majuscule. Le retour à la ligne laisse un blanc typographique jusqu'à la marge, ce qui le différencie du texte en prose.

2. LE MÈTRE DU VERS

Le vers est composé d'un certain nombre de syllabes qu'il faut compter. On distingue généralement depuis le XVIe siècle :

- **Les vers pairs**

– **Les octosyllabes** (huit syllabes) :

Le temps a laissé son manteau
De vent, de froidure et de pluie

Charles d'Orléans.

– **Les décasyllabes** (dix syllabes) :

Il était un grand mur blanc – nu, nu, nu
Contre le mur une échelle – haute, haute, haute,
Et, par terre, un hareng saur – sec, sec, sec.

Le hareng saur, Charles Cros.

– **Les alexandrins** (douze syllabes) :

Un seul être vous manque et tout est dépeuplé.

L'isolement, Alphonse de Lamartine.

- **Les vers impairs** sont moins souvent utilisés :

De la musique avant toute chose
Et pour cela préfère l'impair,
Plus vague et plus soluble dans l'air,
Sans rien en lui qui pèse ou qui pose.

Art poétique, Paul Verlaine.

Le cas du « e » muet

Pour compter le nombre de syllabes, il faut penser au « e » muet qui ne s'entend pas (il s'élide) devant une voyelle ou à la fin du vers. Mais attention, le « e » se prononce devant un mot commençant par une consonne.

Cette faucille d'or dans le champ des étoiles

Booz endormi, Victor Hugo.

C'est un trou de verdure où chante une rivière

Le dormeur du val, Arthur Rimbaud.

Diérèse et synérèse

Si deux voyelles se succèdent, elles peuvent être prononcées séparément : c'est la ***diérèse***. Si elles sont prononcées en une seule syllabe, c'est la ***synérèse***. Le choix permet de respecter le mètre choisi (le nombre de syllabes) pour le vers.

*Je pris **alli/ance** nouvelle*
*A la plus **gai/e** Damoiselle*
Qui soit d'ici en Italie

De sa grand'Amie, Clément Marot.

Le vers libre

Dans un poème en vers libres, les vers n'ont pas le même nombre de syllabes. Ils s'affranchissent de toute contrainte et trouvent leur rythme avec la syntaxe, la reprise de groupes de mots, la typographie du texte…

L'école des Beaux-Arts

Dans une boîte de paille tressée
Le père choisit une petite boule de papier
Et il la jette
Dans la cuvette
Devant ses enfants intrigués
Surgit alors
Multicolore
La grande fleur japonaise
Le nénuphar instantané
Et les enfants se taisent
Émerveillés
Jamais plus tard dans leur souvenir
Cette fleur ne pourra se faner
Cette fleur subite
Faite pour eux
A la minute
Devant eux.

Jacques Prévert.

3. LA STROPHE

C'est un ensemble de vers regroupés et séparés des autres ensembles par un espace blanc. On distingue :
- **le distique :** groupe de deux vers ;
- **le tercet :** trois vers ;
- **le quatrain :** quatre vers ;
- **le quintil :** cinq vers ;
- **le sizain :** six vers ;
- **le huitain :** huit vers.

Automne

Dans le brouillard s'en vont un paysan cagneux
Et son bœuf lentement dans le brouillard d'automne
Qui cache les hameaux pauvres et vergogneux

Et s'en allant là-bas le paysan chantonne
Une chanson d'amour et d'infidélité
Qui parle d'une bague et d'un cœur que l'on brise

Oh ! l'automne l'automne a fait mourir l'été
Dans le brouillard s'en vont deux silhouettes grises.

Guillaume Apollinaire.

Poème composé de deux tercets et d'un distique.

4. LES SONORITÉS

Les sonorités apportent une musicalité et un rythme au poème. Elles sont des **rimes**, des **allitérations** ou des **assonances**.

Les rimes

Ce sont des sonorités qui se répètent à la fin des vers.

- **Les rimes féminines** (terminées par un « e » muet) alternent dans la poésie classique avec **les rimes masculines** (terminées par une syllabe prononcée).

Quand Don Juan descendit vers l'onde souterraine
*Et lorsqu'il eut donné son obole à Cha**ron**,*
Un sombre mendiant, l'œil fier comme Antisthène,
*D'un bras vengeur et fort saisit chaque avi**ron**.*

Don Juan aux enfers, Charles Baudelaire.

- **La richesse de la rime**

Elle se définit selon le nombre de sonorités identiques qui se répètent à la fin des vers.

- **Les rimes pauvres** avec un phonème *tout / sou.*
- **Les rimes suffisantes :** deux phonèmes : *bas / débat.*
- **Les rimes riches :** trois phonèmes ou plus : *Acajous / Sapajous.*
- **Les rimes léonines** présentent au moins deux syllabes semblables : *Romarin / marin.*

- **La disposition des rimes**
- **Les rimes plates :** AABB.
- **Les rimes croisées :** ABAB.
- **Les rimes embrassées :** ABBA.

- **La rime pour l'œil**

La même terminaison de mots en fin de vers ne correspond pas à la même prononciation :

*Il est amer et doux, pendant les nuits d'hi**ver**,*
D'écouter, près du feu qui palpite et qui fume,
*Les souvenirs lointains lentement s'éle**ver***
Au bruit des carillons qui chantent dans la brume.

La cloche fêlée, Charles Baudelaire.

Les allitérations

C'est le retour d'une sonorité de consonne à intervalles rapprochés.

*Et la **m**er et l'a**m**our ont l'a**m**our en partage,*
*Et la **m**er est a**m**ère, et l'a**m**our est a**m**er,*
*L'on s'abî**m**e en l'a**m**our aussi bien qu'en la **m**er,*
*Car la **m**er et l'a**m**our ne sont point sans orage.*

Pierre de Marbeuf.

Les assonances

C'est le retour d'une sonorité de voyelle à intervalles rapprochés

*Je le **vis**, je rou**gis**, je pâ**lis** à sa vue.*

Phèdre, Jean Racine.

FRANÇAIS | Le cours

5. LE RYTHME

Il se définit par la répartition des accents et le nombre de syllabes qui sépare ces accents, nombre appelé mesure. Quand la fin du vers ne coïncide pas avec une pause, on a alors un **enjambement**. Le **rejet** et le **contre-rejet** sont deux cas **d'enjambement**.

- **Le rejet** est le prolongement d'un vers dans le vers suivant par un ou deux mots.

C'est un trou de verdure où chante une rivière
Accrochant follement aux herbes des haillons
D'argent; où le soleil, de la montagne fière,
Luit: c'est un petit val qui mousse de rayons
Le dormeur du val, Arthur Rimbaud.

- **Le contre-rejet:** un mot placé à la fin d'un vers annonce un groupe de mots au début du vers suivant.

Les pieds dans les glaïeuls, il dort. Souriant comme
Sourirait un enfant malade, il fait un somme:
Nature, berce-le chaudement: il a froid.
Le dormeur du val, Arthur Rimbaud.

- **Le rythme binaire** comprend deux ou quatre accents (ou mesures).

Si je le haïssais, je ne le fuirais pas.
Phèdre, Jean Racine.

- **Le rythme ternaire** comprend trois accents (ou mesures).

Douceur, je dis: douceur.
Eugène Guillevic.

- **La césure** est la pause centrale qui divise le vers en deux parties égales, appelées **hémistiches**.

- **La coupe** est une pause dans les vers à la suite des accents.

Présente,/ je vous fuis; absente/ je vous trouve.
Phèdre, Jean Racine.

6. LES IMAGES

Sens propre et sens figuré

On dit souvent d'un style qu'il est imagé, qu'il contient des images. Ces images tiennent au fait que certains mots sont employés non pas dans leur **sens propre** mais dans un **sens figuré**.

Le sens propre d'un mot correspond à son sens le plus fréquent tandis que le sens figuré représente un écart par rapport à l'usage courant du mot.

Ex.: *J'aime le printemps, surtout après un hiver rigoureux.* Le mot printemps est employé au sens propre: la saison.

Ex.: *Elle vient de fêter ses dix-sept ans. Elle est au printemps de la vie.* Cette fois, le mot printemps désigne l'adolescence, il est employé dans un sens figuré.

Comparaisons, métaphores

Il s'agit de figures de style qui sont des images. Mais attention, toutes les comparaisons ne sont pas des images !

Ex.: *Pierre est plus grand que Paul.*

Cette comparaison établit une relation de supériorité entre la taille de Pierre et celle de Paul, mais ne produit pas une image. Par contre:

Il est paresseux comme une couleuvre, est une comparaison qui contient une image.

Pour qu'il y ait image, il faut donc que la comparaison établisse, entre des choses ou des êtres **appartenant à des domaines différents** (ici, l'homme et l'animal), des relations de ressemblance (ici, la paresse)

- **Une comparaison** rapproche deux champs lexicaux en mettant en évidence un élément commun à l'aide de *comme, tel, pareil à, semblable à…*

« C'était dans la nuit brune
Sur le clocher jauni
La lune
Comme un point sur un i. »
Ballade à la lune, Alfred de Musset.

Le comparé est *lune.*
Le comparant est: *un point sur un i.*
Le mot de comparaison est *comme.*
Ce qui permet la comparaison est la position de la lune qui apparaît au-dessus du clocher par rapport à l'angle de vision du poète.

- **Une métaphore** est une comparaison implicite qui ne contient pas de mot de comparaison. On distingue:

– **La métaphore annoncée.** Elle contient le comparé et son comparant:

La fosse, plaie au ventre de la terre, est ouverte. Victor Hugo.

Le comparé *(fosse)* est présent dans la phrase et juxtaposé à son comparant *plaie au ventre.*

– **La métaphore directe.** Elle ne contient pas le comparé.

Cette faucille d'or dans le champ d'étoiles.
Booz endormi, Victor Hugo.

Le lecteur comprend que la *faucille d'or* représente la lune qui n'est pas nommée.

– **La métaphore filée** utilise un **champ lexical** (ensemble de mots faisant référence à un même sujet) différent de celui du sujet traité. Ainsi dans le texte de presse suivant, le journaliste utilise des termes médicaux pour parler de la circulation automobile:

Tout le monde oublie que l'« aorte » (l'autoroute A1) est en train de se boucher et menace d'infarctus la capitale.

Le symbole

Le symbole est la concrétisation d'une réalité abstraite. Par exemple, la colombe est le symbole de la paix…

Les poètes utilisent quelquefois les symboles. Par exemple, pour Baudelaire, l'albatros symbolise le mal de vivre du poète:

Le poète est semblable au prince des nuées
Qui hante la tempête et se rit de l'archer;
Exilé sur le sol au milieu des huées,
Ses ailes de géant l'empêchent de marcher.
L'albatros, Charles Baudelaire.

L'antithèse

L'antithèse met en parallèle deux mots de sens contraire, ce qui permet la mise en relief d'une opposition.

C'est la nuit qu'il est beau de croire à la lumière.

L'hyperbole

L'hyperbole emploie des termes exagérés par rapport à la réalité évoquée. Elle sert à traduire une émotion forte ou le désir de se moquer ironiquement.

C'est un géant. (Il est grand.)
Cet enfant est un monstre. (Il n'est pas sage.)

7. QUELQUES FORMES POÉTIQUES

Le sonnet: un poème à forme « fixe »

Le sonnet classique français est conçu selon des règles de versification très précises.

Il comprend deux quatrains à rimes embrassées (ABBA) et deux tercets à deux rimes plates suivies de quatre rimes embrassées (CCD/EED) ou croisées (CCD/EDE).

Il repose donc sur cinq rimes qui sont alternativement masculines et féminines.

Le mètre utilisé peut être l'alexandrin, l'octosyllabe ou le décasyllabe. La césure dont il faut observer la place donne un rythme à la lecture des vers.

Le sonnet se prête généralement très bien à l'antithèse qui oppose les quatrains aux tercets sur le plan du sens, des rimes, des structures… Le dernier vers appelé *vers de chute* est dense et clôt le poème. Cette réglementation classique a évolué selon les époques et les poètes.

Épitaphe

Il a vécu tantôt gai comme un sansonnet
Tour à tour amoureux insoucieux et tendre,
Tantôt sombre et rêveur comme un triste Clitandre.
Un jour il entendit qu'à sa porte on sonnait.

C'était la mort! Alors il la pria d'attendre
Qu'il eût posé le point à son dernier sonnet;
Et puis sans s'émouvoir, il s'en alla s'étendre
Au fond du coffre froid où son corps frissonnait.

Il était paresseux, à ce que dit l'histoire,
Il laissait trop sécher l'encre dans l'écritoire.
Il voulait tout savoir mais il n'a rien connu.

Et quand vint le moment où, las de cette vie,
Un soir d'hiver, enfin l'âme lui fut ravie,
Il s'en alla disant: « Pourquoi suis-je venu? »

Gérard de Nerval.

FRANÇAIS | Le cours

Le poème en prose

Dans le poème en prose, le blanc typographique qui va de la fin du vers au bout de la ligne disparaît.

Le poème en prose se différencie de la prose poétique par sa brièveté (moins d'une page).

Le port

Un port est un séjour charmant pour une âme fatiguée des luttes de la vie. L'ampleur du ciel, l'architecture mobile des nuages, les colorations changeantes de la mer, le scintillement des phares, sont un prisme merveilleusement propre à amuser les yeux sans jamais les lasser. Les formes élancées des navires, au gréement compliqué, auxquels la houle imprime des oscillations harmonieuses, servent à entretenir dans l'âme le goût du rythme et de la beauté. Et puis, surtout, il y a une sorte de plaisir mystérieux et aristocratique pour celui qui n'a plus ni curiosité ni ambition, à contempler, couché dans le belvédère ou accoudé sur le môle, tous ces mouvements de ceux qui partent et de ceux qui reviennent, de ceux qui ont encore la force de vouloir, le désir de voyager ou de s'enrichir.

Petits poèmes en prose,
Charles Baudelaire.

Le poème en vers libre

Le poème en vers libre est composé de vers qui ne respectent pas la régularité métrique et la rime. Les contraintes de la poésie classique disparaissent. Pourtant la poésie reste grâce aux parallélismes, aux répétitions de sonorités (assonances et allitérations), aux constructions syntaxiques, au rythme… Il se rapproche de la prose mais s'en distingue par le retour à la ligne avec, le plus souvent, une majuscule en début de vers.

(Voir le poème *L'école des beaux arts* de Jacques Prévert, page 12)

Le calligramme

Le calligramme est un poème figuratif, qui établit des correspondances entre le sens du texte et la forme du dessin dont il faut parfois trouver le sens de la lecture.

Calligrammes,
Guillaume Apollinaire.

UN CIGARE allumé qui fume

MON CŒUR PAREIL à UNE FLAMME RENVERSEE

Guillaume Apollinaire, *Poèmes épistolaires*,
« Il pleut », 1915.

il pleut len te ment il fait froid Des ra fa les pas sent ve nant des Cé ven nes
mon cœur se fend en pen sant à mes a mis qui souf frent pour hâ ter la vic toi re
il pleut la por te Au gus te ou vre la bou che com me pour le der nier sou pir
il pleut et moi je pleu re sur mes a mis que la pluie en chaî ne à l'in fi ni
o pluie o bel le pluie d'a cier change toi en cou ron ne in fi nie pour mes a mis
cou ron ne mes a mis vain queurs et chan ge toi o pluie de fer en ray ons d'or
é cla tez fan fa res au beau so leil vic to ri eux que de vien dra la tris te pluie

3 LE TEXTE DE THÉÂTRE

1. QU'EST-CE QUE LE THÉÂTRE ?

Le mot grec « *theatron* » signifie « *lieu où l'on regarde* », il désignait l'enceinte de l'hémicycle réservé aux spectateurs. Il faut garder à l'esprit qu'un texte de théâtre n'est pas écrit seulement pour être lu mais aussi pour être joué et vu.

Le terme « théâtre » désigne :
– le lieu (*ex.* : je vais au théâtre, à la Comédie-Française) ;
– les œuvres d'une époque ou d'un auteur (*ex.* : le théâtre de Marivaux, de Molière…) ;
– le genre littéraire (par opposition à la poésie, au roman…).

2. L'ORGANISATION D'UNE PIÈCE DE THÉÂTRE

Une œuvre théâtrale est découpée le plus souvent en **actes** et en **scènes**, parfois en **tableaux**. On passe d'une scène à l'autre quand un personnage entre ou sort.

L'intrigue (l'ensemble des événements qui se mettent en place entre les personnages) évolue selon une progression de l'action en trois phases.

• L'exposition

C'est le début de la pièce qui se déroule sur la ou les premières scènes.

Elle présente le sujet de la pièce, les personnages, le lieu, l'époque, le contexte dans lequel va se développer l'intrigue.

• Le nœud

C'est le cœur du conflit.

Le spectateur se demande comment les événements vont évoluer, ce que vont devenir les personnages…

Un événement inattendu s'appelle **un coup de théâtre** et induit souvent un dénouement.

• Le dénouement

C'est la fin de la pièce.

Les personnages sont fixés sur leur sort.

Les problèmes qui ont été soulevés dans l'exposition et dans le nœud de l'action ont trouvé une solution.

Si le dénouement est heureux, nous sommes en présence d'une comédie ; s'il est malheureux, il s'agit d'une tragédie.

3. LES GENRES THÉÂTRAUX

La comédie

Elle a pour but d'amuser, de faire rire en critiquant les défauts humains ou la société pour éduquer le spectateur. La comédie classique, aux XVIIe et XVIIIe siècles, présentait les caractéristiques suivantes :
– des personnages de condition modeste : bourgeois, valets, personnes ayant des métiers précis ;
– l'époque est contemporaine de celle de l'auteur ;
– le lieu est une maison bourgeoise ;
– le dénouement est toujours heureux.

Didascalie initiale d'une comédie :

M. ORGON, vieux gentilhomme.
MARIO, fils de M. Orgon.
SYLVIA, sa fille.
DORANTE, amant de Silvia.
LISETTE, femme de chambre de Silvia.
ARLEQUIN, valet de Dorante
Un laquais
La scène est à Paris, dans la maison de M. Orgon.

Le jeu de l'amour et du hasard, Marivaux.

Pour faire rire, les auteurs utilisent un certain nombre de procédés :
– le comique de mots : registre de langue, accent, patois, jurons, jeux de mots… ;
– le comique de gestes : coups de bâton, chutes, poursuites… ;

– le comique de situation : circonstance embarrassante, déguisements, personnage caché… ;
– le comique de caractère : personnages jaloux, séducteurs, avares, hypocondriaques… ;
– le quiproquo : c'est un malentendu entre deux personnages qui parlent de choses différentes alors qu'ils pensent parler du même sujet. C'est l'un des **ressorts du comique**.

La tragédie

La tragédie classique, au XVIIe siècle, était soumise à la règle des trois unités : unité de temps, de lieu et d'action : une seule action doit se dérouler au même endroit et sur 24 heures.

– Elle est généralement en cinq actes et en vers.

– Les personnages, réels ou légendaires, sont des rois, des princes…

– L'époque est lointaine dans le passé.

– Le lieu est souvent un palais situé dans un pays lointain sur les bords de la Méditerranée.

– Le dénouement aboutit à la mort du héros, victime de son destin.

Le spectateur doit ressentir de la terreur et de la pitié.

Didascalie initiale d'une tragédie :

THÉSÉE, fils d'Égée, roi d'Athènes.
PHÈDRE, femme de Thésée et d'Antiope, fille de Minos et de Pasiphaé.
HIPPOLYTE, fils de Thésée et d'Antiope, reine des Amazones.
ARICIE, princesse du sang royal d'Athènes.
OENONE, nourrice et confidente de Phèdre.
THÉRAMÈNE : gouverneur d'Hippolyte.
ISMÈNE : confidente d'Aricie.
PANOPE, femme de la suite de Phèdre.
Gardes.
La scène est à Trézène, ville du Péloponnèse.
Phèdre, Jean Racine.

À la comédie et à la tragédie, ajoutons un certain nombre d'autres catégories théâtrales :

- **La commedia dell'arte, la farce :** pièce grotesque destinée à provoquer le rire en improvisant souvent et par des moyens parfois grossiers. *La jalousie du Barbouillé, Le Docteur amoureux…*
- **La comédie de mœurs et de caractère :** comédie sérieuse qui met en scène les défauts des hommes, certaines pratiques sociales et pose des problèmes de société. *L'Avare, L'École des femmes…*
- **La tragi-comédie :** genre peu comique. Le sujet, romanesque, développe une action riche en péripéties. Le dénouement est toujours heureux en dépit des obstacles au bonheur des personnages. *Le Cid,* Corneille.
- **Le drame :** il se caractérise par le mélange des genres. La pièce cherche à susciter l'émotion et finit mal. *Ruy Blas,* Victor Hugo.
- **Le vaudeville et le théâtre de boulevard :** apparus au XXe siècle, ils reposent sur des quiproquos liés à l'infidélité, l'amour, l'argent des milieux bourgeois. Les personnages forment le « triangle » mari – femme – amant. Pièces de Feydeau, Labiche…
- **Le théâtre de l'absurde :** il met en scène le vide de l'existence, les incertitudes de la condition humaine. L'intrigue et le dialogue se décomposent. Les personnages ressemblent à des marionnettes. Théâtre de Beckett, de Ionesco…

4. PERSONNES ET PERSONNAGES

Une pièce de théâtre est un texte qui a pour vocation d'être mis en scène. Interviennent donc les personnes suivantes :

- **L'auteur :** il écrit la pièce. *Molière, Marivaux, Beaumarchais, Beckett…*
- **Le lecteur :** il lit la pièce et, ce faisant, il peut imaginer la façon dont elle pourrait être jouée.
- **Le spectateur :** il assiste à la pièce représentée et fait partie du public.
- **Le metteur en scène :** il assure la représentation. Il dirige les acteurs, choisit les costumes, le décor, les objets, les éclairages… Il donne une interprétation per-

sonnelle de la pièce. *Ariane Mouchkine, Jean-Louis Barrault, Louis Jouvet, Robert Hossein…*

- **L'acteur:** il interprète le personnage avec son physique, sa voix, sa personnalité. *Francis Huster, Jean-Paul Belmondo, Louis de Funès, Gérard Depardieu…*

- **Le personnage:** il est l'être de fiction imaginé par l'auteur. Il incarne une classe sociale: maître, valet… ; un trait de caractère: l'avare, le misanthrope, le séducteur, l'amoureux… Un personnage dévoile sa personnalité par ses paroles, par ses actes et par ce que les autres disent de lui.

5. LE LANGAGE THÉÂTRAL

Le texte théâtral est composé de répliques et de didascalies.

Les répliques

Ce sont les paroles prononcées par les personnages par la voix des acteurs.

Les personnages se parlent entre eux mais leurs propos s'adressent aussi indirectement au public. Il y a donc deux destinataires et par conséquent une **double énonciation**.

– **Le dialogue:** c'est l'échange de paroles entre les personnages.

– **Le monologue:** le personnage, seul sur scène, parle à voix haute.

– **La tirade:** c'est une réplique longue.

– **L'aparté:** un personnage parle aux spectateurs en s'efforçant de ne pas être entendu par les autres personnages.

Les didascalies

Elles sont destinées au lecteur pour qu'il puisse mieux imaginer la scène ou au metteur en scène afin qu'il puisse monter le spectacle. Elles disparaissent à la représentation.

Il s'agit de tout ce que l'auteur a écrit en dehors des répliques des personnages. On trouve:
– le titre de la pièce;
– le genre théâtral;
– la didascalie initiale (liste des personnages et leurs attributions);
– les actes et les scènes avec leur numéro, les noms des personnages qui apparaissent;
– toutes les informations concernant le décor, les jeux de scène, la façon dont parlent les personnages…

Ces dernières didascalies apparaissent souvent entre parenthèses et/ou en italique pour être dissociées des répliques.

6. LIRE UNE SCÈNE D'UN VAUDEVILLE

Un ami de la famille vient annoncer une bien triste nouvelle à la femme de l'Académicien.

La femme: Alors, cher ami, dites vite.
L'ami: Je ne sais pas comment vous annoncer cela.
La femme: J'ai compris.
L'ami: Je connaissais la nouvelle depuis hier soir. Excusez-moi de vous faire sortir du lit pour vous annoncer une chose pareille.
La femme: Il n'a pu s'en tirer! Quel malheur!
L'ami: C'est très dur, je vous comprends; il avait pourtant des chances. À vrai dire, pas beaucoup. On devait s'y attendre.
La femme: Je ne m'y attendais pas. Tout lui réussissait. Il s'en sortait toujours au dernier moment. […]

Elle se laisse choir dans un fauteuil.

L'ami *(la soutenant, lui tapotant les joues, les mains)* : Je vous ai annoncé la chose d'une manière trop brutale. Excusez-moi. […]

Entre le mari, Académicien…

L'Académicien: Tiens, vous êtes réveillée? *(À l'ami.)* Vous êtes venu bien tôt. Que se passe-t-il? Vous avez le résultat?
La femme: Quelle honte!
L'ami *(à la femme)*: Ne l'accablez pas, chère amie. *(À l'Académicien.)* Vous êtes recalé.
L'Académicien: Vous en êtes bien sûr?
L'ami: Vous n'auriez pas dû vous présenter au baccalauréat.
L'Académicien: Recalé au bac! Les canailles! Ils ont osé me faire ça!

La Lacune, Eugène Ionesco.

7. LIRE UNE SCÈNE DE *L'AVARE*, COMÉDIE

ACTE III, scène 2

Maître Jacques a eu la sincérité de dire à son maître qu'on lui reprochait son avarice. Interloqué, Harpagon le bat. Valère se moque de la franchise du valet.

Maître Jacques, Valère

Valère – À ce que je puis voir, maître Jacques, on paye mal votre franchise.

Maître Jacques – Morbleu, monsieur le nouveau venu, qui faites l'homme d'importance, ce n'est pas votre affaire. Riez de vos coups de bâton quand on vous en donnera, et ne venez point rire des miens.

Valère – Ah ! monsieur maître Jacques, ne vous fâchez pas, je vous prie.

Maître Jacques, *à part* – Il file doux. Je veux faire le brave, et s'il est assez sot pour me craindre, le frotter quelque peu. *(Haut.)* Savez-vous bien, monsieur le rieur, que je ne ris pas, moi ? et que si vous m'échauffez la tête, je vous ferai rire d'une autre sorte ?

Maître Jacques pousse Valère jusqu'au bout du théâtre, en le menaçant.

Valère – Eh ! doucement.

Maître Jacques – Comment, doucement ? il ne me plaît pas, moi.

Valère – De grâce.

Maître Jacques – Vous êtes un impertinent.

Valère – Monsieur maître Jacques…

Maître Jacques – Il n'y a point de monsieur maître Jacques pour un double. Si je prends un bâton, je vous rosserai d'importance.

Valère – Comment, un bâton ?

Valère le fait reculer autant qu'il l'a fait.

Maître Jacques – Eh ! je ne parle pas de cela.

Valère – Savez-vous bien, monsieur le fat, que je suis homme à vous rosser vous-même ?

Maître Jacques – Je n'en doute pas.

Valère – Que vous n'êtes, pour tout potage, qu'un faquin de cuisinier ?

Maître Jacques – Je le sais bien.

Valère – Et que vous ne me connaissez pas encore ?

Maître Jacques – Pardonnez-moi.

Valère – Vous me rosserez, dites-vous ?

Maître Jacques – Je le disais en raillant.

Valère – Et moi, je ne prends point de goût à votre raillerie. *(Il lui donne des coups de bâton.)* Apprenez que vous êtes un mauvais railleur.

Maître Jacques, *seul* – Peste soit la sincérité ! c'est un mauvais métier. Désormais j'y renonce, et je ne veux plus dire vrai. Passe encore pour mon maître : il a quelque droit de me battre ; mais pour ce monsieur l'intendant, je m'en vengerai si je le puis.

L'Avare, Molière.

8. LIRE UN EXTRAIT D'UNE TIRADE DE *HORACE*, TRAGÉDIE CLASSIQUE DE CORNEILLE

Albe la Longue et Rome sont en guerre. Or Sabine, albaine, a épousé un noble Romain : Horace.

Sabine

Je suis Romaine, hélas ! puisque Horace est Romain ;
J'en ai reçu le titre en recevant sa main ;
Mais ce nœud me tiendrait en esclave enchaînée,
S'il m'empêchait de voir en quels lieux je suis née.
Albe, où j'ai commencé de respirer le jour,
Albe, mon cher pays, et mon premier amour,
Lorsqu'entre nous et toi je vois la guerre ouverte,
Je crains notre victoire autant que notre perte.
Rome, si tu te plains que c'est là te trahir,
Fais-toi des ennemis que je puisse haïr.
Quand je vois de tes murs leur armée et la nôtre
Mes trois frères dans l'une et mon mari dans l'autre,
Puis-je former des vœux et sans impiété
Importuner le ciel pour ta félicité ?

Horace, Pierre Corneille
Acte I, scène 1, 1640.

Les programmes recommandent la lecture de pièces de théâtre des XVIIe, XVIIIe, XIXe et XXe siècles.

4 LE TEXTE ARGUMENTATIF

1. QU'EST-CE QU'ARGUMENTER ?

Argumenter, c'est chercher à convaincre ses interlocuteurs d'un avis, d'une idée, de la pertinence d'une décision… C'est chercher à obtenir de son interlocuteur un comportement : accord, décision, réponse favorable, modification de ses croyances…

Argumenter, ce n'est pas imposer un point de vue par la force, c'est au contraire débattre, raisonner, émouvoir, persuader… c'est-à-dire faire appel à l'intelligence et à la sensibilité de l'autre.

L'argumentation suppose l'accord des esprits.

2. COMMENT IDENTIFIER UNE SITUATION D'ARGUMENTATION ?

En répondant avec précision aux questions suivantes :
- **Qui argumente ?**
- **À qui s'adresse-t-il ?**
- **Où ? Quand ?**
- **À propos de quoi ?**
- **Que cherche-t-il à obtenir ?**
- **Par quels arguments ?**

Exemple de situation d'argumentation :

Le Caire, le 25 août 1887

Ma chère Maman,

J'écris encore une fois pour te prier de ne pas me refuser de m'envoyer les cinq cents francs que je t'ai demandés dans ma lettre d'hier. Je crois qu'il doit vous rester encore quelque chose de l'argent que je vous ai une fois envoyé. Mais, que cela soit ou non, tu me mettrais dans l'embarras de ne pas m'envoyer ladite somme de cinq cents francs, j'en ai fort besoin ; j'espère vous la rendre avant la fin de l'année. Mais mon argent est engagé, et pour le moment je suis sans emploi, vivant à mes frais, et j'ai un voyage à faire le 20 septembre. […]

Bien à vous,

Arthur Rimbaud.

Arthur Rimbaud (argumentateur) s'adresse à sa mère (destinataire), du Caire, le 25 août 1887, à propos de sa situation financière. Il cherche à obtenir une somme de cinq cents francs. Les arguments qu'il utilise sont soulignés dans le texte. Ces arguments font appel à la compréhension et à la sensibilité d'une mère.

3. COMMENT PRODUIRE UN ARGUMENTAIRE ?

Une **thèse** (l'idée défendue) s'appuie sur des **arguments** et des **exemples** reliés entre eux par des **liens logiques**. Elle peut combattre une autre thèse (**la thèse réfutée**) et utiliser pour cela des **contre-arguments**.

Pour produire un texte argumentatif, il faut, à partir d'un **sujet** :
- choisir la thèse et la formuler clairement ;
- chercher des arguments à faire valoir et des contre-arguments.

Un argument doit être orienté vers la validité de la thèse énoncée.

Exemple de thèse à défendre

Il faut garder et développer la publicité.

Arguments soutenant cette thèse

La publicité :
- *distrait ;*
- *est indispensable au commerce ;*
- *résout des problèmes de la vie quotidienne ;*
- *nous apprend à choisir nos produits de consommation ;*
- *encourage la concurrence et contribue à la baisse des prix et à l'amélioration des produits ;*
- *nous informe…*

• Thèse opposée

Il faut combattre et supprimer la publicité.

Arguments soutenant cette thèse

La publicité :
– abuse de la confiance des consommateurs ;
– se rend coupable d'escroquerie ;
– déforme l'image d'un produit dont elle exagère les qualités ;
– exploite la naïveté des consommateurs ;
– les persuade qu'ils ont besoin de produits superflus ;
– ment en omettant de tout dire sur un produit.

4. COMMENT ORGANISER UN TEXTE SELON UNE STRATÉGIE ARGUMENTATIVE ?

Alors que la thèse est clairement exprimée et les arguments trouvés, il faut organiser son discours afin d'être le plus convaincant possible.

Pour cela, il faut :
– tenir compte du public à convaincre afin de bien adapter sa démarche et son vocabulaire (le discours sera différent selon le public auquel on s'adresse) ;
– ordonner les arguments, c'est-à-dire les classer en partant, par exemple, du moins important vers le plus important ;
– illustrer ces arguments par des exemples ;
– orienter l'ensemble vers une même conclusion : la réaffirmation forte de la thèse énoncée.

Le texte argumentatif dépend de l'intention qui l'oriente.

5. COMMENT UTILISER LES LIENS LOGIQUES ?

Les liens logiques permettent de relier les arguments entre eux et aussi les arguments aux exemples.

Selon les cas, ils :
– introduisent un premier argument : *d'abord, en premier lieu, premièrement ;*
– ajoutent un nouvel argument : *par ailleurs, ensuite, de plus, par surcroît ;*
– introduisent une opposition : *mais, cependant, pourtant, toutefois, au contraire… ;*
– concluent : *donc, enfin, finalement, en conclusion, ultime constat… ;*
– introduisent une illustration des propos : *en effet, notamment… ;*
– introduisent une reformulation : *c'est-à-dire, en d'autres termes, ce qui veut dire, autrement dit… ;*
– établissent des liens logiques :

• **exprimer la cause :** les mots utilisés pour introduire la cause peuvent être : *car, parce que, à cause de, par peur de, en raison de, pour…*
Ex. : *Je n'ai pas regardé la télévision <u>parce que</u> la foudre a coupé l'électricité ;*

• **exprimer le but :** *pour, afin de, en vue de, dans l'intention de...*
Ex. : *Je te donne de l'argent <u>afin que</u> tu ne manques de rien ;*

• **exprimer la conséquence :** *pour, donc, pour que, de façon à, si bien que…*
Ex. : *Il a été victime d'un claquage <u>si bien qu</u>'il a dû renoncer à courir ;*

• **exprimer l'hypothèse :** *si, si tant est que, en admettant que, en supposant que…*
Ex. : *J'avertirai Jérôme de ce travail urgent, <u>si tant est</u> qu'il veuille s'en charger ;*

• **exprimer la concession :** *certes...*
Ex. : *Vous me dites qu'il va pleuvoir. <u>Certes</u>, le ciel reste menaçant à l'ouest mais le soleil semble s'installer durablement.*

L'utilisation des liens logiques permet de donner une cohérence au discours.

Parmi les situations d'argumentation, on trouve, outre les discussions liées à la vie quotidienne, le débat politique, la polémique dans les débats d'actualité, les stratégies commerciales avec la publicité, le discours syndical, l'argumentation judiciaire…

Il faut donc savoir négocier, justifier, concéder, réfuter, contredire, nuancer, raisonner, prouver, critiquer, affirmer, démontrer… et en respectant toujours les convictions d'autrui.

Enfin, il ne faut pas oublier qu'un texte narratif, explicatif, informatif peut avoir une visée argumentative.

Pour démontrer, par exemple que « *L'avarice perd tout en voulant tout gagner* », ne suffit-il pas de raconter l'histoire de *La Poule aux œufs d'or* ?

La Poule aux œufs d'or

L'avarice perd tout en voulant tout gagner.
Je ne veux pour le témoigner,
Que celui dont la poule, à ce que dit la fable,
Pondait tous les jours un œuf d'or.
Il crut que dans son corps elle avait un trésor :
Il la tua, l'ouvrit, et la trouva semblable
À celles dont les œufs ne lui rapportaient rien,
S'étant lui-même ôté le plus beau de son bien.
Belle leçon pour les gens chiches !
Pendant ces derniers temps, combien en a-t-on vus,
Qui du soir au matin sont pauvres devenus,
Pour vouloir trop tôt être riches !

Fables, Jean de La Fontaine.

6. L'IMPLICITE

Une thèse contient des informations **explicites** et **implicites**.

Est **explicite** ce qui est clairement exprimé.

Est **implicite** ce qui est compris sans être dit.

Ex. : *Le lycée Michelet sera fermé exceptionnellement jeudi et vendredi.*

On apprend **explicitement** que les jours où le lycée Michelet sera fermé sont le jeudi et le vendredi et que cette fermeture est exceptionnelle.

Mais il existe des **informations implicites**, c'est-à-dire **non dites** :

– il existe un lycée Michelet ;
– il est habituellement ouvert les jeudis et vendredis ;
– les cours n'auront pas lieu ;
– je partirai en week-end plus tôt.

Ainsi, une information contient plus que ce qu'elle dit.

Ce qui permet d'indentifier l'implicite est la connaissance des personnes qui s'expriment et le contexte dans lequel le propos est tenu.

7. LIRE UN TEXTE ARGUMENTATIF

Topaze cherche à convaincre son auditoire de la nécessité d'être honnête.

Topaze, *découragé.*

Zéro, asseyez-vous. *(Il inscrit le zéro.)* Il faut être **honnête**. Et nous allons vous en donner quelques exemples décisifs. D'abord toute entreprise malhonnête est vouée par avance à un échec certain. *(Musique. Topaze ne bronche pas.)* Chaque jour, nous voyons dans les journaux que l'on ne brave point impunément les lois humaines. Tantôt, c'est le crime horrible d'un fou qui égorge ses semblables, pour s'approprier le contenu d'un portefeuille ; d'autres fois, c'est un homme alerte, qui, muni d'une grande prudence et d'outils spéciaux, ouvre illégalement la serrure d'un coffre-fort pour y dérober des titres de rente ; tantôt, enfin, c'est un caissier qui a perdu l'argent de son patron en l'engageant à tort sur le résultat futur d'une course chevaline. *(Avec force.)* Tous ces malheureux sont aussitôt arrêtés, et traînés par les gendarmes aux pieds de leurs juges. De là, ils seront emmenés dans une prison pour y être péniblement régénérés. Ces exemples prouvent que le mal reçoit une punition immédiate et que, s'écarter du droit chemin, c'est tomber dans un gouffre sans fond *(Musique.)* […]

Topaze, scène XII, Marcel Pagnol.

Le programme recommande d'étudier l'argumentation à partir de textes tirés de la publicité, de la presse ou à partir de groupements de textes tirés des philosophes du XVIIIe, d'auteurs du XXe…

LIRE UN TEXTE

MÉTHODE

Le sujet du BEP

Il comporte un ou plusieurs documents :
– un texte seul qui pourra paraître long;
– plusieurs textes plus courts;
– des textes et des images.

S'organiser

La lecture des documents nécessite de la méthode, de la lucidité et une bonne gestion des deux heures qui sont allouées.
Trop de candidats se précipitent d'abord sur les questions, puis procèdent à une lecture très rapide et sélective des documents. Ils apportent ainsi des réponses inexactes, incomplètes et risquent les contresens.
Alors que faut-il faire ?

1 Lire attentivement le texte

D'abord, il faut se concentrer (oublier l'environnement de la salle d'examen) et lire **attentivement** le texte pour en saisir le sens global, car **lire, c'est comprendre**.
Après cette lecture d'ensemble et en fonction des premières impressions, il est nécessaire de revenir sur telle ou telle partie du texte qui a pu paraître obscure : relire une phrase dont la construction était complexe, revoir un mot difficile dont il faudra deviner le sens d'après le contexte… Il s'agit de vérifier et d'approfondir le sens du texte.

2 Ne pas négliger le paratexte

Le paratexte, c'est-à-dire tout ce qui est autour du texte et qui n'est pas écrit par l'auteur, peut fournir de précieuses indications. Il peut s'agir :
- de quelques lignes d'introduction situant le texte dans son **contexte** (par exemple, le résumé de ce qui s'est passé dans l'histoire avant le passage qui est donné à lire);
- du nom de l'auteur ;
- de la date de publication qui permet de situer le texte dans le temps;
- du nom de l'œuvre d'où est issu l'extrait ;
- de l'explication de quelques mots de vocabulaire jugés difficiles par les concepteurs de sujet;
- des indications sur un personnage, un fait… pour aider à la compréhension.

La lecture du texte et la prise en compte du paratexte sont indispensables.

3 S'interroger

Pour affiner sa compréhension, le candidat peut s'interroger, en fonction du texte, sur un certain nombre de points :
- le genre littéraire : roman, poésie, théâtre, essai philosophique… ?
- le type de texte : descriptif, argumentatif, explicatif, narratif, injonctif ?
- l'année de la publication : quand a-t-il été publié ?
- l'auteur et éventuellement son appartenance à un courant littéraire;
- le destinataire : pour quel public ?
- le thème abordé : quel est le sujet traité ?
- la visée : dans quelle intention a-t-il été écrit ?
- le ton : ironique ? lyrique ? réaliste ? humoristique ?
- le registre : s'agit-il d'un texte policier, fantastique ? réaliste ? merveilleux ?
- l'écriture : est-elle particulière ? contient-elle des figures de style ?

Rien n'interdit de prendre des notes pour « fixer » ces indications qui ne manqueront pas d'apparaître dans les questions de compréhension.

4 Réagir au texte

Une fois le texte clairement compris, le candidat peut noter ses réactions. Il peut être en accord ou pas avec les idées émises; ému ou indifférent à l'histoire; surpris par le style… Ces remarques pourront parfois aider à rédiger certaines réponses.

5 Application

Bien lire pour mieux comprendre.

1. Lire attentivement le texte suivant.

2. Appliquer la méthode de travail proposée dans la page ci-contre.

3. Imaginer ensuite des questions qui pourraient être posées à l'examen.

4. Lire les questions posées sur ce texte (ci-dessous) pour les comparer aux questions imaginées.

5. Cette lecture approfondie qui précède la lecture des questions permet-elle de répondre plus facilement ? Pourquoi ?

Mon père a un couteau à la main et taille un morceau de sapin; les copeaux tombent jaunes et soyeux comme des brins de rubans. Il me fait un chariot avec des languettes de bois frais.

Les roues sont déjà taillées: ce sont des ronds de pommes de terre avec leur cercle de peau brune qui imite le fer... Le chariot va être fini ; j'attends tout ému et les yeux grands ouverts, quand mon père pousse un cri et lève sa main pleine de sang. Il s'est enfoncé le couteau dans le doigt. Je deviens tout pâle et je m'avance vers lui ; un coup violent m'arrête ; c'est ma mère qui me l'a donné, l'écume aux lèvres, les poings crispés.

« C'est ta faute si ton père s'est fait mal ! »

Et elle me chasse sur l'escalier, noir, en me cognant encore le front contre la porte.

Je crie. Je demande grâce et j'appelle mon père : je vois, avec ma terreur d'enfant, sa main qui pend toute hachée, c'est moi qui en suis la cause ! Pourquoi ne me laisse-t-on pas entrer pour savoir ? On me battra après si l'on veut. Je crie, on ne me répond pas. J'entends qu'on remue des carafes, qu'on ouvre un tiroir ; on met des compresses.

« Ce n'est rien », vient me dire ma cousine, en pliant une bande de linge tachée de rouge. Je sanglote, j'étouffe, ma mère reparaît et me pousse dans le cabinet où je couche, où j'ai peur tous les soirs.

Je puis avoir cinq ans et me crois un parricide[1].

Ce n'est pas ma faute, pourtant !

Est-ce que j'ai forcé mon père à faire ce chariot ? Est-ce que je n'aurais pas mieux aimé saigner, moi, et qu'il n'eût point mal ? Oui – et je m'égratigne les mains pour avoir mal aussi.

C'est que maman aime tant mon père ! Voilà pourquoi elle s'est emportée.

On me fait apprendre à lire dans un livre où il y a écrit en grosses lettres, qu'il faut obéir à ses père et mère ; ma mère a bien fait de me battre.

L'Enfant, Jules Vallès, 1878.

1. Parricide : qui tue son père ou sa mère.

Questions posées sur le texte *L'Enfant*

1. a) Au début du texte, le narrateur partage avec son père un moment privilégié qu'un incident vient interrompre. De quel incident s'agit-il ? *(2 points)*

b) Quels sont les sentiments successifs (trois au minimum) éprouvés par le narrateur ? Justifiez votre choix. Expliquez pourquoi ses sentiments évoluent au fil du texte. *(2 points)*

FRANÇAIS Méthode

LIRE DES IMAGES

MÉTHODE

L'épreuve de BEP propose souvent une image à mettre en relation avec un texte. La lecture d'images est donc une compétence à maîtriser.

1 Nature et fonctions de l'image

L'image est une forme d'expression multiple et aujourd'hui omniprésente.
Il peut s'agir :

- de **peintures** : portraits, paysages, scènes de genre (tableaux représentant les occupations et les distractions de l'homme), nature morte... Elles remplissent une **fonction esthétique** ou **symbolique** correspondant à une recherche artistique ;
- de **caricatures** destinées, par des exagérations, à faire rire ou sourire au détriment de ce qui est représenté. Leur fonction est **argumentative**.
- de **vignettes** de bandes dessinées : elles mettent en scène des histoires. Ici, les images racontent. Leur fonction est **narrative** ;
- de **photographies** : elles captent l'image d'un instant fugitif de l'actualité ou représentent la réalité. Leur fonction est **informative** ou **explicative**.
- de **dessins d'actualité** qui résument l'idée générale d'un long article. Leur fonction est également informative, explicative ou argumentative.
- d'**affiches** qui peuvent être liées à l'actualité culturelle (films, concerts, expositions...), publicitaire (avec des slogans pour la vente de produits), politique (campagnes électorales...). L'enjeu est de séduire, convaincre, informer le cinéphile, le consommateur, l'électeur...

2 Composition de l'image

La lecture d'images repose sur la compréhension de sa construction. D'où la nécessité de connaître quelques techniques spécifiques.

Les lignes de force

– **La ligne horizontale** évoque l'horizon ou l'immobilité.
– **La ligne verticale** suggère la hauteur, la position debout.
– **La diagonale** oriente le sens de la lecture.
– **La ligne oblique** évoque l'instabilité, le dynamisme.
Le regard du lecteur d'images va naturellement de gauche à droite et de haut en bas. Mais le dessinateur ou le peintre peut orienter le regard en agissant sur les lignes de force et les points de fuite.

Les lignes de fuite

Lignes imaginaires qui se rejoignent vers un point appelé **point de fuite** : effet de **perspective**.

L'échelle des plans

Plusieurs plans distincts qui s'étagent divisent l'espace : premier plan, deuxième plan, arrière-plan... Ce qui donne l'illusion de la **profondeur**.

Les points forts

C'est ce qui « saute aux yeux » : tache claire sur un arrière-plan foncé, un personnage qui se détache de l'ensemble...

Les angles de vue

– Visée horizontale (le lecteur est au même niveau que ce qui est représenté dans l'image).
– En plongée (vue d'en haut) : donne l'impression d'écrasement, de faiblesse du sujet.
– En contre-plongée (vue d'en bas) : impression de grandeur, de domination du sujet.
– La vue de dos, de face, de trois quart, de profil... sont également utilisées en fonction de l'effet recherché.

Le cadrage de l'image

Le plan général dévoile le contexte de la scène.

Le plan d'ensemble ou **plan large** montre un espace vaste.
Le plan moyen présente un personnage de la tête aux pieds.
Le plan américain coupe le personnage aux genoux.
Le plan rapproché coupe le personnage à la poitrine.
Le gros plan ne concerne que le visage et traduit les émotions du personnage.
Le très gros plan ou **insert** ne représente qu'un petit détail: un œil, une partie d'un objet…

Les couleurs

Elles contribuent à donner une harmonie et sont porteuses de sens.
Elles permettent aux formes de se détacher par des contrastes: clair / obscur; couleurs chaudes / couleurs froides.
Couleurs chaudes: celles qui sont proches de la couleur rouge. Elles suggèrent le dynamisme, l'excitation, l'agressivité…
Couleurs froides: celles qui se rapprochent du bleu et du vert. Elles évoquent la tranquillité, l'apaisement, l'immobilité.
Les trois couleurs primaires sont le rouge, le vert et le bleu.

L'éclairage

L'orientation de la lumière dans une image peut être:
– directe, avec des zones d'ombre;
– diffuse, c'est-à-dire un peu brumeuse, elle estompe les formes et atténue les ombres;
– de face, de côté, à contre-jour (derrière le personnage).

3 L'image et le texte

Très souvent, l'image et le texte se complètent. La lecture d'images doit prendre en compte cette complémentarité.
Il faut observer:
- la place du texte par rapport à l'image: longueur, importance, typographie…;
- la nature du texte: titre, slogan, légende, article…;
- le sens du texte et sa complémentarité avec l'image: qu'apporte le texte à l'image? l'image prendrait-elle le même sens sans le texte?

L'épreuve de BEP juxtapose parfois une image et un texte extérieur à l'image.
Il est alors posé une ou deux questions qui portent sur la mise en relation des deux documents qu'il faut faire « dialoguer » sous un angle particulier et dire en quoi l'image complète, confirme ou contredit le texte.

Il peut s'agir, par exemple, de montrer comment l'incipit d'un roman et l'image de la première de couverture contribuent à aiguiser l'envie d'acheter et de lire le livre.

4 Dénotation et connotation

Quand nous regardons une image, nous voyons tout ce qu'elle représente. Dénoter, c'est décrire ce que l'on voit.

À partir de cette dénotation, nous donnons un sens à cette image. Connoter une image, c'est l'interpréter. Chacun interprète selon sa sensibilité, ses connaissances, sa culture.

Plusieurs sens peuvent être donnés à une même image. On dit alors qu'elle est **polysémique**.

5 Au cinéma

Si l'image fixe donne souvent l'impression du mouvement, le cinéma **est** mouvement.

Parmi les procédés utilisés pour les mouvements de caméra, on distingue :

– le **panoramique** : la caméra pivote autour d'un point fixe ;

– le **travelling** : la caméra suit une trajectoire en avant ou en arrière ;

– le **zoom** : il produit le même effet que le travelling mais la caméra ne se déplace pas ;

– le **ralenti** ou l'**accéléré** est également utilisé pour produire certains effets.

6 Lire un tableau

Le Pont de l'Europe, Gustave Caillebotte (1848-1894), 1876
© Petit Palais, Genève, The Bridgeman Art Library.

Composition de l'image

Dans ce tableau de Gustave Caillebotte (1848-1894), on observera :

- les différents plans : ciel et immeubles à l'arrière-plan ; personnages sur un pont au premier plan ;
- les lignes et perspectives avec le pont et sa rambarde, la rue qui le prolonge entre les immeubles… et son point de fuite ;
- les lignes verticales avec les personnages, la fumée d'une locomotive, les immeubles… ;
- les jeux d'ombre et de lumière… ;
- les couleurs avec leurs contrastes…

Dénotation et connotation

Au premier plan :

- un chien vagabonde ou précède ses maîtres ;
- un homme, accoudé à la rambarde du pont, observe les voies ferrées de la gare Saint-Lazare. Il semble songeur. À quoi peut-il bien songer ?
- plus loin, un autre homme vient peut-être de dépasser une jeune femme et se retourne légèrement. Souhaite-il faire sa connaissance ?
- un autre personnage, vu de dos, vient de croiser le « couple ».

À l'arrière-plan, la ville, ses constructions et son animation.

Peint en 1876, ce tableau est une image réaliste du Paris haussmannien de la fin du XIXe siècle.

7 Lire une caricature politique

Roland Moisan © ADAGP, Paris 2002.

Composition de la caricature

Le général de Gaulle a été l'un des premiers hommes politiques à utiliser la télévision pour s'adresser directement aux citoyens.

Dans cette image, il est représenté sous forme caricaturale, au cours d'une conférence de presse. Le cadre représente le « petit écran ».

On observera :

- les formes du nez, des oreilles exagérées ;
- l'allure : grand et bedonnant ;
- l'expressivité des gestes en fonction de ses réactions ;
- l'expression du visage ;
- la légende qui renseigne sur l'humeur du Président et sur le début des réponses qu'il donne au journaliste et, grâce à la télévision, à l'ensemble des Français.

Connotation

Cette caricature a été publiée par l'hebdomadaire satirique, *Le Canard enchaîné*. Elle met en scène les manières de faire et de dire d'un Président au cours d'une conférence de presse.

La visée d'une telle publication est de faire rire au détriment de celui qui est représenté.

Le rire naît du fait que la personne est reconnue dans ses traits et dans ses attitudes en dépit des exagérations.

Le dessinateur met les rieurs de son côté, ce qui implique une connivence avec les lecteurs du journal.

Les dessins satiriques et les illustrations humoristiques sont l'apanage des démocraties qui garantissent les libertés fondamentales parmi lesquelles la liberté d'expression.

Répondre aux questions de compréhension

MÉTHODE

Après avoir lu attentivement les documents (textes, images…), il faut prendre connaissance des questions. Elles ne devraient pas surprendre mais attireront peut-être l'attention sur certains aspects qui auraient échappé à la vigilance du candidat.

1 Lire attentivement les questions

De la même manière que les documents, les questions doivent être lues très attentivement et plusieurs fois afin d'éviter de répondre à des questions qui ne seraient pas posées. Le hors-sujet est une erreur sévèrement sanctionnée.

2 Identifier la typologie des questions

À l'appui des mots interrogatifs (Quel ? Qui ? Comment ? Pourquoi ?…), les questions d'examen contiennent un verbe à l'impératif ou à l'infinitif. Ce sont ces verbes qui indiquent ce qu'il faut faire.

Il peut s'agir de :

- **relever.** Les mots et expressions sélectionnés doivent être entre guillemets et présentés dans une phrase rédigée ;
- **expliquer.** Prouver qu'une expression du texte, une idée de l'auteur ou la péripétie d'une histoire… a été bien comprise ;
- **comparer.** Mettre en relation les documents et faire apparaître ce qui est semblable et ce qui est différent ;
- **qualifier.** Trouver l'adjectif qui convient à la situation. Par exemple, une attitude peut être insolente ; le ton d'un texte humoristique… ;
- **justifier.** Prouver par des exemples ou un raisonnement que la réponse apportée est la bonne ;
- **préciser.** Donner plus de détails ;
- **nommer.** Donner un nom qui peut être celui d'une figure de style : la comparaison par exemple.

3 Relire les documents pour chaque question

Pour répondre à chacune des questions, il faut procéder à une **relecture sélective** du document en prenant des notes pour apporter les réponses demandées.

Cette fois le texte est relu non pas pour la compréhension globale (ce qui est déjà fait) mais en fonction de la question posée qui définit ainsi un axe de lecture, un angle particulier de recherche.

Attention : certaines questions portent sur l'un des documents, d'autres sur l'ensemble des documents.

4 Rédiger les réponses au brouillon

À partir des relevés, il faut maintenant rédiger au brouillon les réponses. Trop de candidats répondent directement sur la feuille d'examen, ce qui occasionne des ratures et ne permet pas d'améliorer la rédaction des premières idées.

Toutes les réponses doivent être **rédigées** et **précises**.

Il ne faut pas commencer une réponse par *parce que* ou citer des mots ou des extraits du texte sans avoir remis les réponses dans le contexte des questions, ce qui doit se faire par une phrase contenant au moins un sujet, un verbe et des compléments. Sinon, la réponse ne veut strictement rien dire.

5 Recopier les réponses

Après avoir recopié les réponses, il faut les relire en vérifiant qu'elles répondent bien aux questions posées et qu'il ne subsiste pas de fautes d'orthographe ou d'erreurs de syntaxe.

D'autre part, le langage utilisé ne doit pas être **un langage familier** mais il doit être au moins **courant**, voire **soutenu**.

6 Penser au correcteur

Contrairement à des idées préconçues, le correcteur lit les copies avec bienveillance.
Aussi est-il « civil » de soigner la **présentation** de la copie. Il faut éviter les ratures, être lisible et présenter un travail agréable à lire : présence de paragraphes pour une copie « aérée », des majuscules, de signes de ponctuation, de la numérotation des questions qu'il faut présenter dans l'ordre où elles sont posées... Tout cela en utilisant un stylo en bon état de fonctionnement, bleu ou noir.
Beaucoup de candidats prétextent le manque de temps pour justifier une certaine désinvolture dans l'écriture. C'est sans doute un sentiment réel mais il faut bien admettre que la plupart d'entre eux ont terminé une demi-heure avant la fin de l'épreuve.
Il faut s'efforcer de **bien gérer son temps**, travailler sereinement et surtout pas dans la précipitation.

7 Application

Analyser les questions

Pour mieux comprendre les questions et donc mieux y répondre, on peut **surligner** les mots interrogatifs et les verbes, **souligner** les notions ou les éléments des documents sur lesquels il faut travailler.
On observera les questions à tiroirs qui nécessitent des réponses successives (avec des **paragraphes**) qu'il faut traiter **dans l'ordre** où elles sont posées.
Ne pas oublier qu'à chaque partie de la question à tiroirs sont attribués des points.

Exemples de questions de BEP

Les mots en caractères gras ou en italique sont le fait de l'auteur et montrent le travail que le candidat peut faire pour affiner sa compréhension des questions.

Relevez les *images* (*comparaisons* et *métaphores*) et **précisez** si la *vision poétique* ainsi donnée est *positive* ou *négative*.

Quel est le *champ lexical* dominant dans le texte 1 ? **Donnez** des exemples et **dites en quoi** il traduit l'*opinion du personnage*.

Quel est le *point commun* de ces trois documents ?

À **quelle** époque **situez**-vous le texte ? **Justifiez** votre réponse en relevant *un événement important* évoqué.

Relevez les indices de l'*intervention du narrateur* dans le deuxième document.

De **quel** *type de texte* s'agit-il ?

Quels sont les *traits de caractère* du *personnage* présenté dans le document 1. **Nommez**-en *trois* que vous **illustrerez** par des citations.

Où se déroule le récit ? **Relevez** dans le texte *quatre indices* qui le prouvent.

Étudiez les *transformations du paysage*. **Comment** les **expliquez**-vous ?

Quel est le *registre de langue* employé ? **Justifiez** votre réponse.

Quel est le *thème* du *poème* ?

Quels sont les *arguments* utilisés par l'*auteur* de ce *discours* ?

Comment pouvez-vous **qualifier** les explications du *personnage* ?

Expliquez pourquoi cette scène est *fantastique*.

Quel *rôle* la petite fille jouait-elle auprès de son grand-père ? **Justifiez** votre réponse à l'aide d'une *image* et d'une *antithèse* relevées dans le texte.

Proposez un *titre* court au texte.

L'analyse de ces questions montre à quel point il est important d'avoir bien lu le texte et de bien maîtriser les notions inscrites au programme.

RÉDIGER UN TEXTE

MÉTHODE

La question d'écriture consiste à rédiger un texte d'une vingtaine de lignes à partir d'un sujet inscrit dans une **situation de communication** et dont le **thème** découle des documents étudiés par le biais des questions de compréhension.
Ce sujet précise de façon implicite ou explicite **le type de texte** demandé (descriptif, narratif, argumentatif, explicatif, injonctif…) et **la forme d'écrit** particulière attendue (lettre, discours, article de presse, dialogue, scène de théâtre…).
Situation de communication, forme d'écriture et type de textes doivent être respectés.

1 Les types de texte

Identifier la situation de communication

Un **émetteur** (celui qui s'exprime) adresse un **message** à un **récepteur** (celui à qui s'adresse l'émetteur) à propos d'un **référent** (sujet, thème dont il est question) à l'aide d'un **code** (langue utilisée, signes, sons…) et grâce à un canal (écriture, paroles, gestes…).
Dans un **dialogue**, le récepteur reçoit le message puis les deux **interlocuteurs** échangent leur rôle.
L'**acte de communication** est caractérisé par :
– ses participants : émetteurs, récepteurs… ;
– un lieu et un moment : cadre spatio-temporel ;
– des circonstances particulières.

La situation de communication

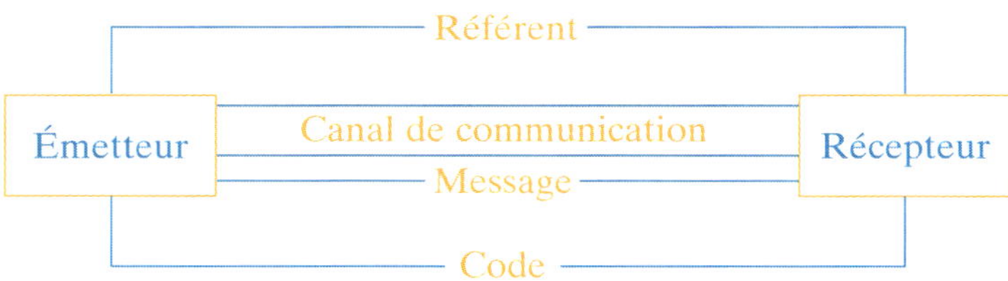

Une communication particulière

À partir de l'image ci-contre, on peut imaginer la situation de communication suivante :
un officier de police (l'émetteur, personnage interprété par l'actrice Corinne Touzet) s'adresse en français (code) à un hors-la-loi (le récepteur) par l'utilisation d'un porte-voix (canal de communication) au sujet d'un acte délictueux (référent) afin qu'il se rende (message).

« Une femme d'honneur », avec Corinne Touzet, Mazeau/TF1/Sipa©.

Identifier le type de texte à produire

Les types d'écrits possibles sont nombreux : il peut s'agir de décrire, raconter, dialoguer (se reporter au chapitre : le texte narratif page 8), argumenter (page 21) expliquer, informer, donner des ordres ou des consignes…

• **Le texte explicatif et informatif** a pour but de faire comprendre un processus en apportant des informations nouvelles que le récepteur ignore. Il doit être clair, utiliser des termes précis et construit de manière logique. Le temps utilisé est le présent de vérité générale. Les textes explicatifs peuvent relever d'une notice de montage, du fonctionnement d'un phénomène géographique ou scientifique, d'une situation particulière, par exemple le choix d'un écran d'ordinateur :

« ***Un bon écran limite la fatigue oculaire***
Les écrans se partagent en deux grandes catégories : les écrans cathodiques et les écrans plats, aussi appelés écrans LCD (Liquid Cristal Display). La taille indiquée correspond à la mesure de leur diagonale en pouces (un pouce est égal à 2,54 cm), comme pour les téléviseurs. Plus cette diagonale est grande, plus la surface d'affichage est importante, et meilleur est le confort visuel. »

Micro-hebdo, 29 novembre 2001.

• **Le texte injonctif** invite à suivre des ordres ou des conseils.
Les verbes principalement utilisés sont l'infinitif et l'impératif. Par exemple, à propos du même choix d'un ordinateur :

« *Notre conseil :*
Si vous le pouvez, demandez une démonstration : il n'y a pas de meilleur instrument de mesure que votre œil pour déterminer la qualité visuelle d'un écran.
Allez, un second conseil : le pitch, ou pas de masque, qui mesure la distance séparant deux pixels, est souvent mis en avant comme critère de qualité. L'expérience prouve qu'il n'a que peu d'influence sur la qualité d'affichage. »

Micro-hebdo.

Identifier le genre de texte à produire

Schématiquement, on peut distinguer les textes littéraires et non littéraires.

• **Les textes littéraires** relèvent du roman, de la poésie, du théâtre, de la littérature d'idées… Ils ont, entre autres enjeux importants, **une visée esthétique**. Le sujet d'expression écrite peut porter sur l'insertion :

– d'une description dans un texte narratif ;

– de la poursuite d'un récit avec un dénouement à imaginer ;

– d'une scène de théâtre transformée en scène de roman ;

– d'un dialogue de roman ou de théâtre à imaginer ;

– d'un changement de point de vue dans un récit… ;

– …

(voir la partie cours de ce manuel).

• **Les textes non littéraires** ou textes fonctionnels. Il s'agit de :

– La lettre

Elle obéit à des codes bien précis :
• en-tête avec les coordonnées de l'expéditeur et du destinataire ;
• lieu et date d'expédition, objet (le motif de la lettre) ;
• la formule d'appellation : Madame, Monsieur, Madame la Directrice… ;
• la formule d'attaque (Je vous serais reconnaissant de bien vouloir…) ;
• le contenu de la lettre (concis en quelques paragraphes) ;
• la formule de politesse (Veuillez agréer, Madame, Monsieur, l'expression de mes respectueuses salutations…) ;
• la signature (qui ne doit pas apparaître le jour de l'examen pour respecter l'anonymat des copies).

Une lettre demande de la précision et de la concision : aller à l'essentiel sans se perdre dans des détails inutiles.

La lettre commerciale

> **Encyclopédie DVD**
> 1 rue de la Culture
> 75000 PARIS
>
> Le 03/01/2002
>
> Objet: Nouvelle version Encyclopédie DVD
>
> Cher souscripteur,
> Nous vous remettons avec plaisir notre nouvelle Encyclopédie DVD.
> Suite à cet examen gratuit, vous pourrez la conserver aux conditions de la facture ci-jointe.
> Si au contraire vous n'étiez pas enthousiasmé à l'issue de cet essai, vous pourrez nous la retourner à l'aide de l'enveloppe ci-jointe.
> Notre service Clientèle est à votre disposition au 0920 36 03.
>
> Recevez nos courtoises salutations.
>
> *S. D.*
> *Directeur général.*

– Le discours

Le discours mêle **l'oral** et **l'écrit**.
Il est préparé par écrit et prononcé en présence du public auquel il s'adresse.
Soit **l'orateur** lit son discours en donnant l'impression qu'il parle (**écrit oralisé**), soit il a mémorisé son discours (presque par cœur) et le prononce sans donner l'impression qu'il récite (**oral préparé**).
Il ne s'agit pas d'un **oral spontané** comme par exemple une conversation courante pour laquelle on ne sait pas vraiment à l'avance ce que l'on va dire.
La rédaction d'un discours doit donc tenir compte du public auquel il s'adresse, de ses réactions probables et du fait que l'écrit devra être oralisé. Ainsi faut-il adapter la construction des phrases, leur longueur, le vocabulaire, le niveau de langue, le ton (ironique, lyrique, tragique, humoristique...) à cette situation très particulière.
L'art du discours est l'art de bien parler pour convaincre ou séduire un public présent dont il faut tenir compte.

Exemple

Messieurs,
Vous m'avez permis de vous adresser quelques paroles de bienvenue; permettez-moi de vous adresser quelques paroles d'adieu.
Je serai très court, l'heure est avancée, j'ai présent à l'esprit l'article 3 du règlement, et, soyez tranquilles, je ne m'exposerai pas à me faire rappeler à l'ordre par le président. (On rit.)
Nous allons nous séparer, mais nous resterons unis de cœur. (Oui ! oui !) *Nous avons désormais une pensée commune, messieurs, et une commune pensée, c'est, en quelque sorte, une commune patrie.* (Sensation.) *Oui, à dater de ce jour, nous tous qui sommes ici, nous sommes compatriotes !* (Oui ! Oui !) [...]

Victor Hugo, le 24 août 1849.
(Début du discours)

– L'article de presse

Il peut s'agir de rédiger:
- un fait divers;
- un éditorial (donner son point de vue sur un sujet d'actualité);
- une interview;
- le compte rendu d'une réunion, d'un débat;
- une analyse qui présente et explique en détail un sujet;
- une critique qui donne une appréciation personnelle nuancée sur un livre, un film, un spectacle...

L'article de presse est placé dans une rubrique: société, politique, sport, vie quotidienne, culture...
Il comporte généralement:
- un titre, informatif ou accrocheur;
- un surtitre et un sous-titre qui précisent le titre...;
- des intertitres, qui séparent l'article en plusieurs parties;
- un chapeau, qui expose les grandes lignes du sujet traité...;
- des illustrations avec légende...

Le rôle de la presse est d'informer et de commenter. C'est pour cela qu'il est important de bien distinguer ce qui relève du commentaire (éditorial, analyse, critique...) et de l'information (faits divers, compte rendu, reportage...). Il arrive qu'un journaliste mêle dans un même article information et commentaire. Le lecteur doit le percevoir afin de ne pas être manipulé et se forger lui-même sa propre opinion.

Information à propos de la peine de mort : *« 70 prisonniers ont été exécutés depuis janvier 2000 aux États-Unis et plus de 1 600 condamnés attendent leur exécution dans les prisons américaines. »*

Commentaire :
« Comment arrêter la machine à tuer de la première puissance mondiale ? Une vraie démocratie ne peut tolérer la peine capitale. »

Télérama, 14 octobre 2000.

Article de presse
(*Le Parisien* du 5 mai 2002, page 9)

Titre

VOTRE ÉCONOMIE ← Rubrique

Les fast-foods en baisse de régime

Chapeau

SERVICES. La restauration rapide à l'américaine, type McDo ou Quick, marque le pas. Crise de la vache folle, peur de la « malbouffe », monotonie des produits expliquent le ralentissement de l'activité de ce secteur en France.

LA RESTAURATION rapide ne ferait-elle plus recette ? En France, mais aussi dans le reste du monde, Quick et McDonald's sont victimes d'une baisse de régime. L'enseigne belge – qui recherche un repreneur sans grand succès pour l'instant – a affiché des pertes de 45,2 millions d'euros en 2001. Le géant américain McDonald's, même s'il s'en sort mieux, n'est guère épargné : ses ventes ont baissé de 2 % en Europe. Et jamais les deux concurrents n'avaient ouvert aussi peu de restaurants en France : Quick avait annoncé la création de 29 nouveaux fast-foods dans l'Hexagone en 2001. En définitive, seuls 18 ont vu le jour. McDo tient encore la corde avec 60 ouvertures, mais il avait inauguré 70 points de vente en 2000.

La crise de la vache folle – qui a sévèrement plombé les ventes entre novembre 2000 et mars 2001 – n'est bien sûr pas étrangère à ce petit « coup de pompe ». Mais elle n'explique pas tout.

Tendance au « grignotage » ← Intertitre

« Ce que l'on constate, c'est qu'il y a une lassitude des consommateurs à l'égard de cette forme de restauration », souligne Mark Watkins, président du cabinet Coach Ominum qui a mené une enquête sur le sujet. Pas de désaffection, ni même de rejet en bloc toutefois : mais les clients viennent moins souvent s'adonner au plaisir du hamburger [...]

VALÉRIE HACOT

← Illustration

PARIS, HIER. *Si les McDonald's ne sont pas désertés, les clients viennent toutefois moins souvent qu'auparavant.*
(M. de Martignac/Le Parisien©.)

↑ Légende

2 Analyse de sujets

Voici quelques sujets de BEP et l'analyse qu'il faut en faire avant d'entreprendre le travail au brouillon.

Sujet n° 1

Vous avez découvert dans le grenier de vos grands-parents un objet insolite. Votre grand-mère vous raconte son histoire.

Faites-en le récit dans un texte d'une vingtaine de lignes.

• **Situation de communication:** votre grand-mère (**émetteur**) s'adresse à vous (**destinataire**) pour vous raconter (**code**) de vive voix (**canal de communication**) l'histoire d'un objet insolite (**référent**). Cet objet aura été le témoin d'un heureux (ou malheureux) événement (**message**).

• **Type de texte:** il s'agit d'un récit, donc d'un **texte narratif**. Pensez à l'organisation de ce récit, à l'emploi des temps (présent de narration ou imparfait / passé simple).

• **Genre:** vous pouvez vous efforcer de rédiger **un texte littéraire** avec quelques **figures de style** en « prêtant » par exemple un **ton** ému et nostalgique à votre grand-mère.

Sujet n° 2

Un magazine pour la jeunesse prétend dans un article que les adolescents se détournent de la vie de famille. Dans une lettre adressée au rédacteur du journal, vous réfutez ou soutenez cette affirmation en vous appuyant sur des arguments illustrés d'exemples (deux arguments minimum).

Vous serez évalué(e) sur la qualité de votre expression écrite, la présentation et le contenu de votre lettre.

(Pour respecter l'anonymat de votre copie, ne signez pas la lettre.)

• **Situation de communication:** vous écrivez au directeur d'un magazine de jeunesse pour soutenir (ou combattre) un article qui affirme que les adolescents fuient la vie de famille.

• **Type de texte:** il s'agit ici d'un texte argumentatif. Il vous faut donc choisir:
– un point de vue (cette idée vous paraît-elle vraie? fausse? ou devoir être nuancée?);
– des arguments;
– des exemples;
– l'ordre dans lequel ils vont apparaître;
– des mots connecteurs qui vont les relier;
– …

• **Genre:** il s'agit d'une lettre et il faut en respecter les règles d'écriture (sauf votre signature). Voir le paragraphe consacré à la lettre page 33.

Sujet n° 3

Vous êtes journaliste à L'Écho de Vichy. *À ce titre, vous êtes chargé(e) de rédiger un article pour la rubrique Faits divers; il relatera les agissements de la bande de pickpockets qui sévit depuis quelque temps dans la ville.*

Votre article sera titré et, pour des raisons de mise en page du journal, sa longueur sera comprise entre 20 et 30 lignes.

• **Situation de communication:** vous rédigez un article de presse à propos d'actes de délinquance pour les lecteurs d'un journal.

• **Type de texte:** le texte sera donc narratif, informatif et explicatif.

• **Genre:** il s'agit de faits divers. Il faut s'efforcer d'être précis, concis et rigoureux. Un bon journaliste vérifie ses sources et s'efforce d'abord d'informer.

3 Travailler au brouillon

Après avoir identifié la situation de communication, le type de texte, le genre d'écrit à produire, vous pouvez:
– noter vos idées « en vrac »;
– organiser votre devoir en respectant le type et le genre d'écrit demandé;
– relire le brouillon en améliorant le vocabulaire, la syntaxe, l'orthographe… ;
– relire le sujet pour être sûr d'avoir bien répondu aux attentes qu'il formulait…

4 Recopier le texte

Faites-le avec beaucoup de soin en prenant la précaution de relire votre texte et de lui apporter les dernières corrections.

SUJET DE BEP

Il y a dans un grand magasin de joujoux une gaieté extraordinaire qui le rend préférable à un bel appartement bourgeois. Toute la vie en miniature ne s'y trouve-t-elle pas, et beaucoup plus colorée, nettoyée et luisante que la vie réelle ? On y voit des jardins, des théâtres, de belles toilettes, des yeux purs comme le diamant, des joues allumées par le fard, des dentelles charmantes, des voitures, des écuries, des étables, des ivrognes, des charlatans, des banquiers, des comédiens, des polichinelles[1] qui ressemblent à des feux d'artifice, des cuisines, et des armées entières, bien disciplinées, avec des cavaleries et de l'artillerie.

Tous les enfants parlent à leurs joujoux ; les joujoux deviennent auteur dans le grand drame de la vie, réduit par la chambre noire de leur petit cerveau. Les enfants témoignent par leurs jeux de leur haute puissance imaginative. Ils jouent sans joujoux. Je ne veux pas parler de ces petites filles qui jouent à la madame, se rendent des visites, se présentent leurs enfants imaginaires et parlent de leurs toilettes. Les pauvres petites imitent leurs mamans [...]. La diligence, l'éternel drame de la diligence joué avec des chaises : la diligence-chaise, les chevaux-chaises, les voitures-chaises ; il n'y a que le postillon[2] de vivant ! L'attelage reste immobile, et cependant il dévore avec une rapidité brûlante des espaces fictifs. Quelle simplicité de mise en scène !

Morale du joujou, Charles Baudelaire, 1853.

1. Polichinelles : pantins représentant un valet de la commedia dell'arte.
2. Postillon : conducteur de diligence.

Robert Doisneau (1912-1994). *Photographie prise à Paris dans les années 1950.*
R. Doisneau/Rapho©.

FRANÇAIS
Épreuve de BEP

1 Compétences de lecture (10 points)

Texte

1

- Relevez, dans le premier paragraphe, quatre éléments qui montrent la « *gaieté extraordinaire* » du magasin de jouets.
- Relevez, dans le second paragraphe, deux éléments qui évoquent la « *simplicité de mise en scène* ».

2

Quelle faculté Baudelaire reconnaît-il aux enfants dans le second paragraphe ? Justifiez votre réponse.

Illustration

3

Quelle opposition relevez-vous entre l'attitude des enfants et le décor dans lequel ils jouent ?

Texte et illustration

4

Avec quelle partie du texte de Baudelaire pouvez-vous faire correspondre la photographie de Doisneau ? Dites quelle idée commune sur l'enfance proposent le texte et la photographie ?

- Pour réussir cet entraînement à l'épreuve de BEP, reportez-vous aux conseils méthodologiques des pages 30 et 31 : « Répondre aux questions de compréhension. »
- Vous pourrez ensuite confronter votre travail au corrigé page 39.

2 Compétences d'écriture (10 points)

Jeux traditionnels ou jeux modernes ? Les nouvelles technologies modifient profondément les jeux d'aujourd'hui. Vous écrivez une lettre d'une trentaine de lignes à un magazine destiné aux jeunes dans laquelle vous exprimez votre point de vue.

Critères de correction

Votre lettre sera corrigée à partir des critères suivants :
– la maîtrise de la langue (orthographe, ponctuation, présentation, longueur...) *(4 points)* ;
– le contenu : forme de la lettre, richesse du vocabulaire, pertinence des exemples et des idées *(6 points)*.

- Pour réussir cette deuxième partie de l'épreuve, reportez-vous aux conseils méthodologiques des pages 32 à 36.
- Vous trouverez également quelques conseils complémentaires dans le corrigé page 39.

CORRIGÉ DE L'ÉPREUVE DE BEP (sujet pages 37 et 38)

1 Compétences de lecture (10 points)

Texte

1

- L'ensemble du paragraphe témoigne de la « *gaieté extraordinaire* » du magasin de jouets. Parmi les différents éléments, on peut retenir :
– la profusion disparate des objets exprimée par l'**énumération** de la dernière phrase de ce paragraphe : *jardins, théâtres, toilettes, voitures, écuries, étables…*
– deux **comparaisons** : « *des yeux purs comme le diamant* » ; « *des polichinelles qui ressemblent à des feux d'artifice* » ;
– des **superlatifs** : *beaucoup plus colorée, nettoyée et luisante…*
– des **adjectifs valorisants** : *yeux purs, joues allumées, dentelles charmantes…*
- La « *simplicité de mise en scène* » à laquelle fait référence Baudelaire à la fin du texte est évoquée par :
– les jeux des petites filles qui se résument à jouer « *à la Madame* » en imitant leurs mamans ;
– les jeux des garçons qui reposent simplement sur la présence de chaises.

2 Baudelaire reconnaît aux enfants « *leur haute puissance imaginative* ».
Cette puissance imaginative leur permet de jouer avec un minimum d'objets, voire « *sans joujoux* ». Les jeux des filles reposent sur l'imitation de la conversation, des gestes, des attitudes des mères. Pour les garçons, il leur suffit d'aligner quelques chaises pour vivre un moment intense de vitesse débridée…

Illustration

3 La modestie, voire l'absence de jouets, ou les jouets remplacés par des objets de la vie quotidienne, s'oppose à la puissance imaginative des enfants qui « vivent » par anticipation des moments forts de leur vie.

Texte et illustration

4 La photographie de Doisneau correspond à la dernière phrase du texte. Les attitudes et l'expression des visages montrent que, dans l'esprit des enfants, il ne s'agit plus de chaises, ou d'une « épave », mais d'un moyen de communication rapide qui grise, enivre…
L'idée commune sur l'enfance proposée par le texte et la photographie est de montrer à quel point l'imagination de l'enfant est développée. Cette imagination doit s'exprimer pour forger la sensibilité et le caractère des enfants. De ce fait, ils s'épanouissent.

2 Compétences d'écriture (10 points)

Quelques conseils d'écriture

- Respecter la situation de communication : il s'agit d'une lettre. (Voir pages 33 et 34, la lettre dans la partie Méthode.)

- Cette lettre s'adresse aux jeunes pour un magazine de jeunes, d'où la nécessité d'adapter son vocabulaire et le ton à ce public.

- Respecter le sujet : il s'agit de réfléchir sur l'opposition entre les jeux traditionnels (ceux du texte, par exemple et les jeux modernes : consoles de jeux…).

- Il s'agit d'un texte argumentatif : vous devez prendre position, donner votre point de vue et le défendre. (Voir pages 41 et 42.)

- Adopter une stratégie argumentative :
– je suis pour ou contre les jeux modernes (ou traditionnels) ;
– ou je reconnais l'intérêt des deux types de jeux et je m'exprime sur les avantages et les inconvénients de chacun…

- Respecter les 30 lignes demandées.

EXERCICES

1 LE TEXTE NARRATIF

Lire attentivement les textes proposés et répondre aux questions posées pour chacun d'eux.

1

Corrigé page 47

Le vieux loup de mer de l'Amiral Benbow

C'est sur les instances de M. le chevalier Trelawney, du docteur Livesey et de tous ces messieurs en général, que je me suis décidé à mettre par écrit tout ce que je sais concernant l'île au trésor, depuis A jusqu'à Z, sans rien excepter que la position de l'île, et cela uniquement parce qu'il s'y trouve toujours une partie du trésor. Je prends donc la plume en cet an de grâce 17..., et commence mon récit à l'époque où mon père tenait l'auberge de l'Amiral Benbow, en ce jour où le vieux marin, au visage basané et balafré d'un coup de sabre, vint prendre gîte sous notre toit.

Je me le rappelle, comme si c'était d'hier. Il arriva d'un pas lourd à la porte de l'auberge, suivi de sa cantine charriée sur une brouette. C'était un grand gaillard solide...

L'île au trésor, Stevenson.

Qui est l'auteur de ce roman ? Qui en est le narrateur ? Quel est l'intérêt de ce type de narrateur ?

Quels sont les temps des verbes qui correspondent au moment de l'écriture et ceux qui correspondent au moment de la fiction ? Pourquoi cette différence ?

2

Corrigé page 47

Laurent se débarrassa de son chapeau et s'installa dans la boutique. Mme Raquin courut à ses casseroles. Thérèse, qui n'avait pas encore prononcé une parole, regardait le nouveau venu. Elle n'avait jamais vu un homme. Laurent, grand, fort, le visage frais, l'étonnait. Elle contemplait avec une sorte d'admiration son front bas, planté d'une rude chevelure noire, ses joues pleines, ses lèvres rouges, sa face régulière, d'une beauté sanguine. Elle arrêta un instant ses regards sur son cou ; ce cou était large et court, gras et puissant. Puis elle s'oublia à considérer les grosses mains qu'il tenait étalées sur ses genoux ; les doigts en étaient carrés ; le poing fermé devait être énorme et aurait pu assommer un bœuf. Laurent était un vrai fils de paysan, d'allure un peu lourde, le dos bombé, les mouvements lents et précis, l'air tranquille et entêté. On sentait sous ses vêtements des muscles ronds et développés, tout un corps d'une chair épaisse et ferme. Et Thérèse l'examinait avec curiosité, allant de ses poings à sa face, éprouvant de petits frissons lorsque ses yeux rencontraient son cou de taureau.

Thérèse Raquin, Émile Zola.

Par qui Laurent, personnage du roman, est-il vu ? Relevez les verbes de perception qui justifient votre réponse.

Quel effet produit-il sur Thérèse ?

Comment appelle-t-on ce type de focalisation ?

3

Corrigé page 47

– Il faut que je te quitte, mon petit, dit la vivandière à notre héros ; mais en vérité tu me fais pitié ; j'ai de l'amitié pour toi, sacrédié ! Tu ne sais rien de rien, tu vas te faire moucher, comme Dieu est Dieu ! Viens-t-en au 6ᵉ léger avec moi.

– Je comprends bien que je ne sais rien, lui dit Fabrice, mais je veux me battre et suis résolu d'aller là-bas vers cette fumée blanche.

– Regarde comme ton cheval remue les oreilles ! Dès qu'il sera là-bas, il te forcera la main, il se mettra à galoper, et Dieu sait où il te mènera. Veux-tu m'en croire ? Dès que tu seras avec les petits soldats, ramasse un fusil et une giberne, mets-toi à côté des

soldats et fais comme eux, exactement. Mais, mon Dieu, je parie que tu ne sais pas seulement déchirer une cartouche. »

Fabrice, fort piqué, avoua cependant à sa nouvelle amie qu'elle avait deviné juste.

La Chartreuse de Parme, Stendhal, 1839.

Quels sont les deux personnages de ce dialogue ? De quoi parlent-ils ? Utilisent-ils le même niveau de langue ? Pourquoi ?

Comment les paroles sont-elles rapportées dans le texte ? Comment appelle-t-on ces procédés ? Quel en est l'intérêt ?

Citez une phrase où les paroles sont au style indirect.

2 LE TEXTE POÉTIQUE

4

Corrigé page 47

La Nuit de Mai (Extrait)

[...]
Lorsque le pélican, lassé d'un long voyage,
Dans les brouillards du soir retourne à ses roseaux,
Ses petits affamés courent sur le rivage
En le voyant au loin s'abattre sur les eaux.
Déjà, croyant saisir et partager leur proie,
Ils courent à leur père avec des cris de joie
En secouant leurs becs sur leurs goitres hideux.
Lui, gagnant à pas lents une roche élevée,
De son aile pendante abritant sa couvée,
Pêcheur mélancolique, il regarde les cieux.
Le sang coule à longs flots de sa poitrine ouverte ;
En vain il a des mers fouillé la profondeur;
L'Océan était vide et la plage déserte;
Pour toute nourriture il apporte son cœur.
Sombre et silencieux, étendu sur la pierre,
Partageant à ses fils ses entrailles de père,
Dans son amour sublime il berce sa douleur,
Et, regardant couler sa sanglante mamelle,
Sur son festin de mort il s'affaisse et chancelle,
Ivre de volupté, de tendresse et d'horreur.
Mais parfois, au milieu du divin sacrifice,
Fatigué de mourir dans un trop long supplice,
Il craint que ses enfants ne le laissent vivant;
Alors il se soulève, ouvre son aile au vent,
Et, se frappant le cœur avec un cri sauvage,
Il pousse dans la nuit un si funèbre adieu,
Que les oiseaux des mers désertent le rivage,
Et que le voyageur attardé sur la plage,
Sentant passer la mort, se recommande à Dieu.
Poète, c'est ainsi que font les grands poètes.
Ils laissent s'égayer ceux qui vivent un temps;
Mais les festins humains qu'ils servent à leurs fêtes
Ressemblent la plupart à ceux des pélicans.

Les Nuits, Alfred de Musset, 1837.

Résumez l'anecdote racontée par le poète. En quoi est-elle émouvante ?

À qui le pélican est-il comparé à la fin du poème ? Pourquoi ?

Que symbolise le pélican ?

Proposez une définition du mot « symbole ».

5

Corrigé page 47

Sensation

Par les soirs bleus d'été, j'irai dans les sentiers,
Picoté par les blés, fouler l'herbe menu:
Rêveur, j'en sentirai la fraîcheur à mes pieds.
Je laisserai le vent baigner ma tête nue.

Je ne parlerai pas, je ne penserai rien:
Mais l'amour infini me montera dans l'âme,
Et j'irai loin, bien loin, comme un bohémien,
Par la Nature, –heureux comme avec une femme.

Arthur Rimbaud.

Qu'envisage de faire le poète ? Quel est son état d'esprit ? En quoi le rythme des vers est-il en harmonie avec cet état d'esprit ?

Nommez et analysez la figure de style de l'avant-dernier vers. Quelles remarques pouvez-vous faire à propos des sonorités de ce vers ?

6

Corrigé page 48

Le désespoir est assis sur un banc
Dans un square sur un banc
Il y a un homme qui vous appelle quand on passe
Il a des binocles un vieux costume gris
Il fume un petit ninas il est assis
Et il vous appelle quand on passe
Ou simplement il vous fait signe
Il ne faut pas le regarder
Il ne faut pas l'écouter
Il faut passer
Faire comme si on ne le voyait pas
Comme si on ne l'entendait pas
Il faut passer presser le pas
Si vous le regardez
Si vous l'écoutez
Il vous fait signe et rien ni personne
Ne peut vous empêcher d'aller vous asseoir près de lui
Alors il vous regarde et sourit
Et vous souffrez atrocement
Et l'homme continue de sourire
Et vous souriez du même sourire
Exactement
Plus vous souriez plus vous souffrez
Atrocement
Plus vous souffrez plus vous souriez
Irrémédiablement
Et vous restez là
Assis figé
Souriant sur le banc
Des enfants jouent tout près de vous
Des passants passent
Tranquillement
Des oiseaux s'envolent
Quittant un arbre
Pour un autre
Et vous restez là
Sur le banc
Et vous savez vous savez
Que jamais plus vous ne jouerez
Comme ces enfants
Vous savez que jamais plus vous ne passerez
Tranquillement
Comme ces passants
Que jamais plus vous ne vous envolerez
Quittant un arbre pour un autre
Comme ces oiseaux.

Jacques Prévert.

Quelles remarques pouvez-vous faire à propos de la forme de ce poème ?

Qui est l'homme qui vous appelle dans le square ? Comment devez-vous réagir à son attitude ? Pourquoi ?

Étudiez toutes les formes de répétitions dans les douze premiers vers. Comment pourriez-vous qualifier le rythme de ce début de poème ?

Sur quel jeu d'oppositions est construit le poème ? Quelle en est la conséquence ?

3 LE TEXTE THÉÂTRAL

7

Corrigé page 48

Les cadets attendent Cyrano dans la salle de garde. Ils sont impatients d'écouter le récit de son dernier combat. Cyrano arrive enfin.

Premier cadet, à *Cyrano*
Maintenant, ton récit !
Tous
Son récit !
Cyrano, *redescendant vers eux.*
Mon récit ?...
Tous rapprochent leurs escabeaux, se groupent autour de lui, tendent le col. Christian s'est mis à cheval sur une chaise.
Eh bien ! donc je marchais tout seul, à leur rencontre.
La lune, dans le ciel, luisait comme une montre,
Quand soudain, je ne sais quel soigneux horloger
S'étant mis à passer un coton nuager
Sur le boîtier d'argent de cette montre ronde,
Il se fit une nuit la plus noire du monde,
Et les quais n'étant pas du tout illuminés,
Mordious ! on n'y voyait pas plus loin...
Christian
Que son nez.
Silence. Tout le monde se lève lentement. On regarde Cyrano avec terreur. Celui-ci s'est interrompu, stupéfait. Attente.
Cyrano
Qu'est-ce que c'est que cet homme-là ?

Un cadet, *à mi-voix.*
C'est un homme
Arrivé ce matin.
Cyrano, *faisant un pas vers Christian.*
Ce matin ?
Carbon, *à mi-voix.*
Il se nomme
Le baron de Neuvil...
Cyrano, *vivement, s'arrêtant.*
Ah ! c'est bien...
Il pâlit, rougit, a encore un mouvement pour se jeter sur Christian.
Je...
Puis, il se domine, et dit d'une voix sourde.
Très bien...
Il reprend.
Je disais donc...
Avec un éclat de rage dans la voix.
Mordious
Il continue d'un ton naturel.
que l'on n'y voyait rien.
Stupeur. On se rassied en se regardant.
Et je marchais, songeant que pour un gueux fort mince
J'allais mécontenter quelque grand, quelque prince,
Qui m'aurait sûrement...
Christian
Dans le nez...
Tout le monde se lève. Christian se balance sur sa chaise.
Cyrano, *d'une voix étranglée*
Une dent...
Qui m'aurait une dent... et qu'en somme, imprudent,
J'allais fourrer...
Christian
Le nez...
Cyrano
Le doigt... entre l'écorce
Et l'arbre, car ce grand pouvait être de force
À me faire donner...
Christian
Sur le nez...
Cyrano, *essuyant la sueur à son front.*
Sur les doigts.
Mais j'ajoutai : Marche, Gascon, fais ce que dois !
Va, Cyrano ! Et ce disant, je me hasarde,
Quand, dans l'ombre, quelqu'un me porte...
Christian
Une nasarde.
Cyrano
Je la pare et soudain me trouve...
Christian
Nez à nez...
Cyrano, *bondissant vers lui.*
Ventre-Saint-Gris !
Tous les Gascons se précipitent pour voir ; arrivé sur Christian, il se maîtrise et continue.
avec cent braillards avinés
Qui puaient...
Christian
À plein nez...
Cyrano, *blême et souriant*
L'oignon et la litharge
Je bondis, front baissé...
Christian
Nez au vent !
Cyrano
et je charge !
J'en estomaque deux ! J'en empale un tout vif !
Quelqu'un m'ajuste : Paf ! et je riposte...
Christian
Pif !
Cyrano, *éclatant.*
Tonnerre ! Sortez tous !
Tous les cadets se précipitent vers la porte.

Cyrano de Bergerac,
Edmond Rostand, 1897
Acte II, scène 9.

Résumez cette scène de *Cyrano de Bergerac.*

Pourquoi les didascalies sont-elles si nombreuses ?

Comment se manifeste l'insolence de Christian ?

Comment réagissent les cadets ?

Quelle image Cyrano donne-t-il de lui ?
En quoi cette scène est-elle comique et d'une forte intensité dramatique ?

8 Corrigé page 48

Phèdre vient d'apprendre que son beau-fils qu'elle aime avec passion est amoureux d'Aricie. Elle fait éclater sa colère et sa jalousie devant Oenone, sa confidente.

Phèdre

Oenone, Qui l'eût cru ? J'avais une rivale.

Oenone

Comment ?

Phèdre

Hippolyte aime, et je n'en puis douter.
Ce farouche ennemi qu'on ne pouvait dompter,
Qu'offensait le respect, qu'importunait la plainte
Ce tigre, que jamais je n'abordai sans crainte,
Soumis, apprivoisé, reconnaît un vainqueur :
Aricie a trouvé le chemin de son cœur.

Oenone

Aricie ?

Phèdre

Ah ! douleur non encore éprouvée !
À quel nouveau tourment je me suis réservée !
Tout ce que j'ai souffert, mes craintes, mes transports,
La fureur de mes feux, l'horreur de mes remords,
Et d'un refus cruel l'insupportable injure
N'était qu'un faible essai du tourment que j'endure.
Ils s'aiment. Par quel charme ont-ils trompé mes yeux ?
Comment se sont-ils vus ? Depuis quand ? Dans quels lieux ?
Tu le savais. Pourquoi me laissais-tu séduire ?
De leur furtive ardeur ne pouvais-tu m'instruire ?
Les a-t-on vus souvent se parler, se chercher ?
Dans le fond des forêts allaient-ils se cacher ?
Hélas ! Ils se voyaient avec pleine licence.
[…]

Phèdre, Jean Racine.

Par quels mots Phèdre désigne-t-elle Hippolyte ? Quelle image donne-t-elle ainsi de lui ?

Relevez les mots ou expressions qui traduisent la passion de Phèdre. Sur quel ton s'exprime-t-elle ? avec quels types de phrase ?

Relevez et nommez les images dans la première réplique de Phèdre.

Analysez le vers suivants: Comment se sont-ils vus ? Depuis quand ? Dans quels lieux ? (Sonorités, rythme…)

4 LE TEXTE ARGUMENTATIF

9

Corrigé page 48

POURQUOI LA VIANDE DE BŒUF PEUT-ELLE ÊTRE CONSOMMÉE SANS CRAINTE ?

1. *D'abord, la viande bovine fait l'objet d'importantes mesures de sécurité.*

- Tout bovin présentant le moindre signe d'Encéphalopathie Spongiforme Bovine, dite maladie de la « vache folle », est abattu, ainsi que la totalité du troupeau auquel il appartient, dès lors que ce cas d'ESB est confirmé.
- Pour les autres bovins ne présentant aucun signe de la maladie, les tissus à risque sont retirés systématiquement à l'abattoir, comme le crâne et son contenu, la moelle épinière, la rate, les intestins et le thymus (ris de veau).

C'est parce que ces mesures sont prises que la viande de bœuf peut être consommée sans crainte.

2. *Par ailleurs, l'alimentation des animaux est sécurisée au maximum.*

- Les farines animales sont interdites en France dans l'alimentation des bovins depuis 1990 et des autres ruminants depuis 1994.
- Par précaution supplémentaire, le Gouvernement vient de décider la suspension immédiate de l'utilisation des farines animales dans l'alimentation des autres animaux d'élevage (porcs, volailles…), afin de supprimer tout risque de contamination de ces farines dans l'alimentation des bovins.

3. *Enfin, le dépistage et la recherche sont renforcés.*

- Au-delà de la surveillance depuis 1991 des troupeaux, un programme de tests de dépistage, le plus important en Europe, a été lancé en juin 2000 pour mieux connaître l'étendue de la maladie dans les zones à risque, ainsi que pour comparer les tests aujourd'hui disponibles. Ce programme concerne maintenant tout le territoire national.

- Les premiers résultats de ces recherches seront rendus publics d'ici à la fin de l'année.
- Des programmes de recherche sur les maladies à prions, dont fait partie la maladie de la « vache folle », sont accentués avec un triplement des crédits et la création de nouveaux laboratoires de recherche.

La santé publique et la sécurité sanitaire des aliments sont prioritaires.

Le ministère de l'Agriculture
et de la Pêche.
Le Monde, 22 novembre 2000.

De quoi ce texte veut-il convaincre ? Qui en est l'auteur ? À qui s'adresse-t-il ?

Quels sont les trois arguments utilisés ?

Comment sont-ils développés ?

Comment la conclusion est-elle mise en valeur ? Quel est son rôle ?

10 *Corrigé page 49*

1. PRO-ROBERT

Pierre Nora, historien

« Je ne saurais me satisfaire d'un seul exemplaire du *Robert*. J'en possède trois : l'un est sur mon bureau, l'autre est à la campagne. Le dernier ne me quitte jamais. Il me surprend à chaque fois que je l'ouvre. Pour un historien, la date d'apparition des mots dans la langue est extrêmement importante. Elle fournit un repère essentiel. En outre, les mots se renvoient les uns aux autres (on peut surfer sur le *Robert* !), ce qui permet de rebondir. J'apprécie également sa capacité à prendre en considération la couleur sociale des mots – c'est-à-dire la réalité et la diversité de leur usage – et le fait qu'il ait été le premier dictionnaire à avoir donné la définition de la locution “lieu de mémoire”. Je n'éprouve aucun ostracisme* à l'égard du *Larousse*, dont je me sers régulièrement, mais le *Robert* est plus proche de mes attentes au quotidien. Il m'inspire une sorte d'amitié. D'ailleurs, j'adore l'avoir en main. C'est un bel objet. »

* Ostracisme : hostilité, rejet.

2. PRO-LAROUSSE

Hector Bianciotti, écrivain, académicien

« On dit que le *Robert* a une conception plus évolutive de la langue, mais je trouve qu'il a tendance à trop se précipiter sur les nouveautés. Pour beaucoup, je pense que ce sont des mots éphémères. Il faut faire attention : certains mots sont apparus il y a vingt ou trente ans et ils ont aujourd'hui disparu.

J'utilise le *Larousse Lexis*, qui n'est plus au catalogue, mais qui comporte, à la fin, un petit dictionnaire grammatical d'une cinquantaine de pages. Un regret toutefois : le *Larousse* ne donne pas d'exemples pour accompagner les mots et les situer dans leur contexte.

Le *Robert*, lui, présente des exemples ; j'apprécie tout particulièrement les citations d'écrivains, qui permettent d'avoir une bonne idée des différents sens des mots. »

Quelle est la préoccupation commune des auteurs de ces deux textes ? Qu'est-ce qui les distingue dans leur choix ?

Citez quelques arguments qui justifient la préférence de l'un et de l'autre.

Quel est le rôle des connecteurs suivants : en outre, c'est-à-dire, mais, d'ailleurs (texte 1) ?

Relevez, dans le texte 2, une phrase contenant une restriction, une concession.

Relevez enfin quelques expressions marquant la subjectivité de ces choix.

5 LIRE UNE IMAGE

11

Corrigé page 49

1. Que peut-on voir sur cette gravure ?

2. Quelle histoire peut-on raconter à propos de cette gravure ?

3. Qu'a voulu montrer, selon vous, son auteur ?

Le livre défendu, gravure de 1865 d'après un tableau d'Auguste Toulmouche, Musée des Arts Décoratifs.

CORRIGÉS

1 L'auteur de *L'île au trésor* est Stevenson et le narrateur est « je » (dont on apprendra plus tard dans le roman qu'il est Jim Hawkins).
Il est aussi un personnage qui a vécu l'histoire qu'il s'apprête à raconter. C'est un narrateur personnage.
L'intérêt de ce procédé, pour le lecteur, c'est d'adopter le point de vue du personnage, de s'identifier à lui d'autant qu'il s'agit d'un jeune garçon et que le roman s'adresse plus particulièrement à un public jeune.
Le temps de l'écriture est le temps du discours: le présent d'énonciation associé au passé composé. Par contre, les temps de la fiction sont les temps du récit: l'imparfait et le passé simple. Le narrateur fait donc le récit de ses aventures après les avoir vécues, il en connaît les péripéties et le dénouement. C'est ce qu'il entreprend de faire découvrir à ses lecteurs.

2 Laurent est vu par Thérèse Raquin: Thérèse « *regardait* », « *contemplait* », « *s'oublia à contempler* », « *sentait* », « *l'examinait* ».
Thérèse semble fascinée: Laurent « *l'étonnait* », elle éprouve « *une sorte d'admiration* » et ressent une certaine « *curiosité* » à son égard. Elle éprouvait même de « *petits frissons* ».
C'est le physique « viril » de Laurent, l'impression de force qui émane de lui qui provoque cette réaction.
Il s'agit d'une focalisation interne. Le lecteur voit Laurent par les yeux de Thérèse et est ainsi informé de ce qu'elle ressent.

3 Fabrice et la vivandière (personne autorisée à suivre les troupes pour leur vendre de quoi boire et manger) sont les deux interlocuteurs de cet extrait.
La vivandière recommande à Fabrice de ne pas rejoindre le front sous peine de se faire immédiatement tuer.
Elle s'exprime dans un langage familier « *sacrédié* »; « *tu vas te faire moucher* »… sans doute à cause de son rang social. Fabrice utilise un langage plus soutenu: « *je suis résolu d'aller là-bas* ». Il est le fils d'un marquis, le marquis del Dongo.
Les paroles sont introduites dans le texte par des tirets qui annoncent le changement d'interlocuteur et par des verbes de parole: *dit, avoua*… Les pronoms personnels sont « je » et « tu ».
Le style direct est plus vivant, plus réaliste, il donne au lecteur l'impression qu'il assiste véritablement à la conversation.
La phrase au style indirect est la dernière phrase de l'extrait: « *Fabrice, fort piqué, avoua cependant à sa nouvelle amie qu'elle avait deviné juste.* » Ce changement marque une rupture avec le style direct: présence du verbe de parole « *avoua* » mais « je » et « tu » disparaissent au profit de la troisième personne, « elle »; plus de tiret et apparition d'une proposition subordonnée complétive qui dépend de « *avoua* ». Ce passage donne l'impression que la conversation est résumée et non plus restituée.

4 Le poète met en scène un pélican qui, n'ayant pu trouver de nourriture pour ses petits, leur offre ses entrailles pour qu'ils puissent survivre. C'est une anecdote émouvante dans la mesure où le père se sacrifie pour ses enfants; il leur offre sa vie.
À la fin du poème, le pélican est comparé au poète parce que lui aussi considère qu'il se sacrifie pour ses contemporains par l'effort consenti pour sa création poétique.
Le pélican symbolise le sacrifice de soi. Un symbole est la **concrétisation** (le pélican) d'une **idée** (le sacrifice).

5 Le poète projette (les verbes sont conjugués au futur) une évasion idéalisée en été, dans la nature avec laquelle il se sentira en harmonie et où il pourra se laisser aller au bonheur de ses rêveries.
Son état d'esprit est serein, rêveur. Ses « sensations » sont à l'apaisement et à la douceur. Impression renforcée par la régularité des vers 1, 2, 4, 5, 6 avec la césure séparant l'alexandrin en deux hémistiches. Les coupes sont différentes aux vers 3, 7 et 8 sans briser l'harmonie du poème.
L'avant-dernier vers contient une comparaison. Le poète s'identifie à un bohémien dans la mesure où, comme lui, il va devenir nomade et parcourir le monde.
Les nombreuses assonances et allitérations donnent à ces deux vers une musicalité remarquable:

Picoté par les blés, fouler l'herbe menu
Et j'irai loin, bien loin, comme un bohémien
Ces sonorités se répondent sur les syllabes accentuées du vers.

6 Ce poème est écrit en vers libres. Les vers ne sont pas réguliers et n'ont pas de ponctuation. Outre les rimes, irrégulières, de nombreuses assonances et allitérations se font écho donnant au poème un rythme et une musicalité. À cela s'ajoutent les reprises anaphoriques en début de vers, reprise d'adverbes, de constructions syntaxiques identiques…
L'homme est le **désespoir** qui essaie d'attirer le passant. Lui résister, c'est échapper au désespoir de la vie qui guette tout le monde.
La reprise anaphorique de « il », pronom personnel, permet de faire progresser l'information sur « l'homme ». À ceci, s'ajoutent les tournures impersonnelles « il y a », « il faut » qui font écho.
Ce poème est construit sur une opposition entre « l'homme » et le passant.
L'homme est tranquille, souriant ; il appelle, il fait signe.
Le passant doit résister mais il est comme « magnétisé » et sous un sourire apparent, il souffre terriblement. Il est figé et porte un regard irrémédiablement désespéré sur le monde : les oiseaux, les enfants…

7 Les cadets attendent Cyrano dans la salle de garde et, dès son arrivée, lui demandent de leur faire le récit de son dernier combat. Cyrano entreprend son récit de façon épique et lyrique mais il est sans arrêt interrompu par Christian. Outré, Cyrano finit par faire sortir tout le monde pour rester avec Christian.
Les didascalies sont nombreuses en raison des mouvements de scène dans le récit : à chaque intervention de Christian, Cyrano se lève, s'avance vers Christian, les cadets sont effrayés. De plus, le ton de Cyrano change en même temps que sa colère monte. L'auteur a donc noté ces différents aspects pour le jeu de scène des acteurs et le travail du metteur en scène.
L'insolence de Christian se manifeste dans sa désinvolture à l'égard de Cyrano. Non seulement il l'interrompt mais il ne cesse de faire des allusions désobligeantes à l'égard de son nez, ce que Cyrano ne supporte pas.
Les cadets sont terrorisés à l'idée du traitement que Cyrano risque d'infliger à Christian. De Cyrano se dégage l'idée d'un personnage redoutable, craint par son entourage qui l'admire.
Le comique réside dans les trésors d'imagination que déploie Christian à l'égard du nez de Cyrano : *pif, nasarde, nez à nez, nez au vent…*, dans les réactions contenues de Cyrano et la peur des cadets.
L'intensité dramatique du passage repose sur la colère de Cyrano qui va crescendo et dont le spectateur attend « l'explosion » finale.

8 Phèdre parle d'Hippolyte en ces termes : farouche ennemi qu'on ne pouvait dompter, tigre soumis et apprivoisé. L'image d'Hippolyte est celle d'un héros insensible à l'amour et qui aurait succombé au charme d'Aricie.
Le champ lexical de la passion est omniprésent : *aime, douleur, nouveau tourment, j'ai souffert, mes transports, refus cruel, insupportable injure, charme, séduire…*
Phèdre est passionnée et dévorée par la colère, ce qui se manifeste par de nombreuses phrases interrogatives et exclamatives.
La première réplique de Phèdre utilise :
– des périphrases : *farouche ennemi, vainqueur soumis et apprivoisé*, pour désigner Hippolyte ;
– des métaphores : *tigre à dompter* pour Hippolyte. Il s'agit d'une métaphore directe permise par les qualités guerrières et rebelles du personnage ;
– *Aricie a trouvé le chemin de son cœur.* Métaphore directe « *le chemin de son cœur* », c'est-à-dire la façon de le séduire.
Comment se sont-ils vus ? Depuis quand ? Dans quels lieux ?
– Ces trois questions successives avec césure et coupe dans le second hémistiche ; avec la répétition du phonème [k] témoignent de la violence des sentiments de Phèdre.
La mise en scène d'une passion qui va jusqu'au bout de sa folie est le ressort principal de la tragédie classique.

9 Le texte veut convaincre de l'innocuité de la viande de bœuf, il est donc possible de la consommer sans crainte. Le ministère de l'Agriculture s'adresse aux consommateurs pour les rassurer et pour relancer la consommation de viande.
Les trois arguments utilisés reposent sur la sécurité, par le contrôle de la qualité de la viande et de l'alimentation des animaux. À cela s'ajoute un renforcement du dépistage et de la recherche.
Ces arguments sont numérotés, écrits en majuscules et en caractères gras, détachés, ce qui les met en valeur.

Ils sont développés par des éléments scientifiques et juridiques qui sont isolés et bien détachés par des retraits d'alinéas, ce qui facilite la lecture.
La conclusion est mise en valeur parce qu'elle est détachée du texte, rédigée en italique et en caractères gras. Le mot « **prioritaires** » placé en fin de texte renforce le sentiment de confiance qu'attend le ministère par la publication de ce communiqué.

10 Les deux auteurs indiquent leurs préférences en matière de dictionnaires. L'un préfère le *Robert*, l'autre le *Larousse*.
Pour l'historien, Pierre Nora, le *Robert* lui permet de dater les mots, de surfer d'un mot à l'autre, d'obtenir « la couleur sociale des mots ».
Pour l'académicien Bianciotti, le *Larousse* lui permet d'utiliser un dictionnaire grammatical.
En outre est un connecteur qui ajoute un argument ou élargit sa portée.
C'est-à-dire introduit une explication.
Mais introduit une opposition.
Toutefois annonce une opposition ou une concession.
La première phrase oppose une qualité du *Robert* (sa conception évolutive) à un défaut : la vie de certains mots est éphémère. Cette opposition est marquée par le connecteur (conjonction de coordination) : *mais*.
Hector Biancotti préfère le *Larousse* mais il concède que ce dictionnaire ne donne pas d'exemples. Le connecteur utilisé est ici *toutefois* (adverbe).

Dans ces deux textes, les auteurs indiquent leurs préférences. Celles-ci s'appuient sur des éléments objectifs de la composition des dictionnaires. Mais également sur des éléments plus personnels : *je ne saurai me satisfaire… Il me surprend, Pour un historien, j'apprécie, il m'inspire, j'adore l'avoir en main…* (texte 1)*; Je trouve que, je pense que, un regret, j'apprécie tout particulièrement…*
Exprimer son point de vue, c'est donner son sentiment, dire comment et pourquoi on ressent certaines préférences… dans le but de les partager.

11 Cette gravure représente quatre jeunes filles dans une bibliothèque. Au premier plan, deux d'entre elles feuillettent un livre avec beaucoup de plaisir. Une autre jeune fille s'empare d'un livre qu'elle réussit à atteindre en montant sur un escabeau. La dernière enfin, la main sur la poignée de la porte, est penchée, l'oreille collée sur cette porte.
À partir de cette gravure, on peut imaginer que ces quatre jeunes filles se cachent pour lire des livres qui sans doute leur sont interdits. D'où la nécessité de se cacher et de surveiller la venue de quelqu'un.
L'auteur a sans doute voulu montrer que l'éducation des jeunes filles au XIXe siècle était très surveillée et que ces dernières n'avaient pas accès à toutes les formes de la littérature. Lire pouvait apparaître comme dangereux pour l'esprit.

HISTOIRE GÉOGRAPHIE

Épreuve écrite
Durée : 1 heure
Coefficient : 2

Pour réussir l'épreuve...

L'épreuve d'histoire-géographie du Brevet d'Études Professionnelles ne comporte qu'un seul sujet : soit un sujet d'histoire, soit un sujet de géographie pris dans le programme de la deuxième année d'études, traité dans cet ouvrage. Vous trouverez donc ci-après tout ce que vous devez savoir pour réviser cette épreuve et répondre aux questions posées.
Celles-ci ont pour objectif de vérifier, autour de 2 ou 3 documents, si vous êtes capable de :
– **relever et analyser** des informations contenues dans ces documents ;
– **mettre en relation** ces documents en intégrant les connaissances acquises au cours de l'étude du programme.

Le cours complet

Pour chacun des éléments du programme, vous trouverez les éléments fondamentaux du cours que vous devez mémoriser intelligemment afin de pouvoir les intégrer au mieux dans votre analyse de documents et dans le développement organisé qui vous sera demandé en dernière question.

Les outils de base

La chronologie est l'instrument de référence de l'historien. Pour chaque thème étudié, vous trouverez les ancrages chronologiques sous la rubrique **« Se situer dans le temps »** qui permettent de donner du sens à la période en les retenant et en les croisant avec d'autres informations.
La carte est l'outil privilégié du géographe : pour chaque thème abordé, vous pourrez ainsi visualiser les éléments développés dans le cours par une carte.

Le vocabulaire essentiel

Pour chaque leçon, un certain nombre de mots-clés doivent être connus de vous. Quand ils ne sont pas expliqués dans le texte, ils sont définis dans les encadrés. Vous pourrez ainsi mieux vous les approprier pour le jour de l'examen.

Le sujet traité

Afin de vous placer dans les conditions réelles de l'épreuve, il nous est apparu important de vous proposer un sujet d'histoire et un sujet de géographie, à traiter en autonomie. Celui-ci est accompagné de conseils. Vous en trouverez les corrigés en pages 93 et 94.

1 L'ÉVOLUTION ÉCONOMIQUE DU MONDE DEPUIS 1945

De 1945 à nos jours, l'économie mondiale connaît deux grandes phases articulées autour des années 1973/1975. La première est marquée par une croissance exceptionnelle mais inégalement répartie et une accélération de la mondialisation, tandis que la seconde voit le monde s'enfoncer dans une longue dépression dont les remèdes restent difficiles à trouver et l'issue incertaine.

1. 1945-1975 : « LES TRENTE GLORIEUSES »

Une exceptionnelle croissance

Dès 1945, l'économie mondiale est remise en ordre : sous l'égide des États-Unis, un nouveau système monétaire est mis en place autour du dollar et de nouveaux accords (le GATT) régissent les échanges internationaux. Le plan Marshall injecte 12 milliards de dollars en Europe. L'augmentation régulière de la production (croissance) est également fondée sur l'essor démographique (2 milliards d'habitants dans le monde en 1945 ; 4 milliards en 1975) qui accroît la consommation devenue plus aisée. Ainsi les économies occidentales croissent-elles à un rythme moyen de 5 % par an sur l'ensemble de la période. Le capitalisme, discrédité par la crise des années 30, retrouve une nouvelle vigueur, mieux encadré par les États. L'économie est modifiée : le charbon est remplacé par le pétrole et par l'uranium. La productivité est améliorée par le progrès technique et scientifique. Les marchandises et les hommes circulent plus vite, plus loin, à l'aide de moyens de transport toujours plus imposants. Les échanges se mondialisent et de gigantesques firmes multinationales produisent 20 % du PNB des pays capitalistes. Les résultats sont spectaculaires : en 30 ans, la production mondiale triple.

En Allemagne, Italie et Japon, les taux de croissance sont supérieurs à 5 % : on parle même de « miracle économique ».

Vocabulaire

Croissance : augmentation globale de la production.

Développement : croissance économique accompagnée du développement du niveau de vie.

Économie de marché : système économique fondé sur la liberté d'action des entreprises et la moindre intervention de l'État.

Économie planifiée : système économique dans lequel l'État est l'acteur principal. Propriétaire des entreprises, il prévoit la production dans des plans précis.

GATT : accord général sur les tarifs douaniers et le commerce. Créé en 1947, il est aujourd'hui remplacé par l'Organisation mondiale du commerce.

Mondialisation : pour le commerce, c'est l'élargissement du commerce à l'échelle du globe, grâce aux progrès des transports.

Les limites de la croissance

À l'opposé des pays occidentaux d'économie de marché, les pays communistes de l'Est développent une économie planifiée dirigée par les États sous la tutelle soviétique. Ces pays refusent l'aide Marshall, sous la pression de l'URSS qui organise un marché commun des pays de l'Est : le CAEM (Comité d'assistance économique mutuelle), étanche aux autres zones économiques.

Accédant progressivement à l'indépendance politique, les anciens pays colonisés tentent d'explorer une autre voie, entre capitalisme et socialisme. En raison de leur forte démographie, de l'importance de leur secteur agricole peu productif, de leur industrie médiocre et de la faiblesse de leur intégration aux échanges internationaux dominés par les pays riches, leur croissance est loin d'être confondue avec leur développement. On parle à leur égard de « tiers-monde ».

2. DEPUIS 1975 : DÉPRESSION ET NOUVEL ORDRE ÉCONOMIQUE

De la crise à la dépression

À partir de 1973, la croissance faiblit, voire cesse, c'est la crise. On impute généralement celle-ci à la combinaison de plusieurs facteurs. L'utilisation du pétrole comme arme économique (prix multiplié par 4 en 1973 puis à nouveau par 2 en 1980) renchérit fortement les coûts de production. La fin de la convertibilité du dollar en or (1971) donne aux États-Unis le pouvoir d'utiliser leur monnaie, devenue étalon, au gré de leurs besoins. Les pays libéraux accusent l'État de jouer un rôle négatif (prélèvements trop élevés ; réglementation trop contraignante). Enfin, le modèle de production des pays riches aurait atteint ses limites avec un coût social trop élevé qui nécessite la délocalisation des entreprises vers les nouveaux pays industriels.

La crise se traduit par un fort fléchissement de la production, une augmentation massive du chômage (plus de 10 % des actifs européens en 1993) et une importante hausse des prix. À l'exception des pays producteurs de pétrole, la crise atteint tous les pays du monde. Pour les pays du Sud, la valeur de leurs exportations ne compense pas la hausse du coût des produits manufacturés et de l'énergie. En dix ans (1973-1983), la dette globale du tiers-monde est multipliée par six. La crise que l'on pensait être brève apparaît comme durable. À l'exception du début des années 80, la croissance des PIB occidentaux a fléchi mais n'a pas cessé de s'élever. En 2005, on comptait 119 millions de chômeurs dans les 25 pays de l'Union européenne installés dans une relative dépression.

Le difficile traitement de la dépression

Deux grands types de politiques sont essayés par les dirigeants occidentaux pour lutter contre la crise. Les premières visent à augmenter le pouvoir d'achat pour relancer la consommation, mais elles provoquent déficits budgétaires et commerciaux. Les secondes (Reagan, Thatcher) accordent la priorité à la défense de la monnaie et aux équilibres du budget. Elles ont arrêté la hausse des prix mais échoué sur le plan du chômage. Plus ou moins pratiqué par tous depuis 1982, ce néolibéralisme est à l'origine d'une certaine fracture sociale qui voit s'opposer riches et « nouveaux pauvres ».

Actuellement, l'économie mondiale s'organise autour des trois grands pôles de la « Triade » (États-Unis, Europe, Japon). Le passage à l'économie de marché et l'intégration dans la mondialisation maintiennent les pays de l'ex-bloc de l'Est dans une situation difficile. Les pays du Sud ne cessent de voir leur dette augmenter en raison de l'appel massif au crédit international.

Aujourd'hui, alors que les nouveaux accords de l'OMC ont remplacé ceux du GATT, s'instaure un nouvel ordre économique que des sommets tels celui des pays riches à Davos tentent d'organiser ou celui des pays pauvres à Pôrto-Alegre tentent de contester.

Se situer dans le temps

1946 : naissance du Fonds monétaire international et du GATT.

1947 : plan Marshall.

1949 : création du CAEM.

1957 : Communauté économique européenne.

1960 : création de l'OCDE.

1971 : fin de la convertibilité du dollar.

1973 : 1er choc pétrolier.

1979 : 2e choc pétrolier.

1985 : dollar à 10,65 F.

1992 : création de l'Union européenne.

1994 : création de l'Organisation mondiale du commerce.

2 LES MUTATIONS ÉCONOMIQUES DE LA FRANCE DEPUIS 1945

À l'instar du modèle occidental, l'évolution de l'économie française s'organise en deux grandes sous-périodes : 1945-1973 et 1973 à nos jours. La spécificité française est sans doute à rechercher dans le rôle joué par l'État tout au long de la période et dans l'originalité des solutions proposées pour répondre à la crise, au moins jusqu'en 1982.

1. 1945-1973 : DE LA RECONSTRUCTION À LA CRISE

Reconstruction et restructuration

À la Libération, la France apparaît comme ruinée par 5 ans de guerre. La production industrielle est à 40 % de celle de 1938, la moitié du réseau ferroviaire est inutilisable, 74 départements sont dévastés, 600 000 Français ont disparu. Sous la conduite du général De Gaulle, un vaste programme de nationalisations, accompagné d'un plan de développement économique confié à Jean Monnet, est mis progressivement en œuvre. Il concerne l'énergie (Électricité, Gaz et Charbonnage de France), l'aéronautique (Air France), l'automobile (Renault), les banques et les assurances (Banque de France, Crédit Lyonnais, Société Générale…). Ce plan indicatif, lié à l'aide Marshall, permet à la France, au début des années 50, de retrouver sensiblement ses chiffres de production de 1938. Il installe aussi le pays dans une certaine forme de dirigisme.

Une croissance élevée

De 1950 à 1973, jamais la France n'a connu une telle période d'expansion : le taux moyen annuel de variation du PIB sur l'ensemble de la période est de + 5,2 %. Les industries automobile, aéronautique, mécanique, électrique et le bâtiment sont les moteurs de la croissance. La France entre dans l'ère de la production et de la consommation de masse. À un fort accroissement de la productivité répond une multiplication par trois du pouvoir d'achat annuel des Français entre 1949 et 1975. Dès 1950, le SMIG est créé. La croissance est en réalité le résultat d'une multitude de facteurs dont les influences se sont combinées et renforcées. Parmi ceux-ci, on peut citer la planification, le « baby-boom » et une population rajeunie, un niveau d'instruction plus élevé, l'exode rural et la main-d'œuvre étrangère, la mobilisation de l'épargne publique mais aussi, à partir de 1957, l'ouverture au marché européen.

Mais dès la fin des années 60, certains indicateurs virent à l'orange : l'ANPE est créée en 1967 et le maintien de la croissance passe par celui d'un taux d'inflation assez élevé. Sur le plan social, on s'interroge pour savoir si cette nouvelle société de consommation « libère » ou « aliène » les individus.

2. DEPUIS 1973 : UNE ÉCONOMIE EN RÉCESSION ?

La crise et son traitement

Les deux chocs pétroliers (1973, prix multipliés par 4 ; 1979, prix multipliés par 2) affectent l'économie française dans son approvisionnement énergétique et son industrie dans l'achat de ses matières premières. La facture pétrolière va alors peser lourd. La France est prise dans une conjoncture mondiale qui se retourne : l'inflation s'accélère, le commerce extérieur accroît son déficit. La crise n'est donc pas seulement due aux chocs pétroliers et au désordre monétaire. Le nombre

Vocabulaire

Crise : moment au cours duquel l'économie passe d'une période de prospérité à une phase de difficulté.

Dirigisme : système politique dans lequel le gouvernement exerce un pouvoir d'orientation en matière économique.

Fordisme : système qui allie au taylorisme de bons salaires faisant des ouvriers les premiers clients de l'entreprise.

Inflation : hausse des prix.

SMIG : salaire minimum interprofessionnel garanti.

Taylorisme : organisation rationnelle du travail qui conduit au travail à la chaîne.

Trente Glorieuses : expression utilisée pour désigner les années de prospérité (1945-75) des sociétés occidentales.

traumatisant des chômeurs ne cesse de progresser (1 million en 1975, 2 en 1982, 3 en 1995). Les politiques économiques se succèdent avec des succès divers. Les unes visent à contrôler l'inflation en encadrant le crédit (R. Barre) et en augmentant les impôts. Les autres (Chirac, Mauroy) tentent de relancer la consommation en donnant du pouvoir d'achat et en contrôlant les banques et les grandes entreprises (nationalisations – Mauroy, 1981). Ces deux types de politique échouent. À partir de 1983, les gouvernements de droite comme de gauche (Fabius, Chirac) poursuivent une politique de rigueur qui porte ses fruits en matière de lutte contre l'inflation (13 % en 1980, 1,7 % en 2000). Les privatisations de 1986 (Chirac) sont poursuivies sous des gouvernements de droite (Balladur) comme de gauche (Rocard, Jospin).

Ces politiques s'accompagnent de profondes mutations de l'appareil productif : la crise a démantelé l'industrie et la croissance est désormais tirée par le secteur tertiaire.

Du traitement économique au traitement social

La crise est en réalité un fléchissement du taux de croissance du PIB qui, malgré tout, reste autour de 2 %. Cette impression de crise est surtout due au fait que la croissance ne permet plus pendant longtemps de créer le nombre d'emplois nécessaires à la diminution du chômage. En juillet 2006, le nombre de chômeurs représente encore 8,9 % des actifs. Les gouvernements sont donc contraints, faute de réussite économique réelle, d'envisager un traitement plus « social » de l'emploi. Ainsi voit-on se succéder les travaux d'utilité collective (TUC), les contrats emplois solidarité (CES) et les emplois-jeunes tandis que les départs anticipés en retraite sont encouragés pour éviter les licenciements « secs ». Tous les revenus sont invités à financer une Contribution Sociale Généralisée. Au 1er janvier 2006, on comptait 1,27 million de RMIstes touchant 433 € par mois.

Malgré une économie ruinée en 1945, la France a su passer du statut de puissance coloniale, fondée sur son empire, à celui de 5e puissance industrielle et de 6e puissance économique dans le monde en s'adaptant et en s'ouvrant aux concurrences européenne et mondiale. Il reste néanmoins à ses dirigeants à prendre les mesures pour aider une partie de la population en grande difficulté.

Se situer dans le temps

1947 : plan Marshall : 6 milliards de dollars pour la France.

1950 : création du SMIG.

1951 : CECA.

1957 : traité de Rome : CEE.

1958 : plan de Pinay / Rueff.

1981 : politique de relance ; nationalisations.

1983 : politique de rigueur.

1986 : déréglementation des prix, des changes et du crédit ; privatisations.

1990 : contribution sociale généralisée ; RMI.

1992 : traité de Maastricht, création de l'UE.

2000 : couverture médicale universelle.

2002 : fin du franc comme monnaie nationale.

3 L'AVENTURE SCIENTIFIQUE ET TECHNIQUE DEPUIS 1945

Après la Seconde Guerre mondiale, le progrès scientifique semble s'accélérer. Les crédits accordés à la recherche-développement sont soutenus de façon continue. Tous les domaines de l'activité humaine sont concernés dans la recherche et ses applications, mais aussi dans la domination des sociétés technologiques sur les autres. Si la vie quotidienne est souvent améliorée, la maîtrise des applications scientifiques soulève encore souvent des questions d'ordre éthique.

1. LES GRANDS PROGRÈS SCIENTIFIQUES ET TECHNIQUES

Le nucléaire, l'espace et les communications

Connue dès 1938, la fission de l'atome donne naissance à l'énergie nucléaire dont la première utilisation est militaire (Bombe A sur Hiroshima). Les bombes H et à neutrons sont mises au point aux États-Unis dès 1952 et 1980. Peu à peu, d'autres États (URSS, Royaume-Uni, France, Chine) intègrent le club fermé des puissances nucléaires. Dès 1951, des centrales nucléaires civiles se développent.

La course à l'espace est très vive dans les années 60 : le soviétique Youri Gagarine est le premier homme dans l'espace (1961) tandis que l'américain Armstrong pose le premier le pied sur la Lune (1969). Avec la fusée Ariane, les Européens participent au lancement de nombreux satellites indispensables aux télécommunications. Dans le domaine des transports, l'aéronautique est entrée dans l'ère des avions à réaction (1952), la marine a construit de gigantesques navires spécialisés et le chemin de fer offre des trains à grande vitesse (TGV). Tous participent à la « réduction » des distances et à la mondialisation.

Vocabulaire

Civilisation de l'image : fait que l'image sous toutes ses formes tient une place importante dans les conditions de vie d'une société.

Culture de masse : tendance à l'unification de la pensée et des comportements d'une société.

Éthique : ensemble des règles de conduite à suivre pour une société.

Innovation : mise en production d'une invention.

Mass media : moyens de diffusion massive de la pensée (journaux, radios, télévision, internet).

Progrès : changement qui conduit à une amélioration. On parle de progrès scientifique, technologique, économique et social.

Recherche-développement (R-D) : travaux de recherche fondamentale et appliquée ainsi que les sommes qui leur sont affectées.

Technologies de l'information et biotechnologies

Depuis 1945, les générations d'ordinateurs se succèdent, impulsées par les découvertes du transistor (1948), du circuit intégré (1956) et du microprocesseur (1971). Les ordinateurs de plus en plus puissants trouvent des applications dans tous les domaines d'activité qui permettent de collecter, stocker et traiter des informations en quantité considérable. Avec internet et le téléphone mobile, les distances sont abolies et les durées « écrasées ». On parle de « cybersociété ».

Depuis 1953, la génétique n'a cessé de se développer en donnant aux scientifiques, avec les biotechnologies, un pouvoir sans précédent sur le vivant. Aujourd'hui, le fait de pouvoir transférer un gène d'un organisme à un autre (clonage) permet à l'homme d'améliorer les espèces animales et végétales, de modifier son environnement mais aussi sa nature même.

2. DES ENJEUX CONSIDÉRABLES

Les acteurs : États et industries

Pendant et après la Seconde Guerre mondiale, les recherches militaires des États pilotent les autres. Le nucléaire, le radar, internet sont d'abord militaires avant d'être civils. L'innovation n'est plus le fait de chercheurs isolés mais de vastes équipes de chercheurs qui travaillent en laboratoires et engloutissent d'énormes budgets de R-D souvent versés par les États. C'est le cas de la NASA aux États-Unis (recherche aérospatiale), du MITI au Japon (industrie et commerce), du CEA et du CNRS en France (énergie atomique et recherche scientifique). On parle de complexes militaro-industriels. Aujourd'hui, les États sont parfois dépassés par de gigantesques firmes qui contrôlent l'information, l'innovation et les marchés.

Des espoirs et des craintes

L'industrie nucléaire offre aux populations une énergie souple mais la maîtrise de ses déchets n'est pas acquise. La dissémination de l'arme atomique pèse sur la paix dans certaines zones du globe. Dans la société de l'information, les hommes voient augmenter leur liberté de créer, d'entreprendre, de commercer et de communiquer, mais cette « cybersociété » peut aussi être une société de surveillance pour tous et d'exclusion pour ceux qui ne maîtrisent pas l'informatique. La médecine a accompli de remarquables progrès avec les greffes d'organes. Les biotechnologies fournissent des espèces végétales améliorées et des races animales sélectionnées. Des nouveaux aliments et des médicaments de synthèse devraient permettre aux hommes de mieux se nourrir et de mieux se soigner. Mais la fabrication biotechnologique de ces produits peut entraîner de sérieuses perturbations sur les marchés traditionnels. Le génie génétique offrent de grands espoirs aux couples stériles mais aussi des perspectives inquiétantes, tel l'eugénisme et ses multiples possibilités de clonage.

Ces évolutions constituent de nouveaux défis que les lois et l'éthique peinent à suivre. Face à des sociétés devenues méfiantes devant l'emprise de ces nouvelles technologies, les gouvernants tentent de gérer les risques et de restaurer la confiance en instaurant le principe de précaution.

Se situer dans le temps

1944 : fusées V2 allemandes.
1945 : bombe A (États-Unis).
1946 : découverte de la RMN.
1947 : 1er ordinateur IBM.
1952 : bombe H (États-Unis).
1957 : synthèse de la pénicilline ; Spoutnik : 1er satellite artificiel.
1959 : identification de la trisomie 21.
1960 : naissance de la CAO.
1961 : 1re cassette audio ; Gagarine, 1er homme dans l'espace.
1962 : 1er robot industriel.
1967 : 1er sous-marin nucléaire français ; 1re transplantation du cœur.
1969 : 1er homme sur la Lune ; Concorde.
1972 : création du microprocesseur.
1974 : carte à mémoire.
1978 : 1er bébé éprouvette, Louise Brown.
1979 : fusée Ariane ; invention du Walkman.
1980 : 1er PC.
1981 : navette Columbia ; TGV.
1983 : invention du Compact Disc.
1985 : invention du CD-Rom.
1992 : ordinateur multimédia.
1993 : clonage du 1er embryon humain.
1994 : tunnel sous la Manche.
1995 : DVD.
1998 : baladeur MP3.
2005 : TNT (France).

4 LES CHANGEMENTS DE LA SOCIÉTÉ FRANÇAISE DEPUIS 1945

Entre 1940 et 2000, la population de la France passe de 40 à 60 millions d'habitants. Ces chiffres cachent une évolution en deux temps : rajeunissement puis vieillissement de la population, et des caractéristiques fort différentes de celle-ci entre les deux dates. Les Français ont également vu leur niveau de vie s'améliorer considérablement et leur degré d'instruction s'élever. Les paysans ont quasiment disparu du paysage et les ouvriers longtemps très nombreux ont vu leurs effectifs se stabiliser puis diminuer face à un secteur tertiaire de plus en plus féminisé.

1. LES MUTATIONS DE LA POPULATION

Du baby-boom au papy-boom

Entre 1946 et 1975, le pays gagne 12 millions d'habitants grâce à l'immigration et à une forte natalité. Les familles ont couramment trois ou quatre enfants : c'est le baby-boom. 800 000 « pieds-noirs » sont également rapatriés d'Algérie en 1962. À partir des années 70, la croissance de la population ralentit (baisse de la natalité à moins de 15 %, stabilité de la mortalité et arrêt de l'immigration). L'indicateur de fécondité (19 enfants pour 100 femmes de 15 à 49 ans) reste en dessous du seuil de remplacement des générations (21). Malgré un taux de natalité (13,1 ‰) des plus élevés d'Europe, tous ces facteurs contribuent au vieillissement de la population (papy-boom : un Français sur cinq a désormais plus de 60 ans). L'espérance de vie à la naissance ne cesse de s'allonger. Elle est aujourd'hui de 83,8 ans pour les femmes et de 76,8 ans pour les hommes.

Niveau de vie et niveau scolaire en hausse

Durant l'ensemble de la période, il est incontestable que le niveau de vie a augmenté : entre 1949 et 1976, les ouvriers voient leur pouvoir d'achat multiplié par 3,2. Malgré l'apparition dans les années 80 des « nouveaux pauvres » issus de la crise économique, le salaire annuel net moyen des Français est passé de 15 270 € à 20 440 € (soit + 33 %) dans les dix dernières années du XXe siècle. Deux évolutions semblent marquantes. Les salaires féminins se rapprochent de ceux des hommes (82 % en 1999). L'échelle des disparités a tendance à s'atténuer : en 2000, un cadre gagne 3 fois le salaire d'un ouvrier, contre 2,8 fois en 1989, malgré la revalorisation du SMIC supérieure en pourcentage aux augmentations dont ont bénéficié les catégories intermédiaires.

Vocabulaire

Démocratisation : dans le domaine scolaire, possibilité pour un jeune de faire des études, quelle que soit son origine sociale.

Laissés-pour-compte/nouveaux pauvres : personnes qui ne bénéficient pas économiquement et socialement de la croissance économique.

Massification : pour l'école, fait d'admettre la très grande majorité d'une classe d'âge.

Société de consommation : société qui vise à faire de ses membres des consommateurs de biens et de services.

Urbanisation : phénomène de développement et d'extension de la ville.

En 1950, l'école est encore celle de Jules Ferry : une école primaire gratuite, laïque et obligatoire débouche sur le travail ; le secondaire accueille les enfants des classes aisées et le supérieur concerne une toute petite minorité. De grandes réformes permettent la massification du collège (années 60-70) puis du lycée (années 80) et enfin l'ouverture du supérieur (années 80-90). Mais cette massification ne s'est pas accompagnée d'une réelle démocratisation (63,8 % de la génération a obtenu le baccalauréat en 2006).

2. LES MUTATIONS SOCIOPROFESSIONNELLES

De moins en moins de paysans et d'ouvriers

En 1946, l'agriculture occupe encore 36 % des actifs contre 14 % en 1968 et 4 % en 2000 (633 000 agriculteurs).

Entre 1970 et 1980, 50 % des jeunes de 15 à 25 ans participent à un vaste exode rural. Ce déclin s'accompagne de profonds changements : hausse des rendements, une mécanisation poussée, utilisation massive des engrais et pesticides.

Le monde des petits paysans et ouvriers agricoles cède la place à celui des « chefs d'entreprise » diplômés. On passe d'une agriculture d'autoconsommation sur de petites exploitations à une agriculture commerciale sur de vastes exploitations. Cependant, la qualité de vie des agriculteurs s'est considérablement améliorée (désenclavement par les transports, confort de l'habitat, hausse de la consommation de biens culturels).

Le nombre d'ouvriers s'accroît de 6,5 millions en 1954 à 8,5 millions, apogée de 1975. C'est l'époque où la demande de l'industrie en OP, OQ et OS (ouvriers professionnels, qualifiés et spécialisés) est maximale et trouve réponse dans les campagnes. Ceux-ci sont représentés par de puissantes confédérations syndicales (CGT, CFDT, FO, CFTC). Automatisation, ordinateurs et concurrence internationale bouleversent le monde ouvrier des années 80 exigeant des personnels de plus en plus qualifiés (techniciens, ingénieurs). Aujourd'hui, l'INSEE évalue le nombre d'ouvriers à 6,8 millions. On a parlé de « nouvelle classe ouvrière » pour désigner les ouvriers et contremaîtres qui intègrent les classes moyennes.

Des activités de plus en plus tertiaires et féminisées

Regroupant les activités de commerce, de services, de banque, d'assurance, de transport, de communication, de recherche, de santé, le secteur tertiaire n'a cessé de se développer en relation avec l'évolution du contexte économique national et mondial. Son essor est spectaculaire : ses salariés représentent 31,5 % des actifs en 1946, 50,1 % en 1975 et 71 % en 2000. Parmi ceux-ci, les employés ont un effectif de 7,8 millions de personnes. Les services marchands non financiers (postes, télécommunications, hôtellerie-restauration, immobilier...) emploient 3,7 millions de personnes et le secteur du commerce 3,2 millions.

Après 1945, les femmes sont de plus en plus présentes sur le marché du travail (36 % en 1962). Aujourd'hui, c'est près d'une femme sur deux qui travaille, surtout dans le secteur tertiaire (77 % des employés). Bien représentées dans les métiers de la santé et du travail social (76 %), mais aussi de l'enseignement (66 % des instituteurs, 53 % des professeurs), elles sont moins présentes chez les ouvriers (21 %) et chez les artisans (24 %).

Se situer dans le temps

1956 : 3e semaine de congés payés.

1960 : instauration du « nouveau franc ».

1962 : mise en place de la Politique agricole commune.

1967 : création de l'ANPE.

1969 : le SMIC remplace le SMIG ; 4e semaine de congés payés.

1974 : loi Simone Veil.

1978 : rapport Nora-Minc, *L'informatisation de la société*.

1981 : abolition de la peine de mort.

1982 : semaine de 39 heures ; 5e semaine de congés payés ; lois de décentralisation.

1987 : pilule contraceptive.

1988 : création du RMI.

2003 : loi sur les retraites

5 LA VIE QUOTIDIENNE DES FRANÇAIS DEPUIS 1945

De 1945 à nos jours, la vie quotidienne des Français a profondément évolué. Une société encore très rurale a peu à peu cédé la place à une société aux modes de vie très urbains. Diminution du temps de travail et élévation du niveau de vie ont considérablement affecté les modes de consommation. Une culture de masse, portée par les médias techniquement toujours plus performants, a désormais envahi les espaces public et privé de nos contemporains.

1. LE LOGEMENT ET LE TRAVAIL

De plus en plus de citadins

En 1946, les ruraux représentent encore 47 % de la population totale contre 25 % aujourd'hui. Désormais, les trois quarts des Français vivent dans des unités urbaines (moins de 20 % du territoire national). Ce passage de la campagne à la ville s'est accompagné d'une amélioration du confort des logements. Les HLM, aujourd'hui décriés et rasés, constituent à l'origine un progrès de l'habitat (eau courante, douches, sanitaires…). L'accession à l'automobile permet de dissocier les lieux de travail et d'habitation. Ainsi se développent des banlieues d'habitat collectif (cités-dortoirs) puis pavillonnaire (années 80) de plus en plus lointaines. 56 % des Français vivent aujourd'hui dans une maison individuelle. On assiste actuellement à un véritable « exode urbain » vers les communes de grande banlieue. Tandis que les zones rurales isolées continuent à se vider, on vit désormais dans une aire urbaine tout en habitant à la campagne. Mais la ville et ses banlieues sont aussi le lieu où les effets de la fracture sociale se font le plus ressentir (anonymat, insécurité, pauvreté, difficultés d'intégration, zones d'exclusion, voire de non-droit…).

L'évolution face au travail

Depuis 1945, la durée légale du travail est en diminution (40 heures, 36 en 1982 et 35 en 1998). Parallèlement à cette baisse, la durée des congés ne cesse de s'allonger (2 semaines, puis 3 en 1956, 4 en 1969 et 5 en 1982). Cependant, il faut distinguer une première période de plein emploi (et même d'appel à l'immigration), jusqu'en 1973 et une seconde au cours de laquelle le chômage frappe durement les plus défavorisés (800 000 chômeurs en 1975 ; 3 millions en 1998). L'échec des solutions économiques nécessite un traitement social du chômage de la part de l'État-providence (contrats emplois solidarité, emplois-jeunes…) à côté de la multiplication des emplois précaires (contrats à durée déterminée). En 1999, 2,9 millions de personnes étaient aidées contre 103 000 en 1973. Aujourd'hui, la durée hebdomadaire moyenne de travail des salariés à temps complet est d'un peu moins de 39 heures. Le travail à temps partiel est surtout pratiqué par les femmes. plus d'1,5 million d'étrangers travaillent sur le sol français. Ils sont le plus touchés par le chômage (19 % contre 9,4 % pour les nationaux en 2004).

2. LA CONSOMMATION, LES LOISIRS ET LA CULTURE

L'évolution de la structure de la consommation

Entre 1950 et 1968, le revenu disponible des Français double. Cette hausse du niveau de vie stimule la consommation des ménages qui ont de plus en plus souvent deux salaires. Loyers, transports et dépenses de santé progressent tandis qu'alimentation et habillement diminuent. En 1954, l'alimentation représente 40 % des dépenses, cette part tombe à 25 % en 1974 et à 17,9 % en 2000. Les classes

Vocabulaire

Cité-dortoir : agglomération dont la fonction essentielle est de loger des habitants travaillant ailleurs.

État-providence : système économique et social dans lequel l'État intervient pour aider les plus démunis.

Mass médias : ensemble des supports de diffusion massive de l'information (journaux, radios, télévisions, cinéma, CD, internet...).

Unité urbaine : une ou plusieurs communes (dans ce cas, on parle d'agglomération) représentant au moins 2 000 habitants.

moyennes consomment toujours plus d'objets standardisés. 7 % des ménages ont un réfrigérateur en 1950, 50 % en 1964 et 100 % aujourd'hui. Pour acheter ce réfrigérateur, il faut à un ouvrier 12 semaines de travail en 1958 et seulement une semaine en 1978. La 4 CV Renault et la 2 CV Citroën jouent dans un premier temps le rôle de « voitures du peuple ». Peu à peu, l'automobile, produit de luxe réservé à une élite (21 % des ménages en 1953), change de statut pour devenir un bien de consommation courant (75 % en 1988). Dès les années 60, cette consommation de masse est accompagnée par des facilités de crédit, et par l'ouverture des grandes surfaces (premier Carrefour ouvert en 1963). L'innovation (télévision couleur) et le multiéquipement (possession de plusieurs biens de consommation de même nature) permettent de répondre aux risques de saturation du marché.

Les loisirs et la culture

Une civilisation des loisirs naît peu à peu de la hausse du niveau de vie et du temps libéré du travail. Grâce à l'automobile, instrument de liberté et d'évasion, 45 % des Français partent en vacances en 1961 (60 % en 1990). Progressivement se met en place une culture de masse diffusée par les journaux et la radio dans un premier temps. Outre le livre de poche, une presse diversifiée apparaît et vise son public : magazines féminins (*Elle*, 1945) ; de reportages (*Paris Match*, 1949), politiques (*L'Express*, 1953) ou encore cible d'une nouvelle catégorie : les jeunes (*Salut les copains*, 1962). L'irruption de l'audiovisuel est annoncée dès 1960 (*Télé 7 jours*). La télévision, avec ses productions standardisées, participe activement à la création de cette culture de masse. 10 % des ménages possèdent un téléviseur en 1958, 93 % en 2000. Les chansons devenues des « tubes » sont martelées à longueur de temps. Les matériels de diffusion et les supports intègrent le progrès technologique depuis l'électrophone des années 60 jusqu'au lecteur de DVD au baladeur MP3 et à la TNT actuels. Il est désormais possible de capter du son et des images sur internet. Depuis 1945, le cinéma défend l'exception culturelle française. En 2003, les Français consacrent 9,2 % de leur budget aux loisirs et à la culture. Ils disposent de 4 heures libres par jour qu'ils utilisent à regarder la télévision (2 h 10) et à lire (25 minutes).

En un demi-siècle, les pratiques sociales et culturelles des Français se sont profondément modifiées. La famille traditionnelle est contestée et la pratique religieuse a connu un très net recul ; celle du sport une forte expansion (9,5 millions de licenciés). Les loisirs, conçus après la guerre comme un temps d'encadrement social, conduisent depuis les années 70-80 à la recherche de l'épanouissement d'aspirations beaucoup plus individuelles.

Se situer dans le temps

1945 : four à micro-ondes.
1946 : 4 CV Renault.
1947 : 1er disque microsillon.
1948 : 2 CV Citroën.
1953 : cocotte minute SEB.
1956 : 3e semaine de congés payés.
1967 : pilule contraceptive.
1969 : 4e semaine de congés payés.
1982 : semaine de 39 heures ; 5e semaine de congés payés.
1998 : 1re loi sur les 35 heures.
2002 : instauration de l'euro.

6 L'ÉVOLUTION DES INSTITUTIONS FRANÇAISES DEPUIS 1944

La brève période 1944-1946 et la date de 1958 constituent les ruptures principales dans l'histoire politique de la France depuis la fin de la Seconde Guerre mondiale. Deux Constitutions définissent un nouveau type de régime : parlementaire en 1946, semi-présidentiel en 1958.

1. LE RÉGIME PARLEMENTAIRE DE LA IVe RÉPUBLIQUE

La remise en marche des institutions

Après le régime antiparlementaire de Vichy qui avait privé les Français de leurs libertés, il faut redonner au pays des institutions démocratiques. C'est la tâche du gouvernement provisoire de la république dirigé par le général De Gaulle et des assemblées constituantes. La Constitution de la IVe République est approuvée après deux référendums.

Le régime et ses difficultés

La Constitution, adoptée par référendum en octobre 1946, organise un système à deux assemblées dans lequel l'Assemblée nationale dispose des principaux pouvoirs. La responsabilité du gouvernement devant l'Assemblée en fait un régime parlementaire. Le président de la République est cantonné dans un rôle représentatif.

L'Assemblée est constituée des majorités fragiles et de circonstance. Le général De Gaulle dénonce alors ce qu'il appelle le régime des partis.

Les difficultés du régime n'empêchent cependant pas celui-ci de porter à son crédit une œuvre importante en matière économique et de construction européenne. C'est sur la question coloniale que va chuter la IVe République (guerre d'Indochine – 1946-1954 – puis guerre d'Algérie – 1954-1962).

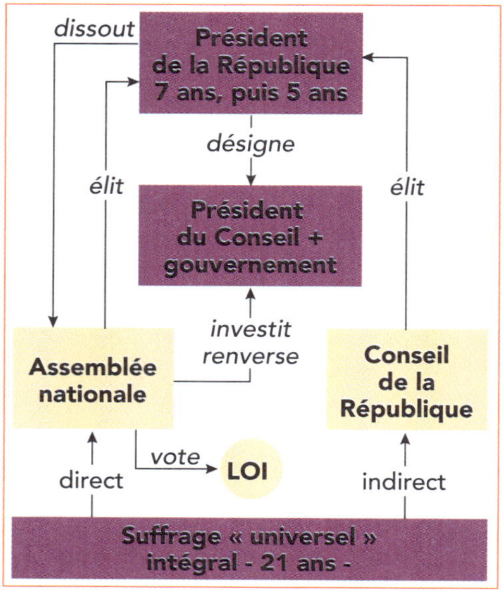

Les institutions de la IVe République.

2. LE RÉGIME SEMI-PRÉSIDENTIEL DE LA Ve RÉPUBLIQUE

La naissance de la Ve République

Les événements du 13 mai 1958 à Alger et à Paris et la nécessité de doter le pays d'un gouvernement conduisent le Président Coty à faire appel au « *plus illustre des Français* », le général De Gaulle. Dès septembre 1958, celui-ci leur propose une nouvelle Constitution (adoptée par référendum – 80 % de oui). Les pouvoirs du président de la République sont renforcés : il peut dissoudre l'Assemblée nationale, consulter le peuple par référendum et même disposer des pleins pouvoirs en cas de péril grave (article 16). Le Parlement (Assemblée nationale + Sénat) joue un rôle de contrôle réduit (peut renverser le gouvernement) afin d'assurer la stabilité des institutions. De Gaulle, élu Président (par un collège de grands élec-

Vocabulaire

Alternance : changement de majorité dans une démocratie.

Bipolarisation : fait que la vie politique s'organise autour de deux grandes familles politiques.

Cohabitation : situation politique dans laquelle le président de la République et la majorité à l'Assemblée nationale sont de tendances opposées.

Constitution : loi fondamentale qui définit les rapports entre les pouvoirs au sein d'un État.

Régime : mode de fonctionnement d'un système politique (selon les cas, il est dit parlementaire ou présidentiel).

Parlement : ensemble des représentants du peuple (Assemblée nationale + Sénat).

Référendum : consultation électorale au cours de laquelle les électeurs sont invités à répondre à une question par « oui » ou par « non ».

teurs), dispose d'une large majorité à l'Assemblée. En 1962, une révision de la Constitution par référendum, organise désormais l'élection du président de la République au suffrage universel.

En raison de l'importance et de l'indépendance des pouvoirs du président élu au suffrage universel, on a parlé de régime semi-présidentiel.

Alternance, cohabitation, remises en cause

À partir de 1965, les élections présidentielles scandent la vie politique du pays au gré de leurs résultats consolidés par la présence, ou non, d'une majorité à l'Assemblée. Jusqu'en 1986, tous les Présidents élus disposent d'une majorité à l'Assemblée. L'élection de F. Mitterrand en 1981 prouve qu'une alternance de gauche est possible dans le pays. Aux élections législatives de mars 1986, la droite (RPR + UDF) l'emporte. Avec J. Chirac comme Premier ministre, F. Mitterrand est le premier président à affronter une situation de cohabitation

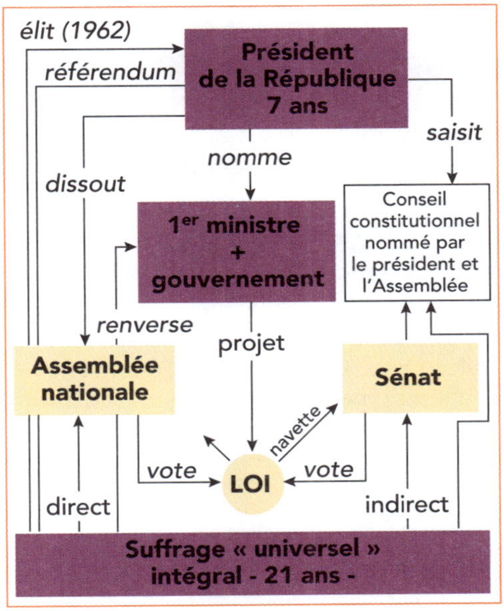

Les institutions de la Ve République.

peu prévue par les institutions. Après sa réélection de 1988, le même scénario se reproduit avec É. Balladur.

Après les élections présidentielles de 1995 et législatives de 1997, J. Chirac est le premier Président de droite à affronter une cohabitation avec un Premier ministre de gauche : L. Jospin.

La réduction du mandat présidentiel à 5 ans, votée en 2000, ne garantit pas pour autant une majorité présidentielle à l'Assemblée. Réélu lors des élections présidentielles de 2002, J. Chirac dispose cette fois d'une confortable majorité à l'Assemblée.

Se situer dans le temps

1944 : gouvernement provisoire de la République française (De Gaulle).

1946 : IVe République (présidents : Auriol puis Coty).

1958 : Ve République (De Gaulle).

1965 : 1re élection du Président au suffrage universel (présidents : De Gaulle, Pompidou, Giscard d'Estaing, Mitterrand I et II, Chirac).

1981 : élection de F. Mitterrand.

2002 : J. Chirac, 1er Président élu pour un mandat de 5 ans.

2007 : élection de N. Sarkozy.

7 LES FORCES POLITIQUES EN FRANCE DEPUIS 1945

En raison de leurs héritages historiques et des valeurs auxquelles elles se réfèrent, on peut, par commodité, classer les familles politiques à « droite » ou à « gauche » selon la tradition issue de la Révolution. Ces familles sont elles-mêmes divisées en courants. Le fonctionnement des institutions conduit ces familles à se regrouper en partis qui peuvent s'allier pour exercer le pouvoir.

1. LES FAMILLES POLITIQUES

Les principales familles de gauche

Le socialisme, né au XIXe siècle, dénonce les inégalités sociales, l'individualisme et le libéralisme. Le parti, appelé SFIO, devient PS à partir de 1971. Le parti communiste, né en 1920, veut à l'origine changer la société par la révolution. Défenseur de la classe ouvrière, il connaît son apogée immédiatement après 1945. Il a glissé peu à peu vers le réformisme. Le parti radical, aujourd'hui divisé, n'est plus un grand parti.

Gauche	
Parti communiste (PC) *M.-G. Buffet*	Parti socialiste (PS) *F. Hollande*
Centre gauche	**Extrême gauche**
Radicaux de gauche Verts *N. Mamère*	Anarchistes Trotskystes *A. Laguillier*

En marge de la gauche, une extrême « gauche de révolte » prône une action révolutionnaire violente. Défenseurs de l'environnement, opposés au libéralisme dur, Les Verts se rattachent à la gauche.

Les principales familles de droite

Issues des courants monarchistes, aujourd'hui négligeables, les droites ont rallié la République dès la fin du XIXe siècle.

Droite	
UDF *F. Bayrou*	UMP *N. Sarkozy*
Centre droit	**Extrême droite**
Écologistes *C. Lepage*	Front national *J.-M. Le Pen*

L'extrême droite, de tradition ancienne mais discréditée par Vichy, se réorganise en 1972 avec le Front national qui prône une politique sécuritaire et le départ des immigrés.

2. LA VIE POLITIQUE DEPUIS 1945

La droite, du discrédit au retour des gaullistes

Les chrétiens du MRP gouvernent quelque temps avec le PC et la SFIO puis avec la SFIO seule avant de décliner progressivement. Seul A. Pinay (Centre national des indépendants) est appelé au pouvoir (1952-1954) pour remettre de l'ordre dans les finances. Avec le retour aux affaires du général De Gaulle, c'est une longue période favorable à la droite (gaullistes et leurs alliés libéraux) qui s'ouvre en 1958 pour se clore en 1981. Les mandats du général De Gaulle et de G. Pompidou, réalisés dans le cadre d'une forte croissance économique, permettent un véritable aménagement du territoire ainsi que l'entrée du pays dans la modernité et dans l'Europe. Le septennat du centriste V. Giscard d'Estaing, encadré par les deux chocs pétroliers, marque l'entrée de la France dans la récession économique. De grandes réformes ont lieu : majorité à 18 ans, loi sur l'interruption volontaire de grossesse. Depuis 1981 et en dépit de la victoire du néo-gaulliste J. Chirac en 1995, la droite, le plus souvent divisée, apprend la culture d'opposition, avant de revenir au pouvoir avec l'élection « triomphale » (82 %) de J. Chirac face à J.-M. Le Pen en 2002.

Vocabulaire

Anarchisme : théorie politique qui refuse toute forme d'autorité (politique, économique, religieuse…).

Communisme : idéologie et mouvement qui ont pour objectifs la mise en commun de tous les moyens de production et une plus juste répartition des ressources.

Démocratie chrétienne : mouvement qui souhaite appliquer en politique les valeurs du christianisme.

Droite / gauche : division datant de 1789 qui oppose caricaturalement les partis « conservateurs » de droite aux partis de gauche « progressistes ».

Extrême droite : mouvement politique de tendance antiparlementaire, nationaliste et xénophobe.

Parti : organisation partageant une même idéologie politique et luttant pour la conquête du pouvoir.

La gauche, du tripartisme à la gauche plurielle

Les forces de gauche sont très actives au début de la IVe République. PC et SFIO, d'abord alliés, se séparent en 1947. Le parti communiste très puissant à la Libération va peu à peu décliner au fur et à mesure des élections. Les socialistes continuent le plus souvent à gouverner ou à soutenir les gouvernements. La période 1958-1981 est pour la gauche celle d'une longue opposition gouvernementale. Un nouveau parti socialiste naît en 1971 à Épinay. Un programme commun de la gauche (PS + PC + radicaux) est mis sur pied. Il ne permet pas à la gauche de remporter les présidentielles de 1974 et encore moins les législatives de 1978 en raison de la division de ses membres. Avec la double élection de F. Mitterrand (1981 et 1988), la gauche unie retrouve la capacité à exercer un pouvoir qu'elle occupe le plus souvent malgré les périodes de cohabitation. Après une phase de réformes qui devaient « changer la vie », elle entreprend une politique de rigueur économique et de traitement social du chômage. Malgré son échec à la présidentielle de 1995, L. Jospin devient Premier ministre en 1997, à la tête d'une coalition de gauche plurielle (PS, PC et Verts).

Aujourd'hui, le paysage politique n'est plus structuré par les quatre grands partis (RPR, UDF, PS, PC) qui « bipolarisaient » la vie politique. L'arrivée de petits mouvements (RPF, Cap 21, MRC, Verts…) redessine une configuration politique plus diversifiée. Mais la victoire de l'UMP en 2002 redonne à la droite une écrasante majorité à l'Assemblée (369 sièges sur 577).

Si la présentation gauche/droite est aisée, elle est parfois caricaturale. Sur un certain nombre de sujets, les divisions et les oppositions peuvent évoluer et être surmontées. C'est le cas pour une question comme l'Europe. D'autres analystes opposent des partis de cadres (libéraux et radicaux) dirigés par des notables peu nombreux et influents aux partis de masse tel le PS, attirant les électeurs des classes populaires. Mais cette classification fonctionne mal pour le parti gaulliste.

Se situer dans le temps

1944 : création du MRP.

1946 / 47 : tripartisme.

1947 : troisième force ; création du RPF (dissous en 1953).

1958 : création de l'UNR.

1971 : congrès d'Épinay : naissance du PS.

1972 : programme commun de la gauche. Création du FN.

1976 : fondation du RPR (néo-gaullisme).

1978 : création de l'UDF.

2002 : création de l'UMP.

8 LE DÉBAT POLITIQUE EN FRANCE DEPUIS 1945

Nombreux sont les sujets qui animent la vie politique française depuis plus d'un demi-siècle. Parce qu'ils constituent des enjeux importants pour une société démocratique, ils sont débattus par les partis et les citoyens dans le cadre des moyens d'expression de ce type de société (liberté d'expression, accès aux médias…).

1. THÈMES ET ENJEUX DE LA POLITIQUE INTÉRIEURE

L'État, acteur de la vie économique et sociale ?

Pour les libéraux, l'État doit se limiter à permettre un bon fonctionnement de l'économie, le marché faisant le reste, y compris socialement. Pour leurs adversaires de gauche, il doit contrôler les secteurs-clés de l'économie et impulser des politiques sociales audacieuses. On retrouve cet affrontement lors des phases de nationalisation (De Gaulle en 1945, Mitterrand en 1981) ou de privatisation (1986 et 1994). Aujourd'hui, à droite comme à gauche, chacun s'accorde, dans un contexte international libéral dominant, pour réduire ce rôle. Sur le plan social, l'État-providence continue à offrir une bonne protection aux Français avec les différents volets de la Sécurité sociale mais aussi le RMI et de la Couverture Médicale Universelle (CMU).

Longtemps centralisateur, l'État a confié de nouveaux pouvoirs aux collectivités territoriales (régions et départements) par plusieurs lois de décentralisation.

Quel accompagnement aux évolutions politiques et sociales ?

Longtemps différée, la réduction de la durée du mandat présidentiel à 5 ans est votée en 2000.

La politique autour de la famille est également en débat : si les allocations familiales ne sont pas remises en cause, l'IVG et le PACS sont contestés dans les milieux traditionnels. Bien qu'apaisée, la querelle scolaire peut resurgir. Une partie de la gauche laïque a mal accepté les aides à l'enseignement privé. La réforme du système éducatif demeure un sujet très sensible.

Le thème de l'immigration a été fortement exploité depuis les années 75 par le Front national. Pour les uns, celle-ci est à l'origine de tous les maux (chômage, insécurité…) ; pour les autres, c'est le modèle d'intégration à la française qui fonctionne moins bien.

Enfin, de nombreux autres thèmes, très différents, font encore débat dans la société : la limitation des libertés par l'informatique, le développement du communautarisme, l'insécurité, le système des retraites, le clonage humain…

Se situer dans le temps

1944/1946 : nationalisations de la Libération.

1954 : appel de l'abbé Pierre.

1960 : loi Debré : aide à l'enseignement privé.

1963 : création de la DATAR.

1968 : Accords de Grenelle.

1970 : le SMIG devient le SMIC.

1981 : nationalisations liées à l'arrivée de la gauche.

1982 : lois Auroux.

1982 : lois de décentralisation.

1986 : lois sur les privatisations ; liberté des prix ; suppression de l'autorisation de licenciement.

1988 : vote du RMI.

1994 : suite des privatisations.

2000 : loi sur la parité hommes / femmes.

2. THÈMES ET ENJEUX DE LA POLITIQUE EXTÉRIEURE

La grandeur dans le monde

La politique coloniale et ses héritages vont être en débat très fort après 1945. Faut-il, dans un contexte international défavorable, celui du droit des nations à disposer de leur sort, continuer à maintenir un empire colonial ? Pour les uns, au nom du droit des peules à l'indépendance, la France doit abandonner son empire colonial. Pour d'autres, elle doit maintenir son « Outre-mer », fondement de son rayonnement sur le globe. Dès lors, la décolonisation va s'effectuer de manière laborieuse. L'accès à l'indépendance de l'Indochine, du Maroc, de la Tunisie et de l'Afrique noire est mieux accepté par l'opinion publique que celui de l'Algérie : colonie de peuplement, l'est plus difficilement car « c'est la France ». Aujourd'hui, dans le difficile contexte des mémoires, des mouvements indépendantistes sont encore à l'œuvre dans les DOM-COM.

Autre élément de la puissance, la maîtrise du nucléaire suscite également le débat. Pour les partisans de l'atome, celui-ci confère au pays une indépendance militaire et une autonomie en matière énergétique. Les opposants objectent l'incapacité des industriels à traiter les déchets radioactifs.

Se situer dans le temps

1954 : défaite de Diên Biên Phu.

1956 : le Maroc et la Tunisie déclarent leur indépendance.

1957 : traité de Rome : Marché commun.

1960 : indépendance de l'Afrique noire ; bombe A.

1962 : Accords d'Évian : fin de la guerre d'Algérie.

1974 : vaste programme nucléaire civil.

1992 : traité de Maastricht : création de l'UE.

2002 : l'euro remplace le franc.

La grandeur en Europe

Autre débat qui se poursuit toujours : la place de la France en Europe. Dans les années 50 l'opposition commune des gaullistes et des communistes fait échouer la Communauté européenne de défense. Puis, c'est autour de l'idée même de l'Europe que se développe le débat. Faut-il bâtir cette Europe sur le modèle de la confédération (juxtaposition des États dans laquelle chacun conserve sa souveraineté) ou bien sur le modèle de la fédération (dans laquelle chacun abandonne une part de sa souveraineté laissée à un pouvoir supranational) ? Néo-gaullistes, libéraux et socialistes se sont ralliés à cette conception, mais les souverainistes (Chevènement, De Villiers, Pasqua) la refusent.

À l'inverse, d'autres thèmes de débat sont ou ont été tus, parce qu'ils embarrassent la mémoire collective, telle l'attitude de l'armée en Algérie ou le sort des Harkis. Ce sont les « passés qui ne passent pas ».

Vocabulaire

Communautarisme : tendance que peuvent avoir des personnes à se regrouper en fonction de critères religieux, linguistiques…

Immigration : arrivée de personnes étrangères sur le sol national.

Intégration : capacité à accueillir, au sein de la nation, les étrangers tout en respectant leur culture.

Laïcité : conception politique qui sépare la société civile et la société religieuse et ne reconnaît à l'Église aucun pouvoir politique, notamment en matière d'enseignement.

Libéralisme : théorie selon laquelle l'État doit intervenir le moins possible dans les relations économiques et sociales.

Nationalisation : mise à disposition de la nation d'entreprises gérées par l'État.

Supranationalité : principe qui place des institutions et des pouvoirs au-dessus de ceux des États.

Privatisation : principe qui consiste à remettre au secteur privé des entreprises sous contrôle de l'État.

9 LA FRANCE DANS LE MONDE D'AUJOURD'HUI

Avec moins de 700 000 km² et un peu plus de 60 millions d'habitants (métropole + Outre-mer), la France occupe dans le monde un rang et une influence disproportionnés par rapport à sa taille (0,4 % des terres émergées) et à son poids démographique (1 % de la population mondiale).

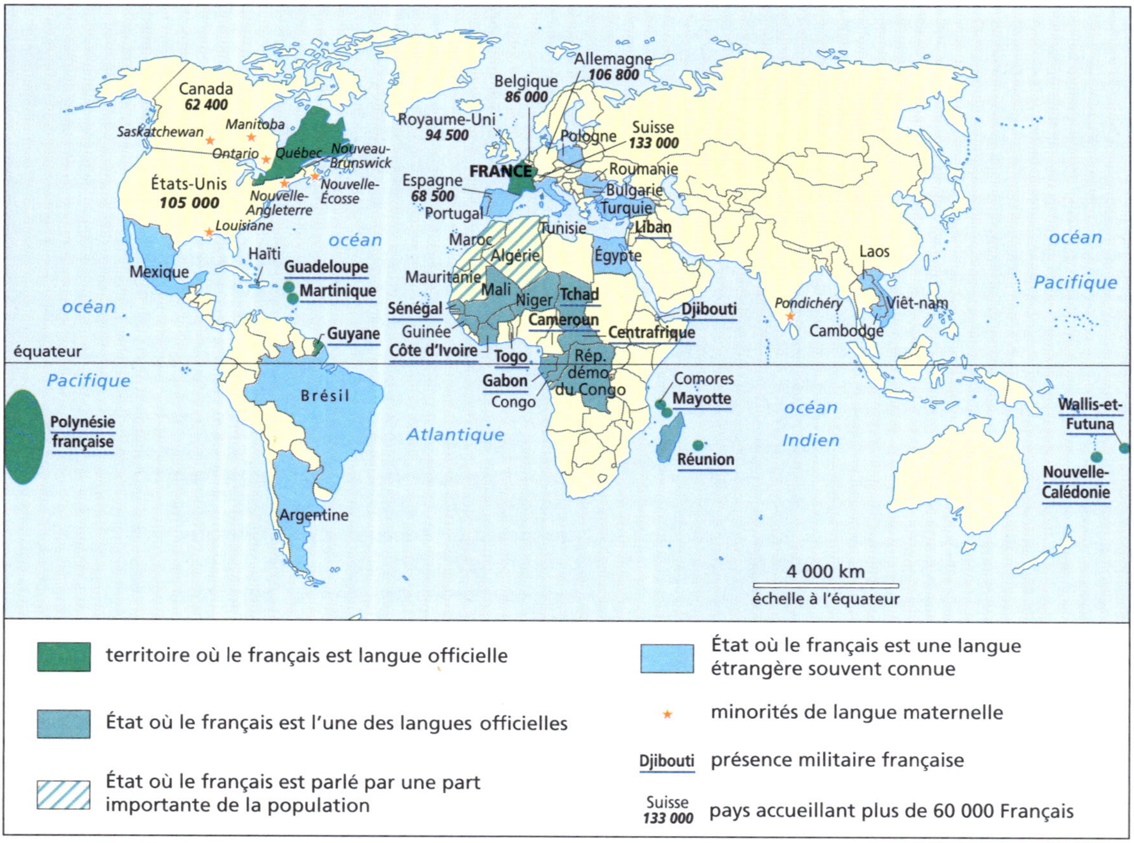

La présence française dans le monde.

1. LES SURVIVANCES D'UNE GRANDE VOCATION

Des bases territoriales et stratégiques

L'Outre-mer, issu des anciens empires coloniaux, organisé en DOM-COM et en (collectivités d'Outre-mer), représente 2,3 millions d'habitants. Sa dispersion sur les grands océans et l'extension des zones économiques à 200 miles marins offrent à la France un espace maritime exploitable de près de 11 millions de km² et une couverture mondiale pour les bases stratégiques de ses armées. La politique d'indépendance, voulue par le général De Gaulle (bombes A et H, sous-marins nucléaires…) et poursuivie par ses successeurs, confère à la France, membre du Conseil de sécurité de l'ONU, une certaine indépendance de décision Elle a par

> **Se situer dans le temps**
>
> **1533-1763 :** 1er empire colonial.
>
> **1830-1920 :** constitution du 2d empire colonial.
>
> **1949 :** la France adhère à l'OTAN.
>
> **1950-1962 :** vague de décolonisation.
>
> **1960 :** bombe A.
>
> **1964-67 :** voyages du général De Gaulle en Afrique, en Amérique du Sud, en URSS, au Canada.
>
> **1966 :** la France quitte l'OTAN.
>
> **1968 :** bombe H.
>
> **1969 :** 1er sommet des pays francophones.
>
> **2002 :** l'euro remplace le franc.

exemple refusé de s'associer à l'intervention américaine en Irak en 2002. Membre du G8, groupe des huit pays industrialisés les plus riches du monde, la France participe aux grandes décisions économiques de celui-ci.

Une langue et une culture françaises

La francophonie et ses sommets apparaissent comme un moyen d'affirmer une influence culturelle française universelle. Une cinquantaine de pays y adhèrent soutenus par les établissements de l'Alliance française, par RFI et TV5. 125 millions de personnes parlent quotidiennement le français. Près de 2 millions de Français vivent à l'étranger, exportant ainsi leur langue et leur culture. L'édition française participe à ce rayonnement culturel. Le cinéma tente de résister à la domination du modèle américain en défendant l' « exception culturelle » française.

2. UNE BONNE INTÉGRATION À L'ÉCONOMIE MONDIALE

Un commerce extérieur dynamique mais déficitaire

Depuis 2003, la balance commerciale de la France est devenue déficitaire notamment en raison de l'alourdissement de la facture énergétique. Le solde des échanges de produits manufacturés, habituellement excédentaire depuis 1993, devient négatif. L'excédent automobile recule, celui des biens d'équipement aussi et le déficit des biens intermédiaires augmente. Les poduits de luxe (haute couture, parfums, alcools) participent à la fois de l'influence économique et du rayonnement culturel. Les échanges s'effectuent prioritairement avec l'Union européenne, les États-Unis, la Chine et le Japon.

Un intérêt de la part des autres pays

La France cherche à attirer des capitaux et des entreprises étrangères qui contribuent à l'insertion de son économie dans l'économie mondiale. La France est devenue, en 2004, le second pays d'accueil pour les capitaux étrangers. L'arrivée annuelle de 75 millions de touristes apporte un solde positif de près de 9 milliards d'euros, mais en baisse.

Après avoir été à la tête d'un vaste empire colonial qui lui conférait le rôle de grande puissance mondiale, la France a dû accepter de voir ce rôle se restreindre progressivement. L'Afrique et l'Europe lui ont permis de continuer à jouer un rôle sur le plan international. Il lui faut aujourd'hui accepter le statut de puissance moyenne sans surestimer ni sous-estimer ses possibilités de jouer un rôle, même modeste, sur la scène internationale.

> **Vocabulaire**
>
> **Coopération :** accords privilégiés entre le France et ses anciennes colonies.
>
> **DOM-COM :** départements et collectivités d'outre-mer (DOM = Guadeloupe, Guyane, Martinique, Réunion ; COM = Nouvelle Calédonie, Mayotte, Polynésie, Wallis et Futuna, Saint-Pierre et Miquelon).
>
> **Francophonie :** ensemble des États utilisant le français.
>
> **Puissance :** pouvoir de domination sous toutes ses formes d'un État sur une zone géographique plus ou moins vaste.
>
> **Rayonnement :** influence exercée par un État dans divers domaines (économique, culturel, politique...).

POUR TRAITER UN SUJET D'HISTOIRE

EXEMPLE D'APPLICATION

(Corrigé page 93)

L'évolution de la fonction du président de la République depuis 1958

Document 1

Schéma simplifié de la Constitution de la Ve république (1958).

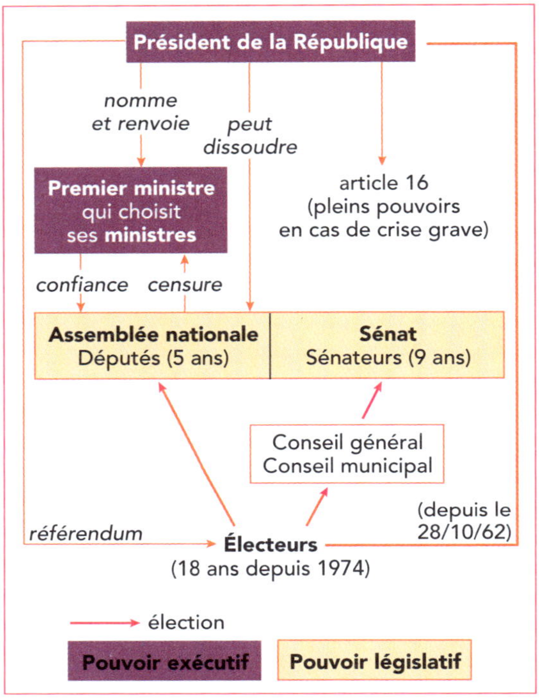

Document 2

Décret du 12 juillet 2000 décidant de soumettre un projet de révision de la Constitution au référendum.

Le président de la République,

Vu la Constitution, notamment ses articles 3, 60 et 89 ;

Vu le projet de loi constitutionnel relatif à la durée du mandat du président de la République, adopté en termes identiques par l'Assemblée nationale et le Sénat ;

Le Conseil constitutionnel consulté dans les conditions prévues par l'article 46 de l'ordonnance n° 58-1067 portant loi organique du 7 novembre 1958,

Décrète :

Art. 1er – Le projet de loi constitutionnelle relatif à la durée du mandat du président de la République, adopté en termes identiques par l'Assemblée nationale le 20 juin 2000 et par le Sénat le 29 juin 2000, dont le texte est annexé au présent décret, sera soumis au référendum le 24 septembre 2000, conformément aux dispositions de l'article 89 de la Constitution.

Art. 2 – Les électeurs auront à répondre par « oui » ou par « non » à la question suivante :

« Approuvez-vous le projet de loi constitutionnelle fixant la durée du mandat du président de la République à cinq ans ? »

Art. 3 – Le Premier ministre et le ministre de l'Intérieur sont chargés, chacun en ce qui le concerne, de l'exécution du présent décret, qui sera publié au *Journal officiel* de la République française.

Fait à Paris, le 12 juillet 2000.

Par le président de la République : JACQUES CHIRAC

Le Premier ministre
LIONEL JOSPIN

Le ministre de l'Intérieur
JEAN-PIERRE CHEVÈNEMENT

Document 3
Tableau comparatif de deux référendums

Date	% des inscrits		% des exprimés	
	Abstentions	Blancs et nuls	oui	non
28 octobre 1962	23,03	2,02	62,25	37,75
24 septembre 2000	69,81	4,86	73,21	26,79

Questions (toutes les réponses doivent être rédigées)

Question 1 (Document 1) — **2 points**

1.1 Quel pouvoir le président de la République détient-il ? *(0,5 point)*
1.2 Relevez trois de ses fonctions. *(1,5 point)*

Question 2 (Documents 2 et 3) — **4,5 points**

2.1 Qu'est-ce qu'un référendum ? *(1 point)*
2.2 Qui (nom + fonction) est à l'initiative du référendum du 24 septembre 2000 ? *(1 point)*
2.3 Sur quel changement porte ce référendum ? Ce changement a-t-il été adopté ? Justifiez la réponse. *(2,5 points)*

Question 3 (Documents 1 et 3) — **6,5 points**

3.1 Une autre proposition avait été soumise à référendum le 28 octobre 1962 : laquelle ? Avait-elle été approuvée par les Français ? Justifiez la réponse. *(3,5 points)*
3.2 Après avoir expliqué ce que sont les *abstentions*, comparez les taux d'abstention en 1962 et en 2000. Que nous apprennent-ils sur le comportement des électeurs ? *(3 points)*

Question 4 — **7 points**

Dans un développement structuré d'une quinzaine de lignes s'appuyant sur vos connaissances et sur l'ensemble des documents, vous définirez la place du président de la République dans les institutitons françaises (mode d'élection, rôle, limites, évolution) depuis 1958.

Conseils

Le sujet présenté ici (Groupement Est – secteur A – Session 2001) est conforme à la définition de l'épreuve telle qu'elle est présentée page 51. Il comporte bien des relevés d'informations qu'il s'agit ensuite d'analyser avant de les réinvestir au sein de ses propres connaissances. Les questions 2 et 3 cherchent également à mettre en relation les contenus des documents 1, 2 et 3.

Question 1 : n'oubliez pas de lire la légende du schéma et de relever au moins trois fonctions.

Question 2 :
2.1 – L'article 2 permet de reconstituer la définition.
2.2 – Ne confondez pas « l'initiateur » et les signataires du décret.
2.3 – N'oubliez pas de justifier.

Question 3 : le questionnaire répond à une lecture guidée du tableau. La réponse à la question 3.1 se trouve par mise en relation des documents 1 et 3. Répondez avec des phrases rédigées.

Question 4 : on vous demande :
– un développement bien organisé avec un plan ;
– d'une longueur précise : 15 lignes.
Pour répondre sur la place et le rôle du président de la République, un plan vous est suggéré : comment est-il élu ? Que fait-il d'après la Constitution dans la vie politique ? Qu'est-ce qui restreint l'exercice de ses pouvoirs ? Quels changements entre 1958 et aujourd'hui ?.
Vous n'êtes pas obligé(e) de suivre ce plan mais celui-ci a le mérite de vous aider à réfléchir.

10 LES ESPACES URBANISÉS

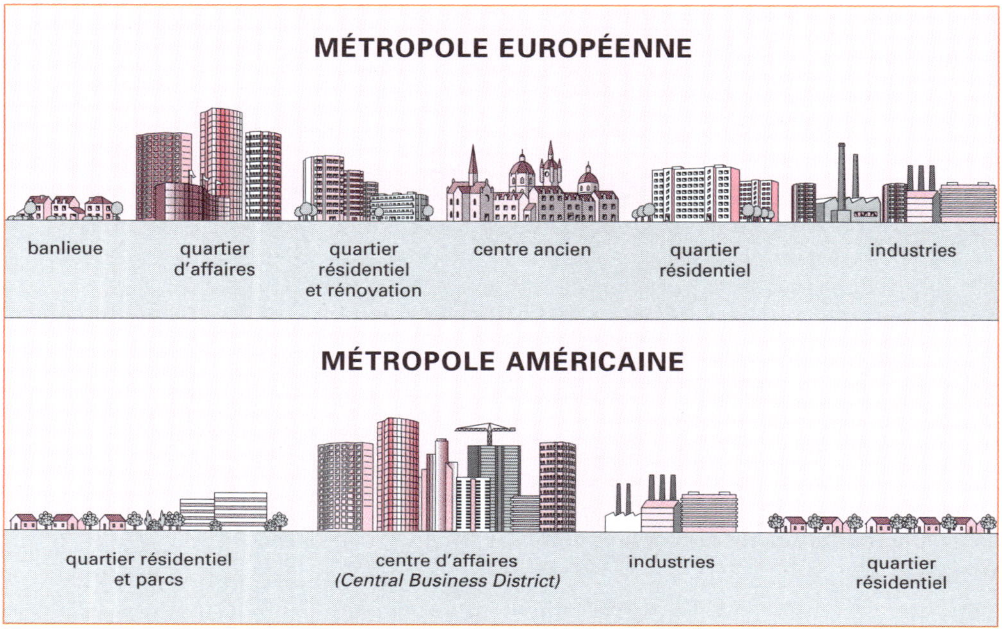

Ville européenne et ville américaine.

La ville est un tissu d'habitat continu où se concentrent la population et les activités administratives et économiques. Comment s'organisent ces espaces ?

1. LES VILLES DES PAYS RICHES

La ville américaine

Elle s'organise selon un plan en auréoles concentriques. Au centre, le CBD (Central Business District) est le quartier des affaires qui accueille dans ses gratte-ciel les sièges sociaux des grandes entreprises, les banques… Au-delà, dans les anciens quartiers industriels, aujourd'hui dégradés, habitent les populations pauvres des minorités ethniques. Ces quartiers sont parfois rénovés (gentrification). Puis s'étendent de vastes banlieues où se développent des centres commerciaux et de nouveaux centres d'affaires, à proximité des nœuds de communication. Lorsque les grandes villes américaines se regroupent en de vastes espaces urbanisés continus, on parle de conurbations, voire de mégalopoles (mégalopole américaine : espace urbanisé en continu de Boston à Washington).

La ville européenne

Elle se développe souvent à partir d'un noyau historique (église, grande place) entouré d'anciens remparts fortifiés, aujourd'hui remplacés par des boulevards circulaires. Dans les quartiers centraux, l'habitat serré est souvent rénové. La population et les activités ont tendance à se déplacer vers les banlieues qui s'étalent sur des dizaines de kilomètres (phénomène de périurbanisation) et où alternent des zones pavillonnaires et des grands ensembles en voie de réhabilitation. Les classes moyennes s'installent de plus en plus dans des communes rurales proches

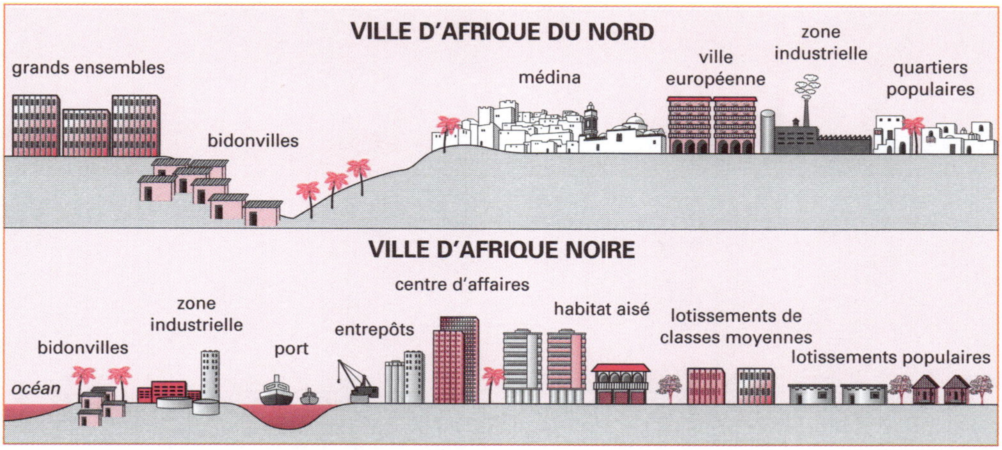

Ville d'Afrique du Nord et ville d'Afrique noire.

des villes (rurbanisation). Les équipements industriels, les centres commerciaux et les aéroports sont reliés au centre-ville par un réseau dense de transports. Comme les villes américaines, les villes européennes attirent les activités économiques mais connaissent des problèmes de pollution, de circulation et de violence.

2. LES VILLES DES PAYS EN DÉVELOPPEMENT

Des espaces contrastés

En 2006, sur les 40 plus grandes agglomérations mondiales, 33 appartiennent au tiers-monde. Si les quartiers centraux de ces villes ressemblent souvent aux villes des pays riches (building avec banques, commerces), les anciens quartiers coloniaux sont aujourd'hui délabrés et occupés par une population pauvre. Les bidonvilles sont construits à proximité des quartiers riches. Ils rassemblent des habitations précaires (tôle ondulée, matériaux de récupération) occupées en toute illégalité. Les favelas de Rio de Janeiro, par exemple, sont élevées sur les pentes de la ville, sans voirie, souvent sans eau potable ni égouts. Les quartiers regroupant la population aisée sont souvent installés dans des zones protégées, loin de la pollution du centre (Lomas à Mexico, Cocody à Abidjan).

Des types de villes différents

En Afrique du Nord, le modèle de la ville du Maghreb s'étend autour de la médina et de l'ancienne ville européenne. Les quartiers populaires sont repoussés en périphérie. La ville d'Afrique noire (Abidjan, Lagos) est souvent un ancien comptoir colonial ouvert sur son port de commerce, autour duquel s'organisent les activités économiques et administratives. La population vivant en habitat précaire (bidonville) augmente deux fois plus vite que la population totale.

Notions et vocabulaire

Agglomération : concentration de population urbaine caractérisée par la continuité de l'habitat.

Banlieue : espace périphérique d'une ville, plus ou moins éloigné du centre.

Central Business District (CBD) : quartier des affaires dans la ville américaine.

Métropole : ville principale d'un pays ou d'une région qui exerce son influence sur l'espace environnant.

Périurbanisation : déplacement de la population urbaine du centre vers la périphérie.

Urbanisation : développement des villes par concentration de la population.

11 LES ESPACES INDUSTRIALISÉS

Georg Gerster, *vue aérienne de Kobé* (Japon) © Rapho.

L'industrie se définit comme la fabrication de masse de produits standardisés. L'usine d'aujourd'hui est entièrement robotisée et fonctionne 24 heures sur 24. Dans les pays riches, l'emploi industriel diminue. Dans les pays en développement et les nouveaux pays industriels (ex. : Chine), l'industrie utilise encore une main-d'œuvre importante.

1. DANS LES PAYS DÉVELOPPÉS

Anciennes et nouvelles localisations

Les « pays noirs », installés près des mines de charbon et de fer, sont nés de la première révolution industrielle. Ils sont aujourd'hui reconvertis (Ruhr, en Allemagne, Nord-Pas-de-Calais, Lorraine…).

Les friches industrielles sont aménagées en entrepôts ou parcs de loisirs. Depuis 40 ans, les industries lourdes se sont installées sur les littoraux pour utiliser des matières premières importées : zones industrialo-portuaires (Fos-sur-Mer, Dunkerque, Rotterdam en Europe ou Tokyo-Yokohama, Osaka au Japon). Dans ce pays d'Asie où l'espace disponible est rare, les industries s'implantent sur des terre-pleins gagnés sur la mer.

Les villes ont toujours été des espaces de forte industrialisation : les usines ont quitté les centres pour s'implanter dans de vastes zones industrielles à la périphérie. Parfois, les entreprises ont déplacé leur production dans des pays à faible coût de main-d'œuvre (délocalisation). Mais avec les hautes technologies, se sont développées des technopôles qui accueillent les industries de pointe, les instituts de recherche et les universités dans des sites choisis pour la qualité de l'environnement (Sophia-Antipolis, près de Nice, Silicon Valley, près de San Francisco, Tsukuba, près de Tokyo). Lorsqu'une ville entière possède une forte concentration d'industries de haute technologie, on parle de technopole.

De grandes régions industrielles

Aux États-Unis, le Nord-Est du pays a connu le déclin de ses industries traditionnelles (sidérurgie, textile, automobile). Si ces régions se sont restructurées autour des industries de pointe, les nouvelles entreprises industrielles s'implantent surtout dans l'Ouest et le Sud du pays (Sun belt). Les *maquiladoras*, usines américaines situées au Mexique près de la frontière, bénéficient ainsi d'une main-d'œuvre peu chère.

En Europe, la mégalopole européenne (de Londres à Gênes par la vallée du Rhin, la Suisse et l'Italie du Nord) est un axe industriel majeur. En Europe de l'Est, les sites industriels vieillis sont remplacés progressivement par de nouvelles usines créées grâce aux investissements étrangers.

Au Japon, grande puissance industrielle, les implantations sont surtout littorales (polders, terre-pleins), en particulier dans la mégalopole japonaise (Tokyo-Nagoya-Osaka).

2. DANS LES PAYS EN DÉVELOPPEMENT

Des industries de main-d'œuvre

Les pays en développement ne fournissent que 30 % des produits industriels de la planète. Pourtant ce pourcentage augmente car les pays riches délocalisent de plus en plus leur production, surtout en Asie. L'Afrique reste à l'écart de cette vague de délocalisations sauf l'Afrique du Sud et le Maghreb. La main-d'œuvre abondante, bon marché, n'ayant souvent pas de couverture sociale, permet d'abaisser les coûts de fabrication. Aux Philippines, par exemple, un ouvrier est payé trente fois moins qu'un ouvrier français.

Les nouveaux pays industriels

Dans le cadre de la division internationale du travail, les multinationales américaines, japonaises ou européennes implantent des unités de production dans les NPI. En Asie, les « dragons » (Corée du Sud, Taiwan, Singapour) ont aujourd'hui une main-d'œuvre trop chère. Ce sont les « bébés tigres » (Philippines, Malaisie, Viêtnam, Laos) et surtout la Chine Pacifique qui accueillent les nouveaux investissements. En Chine, les entreprises implantées dans des zones franches industrielles, appelées zones économiques spéciales (Shenzen), bénéficient d'une main-d'œuvre habile et peu chère ainsi que d'avantages fiscaux pour l'exportation. Les secteurs industriels privilégiés sont le textile, l'habillement et l'électronique. Des pays comme l'Inde ou le Brésil possèdent aujourd'hui une industrie puissante, même dans le secteur des hautes technologies.

Notions et vocabulaire

Délocalisation : déplacement de l'implantation d'une unité industrielle vers un pays à main-d'œuvre bon marché.

Friche industrielle : espace industriel abandonné (bâtiments vétustes, terrains vagues).

***Maquiladoras* :** zones franches industrielles installées au Mexique, près de la frontière des États-Unis.

Technopôle (un) : parc d'activité consacré aux nouvelles technologies.

Technopole (une) : zone urbaine d'activité liée aux nouvelles technologies.

ZIP (zone industrialo-portuaire) : activités industrielles situées dans un port.

12 LES ESPACES LIÉS AUX ÉCHANGES

Avec les progrès techniques, les transports ont connu une progression sans précédent depuis 1950. Quelles sont les conséquences de cette évolution sur les espaces liés aux échanges ?

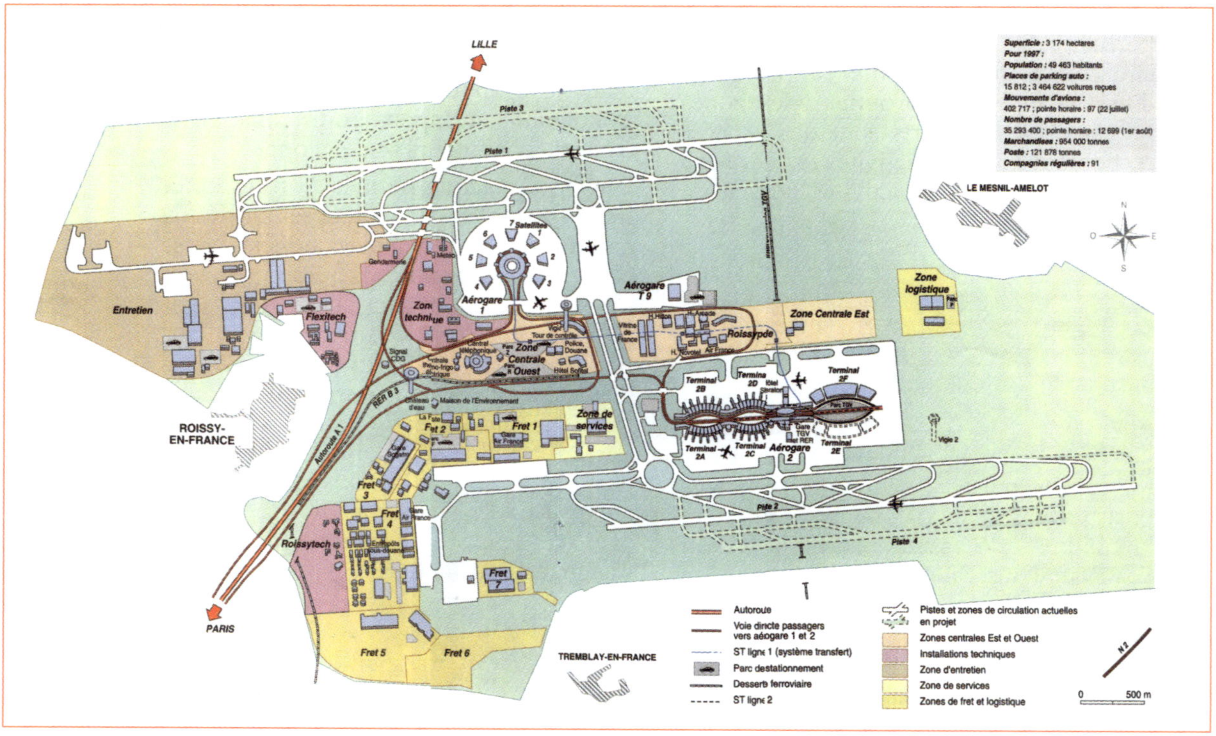

Plan de l'aéroport de Roissy, in *Textes et Documents pour la Classe*, n° 769, février 1999, CNDP.

1. LES ÉCHANGES STRUCTURENT L'ESPACE

Pôles et réseaux

Les transports constituent des ensembles de voies de communication avec des axes privilégiés, des croisements et des carrefours : autoroutes, routes et échangeurs ; voies ferrées et gares ; routes maritimes et ports ; lignes aériennes et aéroports. Des pôles nombreux et des réseaux denses caractérisent les pays développés et riches (États-Unis, Europe de l'Ouest, Japon). En France, les réseaux de transports routiers, ferroviaires ou aériens convergent tous vers Paris, la capitale. En Afrique, les pôles de transports sont surtout les grandes métropoles, très souvent situées sur les littoraux. Les réseaux sont peu denses et incomplets, en particulier ceux des chemins de fer.

Des infrastructures spécifiques

Les transports modèlent les paysages et occupent de plus en plus d'espace. Les autoroutes et les routes nécessitent des aménagements coûteux (tunnels, ponts, viaducs, échangeurs). Les ports maritimes sont protégés par des digues et les bassins sont équipés de grues et d'engins de transbordement (plate-forme multimodale). L'aéroport de Roissy et sa zone d'activité couvrent une superficie de 4 500 hectares. La création de lignes TGV, comme celle du TGV Sud-Ouest ou du TGV Sud-Est, a demandé des aménagements considérables parfois contestés par les riverains.

Bien souvent, les infrastructures de transport génèrent l'implantation d'entreprises industrielles et commerciales : les ports peuvent accueillir des zones industrialo-portuaires (ZIP) ; certaines entreprises choisissent de s'implanter à proximité d'un échangeur autoroutier ; les zones proches des aéroports sont des espaces recherchés pour des activités tertiaires ou industrielles (zone d'activités liées à un aéroport, ZALA).

2. LES MODES DE TRANSPORT ET LEURS ESPACES

Le rail et la route

La voie ferrée a révolutionné les transports terrestres au XIXe siècle, permettant la conquête de vastes territoires (Ouest des États-Unis, Sibérie).

Aujourd'hui, le rail a perdu une partie du trafic marchandises au profit de la route. En revanche, avec les TGV, il concurrence l'avion sur des distances moyennes.

La saturation des réseaux autoroutiers conduit certains pays (la Suisse, par exemple) à privilégier le transport combiné (ferroutage : remorques de camions sur un train).

Une voie ferrée Lyon-Turin, passant sous les Alpes, permettant le ferroutage doit être construite d'ici 2010 pour améliorer la circulation des camions entre la France et l'Italie (catastrophe des tunnels du Mont-Blanc et du Saint-Gothard).

L'eau et l'air

Les transports fluviaux sont dominés par quelques grands réseaux de canaux et de fleuves aménagés qui jouent un rôle économique important : le Rhin (qui alimente toute l'Europe médiane à partir de Rotterdam), la Seine, les Grands Lacs aux États-Unis ; le système des cinq mers pour la Russie et ses voisins.

La mondialisation de l'économie a conduit à une explosion du trafic maritime transocéanique. Dans les grands ports mondiaux (Singapour, Rotterdam, Nagoya et Yokohama au Japon, ports chinois), le trafic de conteneurs se développe.

L'avion à réaction permet de transporter fret et passagers dans toutes les parties du monde. Les trafics intercontinentaux se concentrent sur quelques aéroports pivots (*hubs*) qui redistribuent ensuite les passagers et le fret vers les aéroports régionaux. Les aéroports sont souvent connectés à d'autres moyens de transport (autoroute, rail) par une plate-forme multimodale. Par exemple, l'aéroport de Roissy, au Nord de Paris, est connecté directement au réseau des Trains à Grande Vitesse (TGV), à l'autoroute A1 et aux transports régionaux parisiens (RER).

Notions et vocabulaire

Ferroutage : transport combiné qui consiste à charger les remorques de camion sur des wagons.

***Hub* :** aéroport pivot concentrant les trafics internationaux.

Plate-forme multimodale : lieu de transit et de transbordement où se connectent plusieurs moyens de transport (rail, route, avion).

Pôle : lieu carrefour où convergent des voies de communication.

Réseau : ensemble des voies de transport et de leurs carrefours.

13 LES ESPACES AGRICOLES

Paysage agricole en Amérique du Nord, F. Jourdan/Explorer©.

Pour se nourrir, l'homme a de tous temps travaillé la terre. Les espaces agricoles sont de moins en moins dépendants des contraintes naturelles et de plus en plus influencés par des considérations économiques, commerciales et écologiques (développement durable). Comment s'organisent ces espaces dans les pays du Nord et dans les pays du Sud ?

1. DANS LES PAYS RICHES

De la ferme au complexe agro-alimentaire

La mécanisation, l'emploi d'engrais chimiques, l'amélioration des semences et des races ont profondément changé l'activité agricole. Les agriculteurs représentent souvent moins de 5 % de la population active. Les fermes familiales de quelques hectares diminuent au profit de vastes exploitations souvent vouées à la monoculture. Les haies sont arrachées et les champs regroupés (remembrement). L'agriculture devient aujourd'hui le maillon central du complexe agro-industriel. La productivité a été multipliée par 10 en cinquante ans. L'Europe de l'Ouest cultive les céréales (blé, maïs) pour l'exportation, les plantes indutrielles (betteraves à sucre) et se consacre à l'élevage pour le lait et la viande. En Amérique du Nord, les grandes exploitations sont aux mains de grandes multinationales.

Différents types de paysage

L'openfield (ou champ ouvert) est très répandu dans le monde. Les parcelles sont géométriques et s'étendent sur de grandes superficies.

Dans les Grandes Plaines des États-Unis, dans la Beauce et la Brie en France, les grandes exploitations réservées à la monoculture sont fortement mécanisées.

Le paysage de bocage est très courant sur la façade atlantique de l'Europe. Les champs sont délimités par des haies, l'habitat plutôt constitué de fermes isolées. Dans les pays de climat méditerranéen, l'irrigation permet la culture de la vigne, des agrumes, des fruits et des légumes (Californie, façade de la Méditerranée). L'agriculture périurbaine alimente les marchés des villes.

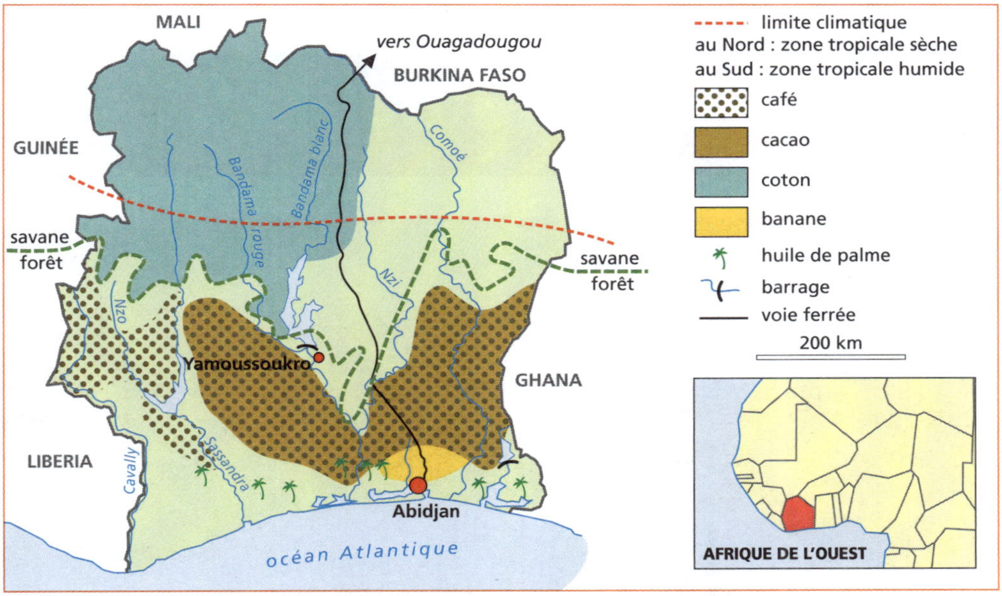

L'espace agricole en Côte-d'Ivoire (Afrique de l'Ouest).

2. DANS LES PAYS EN DÉVELOPPEMENT

Les espaces vivriers

Ils sont destinés à l'autoconsommation des populations. Si la cueillette et la chasse subsistent encore en Amazonie ou en Nouvelle-Guinée, la culture itinérante sur brûlis reste une pratique archaïque, en Afrique surtout. Le nomadisme pastoral est en voie de disparition dans les déserts chauds. En Amérique du Sud et en Afrique, les cultures vivrières (mil, sorgho) font vivre des millions de personnes malgré de faibles rendements. En Asie, un climat chaud et humide permet la riziculture. Le riz est la principale nourriture pour la moitié de l'humanité. Le travail manuel du repiquage, très minutieux, emploie beaucoup de main-d'œuvre. Les rizières inondées sont parfois établies sur les terrasses étagées des fleuves (en Indonésie ou en Chine). En Inde, la « révolution verte » a permis l'autosuffisance alimentaire malgré la très forte augmentation de la population.

Les cultures d'exportation

Les pays en développement fournissent aussi des produits agricoles aux pays riches. Ces cultures commerciales, souvent aux mains de grandes multinationales étrangères, prennent la forme de plantations (café, canne à sucre, cacao, arachides, fruits tropicaux).

Celles-ci sont bien reliées aux ports d'exportation et bien intégrées au marché mondial. Cependant, le cours de ces produits fixé par les Bourses des pays développés rend la production très irrégulière.

Notions et vocabulaire

Agriculture commerciale : activités agricoles destinées à l'exportation.

Agriculture périurbaine : culture de fruits et légumes à proximité des villes.

Agriculture vivrière (ou de subsistance) : production destinée à l'autoconsommation près des lieux de culture.

Monoculture : système de culture fondé sur une seule production.

Plantation : grande exploitation agricole dans les pays tropicaux dont la production est exportée.

Remembrement : regroupement de parcelles.

Rendement : quantité récoltée par hectare.

14 LES ESPACES DE TOURISME ET DE LOISIRS

Tignes - Val Claret (Savoie), Jarry Tripelon/Top©

Chaque année, on compte plus de 800 millions de touristes dans le monde. Ce tourisme de masse s'est développé depuis les années 50 et les Trente Glorieuses. Quels en sont les différents espaces ?

1. MER ET MONTAGNE

Les espaces littoraux

Le mer constitue la destination préférée de 80 % des touristes. Les espaces touristiques littoraux développent des infrastructures de loisirs (plages, ports de plaisance, parcs nautiques) et d'accueil (hôtels, campings, résidences secondaires). Les fronts de mer des stations balnéaires sont souvent bétonnés (Floride, Côte d'Azur, Costa Brava) et surexploités alors que les arrière-pays sont peu visités. L'aménagement des espaces balnéaires nécessite également la construction d'infrastructures de transport (autoroutes, voies ferrées, aéroports). Mais une fréquentation trop élevée rend les littoraux fragiles. En France, le Conservatoire du littoral tente de les préserver en les rendant inconstructibles.

Les espaces montagnards

Autrefois milieu répulsif et fermé, la montagne permet des activités multiples en hiver (ski) mais aussi en été (thermalisme, randonnées, alpinisme). Les Alpes sont la première destination mondiale de sports d'hiver. Aux stations-villages de fond de vallée (Chamonix, Saint-Moritz) ont succédé des stations intégrées, situées en altitude et qui deviennent de véritables usines à ski (La Plagne, Avoriaz). L'aménagement des pistes, la construction de routes d'accès rendent le milieu montagnard fragile. Pourtant, le tourisme permet d'éviter la dépopulation des zones montagnardes.

Le Futuroscope à Poitiers, W. Buss/Hoa-Qui©.

2. UN ESPACE ÉCONOMIQUE IMPORTANT

● Bassins émetteurs et espaces touristiques majeurs

Les touristes appartiennent majoritairement aux pays riches (Europe, Amérique du Nord, Japon). Mais ce sont aussi ces mêmes pays riches qui accueillent l'essentiel des touristes internationaux. Le Bassin méditerranéen est la première région touristique du monde (proximité des grandes villes européennes, climat ensoleillé). La zone Caraïbe attire spécialement les touristes nord-américains, le Pacifique (de la Thaïlande à Hawaï) une clientèle asiatique. Le tourisme balnéaire se développe aussi dans les pays du tiers-monde (20 % du tourisme international : Tunisie, Maroc, île Maurice, Seychelles) où il apporte une source appréciable de devises. Les activités touristiques, souvent aux mains de grands groupes financiers étrangers, font vivre une part importante de la population du pays.

● Les autres espaces de tourisme et de loisirs

Les grandes villes du monde sont des lieux de tourisme culturel (musées et monuments à Paris, Athènes, Prague). Certaines villes sont plutôt tournées vers le tourisme religieux (Lourdes, Rome). Les parcs d'attraction (Disneyworld en Floride, Eurodisney près de Paris) accueillent les familles des grandes villes américaines et européennes. Les parcs à thèmes (Futuroscope à Poitiers, Vulcania en Auvergne) permettent de créer des emplois. Enfin, le tourisme vert (gîtes ruraux, fermes auberges) est une forme touristique en plein essor qui séduit les habitants des grandes villes qui apprécient le calme et le contact avec la nature.

Notions et vocabulaire

Bassin émetteur : pays ou région d'où viennent les principaux flux touristiques.

Station balnéaire : espace touristique établi sur le littoral.

Station de ski intégrée : espace touristique de montagne, construit en altitude, où sont regroupés les équipements (téléskis, télécabines), les habitations et les commerces.

Tourisme de masse : se caractérise par un taux important de départs en vacances (50 % dans les pays riches).

Tourisme vert : forme touristique qui privilégie les séjours à la campagne.

15 LES ENJEUX DU MONDE ACTUEL

Chute du mur de Berlin, P. Piel/Gamma©.

La période de la guerre froide (1947-1990) a été marquée par la division du monde en deux blocs. Après l'éclatement du monde communiste, on assiste à une recomposition de la planète. Quels sont les rapports de force et les enjeux de ce nouvel ordre mondial ?

1. UN NOUVEL ORDRE MONDIAL

La suprématie des États-Unis

L'effondrement de la puissance soviétique au début des années 90 a laissé aux États-Unis le rôle de seule superpuissance de la planète. Ils disposent d'un poids politique et militaire incontesté pour arbitrer les conflits à travers le monde. Leurs réussites économiques (agriculture, industries de haute technologie) et leur rayonnement culturel (produits cinématographiques et télévisuels) sont inégalés dans le monde.

Pourtant, la domination américaine peut être menacée par certains pays (guerre du Golfe contre l'Irak) ou par des actions terroristes (attentats du 11 septembre 2001). Les États-Unis interviennent prioritairement dans les parties du monde où leurs intérêts sont menacés (exemple : pétrole au Moyen-Orient).

Un monde sous tension

Depuis 1991, la fin de l'affrontement Est-Ouest a laissé la place à des conflits locaux ou régionaux, en particulier dans les États composés d'ethnies ou de nationalités différentes (ex-Yougoslavie, Tchétchénie, Afrique équatoriale, Asie orientale, Moyen-Orient).

Face à ces périls, l'ONU s'efforce de garantir la paix dans le monde. Mais son rôle doit prendre en compte à la fois le principe de la souveraineté des États et le devoir d'assistance humanitaire aux populations civiles victimes de la guerre (Liban en 2006). Dans cette tâche, l'ONU est aidée par les ONG comme Médecins du Monde ou Amnesty International. Mais l'action des ONG est parfois contestée par certains pays qui y voient une ingérence extérieure.

2. LA MONDIALISATION

L'interdépendance des économies

Les enjeux économiques dépassent les frontières des États. Les firmes transnationales tissent un réseau de succursales partout où il existe un marché de consommateurs. L'organisation de la production est aussi mondiale : les grands groupes industriels, par exemple, délocalisent leur production dans les pays du tiers-monde, où les salaires sont moins élevés. Les pays riches gardent la main mise sur la conception des produits et la recherche.

Les échanges commerciaux internationaux ont été multipliés par 8 en 20 ans. Les grands pays qui dominent le commerce international appartiennent à la Triade (Amérique du Nord, Europe de l'Ouest, Japon et Asie Pacifique). Le commerce intra-européen est le premier du monde. Les pays ateliers d'Asie du Sud-Est (Chine surtout) vendent au monde entier leurs produits manufacturés. L'Afrique reste à l'écart des grands courants d'échanges.

Dans le domaine des télécommunications, l'information circule instantanément sur des réseaux mondiaux (exemple : Internet). De grands groupes internationaux ont le monopole des communications dans le monde.

Un modèle culturel planétaire

Le modèle culturel occidental, en particulier nord-américain, semble s'imposer sur tous les continents. Les modes de vie s'uniformisent (jean's, Coca-Cola®, Mac Donald's®). Ce modèle diffuse un certain nombre de valeurs (démocratie, liberté), impose la suprématie de l'individualisme et le pouvoir de l'argent. La contestation de ce modèle économique et culturel dominant peut prendre plusieurs formes : le refus de la globalisation (manifestations anti-mondialisation aux sommets de l'Organisation mondiale du commerce) ou le repli identitaire (développement des revendications régionalistes, intégrisme religieux).

Notions et vocabulaire

Firme transnationale : entreprise exerçant ses activités dans plusieurs États par l'intermédiaire de filiales.

Intégrisme : attitude de ceux qui veulent conserver dans son intégrité, sans aucune adaptation au temps et aux milieux, une doctrine ou une religion.

Interdépendance : relations d'échanges qui unissent deux ensembles (régions, pays, continents) qui ne peuvent fonctionner l'un sans l'autre.

Internet (Interconnection Network) : réseau mondial de communications et d'informations.

Mondialisation : essor des activités (économiques, culturelles) à l'échelle de la planète.

ONG : organisation non gouvernementale dont l'action humanitaire est dirigée surtout vers les pays en guerre ou les pays pauvres.

ONU : organisation des Nations Unies créée en 1945 pour assurer la paix et la sécurité dans le monde.

Superpuissance : pays qui rassemble tous les caractères de suprématie politique, économique, financière, militaire et culturelle.

16 NORD/SUD : L'INÉGAL DÉVELOPPEMENT

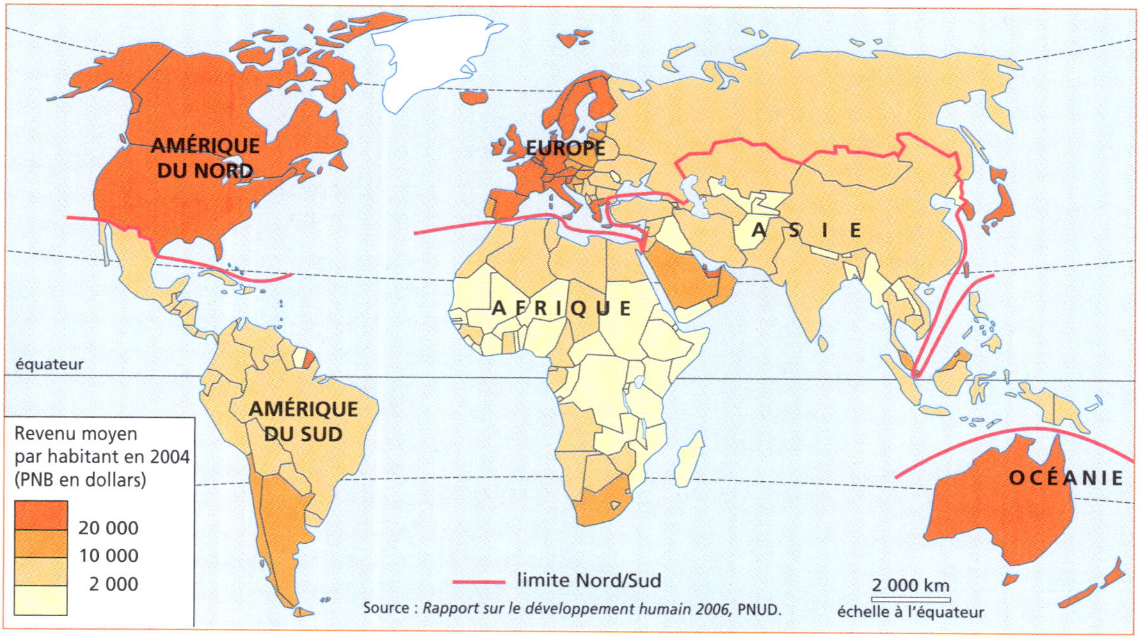

Les riches et les pauvres dans le monde.

Il existe dans le monde de profondes inégalités entre les pays du Nord, développés et riches, et les pays du Sud, en développement et pauvres. Quels sont les caractères de ces inégalités de développement ?

1. LES FORMES DE L'INÉGAL DÉVELOPPEMENT

Richesse, pauvreté et développement

On mesure la richesse d'un pays grâce au PNB par habitant. On relève des écarts considérables entre les pays développés (Europe du Nord, Amérique du Nord, Japon) et les pays du Sud (Afrique, Asie). Ainsi, le Luxembourg possède-t-il un PNB par habitant de 65 000 $, soit 650 fois plus que le Burundi en Afrique (100 $). Aujourd'hui, on utilise aussi l'IDH (de 0 à 1) qui prend en compte, outre la richesse produite (PNB par habitant), le taux d'alphabétisation et l'espérance de vie à la naissance pour mesurer les écarts de développement.

La Norvège est ainsi le pays au monde qui a le plus fort IDH (0,969) alors que la Sierra Leone (Afrique) a l'IDH le plus faible (0,275).

Les conditions de vie

On estime à 700 millions le nombre de personnes qui souffrent de malnutrition (manque de protéines) ou de sous-nutrition (moins de 2 000 kcalories par jour). Certaines années, les famines peuvent encore toucher les pays de l'Afrique sahélienne, voire certains pays d'Asie.

L'espérance de vie à la naissance est un autre caractère des inégalités de développement : elle atteint plus de 80 ans dans les pays riches, mais seulement 45 à 50 ans dans les pays les plus pauvres. L'encadrement médical est nettement insuffisant dans les PED (1 médecin pour 27 000 habitants en Afrique contre 1 pour 700 en Europe). De la même manière, l'accès à l'éducation (taux d'analphabétisme fort), les conditions sanitaires (peu d'habitants ayant accès à l'eau potable) sont d'autres facteurs d'inégalité.

Les PED ont beaucoup de difficultés pour sortir du sous-développement. L'écart entre les pays riches et développés et les PED a du mal à se combler.

2. DES « NORD » ET DES « SUD »

Le « Nord » en restructuration

L'éclatement du bloc soviétique au début des années 90 a laissé place, en Europe de l'Est, à des États en pleine recomposition. Certains ont un PNB par habitant parfois inférieur à certains pays d'Afrique (Bosnie-Herzegovine : 2 446 $/hab., Tunisie 2 060 $). Mais ces pays sont à classer parmi les pays développés, en raison des critères sanitaires et démographiques (faible mortalité infantile, fort taux d'alphabétisation). Par ailleurs, les NPI d'Asie (Taiwan, Corée du Sud, Singapour) font valoir des PNB qui les rapprochent des pays développés (Corée du Sud : 10 975 $ par habitant), mais les inégalités sont encore très fortes entre les différentes couches sociales.

Les pays les plus riches font partie de la Triade (Europe de l'Ouest, Amérique du Nord, Japon). Mais, au sein même de ces pays, les inégalités sont fortes. Le nombre de pauvres aux États-Unis et en Europe ne cesse de croître. La société devient « duale ».

Les fortes disparités des « Sud »

Quels que soient les critères de développement retenus, il existe des écarts très importants entre les différents PED. Les 40 pays les plus pauvres (pays les moins avancés) sont situés pour l'essentiel en Afrique subsaharienne. Les NPIA (nouveaux pays industrialisés asiatiques) rattrapent leur retard sur les pays développés.

L'Inde et la Chine se distinguent par leur puissance géographique et démographique (Chine : 1,3 milliard d'habitants ; Inde : 1 milliard).

Les pays riches tentent de venir en aide aux PED par le biais de l'aide au développement (aide alimentaire, aide technique). Mais les États-Unis et l'Europe consacrent moins de 1 % de leur PNB à l'aide au tiers-monde. Les ONG (organisations non gouvernementales) ont donc un rôle primordial.

Le FMI (Fonds Monétaire International) vient en aide aux pays pauvres. Mais les prêts consentis sont rarement remboursés. La dette des pays pauvres est une autre raison de leur faible décollage économique.

Notions et vocabulaire

Développement : capacité d'un pays à satisfaire les besoins essentiels de sa population.

IDH (indice de développement humain) : indicateur que l'on doit au Programme des Nations Unies pour le développement (PNUD) pour mesurer le développement réel d'un pays. Il combine, sur une échelle de 0 à 1, le PIB/habitant, le taux d'alphabétisation et l'espérance de vie.

Malnutrition : déséquilibre alimentaire (en particulier, manque de protéines).

NPIA (nouveaux pays industrialisés asiatiques) : pays d'Asie ayant réussi leur décollage économique grâce aux exportations de produits manufacturés.

PMA (pays les moins avancés) : pays les plus pauvres de la planète (surtout en Afrique).

PNB/habitant : somme des valeurs ajoutées produites dans un pays rapportée au nombre d'habitants.

Sous-nutrition : insuffisance quantitative de nourriture (moins de 2 000 kcalories par jour).

17 LA MONDIALISATION DES ÉCHANGES

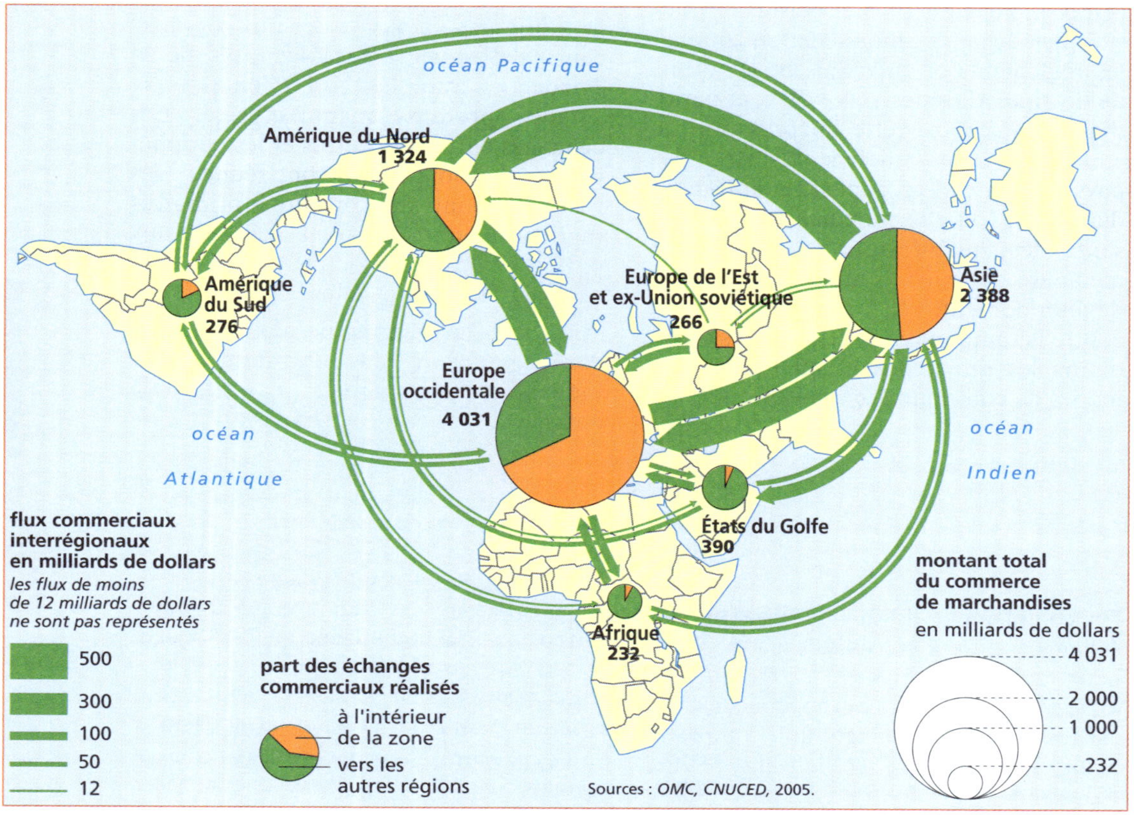

Des échanges mondialisés.

Les progrès techniques dans les moyens de transport ont permis une explosion des flux commerciaux. Quelles formes prend cette mondialisation des échanges ?

1. DES ÉCHANGES MONDIALISÉS

L'explosion du commerce mondial

Depuis 1945, les transports ont gagné en vitesse et en sécurité. Les échanges ont été multipliés par 60 depuis 40 ans. Les transports maritimes assurent les trois quarts des flux grâce à des navires spécialisés (pétroliers géants, minéraliers, porte-conteneurs). Les tonnages des produits agricoles et des matières premières (pétrole : 10 % des échanges) sont aujourd'hui dépassés par les produits manufacturés (3/4 de la valeur totale des échanges).

Les conteneurs, grandes caisses aux dimensions normalisées, peuvent être transbordés directement du navire sur un train ou un camion.

Dans le domaine des télécommunications, les progrès réalisés permettent la diffusion instantanée des informations. L'organisation des échanges commerciaux est liée aux grandes zones d'activité qui dominent l'économie mondiale. Ce sont les pays riches qui concentrent l'ensemble des échanges mondiaux : l'Union européenne représente 45 % du total, l'Asie et le Japon 35 % et l'Amérique du Nord 15 % .

La libéralisation des échanges

L'Organisation mondiale du commerce (OMC), créée en 1995, a permis l'explosion des échanges mondiaux en unifiant les règlements et en réduisant les droits de douane. Mais des voix s'élèvent périodiquement contre cette libéralisation du commerce dont bénéficient surtout les pays du Nord. Les opposants anti-mondialisation (ou altermondialistes) organisent des manifestations pour une meilleure prise en compte des pays en développement. Ils protestent aussi contre la toute-puissance des firmes transnationales qui imposent au monde des modes de consommation uniformisés.

2. DES ÉCONOMIES INTERDÉPENDANTES

Des organisations régionales

En complément de la libéralisation des échanges, se sont créés des espaces régionaux protégés, dirigés par des grandes puissances : l'Union européenne est un espace de libre-échange qui comprend aujourd'hui 27 pays (avec la Bulgarie et la Roumanie en 2007). Depuis 1994, l'ALENA associe en une seule zone commerciale les États-Unis, le Canada et le Mexique. D'autres organisations régionales (MERCOSUR, pour l'Amérique du Sud, ASEAN pour l'Asie du Sud-Est) favorisent les échanges à l'intérieur de leur zone. Les organisations régionales ont beaucoup de mal à voir le jour dans les pays plus pauvres, en Afrique par exemple.

Un commerce multipolaire complexe

Les pays industrialisés assurent plus des trois quarts des échanges internationaux. L'Union européenne est devenue la première zone commerciale de la planète, tant dans les échanges intrazones que dans les échanges avec les autres pays du monde. Les États-Unis exportent des produits agricoles et agro-alimentaires ainsi que des productions liées aux nouvelles technologies (informatique, aéronautique). Le Japon et l'Asie Pacifique vendent au monde entier des automobiles, de l'électronique grand public.

La très grande majorité des flux commerciaux s'effectuent entre les pays de la Triade ou entre les NPI (Chine) et la Triade (produits manufacturés). Les échanges entre ces centres et les périphéries en développement sont réduits : les PED vendent des produits primaires (agricoles ou miniers) et achètent aux pays du Nord des produits manufacturés nécessaires à leur développement.

Au total, la géographie des échanges commerciaux reflète étroitement les inégalités économiques à travers le monde.

Notions et vocabulaire

ALENA (Association de libre-échange nord-américaine) : zone commerciale régionale protégée créée en 1994, qui regroupe les États-Unis, le Canada et le Mexique.

Centre/périphérie : modèle explicatif des phénomènes économiques et commerciaux. Le centre exerce sa domination commerciale sur les périphéries.

Échanges intrazones : commerce réalisé à l'intérieur d'un espace régional protégé.

Libre-échange : système commercial qui permet une libre concurrence entre les produits d'un pays et des produits étrangers en supprimant les barrières douanières. Contraire : **protectionnisme**.

OMC (Organisation mondiale du commerce) : créée en 1995, elle établit les règles de fonctionnement du commerce mondial et favorise le libre-échange.

Triade : nom donné aux trois zones dominantes de l'économie mondiale : Amérique du Nord, Europe de l'Ouest, Asie du Sud et du Sud-Est.

18 L'OLIGOPOLE MONDIAL

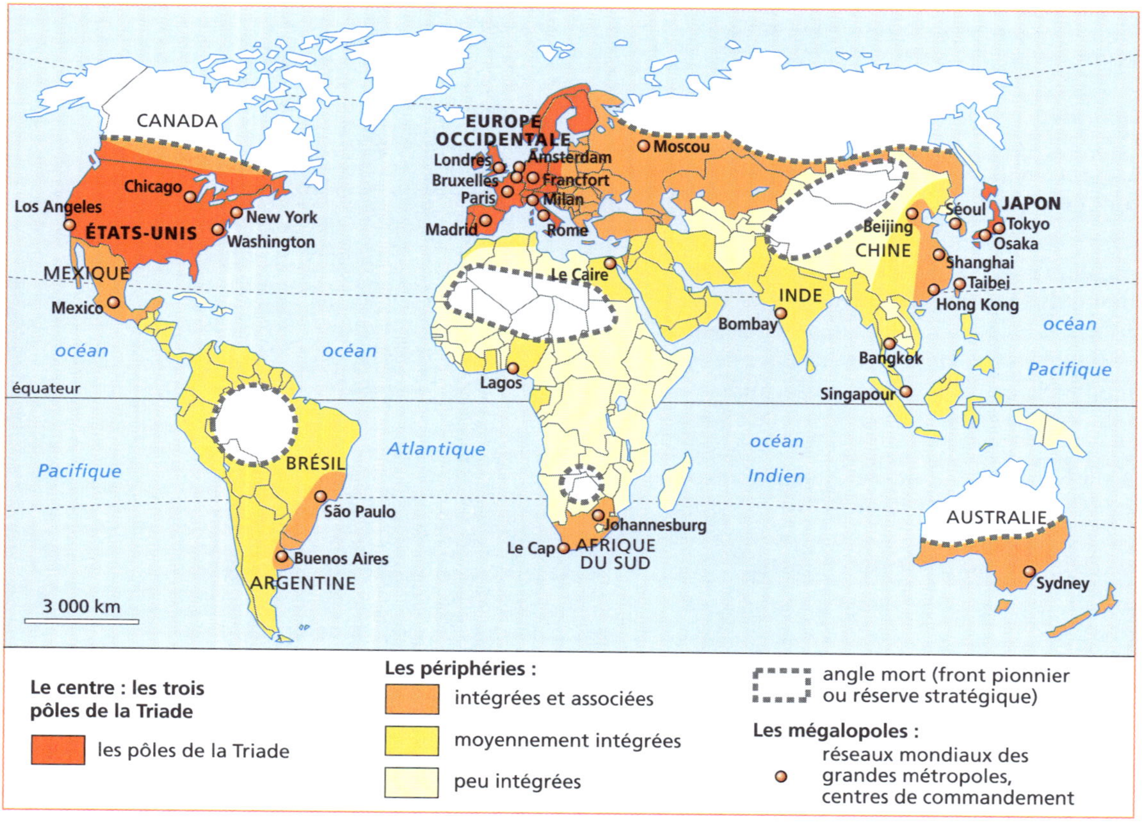

L'organisation de l'espace mondial.

Trois « centres » (États-Unis, Union européenne et Japon) dominent le monde. Comment s'exerce la puissance de la Triade ? Comment s'intègrent les différentes périphéries ?

1. LA TRIADE

Les facteurs de la puissance

États-Unis, Union européenne et Japon ne représentent que 900 millions d'habitants, mais ceux-ci détiennent plus de 50 % de la richesse mondiale. Ces trois « centres » mondiaux dominent l'économie mondiale et sont les principaux pôles d'impulsion, de décision, de commandement et d'innovation. Ils concentrent l'essentiel des industries de haute technologie et diffusent leurs productions par le biais de gigantesques firmes transnationales (par exemple, Microsoft pour l'informatique). Les États-Unis sont aussi une grande puissance militaire et diplomatique. Les Américains sont présents dans toutes les zones de conflit de la planète. Son influence dans les grands organismes internationaux (ONU, G8, OMC) reste dominante.

La Triade domine également les flux de capitaux internationaux : les principales Bourses sont New York, Tokyo, Londres alors que celles des pays énergents se développent (Singapour, Shangai).

Les trois puissances dominantes

Les États-Unis (4,5 % de la population mondiale) disposent d'une économie performante : ce sont de gros producteurs et exportateurs de produits agricoles. Ils dominent également le secteur des industries de pointe (aérospatiale, aéronautique, informatique, biotechnologie). Le dollar est la monnaie internationale de référence, utilisée dans les échanges internationaux. La culture américaine (Coca-Cola®, Mac Donald's®, cinéma) se présente dans tous les pays de la planète comme un modèle dominant.

L'Europe (500 millions d'habitants) s'est regroupée dans un espace économique commun (Union européenne) qui est la première zone commerciale du monde. L'UE assure la moitié des échanges commerciaux de la planète. L'UE dispose d'un haut niveau de vie, de productions agricoles et industrielles variées. Pourtant, la puissance politique de l'UE est encore entre les mains des États qui la composent.

Le Japon a connu un véritable miracle économique entre 1950 et 1973. C'est aujourd'hui un géant économique et commercial malgré les difficultés rencontrées à la fin des années 90. Mais le Japon n'est pas une puissance politique et diplomatique de premier plan.

2. ZONES D'INFLUENCE ET PÉRIPHÉRIES

Les zones d'influence des trois « centres »

Les périphéries « associées » participent aux activités des « centres » : elles reçoivent des investissements importants, elles alimentent les circuits commerciaux et sont quasiment sorties du sous-développement. Par exemple, le Mexique profite des avantages de l'ALENA. Le Japon a renforcé ses liens avec les NPI asiatiques et le littoral pacifique chinois qui sont devenus des pays ateliers pour le marché mondial. L'Europe centrale et orientale a bénéficié des investissements de l'Union européenne. Certains pays demandent aujourd'hui leur entrée dans l'Union.

Les périphéries marginalisées

La plupart des pays du tiers-monde vivent en marge des grands courants économiques et commerciaux.

L'Amérique du Sud est située dans la zone d'influence privilégiée des États-Unis. Le Brésil, par exemple, tente de faire valoir l'immensité de son territoire et l'importance de ses ressources naturelles.

La Chine et l'Inde disposent de ressources humaines importantes et comblent leur retard de développement. Le littoral du Pacifique chinois est devenu une zone de forte croissance économique à cause des nombreux investissements étrangers réalisés dans les zones économiques spéciales. L'Inde a su développer les industries de hautes technologie mais a beaucoup de mal à garder ses « cerveaux » attirés par les hauts salaires des pays riches.

Les PMA d'Afrique et les pays d'Asie centrale sont des périphéries délaissées : leur participation à la mondialisation se limite à l'exportation de produits primaires en direction des pays riches. Leur retard de développement se caractérise par une économie agricole dominante et une faible industrialisation. Les pays riches hésitent à investir dans les pays pauvres à cause de leur instabilité politique.

Notions et vocabulaire

Firme transnationale : société qui possède au moins une filiale de production en dehors de son pays d'origine.

Oligopole : ensemble formé par les puissances dominantes dont l'influence politique, économique, financière, culturelle et militaire s'exerce sur le reste du monde.

Périphérie associée : pays qui profitent de l'influence économique d'une puissance dominante.

Périphérie marginalisée : pays qui sont en dehors des grands courants économiques et commerciaux (Afrique).

EXEMPLE D'APPLICATION

(Corrigé page 94)

L'organisation des espaces littoraux : l'exemple de Dubaï

Document 1

Dubaï, « la folie des grandeurs »

Il y a encore quelques années, placer Dubaï sur une carte était réservé aux as de la géographie. Aujourd'hui, on montre du doigt cet émirat touché par la folie des grandeurs. Ce petit Etat de 3900 kilomètres carrés qui compte 1 million d'habitants (dont 80% d'étrangers) est situé en plein cœur des émirats arabes unis, juste ne face de l'Iran des mollahs. Enclavé entre l'Arabie saoudite et Oman, il fait figure d'exception culturelle. C'est le seul émirat où l'alcool est en vente libre et où l'on peut participer à des loterie, normalement bannies par l'islam. Des tombolas dotées de Rolls-Royce, de Ferrari ou de l'équivalent de son poids en or. C'est aussi là qu'a été construit le Bur j al-Arab, le seul hôtel 7 étoiles (!) au monde, presque aussi haut que la Tour Eiffel, et dont certaines suites occupent 780 mètres carrés !

Parallèlement à Dubaïland, d'autres projets mirifiques sont déjà sur les rails. Il y a The Palm, trois îles artificielles en forme de palmier, visibles par satellite et construites au large du Golfe Persique. Rien que l'infrastructure a coûté la bagatelle de 3,5 milliards de dollars. David Beckham, Brad Pitt et Robbie Williams y ont déjà acheté une résidence secondaire. Il y a aussi The World, estimé à 1,8 milliards de dollars. Calqué sur le même principe que The Palm, il s'agit cette fois de construire une cité, constituée de 250 îles artificielles, reproduisant un planisphère, chaque île aura la forme du pays dont elle reprendra quelques caractéristiques : la culture, l'architecture, la flore… Sans oublier Hydropolis, le premier hôtel sous-marin, ancré à 15 mètres de profondeur. Budget : 500 millions de dollars. Et comme Dubaï est connu pour sa passion pour les superlatifs, il s'apprête à édifier Bur j Dubaï, le plus haut gratte-ciel du monde, avec 560 mètres au garrot…

Tous ces projets ont germé dans l'esprit du Cheikh Mahammed ben Rached al-Maktoum, prince héritier et cerveau de l'émirat, qui espère recentrer l'économie locale sur le tourisme. Car dans moins de dix ans, les réserves de pétrole de Dubaï seront taries et la course contre la montre a commencé. Aujourd'hui, le pétrole a moins d'importance (8% du PIB) pour l'économie de l'émirat que le tourisme (12%).

Le Point, extrait d'un article du 27 mai 2004 de Martine de la Horie.

Document 2 : L'aménagement du littoral à Dubaï

Site Internet, ladefense.free.fr

Nom des sites touristiques	Infrastructures touristiques

Document 3 : Les tourristes de Dubaï

HÔTELS ET APPARTEMENTS-HÔTELS						
	1999	2000	2001	2002	2003	2004
Nombre de touristes internationaux	3 026 734	3 420 209	3 626 625	4 756 280	4 980 228	5 420 724
Dont Européens	609 794	697 288	751 585	945 075	966 834	1 307 300

Source : *Government of Dubaï, department of tourism and commerce marketing*, office de tourisme de Dubaï à Paris, 2005.

Questions

Document 1 : 8 points

Question 1 — À l'aide des informations fournies par le texte, localisez en l'entourant le site de Dubaï sur le fond de carte joint en annexe. **2 points**

Question 2 — Complétez le tableau joint en annexe en précisant, pour chaque site identifié, les infrastructures touristiques qui lui correspondent. **3 points**

Question 3 — Pour quelle raison le prince héritier de Dubaï a-t-il choisi de développer le tourisme ? **1 point**

Question 4 — À quelle catégorie de touristes est destiné le développement touristique à Dubaï ? Justifiez votre réponse ne relevant dans le texte quatre indices précis. **2 points**

Document 2 : 3 points

Question 5 — Quels éléments caractéristiques d'un aménagement touristique du littoral pouvez-vous repérer sur la photographie, en vous aidant du schéma ? **3 points**

Document 1 et 3 : 9 points

Question 6 — La politique d'aménagement touristique à Dubaï a-t-elle atteint ses objectifs ? Justifiez votre réponse en vous appuyant sur les deux documents. **3 points**

Question 7 — En vous appuyant sur l'exemple de Dubaï et sur votre connaissance d'autres espaces touristiques, vous rédigerez un développement d'une quinzaine de lignes sur l'aménagement des espaces touristiques littoraux. **6 points**

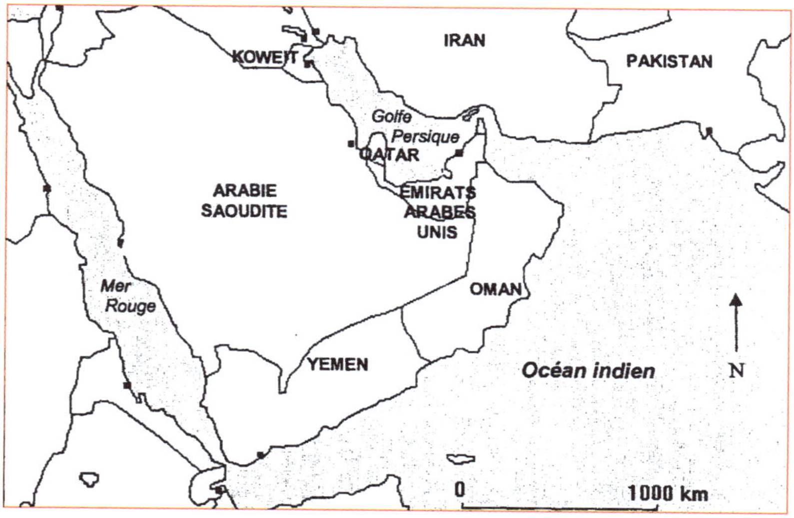

Annexe

Corrigés

L'évolution de la fonction du président de la République depuis 1958 (sujet d'histoire page 70)

Question 1

1.1 – Le président de la République détient le pouvoir exécutif.

1.2 – Parmi ses fonctions, on peut relever qu'il
– nomme et renvoie le Premier ministre ;
– dissout l'Assemblée nationale ;
– convoque les électeurs par référendum ;
– dispose des pleins pouvoirs en cas de crise grave (article 16).

Question 2

2.1 – Un référendum est une consultation au cours de laquelle les électeurs répondent par « oui » ou par « non » à une question qui leur est posée.

2.2 – C'est le président de la République française, Jacques Chirac, qui est à l'initiative du référendum du 20 septembre 2000.

2.3 – Le référendum porte sur le passage du mandat présidentiel de 7 à 5 ans.
Cette modification a été adoptée, comme le prouvent les résultats de la consultation (document 3), par plus de 73 % des inscrits.

Question 3

3.1 – Le 28 octobre 1962, le général De Gaulle demandait aux électeurs français s'ils souhaitaient élire leur président de la République au suffrage universel. Plus de 6 électeurs sur 10 (62,25 %) s'étant exprimé ont répondu « oui » (1re ligne du tableau comparatif).

3.2 – On appelle « abstention » le fait de ne pas voter, et « abstentionnistes » les électeurs qui ne se déplacent pas le jour d'un scrutin. Les taux d'abstention de 1962 et de 2000 sont respectivement de 23,03 % et de 69,81 %. Les électeurs (inscrits) de 2000 se sont abstenus trois fois plus que ceux de 1962. La question de 1962 marque sans doute une rupture beaucoup plus profonde dans l'histoire des institutions de la Ve République que celle de 2000.

Question 4

Introduction : Dans la présentation des institutions du pays, le président de la République est souvent décrit comme **la clé de voûte** de notre système politique. Cette expression veut signifier à la fois la place prépondérante du Président dans les institutions, mais aussi l'importance de son rôle dans les pratiques politiques. Enfin les hommes, avec leur conception du pouvoir et leur personnalité, contribuent aussi à donner une image de la fonction présidentielle.

Développement : Parce qu'il est élu démocratiquement au suffrage universel, le président de la République occupe dans la vie politique de notre pays une place et un rôle importants. Les institutions lui confient **le pouvoir exécutif**. Il nomme et renvoie le Premier ministre, peut dissoudre l'Assemblée nationale ou encore faire usage de l'article 16 qui lui confère les pleins pouvoirs en cas de crise grave. Il est aussi le chef des armées. À ce titre, c'est lui qui peut prendre la décision d'utiliser l'arme atomique. Enfin, il dispose du droit de grâce à l'égard des condamnés.
L'évolution de la fonction depuis 1958 a souvent consisté en un élargissement des pouvoirs du Président. Dans la Constitution de 1958, il est élu par le Parlement (Assemblée nationale + Sénat). Son **élection au suffrage universel**, voulue par le général De Gaulle, votée en 1962, appliquée en 1965, lui confère une légitimité supplémentaire. Cette mesure accroît son indépendance par rapport au Parlement. On parle aujourd'hui de régime semi-présidentiel. Le passage du septennat au **quinquennat** ne consacre sans doute pas seulement une diminution de la durée du mandat.
La succession de 5 présidents révèle aussi l'évolution de la fonction présidentielle. Le général De Gaulle, fondateur de la Ve République, applique ses idées politiques (un pouvoir exécutif fort) et tire les institutions vers le régime présidentiel. Après G. Pompidou, V. Giscard d'Estaing est le premier président non gaulliste. Avec F. Mitterrand, c'est l'« **alternance** » et un retour à une certaine présidentialisation du pouvoir. Depuis 1986 et les « **cohabitations** » successives, le Président, davantage en retrait, joue un rôle d'« arbitre ».

Conclusion : La dernière réforme, celle du quinquennat, réalisée pour donner de la cohérence au système politique, si elle change les règles du jeu n'en constitue pas moins une diminution du pouvoir du président.

L'organisation des espaces touristiques littoraux (sujet de géographie page 90)

Question 1

Voir localisation sur le fond de carte joint.

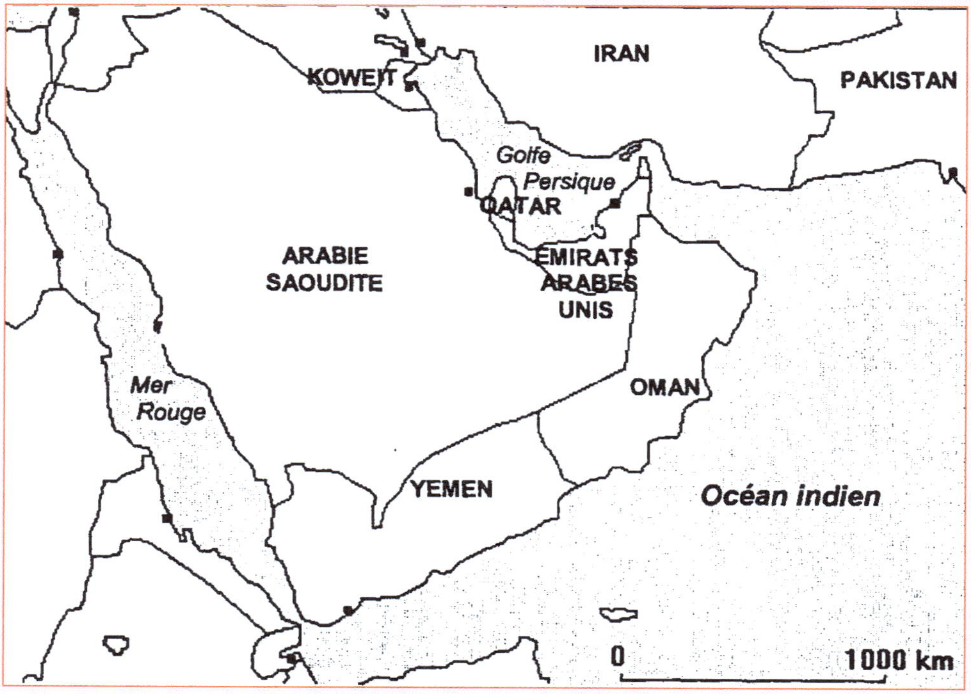

Question 2

Nom des sites touristiques	Infrastructures touristiques
Bur j al Arab	Seul Hôtel 7 étoiles du monde, il est presque aussi haut que la Tour Eiffel.
Dubaïland	C'est un parc de loisirs comprenant 45 parcs à thème avec des pyramides grandeur nature, une cité des sciences et une station de ski.
The Palm	Ensemble de trois îles artificielles en forme de palmier qui abritent des résidences secondaires luxueuses.
The World	Cette cité constituée de 250 îles artificielles a la forme d'un planisphère et regroupe des résidences de vacances.
Hydropolis	C'est un hôtel sous-marin, ancré à 15 mètres de profondeur
Bur j Dubaï	C'est un projet de construction du plus haut gratte-ciel du monde

Question 3

Le prince héritier a choisi de développer les infrastructures touristiques parce que Dubaï aura épuisé ses ressources de pétrole dans dix ans. Le tourisme est une activité de remplacement destinée à attirer les touristes fortunés de la planète.

Question 4

Le développement touristique de Dubaï est destiné à des touristes riches: l'hôtel Bur j al Arab est le seul établissement 7 étoiles du monde, il est presque aussi haut que la Tour Eiffel et certaines suites occupent une superficie de 780 mètres carrés. Parmi les autres projets qualifiés de « mirifiques » par le document 1, le complexe touristique « The Palm » (document 2) rassemble des résidences secondaires où des « stars » du cinéma comme Brad Pitt, du football comme David Beckham ou de la chanson comme Robbie Williams possèdent un appartement ou une villa. Dubaï vise donc en priorité la clientèle nord-américaine ou européenne, ou encore celle des riches monarchies pétrolières voisines (Qatar, Arabie Saoudite, Oman). On note par ailleurs des aménagements originaux comme l'hôtel sous-marin Hydropolis ou le parc de loisirs Dubaïland où l'on trouve une station de ski (alors que Dubaï est situé en plein désert). Ces aménagements ont coûté des milliards de dollars.

Question 5

Les aménagements touristiques marquent le paysage : le littoral est bordé de plages et d'hôtels. On repère aussi la route qui conduit à la Jumeirah Palm Island (résidences secondaires pour milliardaires. Entourant les hébergements, on note la présence d'une marina pouvant accueillir des bateaux de plaisance. Enfin, au premier plan, une autoroute permet d'accéder à ce complexe touristique.

Question 6

On relève une forte augmentation du nombre des touristes internationaux de 1999 (3 millions) à 2004 (5,4 millions). Pour les touristes européens, on remarque le doublement des chiffres entre les deux dates (609 000 en 1999 et 1,3 million en 2004).

Ces statistiques montrent que la politique d'aménagement de Dubaï porte ses fruits puisque le tourisme représente aujourd'hui 12 % du PIB national alors que le pétrole ne compte que pour 8 % du total. Le tourisme est un moyen de remplacer les ressources liées à la vente du pétrole.

Question 7

L'aménagement des littoraux en espaces touristiques est aujourd'hui une constante dans le monde. L'exemple de Dubaï est caractéristique à cet égard.

Les littoraux sont des espaces attractifs pour le tourisme international, comme pour les touristes nationaux. En France, par exemple, la Côte d'Azur est un type de région qui mise sur le tourisme : elle accueille les citadins de l'Europe du Nord-Ouest, voire une clientèle étrangère lointaine (Américains, Asiatiques). L'attractivité des littoraux demande des aménagements en matière de transport (autoroutes, voies d'accès aux stations balnéaires, aéroports internationaux). Pour accueillir ces touristes, le parc hôtelier se diversifie de même que les formes traditionnelles d'accueil (résidences secondaires, campings, gites...) En France, la côte du Languedoc-Roussillon a bénéficié d'un vaste plan d'équipement de l'Etat dans les années 1960 : aujourd'hui c'est la deuxième région touristique française. En Espagne, les aménagements touristiques se concentrent dans les « Costas » (Costa del Sol, Costa Brava, Costa Dorada) où dominent parfois des cités de béton comme Bénidorm.

Les pays en développement trouvent dans les aménagements de leurs littoraux des moyens d'attirer les touristes des pays riches : la côte tunisienne, par exemple, privilégie de grands ensembles touristiques, souvent séparés de la vie locale (Port El Kantaoui, Hammamet, Sousse). Au Sénégal, la Casamance est devenue une destination touristique recherchée par les Européens. Certaines îles (Maurice, Seychelles...) font valoir la beauté des sites touristiques littoraux pour développer des complexes touristiques, très souvent aux mains de grandes sociétés internationales. Pourtant malgré les efforts des pouvoirs en place, les aménagements touristiques littoraux ont du mal à entraîner l'ensemble de l'économie de ces pays en développement.

Ainsi, les aménagements touristiques littoraux rassemblent encore l'essentiel des touristes malgré la progression des stations de ski et du tourisme hivernal. L'exemple de Dubaï paraît toutefois atypique, dans la mesure où il s'adresse à une clientèle très fortunée. Elle traduit pourtant la volonté de certains pays du Moyen-Orient de développer cette filière économique pour pallier la fin programmée des réserves de pétrole.

ANGLAIS

Pour réussir l'épreuve...

Écrit : 1 heure
Oral : 20 minutes
Coefficient : selon les séries

L'épreuve écrite

Elle dure une heure.

L'épreuve comporte, selon la définition officielle :
– soit la traduction en français d'un texte simple et concret ;
– soit une rédaction en anglais (réponses à des questions qui peuvent porter sur un texte ou développement d'un sujet simple et concret) ;
– soit des exercices portant sur les éléments linguistiques des programmes et pouvant se rapporter à un texte.

Les sujets testent plusieurs compétences :
– il faut montrer que l'on **comprend** l'anglais à partir d'un texte simple comportant en général 200 à 250 mots. Les réponses aux questions sont souvent demandées en français mais elles peuvent aussi être en anglais ;
– il faut savoir **rédiger**. On peut vous demander de répondre à des questions courtes ou d'écrire une lettre, de raconter un événement, de décrire des objets, des personnes ou une situation, de développer des arguments, etc. ;
– il faut montrer que l'on connaît le fonctionnement de l'anglais dans le cadre d'exercices.

L'épreuve orale

Facultative ou non selon les spécialités, elle dure 20 minutes. Le candidat dispose de 20 minutes de préparation.

L'épreuve comporte, selon la définition officielle :
– soit un entretien se rapportant à un document étudié en classe (texte, image, etc.) ;
– soit un entretien sur un sujet se rapportant à la profession et qui prend appui sur un document (qui peut être un bref enregistrement sur bande magnétique).

Cette épreuve teste plusieurs compétences :
– il faut montrer que l'on a bien **compris** le document qui figure sur la liste que l'on apporte le jour de l'examen, ainsi que les questions de l'examinateur. Ce document peut être un texte ou un enregistrement mais, en fait, il s'agit presque toujours d'un texte ;
– il faut savoir **prendre la parole** de manière cohérente pour réagir et répondre aux questions.

En réalité, cette épreuve consiste en un entretien dirigé en anglais : l'examinateur vous posera des questions. Il vous demandera aussi, sans doute de lire un passage en anglais. Il pourra vous demander de traduire un extrait en français.

1 L'ÉPREUVE ÉCRITE PAS À PAS

1. LA COMPRÉHENSION DU TEXTE

Les premières questions du sujet portent souvent sur la compréhension du texte. Cette partie de l'épreuve est importante puisqu'elle compte pour la moitié des points. Consacrez-lui la moitié du temps dont vous disposez, sinon vous serez amené(e) à négliger les autres parties de l'épreuve.

Le premier contact avec le texte

A. Regardez attentivement le document et posez-vous les questions suivantes :

- Y a-t-il des photos ou des cartes ? Si oui, que représentent-elles ?
- La source est-elle indiquée ? Si oui, est-ce un article de magazine, une publicité, une notice, etc. ?
- Y a-t-il des notes de vocabulaire (lexique) ? Si oui, n'oubliez pas de vous en servir.

B. Lisez le titre. Si vous le comprenez tout de suite, essayez de déduire le sujet du document.

Si vous ne le comprenez pas, ne perdez pas de temps à chercher. Vous le comprendrez après avoir lu le texte. Posez-vous des questions dont vous pensez trouver la réponse dans le texte.

→ **Tirez votre conclusion :** ce texte est… Il traite de…

C. Lisez le texte très attentivement, en une fois, sans vous arrêter et sans oublier d'utiliser les notes de vocabulaire s'il y en a.

→ **Complétez votre conclusion :** l'auteur de ce texte parle de… Il nous dit que…

D. Lisez le texte une seconde fois.

- Repérez les mots qui reviennent plusieurs fois, ce qui est signe de leur importance par rapport au sujet.
- Repérez les champs lexicaux : y a-t-il beaucoup de mots qui s'appliquent à une situation particulière ?
- Repérez les mots qui ont une majuscule. Sont-ils des noms de personnages, des lieux ? À quoi correspondent-ils ?
- Y a-t-il des nombres ? Si oui, à quoi correspondent-ils ?

→ **Complétez votre conclusion :** il y a des personnages dans ce texte, X et Y… ; ils sont à… , etc.

Répondre aux questions

A. Vous avez maintenant une vision globale du texte. Avant de le relire pour entrer dans le détail, lisez attentivement les questions qui vous sont posées. Elles orienteront votre attention vers ce qui vous est utile.

B. En règle générale, les questions suivent l'ordre du texte. Vous pouvez donc raisonnablement penser que la réponse à la question 1 se trouve dans le début du texte. Nous vous conseillons de suivre l'ordre des questions. Toutefois, si vous ne trouvez pas la réponse à l'une d'entre elles, ne vous attardez pas trop longtemps. Passez aux suivantes et vous y trouverez parfois des indications qui vous permettront de revenir en arrière.

C. Les questions peuvent se présenter sous plusieurs formes :
– des questions à choix multiples (QCM) : on vous donne plusieurs réponses et vous devez choisir la bonne ;
– des questions à associer aux réponses que l'on vous donne ;
– des questions Vrai/Faux (*Right/Wrong*). Vous devez confronter la proposition que l'on vous donne au contenu du texte. Soyez très vigilant(e) : est-ce que l'affirmation donnée est une reformulation du texte ou est-ce qu'elle dit le contraire ? Dans tous les cas, on vous demande de justifier votre choix en citant les mots du texte ;

– des questions ouvertes. Elles sont parfois en français mais le plus souvent en anglais. Par exemple, *What did X do when...?* ou bien *Why did X decide to...?* ou bien *When did X do...?* ou encore *How many... do this?*, etc.
Si les questions sont en anglais, vous devez y répondre en anglais simplement mais avec des phrases complètes ;
– des amorces de phrase à compléter. Ceci est à peu près équivalent aux questions ouvertes décrites ci-dessus. Bien sûr, il faut les compléter en anglais.

D. Vous aurez parfois à faire une courte traduction de l'anglais vers le français. Souvenez-vous que la version est autant un exercice de français qu'un exercice d'anglais. Soignez particulièrement votre expression.

→ Pour vous entraîner à comprendre un texte même si vous ne connaissez pas tous les mots, reportez-vous à la page 98.

2. LES QUESTIONS DE GRAMMAIRE

Elles sont généralement liées au thème du texte. Mais les informations pour y répondre ne s'y trouvent pas forcément.

Voici des exemples de tâches à effectuer :
– phrases à compléter avec un mot (la préposition, la forme verbale, le quantifieur) qui convient ;
– phrases à transformer, par exemple pour les mettre au passé, ou bien au passif, ou à la forme négative, etc. On vous donne parfois des amorces pour vous aider.

→ Vous trouverez des exemples de questions de grammaire données à l'examen dans les pages 110 à 113.

→ Vous trouverez l'essentiel des notions à connaître dans les pages 103 à 109.

3. LA RÉDACTION

Le sujet de rédaction

Il y a toujours une question – généralement la dernière – qui demande une rédaction. Elle est parfois en anglais, parfois en français.

On vous précise le nombre de mots attendu (généralement 50 à 60). Respectez-le car il en sera tenu compte dans l'appréciation.

- Parfois, il y a seulement une question et vous êtes libre d'organiser votre réponse comme vous l'entendez.
- Parfois, on vous donne des indications en anglais ou en français, concernant un plan ou les structures linguistiques à employer. Respectez bien ces consignes.

Exemples de sujets

- Écrivez une lettre à votre correspondant anglais pour lui présenter votre école.
- *What are the advantages and disadvantages of wearing a uniform at school?*

Les étapes à suivre

- Examinez le sujet pour définir ce que l'on vous demande de faire.
- Devez-vous donner votre avis, rédiger une histoire, décrire des personnes ou des lieux, comparer des personnes ou des situations, persuader ou inciter, donner des arguments ?
- Faites au brouillon une liste des structures grammaticales qui vous seront utiles. Par exemple :
– pour faire un récit : prétérit – *at that time – then – it was 4 o'clock when...*, etc. ;
– pour donner des arguments : présent simple – *because... – as... – thanks to... – if...*, etc. ;
– pour persuader : *why don't you...? – You should... – If I were you, I would...*
(Voir « Les expressions utiles » pages 103 et 104.)
- Faites une liste de mots appartenant au champ lexical concerné. Par exemple :
– pour parler de voyages : *travel – trip – by car – holidays – sea-side – landscape*, etc. ;
– pour parler d'environnement : *pollution – environment – detroy – protect – acid rain*, etc.
- Faites un plan rapide, avec les deux ou trois points que vous allez développer. Cela vous aidera à organiser votre pensée.
- Soignez votre écriture. Si votre présentation est claire et soignée, votre correcteur vous en sera reconnaissant.
- Gardez quelques minutes pour vous relire soigneusement et vous corriger.

2 MÉTHODE

1. COMPRENDRE LES MOTS INCONNUS

Le texte de l'examen (environ 200 à 250 mots) comportera sans doute des mots qui vous sont inconnus. Pas d'affolement, on peut beaucoup deviner avec un peu de méthode.

● Mots transparents

Beaucoup de mots anglais ressemblent au français, ce qui n'a rien d'étonnant puisque le français a été la langue de la cour d'Angleterre pendant plusieurs siècles.

Les mots dits « transparents » sont une aide précieuse pour comprendre un texte.

Ex. : *I heard a* ***mysterious*** *noise this morning. The noise started at 8 a.m. and* ***continued*** *for 30* ***minutes***.

● Mots ressemblants

Il faut regarder les mots de près pour repérer des ressemblances un peu moins évidentes que dans les mots transparents et mettre en évidence l'appartenance à une famille de mots.

Ex. : ***Safety*** *is essential in a factory.*

Le mot *safety* est de la même famille que le français « sauf » dans l'expression « sain et sauf ». Il signifie « sécurité ».

● Mots composés de plusieurs éléments

L'anglais permet un assemblage souple de mots pour en créer de nouveaux. Il faut se servir du sens de ces deux éléments pour les combiner.

Ex. : *A* ***wheelchair***. Littéralement une « chaise à roues », c'est-à-dire un « fauteuil roulant ».
A ***milkman*** : un livreur de lait. *Man* signifie « homme », *milk* signifie « lait ».

● La dérivation

Les préfixes (particule accolée devant un mot) et les suffixes (à la fin d'un mot) changent le sens et/ou la catégorie grammaticale des mots auxquels ils sont accolés.

• **Les préfixes.** Ils modifient le sens d'un mot mais ne change pas sa catégorie grammaticale.

– ***in- / dis- / il- / im- / in- / ir- / un- / non- / anti-*** : négation, contraire.
Ex. : *usual* habituel → *unusual* inhabituel ; *like* aimer → *dislike* détester.

– ***over-***, ***under-*** : excès, insuffisance.
Ex. : *Mexico City is overpopulated*. La ville de Mexico est surpeuplée.
Alaska is underpopulated. L'Alaska est sous-peuplé.

• **Les suffixes.** Ils peuvent transformer un nom en adjectif, un adjectif en nom, un verbe en nom et un adjectif en adverbe.

-less dénote l'absence. Il transforme un nom en adjectif.
Ex. : *money* argent → *moneyless* sans argent ;
home domicile → *homeless* sans domicile.

-ful dénote la présence. Il transforme un nom en adjectif.
Ex. : *beauty* beauté → *beautiful* beau ;
meaning sens → *meaningful* plein de sens.

-able / -ible indiquent la faisabilité. Ils transforment un verbe en adjectif.
Ex. : *understand* comprendre → *understandable* compréhensible.

-ness transforme un adjectif en nom.
Ex. : *kind* bon → *kindness* bonté.

-er / -or / -ant transforment un verbe en nom. Ils servent notamment à citer la personne qui fait ce qu'indique le verbe.
Ex. : *work* travailler → *worker* travailleur, ouvrier.

-ee transforme un verbe en nom. Il sert à citer la personne qui subit ce qu'indique le verbe.
Ex. : *train* former → *trainee* stagiaire.

-ly transforme un adjectif en adverbe.
Ex. : *nice* agréable → *nicely* agréablement.

Les antonymes ou synonymes

Il y a souvent, dans la phrase même ou dans la suite du texte, des synonymes ou des antonymes (contraires) qui vous permettent de deviner le sens d'un mot. La conjonction *and*, qui implique une complémentarité, et *but*, qui implique une opposition, vous aident.

Ex. : *Some pit bull terriers are very dangerous but Mickey is* ***harmless****.*

On sait que *harmless* est un adjectif en raison de la place qu'il occupe dans la phrase, après *is*.

La présence de *but* implique une opposition, un contraste. On peut donc déduire que *harmless* est le contraire de *dangerous*. Donc, il signifie « inoffensif » (qui ne fait pas de mal).

Le contexte

Le contexte est la donnée la plus importante. C'est pourquoi nous vous conseillons toujours de commencer par lire une phrase ou un texte complètement avant de rechercher le sens des mots. Le contexte permet très souvent de deviner ce sens.

Ex. : Dans un texte sur l'examen sanctionnant une formation de cuisinier.
Each student was marked on his work by three food experts, who would nibble a bit from each dish.

L'indication *from each dish* nous met sur la voie.
La situation nous permet de penser que, pour mettre une note aux plats, les experts les goûtent.
La précision *a bit* nous indique une très petite quantité.
La solution : *nibble* = grignoter, goûter une petite quantité.

Attention aux faux amis

Il ne faut jamais oublier d'exercer son sens critique : certains mots sont trompeurs.

Ex. : *We attend New Park secondary school.* Le mot *attend* ne signifie pas « attendre » mais « fréquenter » (une école, un spectacle).

2. RÉDIGER UN PARAGRAPHE

La phrase

La cohérence. Une phrase est un ensemble de mots qui, ensemble, font du sens. Elle comporte au moins un verbe ; une liste de mots n'est pas une phrase. Bien sûr, il faut éviter les fautes. N'oubliez pas de vous relire pour corriger. Attention aussi à l'ordre des mots !

La ponctuation. Elle est indispensable.

- Le point : une phrase commence avec une majuscule et se termine par un point.
- Le point d'interrogation : une question se termine par un point d'interrogation.
- Les deux-points introduisent des exemples.
- Les virgules séparent les éléments d'une énumération.
- Les guillemets encadrent une phrase rapportée au discours direct.

Le paragraphe

Quand changer de paragraphe ?

Un paragraphe est un ensemble de phrases qui expose une idée. Chaque fois que l'on aborde une idée nouvelle ou un nouveau sujet, on va à la ligne.

L'organisation

Un paragraphe doit être cohérent et organisé : on ne doit pas « sauter du coq à l'âne » ! Un paragraphe commence généralement par une phrase clé qui est ensuite développée, expliquée ou illustrée par les autres phrases. C'est comme cela qu'est construit le paragraphe ci-dessous.

Ex. : *Teenagers don't eat enough lettuce, tomatoes and other vegetables. A survey was made of the eating habits of 7000 teenagers in Greensborough. It showed that 10 to 25% of the students missed at least one meal a day.*

Les liens logiques et chronologiques

Les mots de liaison sont utiles pour souligner la structuration de votre paragraphe. Utilisez-les sans excès, pour souligner les étapes d'un récit ou la logique d'un raisonnement. (Voir la liste de mots utiles page 104.)

3 L'ÉPREUVE ORALE PAS À PAS

1. INTERROGATION SUR LE TRAVAIL FAIT EN CLASSE

Rappelons que vous disposez de 20 minutes de préparation. Pendant ce temps, vous aurez pu rassembler vos idées sur le document choisi par l'examinateur dans la liste des textes que vous avez étudié. Ce document peut être un texte ou un document iconographique, par exemple une publicité ou un dessin humoristique.

Nous vous conseillons de prendre quelques notes sur ce que vous pouvez dire à propos de ce document.

C'est l'examinateur qui vous posera les questions mais vous pouvez prévoir en quoi elles consisteront et vous préparer en conséquence.

L'examinateur peut vous demander de lire un passage à haute voix, si c'est un texte. Essayez de montrer par la clarté de votre lecture que vous comprenez ce que vous lisez.

La première question sera souvent : *What is this document?* Vous pourrez alors dire quelle est sa nature (*an ad, a cartoon, an extract from a newspaper article, an extract from an interview*, etc.). Vous citerez la source si vous la connaissez.

Ex. : *Where does the scene take place?*
Who is the main character?
When did this happen?

Puis il vous posera sans doute des questions sur la situation (*situation*), les personnages (*characters*), les lieux (*places*), le moment (*time, period*), ce qui se passe, etc. Vous aurez pu préparer tout cela au brouillon pendant votre temps de préparation.

Il pourra aussi vous demander si vous avez une réaction par rapport à ce document.

Ex. : *Do you find it funny? / interesting? / moving?*

2. ENTRETIEN

L'examinateur teste votre capacité à réagir spontanément en anglais.

Il pourra vous demander de parler plus librement du thème abordé dans le document, de relater votre expérience sur le sujet, de donner votre avis.

L'entretien portera aussi très souvent sur votre stage en entreprise ou votre projet professionnel. Vous aurez certainement eu l'occasion de vous préparer à cette situation avec votre professeur.

En prévision de l'examen, nous vous conseillons de préparer une liste d'expressions relatives à l'entreprise dans laquelle vous avez fait votre stage. Nous ne pouvons vous donner de liste ici, en raison de la multiplicité des situations de chacun des élèves de BEP.

Cette liste doit être réalisée en fonction de votre propre expérience.

Pour être prêt(e) à toutes les questions de l'examinateur, classez les mots par catégories :
– lieux : *office, shop, store, factory*, etc. ;
– personnes : *manager, assistant, baker, worker, colleagues, trainer*, etc. ;
– tâches : *sell, type, clean, check*, etc.
Complétez avec la liste des verbes qui s'appliquent à ce que vous avez fait.

3. CONSEILS GÉNÉRAUX

Pendant toute l'année de préparation, participez au cours le plus souvent possible. C'est ainsi que vous pourrez acquérir l'habitude d'enchaîner les mots et les phrases.

Souvenez-vous que l'examinateur est tout disposé à vous aider. Donc essayez de garder votre sang-froid et votre calme.

Prononcez l'anglais le mieux que vous pouvez. L'examinateur vous saura gré de vos efforts.

4 LES EXPRESSIONS UTILES

• **Saluer**
Good morning / Good afternoon

• **Présenter quelqu'un**
Let me introduce…
This is Mr…
Have you met Mrs…?
May I introduce…

• **Faire une demande polie**
Would you…, please?
I wonder if you could…

• **Demander / donner / refuser une permission**
Do you mind if I…? Not at all.
Can I…? Of course you can.
May I…? Certainly not.

• **Remercier**
Thank you so much.
That's very kind of you.
How nice of you.
Thank you very much.

• **Faire répéter**
Would you mind repeating, please?
Pardon?
Could you say that again, please?
I'm sorry, I didn't catch what you said.

• **Prendre le temps de réfléchir**
Well, …
Er…
Let me think.
I'm not quite sure but I think…

• **Résumer**
In a few words,
To sum it up,
Briefly,

• **Émettre une hypothèse**
I think that…
In my opinion, …
I guess / I suppose / I figure / I assume
This might…
Probably / presumably
Obviously

• **Annoncer quelque chose**
Have you heard the news?
I'd like to tell you something.
Just listen to this.

• **Proposer son aide**
May I help you?
Can I help you, Madam?
What can I do for you?

• **Proposer quelque chose**
Do you want…?
Would you like some…?
Would you fancy…?
How about a…?

• **S'intéresser au sort des autres**
What's wrong with…?
I'm so sorry for him / her / them.
What a shame!
That's too bad.
I'm terribly worried / concerned about…

• **S'intéresser aux idées des autres**
Do you agree that…?
Do you think that…?
What's your position on…?
Would you say that…?

• **S'intéresser aux goûts des autres**
Did you enjoy…?
How did you like…?
Do you care for…?
What do you think of this book?
How do you feel about…?

• Exprimer une envie / un souhait

I feel like… (something to drink).
I wish to…
I wish you would…
I wish I were…
I'd like you to…
If only I could…
I hope it will…

• Exprimer son admiration

How beautiful / nice / pretty / clever.
He is the best… I know / in the world.
This is great / fantastic.
Congratulations.
I really appreciate…

• Exprimer sa déception

Oh no! Not again!
That's too bad.
Hard luck!
What a shame!
If only I had been there!

• Exprimer sa désapprobation

I'm sorry to say this but…
We've got a problem here.
I disapprove of…
How can you…?
I'm fed up with…
Now, this is enough!

• Exprimer sa surprise

This is amazing.
Isn't that strange?
What? You mean that…
Oh, no! You must be kidding!

• Donner des conseils

I'd advise you to…
You should…
You should have…
Why not…?
Why don't you…?
You'd better…

• Donner des ordres

Do that first!
Now you must…
You've got to…
You are to…

Les mots de liaison

• Cause

As
Because
Because of
Since
Thanks to / Due to

• Conséquence

As a result of
Consequently
That's why
Therefore
So

• Repères chronologiques

First,
Secondly,
Then,
Next,
After… minutes / days / years
Finally,
When he was… (âge)

• Pour ajouter des arguments

In other words,
Next,
That is to say,
In addition,
In fact,
Besides,
Moreover,

• Contraster

Although
Whereas
While
However
In spite of + nom
On the one hand… on the other hand…

• Comparer

Like + nom
It is the same as…
He looks like…
It sounds like…
It's different from...
Unlike + nom

5 LA GRAMAIRE DE L'ANGLAIS

1. LE GROUPE VERBAL

Parler du présent

• Le présent simple

Forme

– Base verbale + *-s* à la troisième personne du singulier.
Ex. : *He works, she works, it works.*

– Base verbale à toutes les autres personnes.
Ex. : *I work, you work, we work, they work.*

– À la forme interrogative et négative, on utilise *do / does*.
Ex. : *I work in a bank. He works in a bank.*
Do I work in a bank? Does he work in a bank?
I don't work in a bank. He doesn't work in a bank.

Emploi

Avec le présent simple, l'énonciateur donne une information sans commentaire.

– Il exprime une habitude, un fait habituel.
Ex. : *She works in London.*

– Il définit une caractéristique du sujet.
Ex. : *He likes tea.*

– Il exprime une vérité générale.
Ex. : *People speak English in India.*

– Il présente une succession d'événements rapides comme un commentaire de match, par exemple.
Ex. : *X kicks the ball, he passes it to Y.*

– Les verbes qui expriment un état, un sentiment ou une opinion s'emploient généralement au présent simple et non au présent *be* + *V -ing*.
Ex. : *be, become, like, love, understand, think*, etc.

• Le présent *be + V-ing*

Forme

L'auxiliaire *be* conjugué est suivi de la base verbale + *-ing*.
Ex. : *He is working right now.*
Are you working?
No, I'm not working.

Emploi

– L'énonciateur commente ou interprète. Il dit ce qu'il voit ou ce qu'il sait d'une action qui se déroule.
Ex. : *Look! The bus is coming.*

– Les verbes exprimant une attitude s'emploient généralement à la forme *be + V-ing*.
Ex. : *lie, sit, stand, kneel.*

Parler du passé

• Le prétérit simple

Forme

– C'est la même forme pour toutes les personnes.
• Verbes réguliers : base verbale + *-ed*.
Ex. : *He worked in a bank.*
• Verbes irréguliers : il faut les apprendre par cœur (voir liste page 111).
Ex. : *She came with me.*

– Forme interrogative et forme négative, on utilise *did*.
Ex. : *Did you work in a bank? No, I didn't work in a bank.*
Did Bill come too? No, he didn't come.

Emploi

– L'énonciateur évoque un état ou une action passés, complètement terminés, généralement datés explicitement ou implicitement. Il exprime une rupture avec le présent.
Ex. : *We went to London in December.*

• Le prétérit *be + V-ing*

Forme

L'auxiliaire *be* conjugué au prétérit est suivi de la base verbale + *-ing*.

Ex. : *He was working.*
Were you working?
No, I wasn't working.

Emploi

Cette forme indique qu'une action était en déroulement au moment de référence dans le passé ou qu'elle servait de cadre à une autre action qui constitue l'événement.
On la traduit par l'imparfait en français.
Ex. : *He was working when I arrived.*

• ***Used to + V***

Cette forme souligne la rupture avec le présent. Pour la traduire en français, on utilise l'imparfait et on ajoute parfois « jadis ».

Ex. : *We used to go to the cinema on Saturdays* (sous-entendu : nous n'y allons plus).

Faire le lien entre le passé et le présent

• **Le *present perfect***

Forme

L'auxiliaire *have*, conjugué au présent, est suivi du participe passé.
Le participe passé est formé de *V-ed* pour les verbes réguliers ; il figure dans la troisième colonne de la liste page 111 pour les verbes irréguliers.
Ex. : *They have worked a lot.*
Has he also worked a lot?
No, he hasn't worked much.

Emploi

– L'énonciateur explique le présent en faisant un bilan du passé.
Ex. : *They are tired because have worked a lot.* Ils sont fatigués parce qu'ils ont beaucoup travaillé.

– Il ne s'intéresse pas au moment de l'action.
Ex. : *He has lived in London.* (Peu importe quand ce qui m'intéresse, c'est qu'il connaît la ville.)

Parler de l'avenir

Il n'y a pas de temps futur en anglais. On a recours à diverses structures pour parler de l'avenir.

• ***Will + V***

L'énonciateur fait une prédiction : il déduit ce qui va se passer d'après ce qu'il sait ou d'après ce qu'il décide au moment où il parle.

On traduit la structure *will + V* soit par un futur, soit par le verbe « vouloir », soit par le verbe « aller ».

Ex. : *I know he will like that.* Je sais qu'il va aimer cela (sous-entendu : je le connais, je sais qu'il aimera cela).

Attention ! Une subordonnée introduite par *when* ou *as soon as* est au présent lorsque la principale est au futur.

Ex. : *I'll call you when I arrive.* Je te téléphonerai quand j'arriverai.

• ***Be going to + V***

L'énonciateur exprime une intention ou fait une prévision liée à la présence d'indices.

Ex. : *I think it's going to rain* (sous-entendu : je vois de gros nuages).

On peut mettre *be* au prétérit pour exprimer un futur dans le passé.

Ex. : *I was going to leave.* J'allais partir.

• **Présent *be + V-ing***

Avec un marqueur de temps futur, cette forme exprime un projet pour lequel des dispositions ont été prises.

Ex. : *We are leaving on Monday.* Nous partons lundi (sous-entendu : nous l'avons décidé, c'est prévu).

• **Présent simple**

Il peut exprimer un futur qui ne dépend pas de la volonté de l'énonciateur, notamment dans le cadre d'horaires ou de programmes.

Ex. : *The train leaves at four.* Le train part à 4 heures (c'est l'horaire).

Donner son avis

• **Les modaux**

Forme

can / could – may / might – must – shall / should – will / would
Ils ne prennent pas de *-s* à la troisième personne.
Ils précèdent directement un verbe lexical (sans *to*).

Ils servent d'auxiliaires pour la forme interrogative et négative ; ils évitent donc l'usage de *do*.
Certains ont une forme passée (*can, may, shall* et *will*) mais ils n'ont pas de forme composée.
Ex. : *He must go home.*

Emploi

– Les degrés de probabilité

Avec un modal, l'énonciateur indique à quel point il est sûr de quelque chose. Il choisit le modal en fonction du degré de probabilité.

Les modaux, classés par ordre de probabilité, sont : *must – may – could / might – mustn't / can't.*

On peut utiliser des forme impersonnelles pour les traduire en français : « il se peut que », « il se pourrait que », « il est impossible que », etc.

Ex. : *He must be ill.* Il doit être malade. / Il est sûrement malade.
He might be ill. Il se pourrait qu'il soit malade.

– Porter un jugement ou faire pression sur le sujet

• La capacité : *can* au présent, *could* au passé
En français, on traduit par « pouvoir » ou « savoir ».
Ex. : *He can't swim.* Il ne sait pas nager.

• La permission : *can* ou *may*
Ex. : *Yes, you can go out tonight.* Oui, tu peux sortir ce soir.

• L'obligation : *must*
Ex. : *But you must come home at 10.* Mais tu dois rentrer à 10 heures.

• L'interdiction : *must not / mustn't*
Ex. : *You mustn't be late.* Tu ne dois pas être en retard.

• Le conseil : *should*
Ex. : *You should take a taxi.* Tu devrais prendre un taxi.

Les substituts des modaux

On emploie des substituts à la place des modaux pour les temps qui leur manquent mais l'effet de sens est différent : la personne qui parle ne porte pas de jugement, elle ne fait que constater.

• La capacité : *be able to*
Ex. : *I am sorry. I have a meeting. I won't be able to come.*

• La permission ou l'interdiction : *be allowed to*

• L'obligation : *have to*

• L'absence d'obligation : *do not have to / haven't got to*

Utiliser le passif

• La voix passive

Forme : *be* + participe passé

L'auxiliaire *be* est conjugué ou modifié par un modal. Le participe passé est invariable.
Ex. : *Our school was built in 1998.*

Emploi

On choisit une tournure passive pour attirer l'attention sur le sujet grammatical : on exprime la même réalité qu'avec une forme active mais le point de vue de l'énonciateur est différent.

On trouve souvent des passifs incomplets dans des notices affichées ou dans les titres de journaux.

Le complément d'agent

– L'énonciateur peut le préciser en l'introduisant avec *by*.
– Il ne le précise pas quand il est évident, inconnu ou sans importance.
Ex. : *This wall was built by the Romans.*

Traduction

Le passif se traduit souvent par « on » en français.

Ex. : *English is spoken in many countries.* On parle anglais dans beaucoup de pays.

2. LE GROUPE NOMINAL

Déterminer un nom

• L'article *a / an*

– Il présente un élément dénombrable singulier nouveau, qui n'a pas encore été mentionné.
Ex. : *This is a nice book.*

– Il extrait un élément d'un groupe ou d'une classe.
Ex. : *She is a teacher.* (Attention, en français : elle est professeur.)

– Il renvoie à l'ensemble d'une classe.
Ex. : *A lion is a dangerous animal.*

– Il a un emploi distributif.
Ex. : *I have lunch at school four times a week* (quatre fois par semaine).

• L'article Ø

– Il équivaut à *a/an* devant un dénombrable pluriel : il indique la non-détermination.
Ex. : *There are books on the table.*

– Il s'emploie devant les noms indénombrables non déterminés : noms abstraits, de matière ou matériaux, de repas, de couleur, de langue, etc.
Ex. : *He can speak Japanese.*

– Il s'utilise dans des expressions figées : *go to school / hospital / university / church / work / bed,*
by car / plane / bus / train, etc.

– Il s'emploie devant les noms propres au singulier : noms de personnes, y compris s'ils sont précédés d'un titre, noms de lieux singuliers et non suivis de of.
Ex. : *Queen Elizabeth.* La reine Elizabeth.

– Il s'emploie devant les noms de jours et de mois.
Ex. : *We go to school on Mondays.* On va à l'école le lundi.

• L'article *the*

– Il s'emploie devant un nom désignant un ou des éléments déjà identifiés ou mentionnés.

– Il renvoie à un élément de la situation présente.
Ex. : *Open the door, please.*

– Il s'emploie devant un nom déterminé par ce qui suit : groupe prépositionnel (notamment *of* ou *in*) ou proposition relative.
Ex. : *The book I am reading is very interesting.*

– Il renvoie à ce qui est connu de tous.

– Il s'emploie devant les noms de pays au pluriel ou bien formés à partir de noms communs. L'accord se fait alors généralement au singulier.
Ex. : *The USA is a great country.*

– Il s'emploie devant les noms géographiques : montagnes, mers, fleuves, etc.

• Le génitif

Forme

– Au singulier : nom du possesseur + *'s* + objet possédé.
– Au pluriel (si terminé par *-s*) : nom du possesseur + ' + objet possédé
Ex. : *A girl's bicycle. The girls' bicycles.*

Emploi

– Il exprime la possession ou la parenté lorsque le possesseur est un être animé (personne ou animal) ou un groupe humain (nation, ville, etc.).
Ex. : *My mother's sister.* La sœur de ma mère.

• *Some, any, no*

Ce sont des quantifieurs indéfinis. On les traduit généralement par « du », « de la », « des ».

– On emploie généralement *some* dans une phrase affirmative et *any* dans une phrase négative ou interrogative.
Ex. : *Do you have any sisters and brothers?*

– On emploie *some* dans une phrase interrogative si l'on est sûr de l'existence du nom qu'il détermine ou si l'on veut convaincre l'interlocuteur de donner une réponse positive.
Ex. : *Would you like some tea?*

– *No* a un sens négatif. Comme il ne peut jamais y avoir deux négations dans une phrase, il est associé à un verbe positif.

Ex. : *I have no sister.* Je n'ai pas de sœur.

• Autres quantifieurs indéfinis

Ils ne peuvent pas tous être employés indifféremment devant un indénombrable ou un dénombrable.

– Devant un nom dénombrable (ex. : *books*) : *no, not any, few, a few, some / any, several, enough, a lot of / lots of, a number of, most of the, most, all (the).*

– Devant un indénombrable (ex. : *time*) : *no / not any, little, a little, some / any, enough, much, a lot of / lots of, plenty of, most of the, all the.*

Les adverbes *very* (très) et *too* (trop) peuvent modifier *much, many, few, little.*

Ex. : *We have very little time.* (Nous avons très peu de temps.)

Qualifier un nom

Les adjectifs sont toujours invariables.

Les adjectifs attributs se placent après les verbes d'état comme *be, become, get*, etc.
Ex. : *He was getting old.*

Les adjectifs épithètes se placent toujours avant les noms qu'ils qualifient.
Ex. : *He had a comfortable large house.*

Les adverbes qui nuancent l'adjectif

– À gauche de l'adjectif : *very* très ; *so* si ; *(much) too* trop ; *rather* plutôt ; *quite* tout à fait ; *a little* un peu ; *almost* presque, etc.
Ex. : *It is a little too heavy.*

– À droite de l'adjectif : *enough* assez.
Ex. : *He is not tall enough.*

La comparaison

– Le comparatif (plus… que…)
Il permet de comparer une personne ou une chose à une autre.
Sa forme diffère selon que l'adjectif est court ou long : adjectif court + *-er* ; *more* + adjectif long.
Son complément est introduit par *than*.
Ex. : *It was cheaper and more comfortable to take the train.*
La comparaison peut aussi porter sur un nom, sur un verbe ou sur un adverbe.

Pour traduire le plus… des deux
S'il y a seulement deux éléments, on utilise un comparatif en anglais.
Ex. : *He had too boys. John was the taller.*

– Le superlatif (le plus…)
Il permet de comparer une personne ou une chose à l'ensemble de sa catégorie.
Le complément du superlatif est introduit par *in* s'il s'agit d'un lieu, et par *of* dans les autres cas.
Ex. : *He was the tallest of his family.*

– Les comparatifs et superlatifs irréguliers :
- *good, better, the best* : bon, meilleur, le meilleur ;
- *far, further, the furthest* : éloigné, plus éloigné, le plus éloigné ;
- *bad, worse, the worst* : mauvais, pire, le pire ;
- *old, elder, eldest* : vieux, l'aîné, le plus âgé (uniquement quand on parle de frères et sœurs).

3. LA PHRASE

Poser des questions

Les questions fermées

On attend la réponse « oui » ou « non ». On n'utilise pas de pronom interrogatif et la phrase commence par un auxiliaire ou le verbe *be*.

Ex. : *"Do you know my brother?"*
"No I don't."

Les questions en *wh-*

– On les utilise pour indiquer le type de renseignements que l'on veut obtenir.
Who : un être humain.
What : un objet inanimé.
When : un moment.
Where : un lieu.
Why : une cause.
Which : un choix entre deux éléments.
Whose : un possesseur.
How : une manière *How old* (âge) *How often* (fréquence) *How far* (distance) *How long* (durée).
Ex. : *Where did you meet him?* (Où l'as-tu rencontré ?)

Rapporter des paroles

Le discours indirect

Le discours indirect fonctionne à peu près comme en français.

Les énoncés déclaratifs au discours indirect

– Les verbes introductifs : *tell somebody – say something to somebody – answer – reply – add*, etc.

– Les changements de temps
Si le verbe introductif est au présent, il n'y a pas de changement de temps dans la subordonnée.
Si le verbe introductif est au passé, on change le temps dans la subordonnée (comme en français).
- présent → prétérit
- prétérit simple et *present perfect* → prétérit ou *past perfect*
- futur en *will* → *would*

– Les pronoms personnels, les adjectifs et pronoms possessifs ainsi que les marqueurs de temps ou d'espace sont à adapter.

Ex. : *"I want to stay here with you", he said.* → *He said he wanted to stay there with me.*

• **Les questions au discours indirect**

– Les verbes introductifs : *ask, wonder, want to know*, etc.

– L'ordre des mots est celui de la phrase déclarative.

– S'il y a un mot interrogatif au discours direct, on le garde au discours indirect. S'il n'y a pas d'interrogatif, on utilise *if*.

Ex. : *"Can I stay here with you?", he asked.* → *He asked if he could stay there with me.*

• **Les ordres et interdictions au discours indirect**

– Les verbes introductifs : *tell / order / forbid / ask*, etc.

– Le verbe de la subordonnée complément est introduit par *to* ou *not to*.

Ex. : *Sit down.* → *He told me to sit down.*

Complexifier les phrases

• **Les subordonnées relatives**

– *Who* (qui)

• Il remplace un antécédent animé humain.

• Il peut être sujet de la relative ou complément.

• Il est généralement omis quand il est complément de la relative.

Ex. : *The man who is in the car is my cousin.*

Dans cet exemple, *who* est sujet de la relative.

– *Which* (que)

• Il remplace un antécédent non animé.

• Il peut être sujet ou complément de la relative.

• Il est généralement omis quand il est complément de la relative.

Ex. : *This is the book which I bought yesterday.*

Dans cet exemple, *which* est complément de la relative.

– *That* (qui / que)

• Il peut s'employer pour les personnes ou les choses dans les relatives définissantes (indispensables à la phrase).

• Il s'emploie après un superlatif, *the only*…

– Le relatif ø

• Le relatif ø remplace couramment les relatifs compléments *which, whom* et *that.*

Ex. : *This is the book I bought yesterday.*

– *Whose* (dont)

• Il s'emploie lorsque le relatif est complément de nom et indique la possession.

• Il est directement suivi du nom exprimant l'objet possédé.

• Attention à l'ordre des mots !

Ex. : *The man whose car is red.* L'homme dont la voiture est rouge.

• **La proposition infinitive**

Forme

– Sujet + Verbe_1 + GN + *to* + Verbe_2

– Le sujet de la subordonnée est à la forme complément s'il s'agit d'un pronom.

– Forme négative : Sujet + Verbe_1 + GN + *not to* + Verbe_2

Emploi

Cette structure s'utilise après des verbes marquant une intervention de l'énonciateur sur autrui :

want – advise – ask – allow – tell – expect – force – help – oblige – persuade – would like – would prefer, etc.

Ex. : *I would like him to come too.* J'aimerais qu'il vienne aussi.

• **Les autres structures complexes**

La coordination

Les éléments (groupes nominaux, adjectifs, adverbes ou propositions) ont le même statut et sont seulement juxtaposés avec : *and – or – but – so.*

Les propositions subordonnées

La conjonction *that* introduit une proposition subordonnée complément. On peut l'omettre et juxtaposer tout simplement les propositions.

Ex. : *I think (that) it is a good idea.*

Les propositions circonstancielles

– Le temps : *when – while – as – as soon as – before – after – since – until.*

– La cause : *because – as.*

– La condition : *if – unless (= if not).*

– La concession, le contraste : *though – although – whereas.*

– Le but, le résultat : *so that – in order that.*

4. LES VERBES IRRÉGULIERS

Nous vous proposons ci-dessous une sélection des verbes irréguliers les plus courants. Il faut les savoir par cœur.

Verbe	prétérit	ppe passé	traduction
be	*was*	*been*	être
become	*became*	*become*	devenir
begin	*began*	*begun*	commencer
blow	*blew*	*blown*	souffler
break	*broke*	*broken*	casser
bring	*brought*	*brought*	apporter
build	*built*	*built*	construire
burn	*burnt*	*burnt*	brûler
buy	*bought*	*bought*	acheter
catch	*caught*	*caught*	attraper
choose	*chose*	*chosen*	choisir
come	*came*	*come*	venir
cost	*cost*	*cost*	coûter
cut	*cut*	*cut*	couper
deal	*dealt*	*dealt*	distribuer
do	*did*	*done*	faire
draw	*drew*	*drawn*	dessiner
dream	*dreamt*	*dreamt*	rêver
drink	*drank*	*drunk*	boire
drive	*drove*	*driven*	conduire
eat	*ate*	*eaten*	manger
fall	*fell*	*fallen*	tomber
feed	*fed*	*fed*	nourrir
feel	*felt*	*felt*	sentir
fight	*fought*	*fought*	combattre
find	*found*	*found*	trouver
fly	*flew*	*flown*	voler
forget	*forgot*	*forgotten*	oublier
freeze	*froze*	*frozen*	geler
get	*got*	*got*	obtenir
give	*gave*	*given*	donner
go	*went*	*gone*	aller
grow	*grew*	*grown*	pousser
have	*had*	*had*	avoir
hear	*heard*	*heard*	entendre
hide	*hid*	*hidden*	cacher
hit	*hit*	*hit*	frapper
hold	*held*	*held*	tenir
hurt	*hurt*	*hurt*	faire mal
keep	*kept*	*kept*	garder
kneel	*knelt*	*knelt*	s'agenouiller
know	*knew*	*known*	savoir
leave	*left*	*left*	quitter
lend	*lent*	*lent*	prêter
let	*let*	*let*	laisser
lie	*lay*	*lain*	être couché
light	*lit*	*lit*	allumer
lose	*lost*	*lost*	perdre

Verbe	prétérit	ppe passé	traduction
make	*made*	*made*	faire
mean	*meant*	*meant*	vouloir dire
meet	*met*	*met*	rencontrer
pay	*paid*	*paid*	payer
put	*put*	*put*	mettre
read	*read*	*read*	lire
ride	*rode*	*ridden*	aller (à cheval / à vélo)
ring	*rang*	*rung*	sonner
rise	*rose*	*risen*	se lever
run	*ran*	*run*	courir
say	*said*	*said*	dire
see	*saw*	*seen*	voir
sell	*sold*	*sold*	vendre
send	*sent*	*sent*	envoyer
shine	*shone*	*shone*	briller
show	*showed*	*shown*	montrer
shut	*shut*	*shut*	fermer
sing	*sang*	*sung*	chanter
sit	*sat*	*sat*	(s')asseoir
sleep	*slept*	*slept*	dormir
smell	*smelt*	*smelt*	sentir
speak	*spoke*	*spoken*	parler
spend	*spent*	*spent*	dépenser
stand	*stood*	*stood*	être debout
steal	*stole*	*stolen*	voler (un voleur)
stick	*stuck*	*stuck*	coller
strike	*struck*	*struck*	frapper
sweep	*swept*	*swept*	balayer
swim	*swam*	*swum*	nager
take	*took*	*taken*	prendre
teach	*taught*	*taught*	enseigner
tell	*told*	*told*	dire
think	*thought*	*thought*	penser
throw	*threw*	*thrown*	jeter
understand	*understood*	*understood*	comprendre
wake	*woke*	*woken*	réveiller
wear	*wore*	*worn*	porter
win	*won*	*won*	gagner
write	*wrote*	*written*	écrire

ANGLAIS | Le cours

EXERCICES

Corrigés pages 116 et 117

1 COMPRÉHENSION

Lisez le mini-article ci-dessous avant de répondre aux questions.

Gosport, Ind, Sept. 28

A 17-year-old cave explorer was rescued, wet and cold, today, by a group of speleologists after 23 hours without food or light.

He had been trapped inside a narrow part of the cave where he hardly had enough space to move when the level of the underground river had suddenly risen because of the heavy rains.

1 Relevez dans la première phrase :

a. Un mot transparent : *explorer*. En français, …

b. Un faux ami : *cave*. Ce mot ne signifie pas « cave » mais…

c. Un adjectif qu'on peut deviner grâce à *cold* qui lui est souvent associé : *wet* veut dire…

d. Un verbe au passif dont on peut deviner le sens grâce à la fin de la phrase : *rescued* veut dire…

1 Relevez dans la deuxième phrase :

a. Un mot presque transparent : *space*, qui veut dire…

b. Un mot dont le sens découle de toute la première phrase : *trapped*, qui veut dire…

c. Un adjectif qui est expliqué par ce qui le suit : *narrow* veut dire…

d. Un mot dont on peut deviner le sens en observant les deux parties qui le composent : … qui veut dire…

e. Deux mots que l'on peut logiquement deviner grâce à ce que l'on sait de la situation et de l'information donnée par *heavy rains* :

- *level (of the river)* veut dire…
- *risen* veut dire…

2 EXPRESSION

1 La ponctuation

Restituez la ponctuation et les majuscules dans le texte suivant pour le rendre intelligible.

have you ever been in a traffic jam like this one in los angeles yesterday there was a collision between two trucks one of them was carrying chickens and the other was carrying horses it was unbelievable said police officer joe ramos the animals were running in all directions it was not too difficult to round up the chickens but some horses went galloping off all over the place the traffic jam lasted more than five hours

2 Les mots de liaison

Insérez les mots de liaison qui conviennent dans le texte suivant.

thanks to – during – but – and – in spite of – while – in fact – often

Some sharks are quite harmless … others are very dangerous.

… World War II, soldiers whose boats were destroyed had to be rescued by helicopters. … waiting to be saved, the men were … attacked by sharks. … the danger, some men managed to stay alive … a very simple idea. … , they only splashed water … made a lot of noise.

3 Le paragraphe

Le texte suivant devrait comporter deux paragraphes. Où faut-il aller à la ligne ?

A vending machine is a machine that sells things like soda, chewing gum, coffee, sandwiches, etc. Some vending machines sell ice. Yesterday, a customer dropped money in a machine. Instead of ice, he got quite a surprise : out came the arm of Robert Morgan, the man whose job is to fill the machine with ice. He had been trapped into the machine when the door had been shut by a gust of wind.

3 GRAMMAIRE

Nous vous proposons ci-dessous un ensemble d'exercices de grammaire qui suivent l'ordre des points exposés dans la partie « Grammaire ».

Faites les exercices après avoir relu le paragraphe correspondant et vérifiez seulement après le corrigé à la page 116.

1. Le présent

1 Mettez les phrases à la forme négative.

a. *Jeremy works in a garage.*
b. *He and his brother live in Stockton.*
c. *We all go to work by bus.*
d. *Jeremy comes with us too.*

2 Choisissez entre le présent simple et le présent *be + V-ing*.

a. *Lots of people… that Nessie is real. (believe)*
b. *They… hours watching the Loch. (spend)*
c. *Look at these tourists over there. They… the surface of the water. (desperately / watch)*
d. *But I can see nothing. There's only the noise of the wind which… (blow)*

2. Le prétérit

3 Mettez les phrases au prétérit. Commencez-les par *Last year…*

a. *Boys and girls have bad results.*
b. *They buy designer jeans.*
c. *They don't wear a uniform.*
d. *They are more violent.*

4 Mettez ces phrases au présent. Commencez-les par *Every day…*

a. *I went to town.*
b. *I took the train.*
c. *I met Jules on the train.*
d. *We talked a lot.*
e. *We were very tired.*

5 Mettez les verbes au prétérit simple ou au prétérit *be + V-ing*.

a. *Kevin… to his office when he… an accident. (drive – have)*
b. *His parents… lunch when the hospital… (have – call)*
c. *They immediately… to the hospital. Kevin… (go – sleep)*

3. Le *present perfect*

6 Traduisez en utilisant un prétérit ou un *present perfect.*

a. Je jouais au football quand j'avais 10 ans.
b. Mais depuis, je n'ai plus jamais joué.
c. Mon frère a toujours joué au football. Il est très bon.
d. Il jouait bien au tennis aussi mais il ne joue plus.

4. L'expression du futur

7 Remplacez *last summer* par *next summer.* Faites les changements qui s'imposent.

a. *We visited Spain last summer.*
b. *The weather was wonderful.*
c. *We saw beautiful cities.*
d. *We enjoyed every minute of it.*

5. Passé, présent, avenir : récapitulation

8 Choisissez la bonne expression de temps.

last year – every year – normally – in the future – since I was a child

a. *… we go to Scotland.*
b. *… I have always loved Scotland.*
c. *… we never make reservations and just find nice hotels.*
d. *… a lot of tourists visited Scotland.*
e. *… we will make reservations.*

9 Mettez le verbe à la forme qui convient.

a. *Last year in April, Pamela Talmage… Miss Indiana. (be crowned)*

b. *Her brother... in the cinema where the election... (sit – take place)*
c. *But he did not know Pamela... his sister (be).*
d. *She... when she was 6 months old and she... her brother. (be adopted – never meet)*

6. Les modaux

10 Réagissez en utilisant l'expression entre parenthèses et un modal différent chaque fois.
a. *Your marks aren't good enough. You... (work harder)*
b. *You look tired. You... (stop working)*
c. *You have done a good job. You... (stop working)*
d. *I am sure you... if you wanted to. (work better)*

11 Ajoutez à chacune de ces phrases *Next year.* Faites les changements nécessaires.
a. *You must be here before 8.*
b. *But you can take the 4 o'clock bus in the afternoon.*
c. *You may have an hour for lunch.*

7. Le passif

12 Construisez des phrases à la forme passive et au présent avec les mots suivants.
a. *The zoo / close / on Mondays.*
b. *The animals / well treat.*
c. *The lions / give meat / everyday.*
d. *When they are ill, the monkeys / take / to the vet.*

8. L'article

13 Choisissez le bon article : *the, a/an* ou Ø.
a. *Lisa is... 15-years old girl.*
b. *She wants to become... best roller-skater in the world.*
c. *She thinks... champion needs to train everyday.*
d. *She is not interested in... clothes or make-up.*
e. *She thinks... sport is important.*

9. Le génitif

14 Mettez ces mots dans l'ordre pour faire un génitif.
a. *footballer / T-shirt / the / 's / red*
b. *child / the / green / 's / young / cap*
c. *grandmother / girl / little / old / 's / the*

15 Traduisez en anglais.
a. La meilleure amie de ma sœur.
b. La sœur de mon meilleur ami.
c. La maison de mes parents.
d. La grande maison de ma tante.

10. Les adjectifs possessifs

16 Complétez avec l'adjectif possessif qui convient.
a. *Sally runs a cafeteria with... husband.*
b. *She and her husband drive to work in... old Mini.*
c. *Jonathan is very happy with... job but Sally thinks... life is boring.*

11. *Some, any, no*

17 Traduisez en anglais.
a. Aimes-tu le thé ?
b. Je voudrais du thé, s'il vous plaît.
c. Y a-t-il du thé dans la théière ?
d. Oui. En voulez-vous ?
e. Il y a aussi du café si tu veux.

12. Autres quantifieurs indéfinis

18 Choisissez entre *much* et *many*.
a. *There aren't... lions in this zoo.*
b. *The director thinks they cost too... money.*
c. *I like this zoo. There are so... flamingos!*
d. *But they don't have... space for the elephants.*

13. La comparaison

19 Mettez l'adjectif entre parenthèses au comparatif ou au superlatif de supériorité.

a. *The food is very good here. It's… than in our canteen. (good)*
b. *Yes, and the portions are much… (big)*
c. *Let's go and see this film. It will be… than doing nothing. (interesting)*
d. *I heard it was the… film in town. (interesting)*

14. Les prépositions

20 Complétez avec la préposition qui convient.

a. *Our products are exported… 22 countries around the world.*
b. *We began exporting our products… 2001.*
c. *The picture… the front page of our catalogue was taken in Yorkshire.*
d. *Our material comes… Holland.*

15. Les questions

21 Complétez avec l'un des éléments proposés.

what – how long – how much – how many – how often

a. *… are those yellow boots? £40*
b. *… pairs of boots do you have?*
c. *… sort of shoes do you prefer?*
d. *… was Doc Martens' job?*

22 Posez la question correspondant aux mots soulignés.

a. *Our company employs <u>2500 people</u>.*
b. *The first McDonald's opened <u>in 1955</u>.*
c. *<u>Mr Brown</u> will open a new restaurant next year.*
d. *He will open it <u>in Barrington Street</u>.*
e. *He has chosen that street <u>because it is very busy</u>.*
f. *He is <u>35 years old</u>.*
g. *He was born <u>in America</u>.*

23 Préparez l'interview en anglais d'une chanteuse de rock.

a. Demandez-lui quel est son sport favori.
b. Demandez-lui si elle a beaucoup d'amis.
c. Demandez-lui où elle habite.
d. Demandez-lui quel âge elle a.

16. Le discours indirect

24 Mettez au style indirect.

a. *"It is the best day in my life", the major said. → The major said…*
b. *"I have no idea who you are", he told me.*
c. *"I'll be better than you", he answered me.*
d. *"Do you know where the key is?" he asked me.*
e. *"Listen to me", he asked me.*

17. Les subordonnées relatives

25 Reliez les deux phrases en une seule avec un pronom relatif.

a. *There is a boy at the back of the bus. He is my cousin.*
b. *You see a man inside the restaurant. He is a footballer.*
c. *A car is parked in front of the police station. It is mine.*
d. *He is wearing a red T-shirt. It looks very nice on him.*

26 Traduisez en anglais. Nous vous aidons parfois avec des mots entre parenthèses.

a. La personne dont le numéro sera choisi sera la gagnante. (*number – chosen – winner*)
b. Je connais une fille dont le père a un garage.
c. Il est maire de New Brunswick, une ville dont la population a beaucoup grandi. (*mayor – grown a lot*)

18. La proposition infinitive

27 Traduisez en anglais.

a. Il veut que je parte maintenant.
b. Il m'a demandé de lui envoyer une carte.
c. Il voudrait bien que tu lui donnes ton adresse.
d. Je préfèrerais qu'il reste à la maison.

CORRIGÉS

1 COMPRÉHENSION

1 *explorer* : explorateur – *cave* : caverne – *wet* : humide – *rescued* : sauvé

2 *space* : espace – *trapped* : coincé – *narrow* : étroit – *level* : niveau – *risen* : monté

2 EXPRESSION

1 **La ponctuation**
Have you ever been in a traffic jam like this one? In Los Angeles yesterday, there was a collision between two trucks. One of them was carrying chickens and the other was carrying horses. "It was unbelievable," said police officer Joe Ramos. "The animals were running in all directions." It was not too difficult to round up the chickens but some horses went galloping off over the place. The traffic jam lasted more than five hours.

2 **Les mots de liaison**
Les mots de liaison doivent apparaître dans cet ordre : *but – during – while – often – in spite of – thanks to – in fact – and*

3 **Le paragraphe**
Il faut aller à la ligne après *Some vending machines sell ice.*

3 GRAMMAIRE

1 **a.** *Jeremy does not / doesn't work…*
b. *He and his brother don't live…*
c. *We don't all go to work…*
d. *Jeremy doesn't come with us.*

2 **a.** *believe*
b. *spend*
c. *are desperately watching*
d. *is blowing*

3 **a.** *Boys and girls had…*
b. *They bought…*
c. *They didn't wear…*
d. *They were…*

4 **a.** *Every day, I go to town*
b. *I take*
c. *I meet*
d. *We talk*
e. *We are*

5 **a.** *was driving – had*
b. *were having – called*
c. *went – was sleeping*

6 **a.** *I played football when I was 10.*
b. *But I have never played since.*
c. *My brother has always played football. He is very good.*
d. *He also played tennis very well but he no longer plays.*

7 **a.** *We'll visit*
b. *The weather will be*
c. *We'll see*
d. *We'll enjoy*

8 **a.** *every year*
b. *since I was a child*
c. *normally*
d. *last year*
e. *in the future*

9 **a.** *was crowned*
b. *was sitting – took place*
c. *was*
d. *was adopted had never met*

10 **a.** *must / should*
b. *should / must*
c. *may / can*
d. *could*

11 **a.** *You'll have to be here*
b. *But you'll be able to take*
c. *You'll be allowed to have*

12 **a.** *The zoo is closed on Mondays.*
b. *The animals are well treated.*
c. *The lions are given meat every day.*
d. *When they are ill, the monkeys are taken to the vet.*

13 **a.** *a* – **b.** *the* – **c.** *a* – **d.** *Ø* – **e.** *Ø*

14 **a.** *The footballer's red T-shirt*
b. *the young child's green cap*
c. *the little girl's old grandmother*

15 **a.** *My sister's best friend*
b. *My best friend's sister*
c. *My parents' house*
d. *My aunt's big house*

16 **a.** *her*
b. *their*
c. *his – her*

17 **a.** *Do you like tea?*
b. *I'd like some tea, please.*
c. *Is there any tea in the pot?*
d. *Yes. Do you want some?*
e. *There's some coffee too if you like.*

18 **a.** *many*
b. *much*
c. *many*
d. *much*

19 **a.** *better*
b. *bigger*
c. *more interesting*
d. *most interesting*

20 **a.** *to*
b. *in*
c. *on*
d. *from*

21 **a.** *How much*
b. *How many*
c. *What*
d. *What*

22 **a.** *How many people does your company employ?*
b. *When was the first McDonald's opened?*
c. *Who will open a new restaurant next year?*
d. *Where will he open it?*
e. *Why has he chosen that street?*
f. *How old is he?*
g. *Where was he born?*

23 **a.** *What is your favourite sport?*
b. *Do you have a lot of friends?*
c. *Where do you live?*
d. *How old are you?*

24 **a.** *The major said it was the best day in his life.*
b. *He told me he had no idea who I was.*
c. *He answered he would be better than me.*
d. *He asked me if I knew where the key was.*
e. *He asked me to listen to him.*

25 **a.** *The boy who is at the back of the bus is my cousin.*
b. *The man you see inside the restaurant is a footballer.*
c. *The car which is parked in front of the police station is mine.*
d. *He is wearing a red T-shirt which looks very nice on him.*

26 **a.** *The person whose number will be chosen will be the winner.*
b. *I know a girl whose father has a garage.*
c. *He is the mayor of New Brunswick, a city whose population has grown a lot.*

27 **a.** *He wants me to go now.*
b. *He asked me to send him a card.*
c. *He'd like you to give him your address.*
d. *I'd prefer him to stay at home*

MATHÉMATIQUES

Épreuve écrite
Durée : 2 heures
Coefficient : 3

Pour réussir l'épreuve...

L'épreuve du BEP regroupe les mathématiques et les sciences.
La note obtenue à cette épreuve intervient pour un maximum de 60 points dans le total des points du candidat.

Il faut impérativement se munir de son matériel

• **Calculatrice :** toutes les calculatrices de poche peuvent être utilisées, à condition que leur fonctionnement soit autonome. En revanche, il est interdit d'emprunter la calculatrice d'un autre candidat. Règle absolue : avoir sa calculatrice ; être familiarisé avec son fonctionnement.
• **Matériel de géométrie :**
– compas en bon état, règle graduée, équerre, rapporteur (utile pour tracer un graphique circulaire) ;
– crayon à papier : attention, généralement on ne distribue pas plusieurs feuilles de sujet ou d'annexes par candidat. Il vaut donc mieux placer des points au crayon sur un graphique si on veut avoir une possibilité de corriger, tout en ayant une copie propre ; sans gomme, le crayon ne sert à rien.

Comment se donner le plus de chances de bien réussir l'épreuve ?

• Lire très attentivement le texte : lire tous les exercices en entier avant de commencer à travailler afin de repérer ce que l'on sait faire.
• Si un exercice paraît un peu obscur (ou totalement incompréhensible…), ne pas se décourager, relire le texte et suivre les questions pas à pas : souvent le travail est très décortiqué et il suffit de suivre scrupuleusement les consignes données.
• Ce n'est pas parce qu'on ne résout pas la première question d'un exercice qu'on ne peut pas faire la deuxième. En général, les résultats de la première question sont donnés dans la deuxième lorsqu'ils sont nécessaires pour traiter cette deuxième question.
• Penser à utiliser le formulaire joint au sujet.
• Justifier tous les résultats donnés par une phrase ou un calcul.
• Faire très attention à la précision des résultats demandée et ne pas oublier d'indiquer les unités.

Comment cet ouvrage peut-il aider à préparer cette épreuve ?

• Le résumé de cours regroupe tous les savoir-faire essentiels.
• Les exercices sont un entraînement à l'utilisation de techniques et de formules.
• Dans les corrigés et dans les cours, les astuces de calcul, les précautions à prendre dans certaines situations, les compléments de calcul ont été ajoutés. Il est facile de les reconnaître : ils sont précédés de * et sont écrits en italique.

Bon travail et bonne chance.

1 LES ENSEMBLES DE NOMBRES

Exercices d'application page 141

$\mathbb{N}$ = ensemble des nombres entiers naturels.

$\mathbb{N} = \{0 ; 1 ; 2 ; 3 ; 4 ; 5 ; ...\}$.

$\mathbb{N}^* = \{1 ; 2 ; 3 ; 4 ; 5 ; ...\}$.

(* *On a enlevé l'élément* 0.)

$\mathbb{Z}$ = ensemble des entiers relatifs.

$\mathbb{Z} = \{... ; -3 ; -2 ; -1 ; 0 ; 1 ; 2 ; 3 ; ...\}$

$\mathbb{Q}$ = ensemble des nombres rationnels.

$\mathbb{R}$ = ensemble des nombres réels.

CE QU'IL FAUT SAVOIR FAIRE

Dans $\mathbb{N}$

Décomposer un nombre en un produit de facteurs premiers.

Ex. : $150 = 2 \times 3 \times 5 \times 5$.

Dans $\mathbb{Z}$

- **Additionner deux nombres relatifs :**

– qui ont le même signe : la somme a le signe commun et pour valeur absolue la somme des valeurs absolues ;

– qui n'ont pas le même signe : la somme a le signe de celui qui a la plus grande valeur absolue et pour valeur absolue la différence des valeurs absolues.

- **Soustraire deux nombres relatifs :**

on ajoute au premier l'opposé du second.

- **Multiplier (ou diviser) deux nombres :**

– qui ont le même signe : le produit a le signe + et pour valeur absolue le produit (ou le quotient) des valeurs absolues ;

– qui n'ont pas le même signe : le produit a le signe – et pour valeur absolue le produit (ou le quotient) des valeurs absolues.

Remarque : un produit de plusieurs facteurs est positif si le nombre de facteurs négatifs est un nombre pair.

Dans $\mathbb{Q}$

- **Simplifier une fraction :**

on divise le numérateur et le dénominateur par un même nombre (le plus grand possible).

- **Additionner des fractions :**

on remplace les fractions proposées par des fractions équivalentes qui ont le même dénominateur.

On garde le dénominateur commun et on ajoute les numérateurs.

$$\frac{a}{b} + \frac{c}{d} = \frac{ad}{bd} + \frac{cb}{db} = \frac{ad + cb}{bd}$$

- **Multiplier des fractions :**

on multiplie les numérateurs entre eux et les dénominateurs entre eux.

$$\frac{a}{b} \times \frac{c}{d} = \frac{ac}{bd}$$

- **Diviser des fractions :**

on multiplie la première fraction par l'inverse de la seconde.

$$\frac{a}{b} : \frac{c}{d} = \frac{a}{b} \times \frac{d}{c} = \frac{ad}{bc}$$

Vocabulaire

a et $(-a)$ sont deux nombres opposés.

$\frac{a}{b}$ et $\frac{b}{a}$ sont deux nombres inverses.

Cas particulier : l'inverse de a est $\frac{1}{a}$.

2 PUISSANCES ET RACINE CARRÉE D'UN NOMBRE RÉEL

Exercices d'application page 142

1. PUISSANCE

Définition

a est un nombre réel et n un entier tel que $n \geqslant 1$.

• $a^n = \underbrace{a \times a \times a \times a \dots a \times a}_{n \text{ facteurs}}$.

a^n se lit « a puissance n » ; n est l'exposant.

• Si $a \neq 0$, $\quad a^{-n} = \dfrac{1}{a^n}$.

• Par convention : $a^0 = 1$.

Opérations sur les puissances

$a^m \times a^n = a^{m+n}$ $\qquad (a \times b)^m = a^m \times b^m$

$(a^m)^n = a^{mn}$ $\qquad \left(\dfrac{a}{b}\right)^n = \dfrac{a^n}{b^n}$

$\dfrac{a^m}{a^n} = a^{m-n}$

Calcul d'une puissance d'un nombre

Toute puissance d'un nombre positif est positive.

Toute puissance d'un nombre négatif dont l'exposant est pair est un nombre positif.

Cas particulier :
Le carré d'un nombre est toujours positif.

Puissances de 10

Exemples :
$10\,000\,000 = 10^7$
$43\,000\,000 = 4{,}3 \times 10\,000\,000 = 4{,}3 \times 10^7$
→ La calculatrice affiche : $4{,}3^{\ 07}$
$0{,}000\,000\,1 = 10^{-7}$
$0{,}000\,000\,43 = 4{,}3 \times 0{,}000\,000\,1 = 4{,}3 \times 10^{-7}$
→ La calculatrice affiche : $4{,}3^{-07}$
Seule la calculatrice peut utiliser cette écriture.

Écriture scientifique d'un nombre

• On peut donner plusieurs écritures d'un même nombre :

$147{,}5 = 1\,475 \times 10^{-1} = 0{,}1475 \times 10^3 = 1{,}475 \times 10^2$

• Une de ces écritures est l'écriture scientifique du nombre :

1	,	475	×	10^2
un seul chiffre différent de 0 dans la partie entière.		partie décimale		puissance de 10

2. RACINE CARRÉE D'UN NOMBRE RÉEL

Si a et b sont des nombres positifs (ou nuls) :

$$a^2 = b \iff a = \sqrt{b}$$

$$\sqrt{a} \times \sqrt{a} = a \text{ ou } \sqrt{a^2} = a$$

$$\sqrt{ab} = \sqrt{a} \times \sqrt{b} \quad \text{et} \quad \sqrt{\frac{a}{b}} = \frac{\sqrt{a}}{\sqrt{b}}$$

Remarque : $\sqrt{a}$ s'écrit aussi $a^{\frac{1}{2}}$.

MATHÉMATIQUES Le cours

3 POLYNÔMES

Exercices d'application page 143

1. VOCABULAIRE

a est un nombre réel :

- $(-a)$ est l'opposé de a.
- $\frac{1}{a}$ est l'inverse de a.
- a^2 est le carré de a.
- $\sqrt{a}$ est la racine carrée de a.
- a^3 est le cube de a.

2. PRIORITÉS DE CALCUL

- On effectue les calculs dans les parenthèses, lorsque c'est possible (lorsqu'il n'y a que des nombres).
- On élève les résultats aux puissances indiquées.
- On effectue les produits et les quotients.
- On termine les calculs par les additions et les soustractions.

3. SUPPRESSION DES PARENTHÈSES

(Quand il n'est pas possible d'effectuer les opérations à l'intérieur des parenthèses.)

- On supprime les parenthèses précédées du signe + sans rien changer à l'intérieur.

$$a + (b + c) = a + b + c$$
$$a + (b - c) = a + b - c$$

- On supprime les parenthèses précédées du signe – en changeant tous les signes à l'intérieur.

$$a - (b + c) = a - b - c$$
$$a - (b - c) = a - b + c$$

- Pour effectuer les produits, on utilise la distributivité de la multiplication par rapport à l'addition.

4. DÉVELOPPER ET FACTORISER

- **Développer :** c'est transformer un produit de facteurs en une somme.

$a(b + c)$	=	$ab + ac$
produit de facteurs.		somme de deux termes.

$$(a + b)(c + d) = ac + ad + bc + bd$$

- **Factoriser :** c'est transformer une somme en produit de facteurs (lorsque c'est possible).

$ab + ac$	=	$a(b + c)$
somme de plusieurs termes.		produit de facteurs.

a est le facteur commun aux deux termes.

5. IDENTITÉS REMARQUABLES

$$(a + b)^2 = a^2 + 2ab + b^2$$
$$(a - b)^2 = a^2 - 2ab + b^2$$
$$(a - b)(a + b) = a^2 - b^2$$

⟶ développer

factoriser ⟵

Remarque :

L'utilisation des identités remarquables n'est pas obligatoire lorsqu'il s'agit de développer, il est possible d'écrire que :

$$(a + b)^2 = (a + b)(a + b)$$

et de développer comme tout autre produit de facteurs.

Par contre, il est impossible de factoriser sans les utiliser.

4 ÉQUATIONS ET INÉQUATIONS

Exercices d'application page 144

1. ÉQUATIONS

Définitions

- Une équation est une égalité qui contient des nombres et des lettres (les inconnues) représentant des nombres. Cette égalité n'est vérifiée que pour certaines valeurs données aux lettres.
- Toute valeur de l'inconnue pour laquelle l'égalité est vérifiée est une solution de l'équation.
- Résoudre une équation, c'est trouver l'ensemble de ses solutions.

Comment résoudre une équation ?

- Deux équations sont équivalentes lorsqu'elles admettent le même ensemble de solutions.
- On obtient deux équations équivalentes :
– en ajoutant ou en retranchant un même nombre aux deux termes de l'équation ;
– en multipliant ou en divisant les deux termes par un nombre différent de 0.
- Pour résoudre une équation, on la remplace par des équations équivalentes jusqu'à ce que l'inconnue soit complètement isolée dans un des deux membres de l'égalité.

Cas particulier

L'équation se présente sous la forme d'un produit de facteurs égal à 0.

$$(ax - b)(cx - d) = 0$$

Pour qu'un produit de facteurs soit nul, il faut et il suffit qu'un de ses facteurs soit nul.

On obtient alors deux équations (ou plus si le produit de facteurs a plus de deux facteurs) à résoudre :

$$ax - b = 0 \quad \text{et} \quad cx - d = 0$$

Valeurs particulières

- Si $ax = 0$, alors $x = 0$.
- Si $0x = 0$, alors x peut prendre n'importe quelle valeur.
- Si $0x = a$, $(a \neq 0)$ alors il n'existe aucune valeur de x vérifiant l'équation.

2. INÉQUATIONS

- Comparer deux nombres :

$a < b$	$c > d$
a est plus petit que b. b est plus grand que a.	c est plus grand que d. d est plus petit que c.

- Comparer un nombre à 0 :

$m \leqslant 0$	$m > 0$
m est inférieur ou égal à 0. m est négatif ou nul. $m \in]-\infty\,;0]$	m est supérieur à 0. m est positif. $m \in]0\,;+\infty[$

- Classer des nombres par ordre de grandeur croissante : on les range du plus petit au plus grand.
- On ne change pas le sens d'une inégalité :
– en ajoutant ou en retranchant un même nombre à ses deux membres ;
– en multipliant ou en divisant ses deux membres par un même nombre positif (différent de 0).

Si $a < b$ alors $a + c < b + c$
et $ac < bc$ si $c > 0$

- On change le sens d'une inégalité en multipliant ou en divisant les deux membres par un même nombre négatif.

Si $a < b$ alors $ac > bc$ si $c < 0$

MATHÉMATIQUES Le cours

5 SUITES NUMÉRIQUES

Exercices d'application page 145

1. SUITES ARITHMÉTIQUES

$$u_1 \xrightarrow{+r} u_2 \xrightarrow{+r} u_3 \xrightarrow{+r} u_4$$

La suite est une suite arithmétique qui a :

- $\boldsymbol{u_1}$ comme premier terme ;
- $\boldsymbol{r}$ comme raison ;
- $\boldsymbol{n}$ est le nombre de termes de la suite.

Dans ce cas là, la suite a 4 termes.

Calcul d'un terme

u_1
$u_2 = u_1 + r$
$u_3 = u_2 + r$
$u_4 = u_3 + r$

Généralisation : (n est le « numéro » du terme dans la suite, on dit aussi le rang).

$$u_n = u_{n-1} + r$$

u_1
$u_2 = u_1 + r$
$u_3 = u_1 + 2r$
$u_4 = u_1 + 3r$

Généralisation :

$$u_n = u_1 + (n-1)r$$

Calcul de la raison

$$r = u_2 - u_1 = u_3 - u_2 = u_4 - u_3 = \ldots = u_n - u_{n-1}$$

On utilise le calcul de la raison pour démontrer que la suite est arithmétique.

Calcul de la somme de n termes

$$S_n = \frac{(u_1 + u_n)n}{2}$$

2. SUITES GÉOMÉTRIQUES

$$u_1 \xrightarrow{\times q} u_2 \xrightarrow{\times q} u_3 \xrightarrow{\times q} u_4$$

La suite est une suite géométrique qui a :

- $\boldsymbol{u_1}$ comme premier terme ;
- $\boldsymbol{q}$ comme raison ;
- $\boldsymbol{n}$ est le nombre de termes de la suite.

Dans ce cas là, la suite a 4 termes.

Calcul d'un terme

u_1
$u_2 = u_1 \times q$
$u_3 = u_2 \times q$
$u_4 = u_3 \times q$

Généralisation : (n est le « numéro » du terme dans la suite, on dit aussi le rang).

$$u_n = u_{n-1} \times q$$

u_1
$u_2 = u_1 \times q$
$u_3 = u_1 \times q^2$
$u_4 = u_1 \times q^3$

Généralisation :

$$u_n = u_1 \times q^{n-1}$$

Calcul de la raison

$$q = \frac{u_2}{u_1} = \frac{u_3}{u_2} = \frac{u_4}{u_3} = \ldots = \frac{u_n}{u_{n-1}}$$

On utilise le calcul de la raison pour démontrer que la suite est géométrique.

Calcul de la somme de n termes

$$S_n = \frac{u_1(q^n - 1)}{q - 1}$$

**Les deux dernières formules ne sont pas à connaître en BEP, on peut se contenter de les utiliser.*

6 LES FONCTIONS : INTRODUCTION

Exercices d'application page 146

1. GÉNÉRALITÉS

À un nombre x, une fonction numérique associe au plus un autre nombre $f(x)$.

$$f : x \mapsto f(x)$$

$f(x)$ est l'**image** de x par la fonction f.

Ensemble de définition d'une fonction

C'est l'ensemble des nombres x pour lesquels, il est possible de trouver une image par la fonction f.

Particularités d'une fonction

- **Fonction paire :** elle associe le même nombre à deux nombres opposés.

Soient deux nombres opposés : x et $-x$ et leurs images par f : $f(x)$ et $f(-x)$.

La fonction est paire si $f(x) = f(-x)$.

La courbe représentative de la fonction est symétrique par rapport à l'axe des ordonnées.

- **Fonction impaire :** elle associe deux nombres opposés à deux nombres opposés.

Soient deux nombres opposés : x et $-x$ et leurs images par f : $f(x)$ et $f(-x)$.

La fonction est impaire si $f(x) = -f(-x)$.

La courbe représentative de la fonction est symétrique par rapport à l'origine des axes.

Sens de variation d'une fonction

Sur un intervalle donné, si $f(x)$ et x :
– augmentent (ou diminuent) en même temps, la fonction est croissante ;
– sont tels que lorsque x augmente, $f(x)$ diminue (ou inversement) la fonction est décroissante.

2. EXEMPLE : LA FONCTION LINÉAIRE $f : x \mapsto f(x) = ax$

Définition

On obtient l'image $f(x)$ de x en multipliant x par une constante a non nulle.

Ensemble de définition

$$x \in \mathbb{R} \text{ ou } x \in]-\infty ; +\infty[$$

Sens de variation et représentation graphique

- Si $a > 0$: *(si a est positif)*

La fonction est croissante.

x	$-\infty$ ↗ $+\infty$
$f(x)$	$-\infty$ ↗ $+\infty$

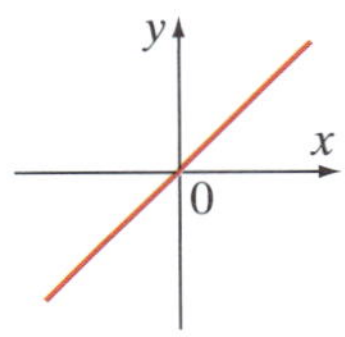

- Si $a < 0$: *(si a est négatif)*

La fonction est décroissante.

x	$-\infty$ ↗ $+\infty$
$f(x)$	$+\infty$ ↘ $-\infty$

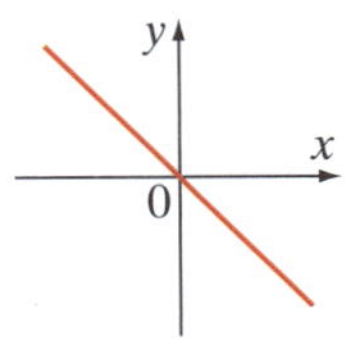

Représentation graphique

La fonction linéaire a pour représentation graphique une droite qui passe par l'origine des axes.

Équation de la droite

$$y = ax$$

***a* est le coefficient directeur de la droite.**

7 GRANDEURS PROPORTIONNELLES

Exercices d'application page 147

1. PROPORTION

• **Définition :** Quatre nombres a, b, c, d forment une proportion si :

$$\frac{a}{b} = \frac{c}{d}$$

a et d sont les extrêmes, b et c les moyens.

• **Propriété :** $\frac{a}{b} = \frac{c}{d} \Leftrightarrow a \times d = b \times c$

• **Utilisation :** on obtient de nouvelles proportions en intervertissant :

– les moyens : $\frac{a}{c} = \frac{b}{d}$

– les extrêmes : $\frac{d}{b} = \frac{c}{a}$

– les extrêmes et les moyens : $\frac{d}{c} = \frac{b}{a}$

2. SUITE DE RAPPORTS ÉGAUX

$$\frac{a}{m} = \frac{b}{n} = \frac{c}{p}$$

On obtient un rapport égal à chacun des rapports de la suite en ajoutant ou en retranchant les numérateurs entre eux à condition d'ajouter ou de retrancher aussi les dénominateurs correspondants.

$$\frac{a}{m} = \frac{b}{n} = \frac{c}{p} = \frac{a+b+c}{m+n+p} = \frac{a+b-c}{m+n-p} = \frac{a-b-c}{m-n-p}$$

3. GRANDEURS PROPORTIONNELLES

Deux grandeurs G_1 et G_2 sont proportionnelles si leurs mesures forment deux suites proportionnelles.

G_1	x_1	x_2	x_3	x_4	$x_1 + x_2 + x_3 + x_4$
G_2	y_1	y_2	y_3	y_4	$y_1 + y_2 + y_3 + y_4$

$$\frac{x_1}{y_1} = \frac{x_2}{y_2} = \frac{x_3}{y_3} = \frac{x_4}{y_4} = \frac{x_1 + x_2 + x_3 + x_4}{y_1 + y_2 + y_3 + y_4}$$

4. PARTAGE PROPORTIONNEL

Un partage est fait proportionnellement à une grandeur donnée G si les parts p_1, p_2, p_3, … forment avec les mesures g_1, g_2, g_3, … de cette grandeur deux suites proportionnelles.

P	p_1	p_2	p_3
G	g_1	g_2	g_3

$$\frac{p_1}{g_1} = \frac{p_2}{g_2} = \frac{p_3}{g_3} = \ldots = \frac{p_1 + p_2 + p_3 + \ldots}{g_1 + g_2 + g_3 + \ldots} = k$$

Un partage est proportionnel, en même temps, à deux grandeurs G et G' données s'il est proportionnel au produit de leurs mesures.

$$\frac{p_1}{g_1 g'_1} = \frac{p_2}{g_2 g'_2} = \frac{p_3}{g_3 g'_3} = \ldots = \frac{p_1 + p_2 + p_3}{g_1 g'_1 + g_2 g'_2 + g_3 g'_3}$$

5. REPRÉSENTATION GRAPHIQUE

• **Conclusion :** 2 grandeurs y et x sont proportionnelles si le rapport de leurs mesures est égal à une constante a.

$$\frac{y}{x} = a \Leftrightarrow y = ax$$

• La représentation graphique de deux grandeurs proportionnelles est une droite qui passe par l'origine des axes.

• Si deux grandeurs sont proportionnelles, l'une est une fonction linéaire de l'autre.

8 FONCTION AFFINE $f : x \mapsto f(x) = ax + b$

Exercices d'application page 147

On obtient l'image $f(x)$ de x en multipliant x par une constante a et en ajoutant une autre constante b au résultat obtenu.

1. ENSEMBLE DE DÉFINITION

$$x \in \mathbb{R} \text{ ou } x \in]-\infty ; +\infty[$$

2. SENS DE VARIATION

- Si $a > 0$ la fonction est croissante.

x	$-\infty$ ↗ $+\infty$
$f(x)$	$-\infty$ ↗ $+\infty$

- Si $a < 0$ la fonction est décroissante.

x	$-\infty$ ↗ $+\infty$
$f(x)$	$+\infty$ ↘ $-\infty$

3. REPRÉSENTATION GRAPHIQUE

La fonction affine $f : x \mapsto f(x) = ax + b$ est représentée graphiquement par une droite.

Cette droite a pour équation :

$$y = ax + b$$

a est le coefficient directeur (* *on dit aussi la pente*) de la droite.

Elle passe par le point $(0 ; b)$.

** On peut dire aussi qu'elle coupe l'axe des ordonnées au point d'ordonnée b.*

Si $a > 0$

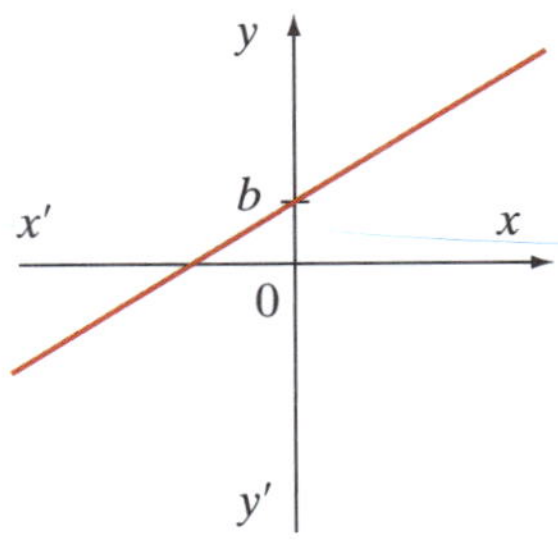

Si $a < 0$

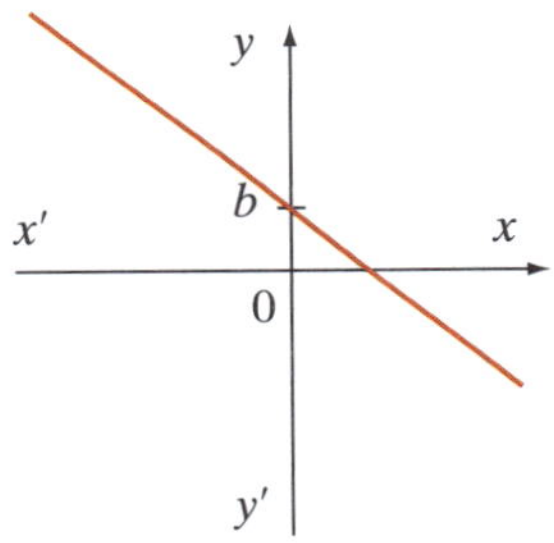

4. DROITES PARALLÈLES

Deux droites$(\mathscr{D}_1)$ et $(\mathscr{D}_2)$ sont parallèles si elles ont le même coefficient directeur :

$(\mathscr{D}_1) : y = \mathbf{a}x + b$ et $(\mathscr{D}_2) : y = \mathbf{a}x + b'$

5. DROITES PERPENDICULAIRES

Deux droites $(\mathscr{D}_1)$ et $(\mathscr{D}_2)$ sont perpendiculaires si le produit de leurs coefficients directeurs est égal à – 1.

$(\mathscr{D}_1) : y = a_1x + m$

$(\mathscr{D}_2) : y = a_2x + n$ avec $a_1 \times a_2 = -1$

9 ÉQUATION D'UNE DROITE

Exercices d'application page 148

1. RAPPELS

• **Fonction linéaire :** $f(x) = ax$.

La représentation graphique est une droite passant par l'origine, d'équation $y = ax$.

• **Fonction affine :** $f(x) = ax + b$.

La représentation graphique est une droite d'équation $y = ax + b$.

2. ÉQUATION D'UNE DROITE

• **Équation d'une droite passant par deux points dont on connaît les coordonnées : $A(x_A\,;y_A)$ et $B(x_B\,;y_B)$ $(x_A \neq x_B)$**

– Coefficient directeur de la droite :

$$a = \frac{y_B - y_A}{x_B - x_A}$$

– Équation de la droite :

$$y - y_A = a(x - x_A) \text{ ou } y - y_B = a(x - x_B)$$

• **Équation d'une droite dont on connaît la direction et un point $A(x_A\,;y_A)$**

Connaître la direction de la droite, c'est savoir soit :

– qu'elle est parallèle à une autre, donc qu'elles ont le même coefficient directeur ;

– qu'elle est perpendiculaire à une autre, donc que le produit de leurs coefficients directeurs est égal à – 1.

Dans les deux cas, on connaît le coefficient directeur a de la droite dont on cherche l'équation.

On utilise la même relation :

$$y - y_A = a(x - x_A).$$

3. RAPPELS

• **La droite passe par deux points :**

$$A(x_A\,;x_A) \text{ et } B(x_B\,;x_B)$$

Soit $M(x, y)$ un point quelconque de la droite.

– **On calcule les composantes des vecteurs :**

$$\overrightarrow{AM}\begin{pmatrix} x - x_A \\ y - y_A \end{pmatrix} \qquad \overrightarrow{AB}\begin{pmatrix} x_B - x_A \\ y_B - y_A \end{pmatrix}$$

– **On écrit que les vecteurs sont colinéaires.**

$$(x - x_A)(y_B - y_A) - (y - y_A)(x_B - x_A) = 0$$

4. REMARQUE

L'équation d'une droite peut aussi s'écrire sous la forme :

$$my + nx + p = 0$$

10 SYSTÈME DE DEUX ÉQUATIONS À DEUX INCONNUES

Exercices d'application page 148

Lorsque deux inconnues doivent répondre, en même temps, à deux conditions, on obtient un système de 2 équations à 2 inconnues.

Exemple :

- 1re condition : on veut payer 100 € avec des billets de 10 et de 5 €.
- 2e condition : on veut utiliser 15 billets.

Soit : x le nombre de billets de 10 €.
y le nombre de billets de 5 €.

- 1re condition : avec les billets de 10 €, on paie x fois 10 € soit $(10x)$ €.

Avec les billets de 5 €, on paie $(5y)$ €.

$$10x + 5y = 100$$

- 2e condition : $x + y = 15$

On obtient le système : $\begin{cases} 10x + 5y = 100 \\ x + y = 15 \end{cases}$

1. RÉSOUDRE UN SYSTÈME DE DEUX ÉQUATIONS

C'est trouver le couple de valeurs $(x\,;\,y)$ qui vérifie en même temps les deux équations.

2. MÉTHODES DE RÉSOLUTION

Méthode de substitution

** Substituer c'est mettre à la place de…*

On « sort » la valeur d'une des inconnues de l'une des équations et on la reporte **dans l'autre équation**.

** Attention : à utiliser de préférence lorsqu'une des inconnues a le coefficient* 1.

Ex. : $\begin{cases} 10x + 5y = 100 \\ x + y = 15 \end{cases}$ $\begin{cases} 10x + 5y = 100 \\ x = 15 - y \end{cases}$

**** x et y ont 1 pour coefficient dans la deuxième équation. On a choisi de sortir x de la deuxième équation.***

$\begin{cases} 10(15 - y) + 5y = 100 \\ x = 15 - y \end{cases}$ et $\begin{cases} x = 5 \\ y = 10 \end{cases}$

** La première équation ne contient plus qu'une inconnue et permet de calculer y, on utilise la valeur de y trouvée pour calculer x dans la 2e équation.*

** Inconvénient : toute erreur dans le calcul de la première inconnue entraîne une erreur dans le calcul de la seconde.*

Méthode d'addition

$$\begin{cases} 10x + 5y = 100 \\ x + y = 15 \end{cases} \;\Big|\; -10 \;\Big|\; -5$$

On multiplie chacune des équations par un nombre choisi de telle façon que le nombre de x dans la première équation et le nombre de x dans la deuxième équations soient des nombres opposés.

** Dans l'exemple choisi, on ne multiplie qu'une des équations par un coefficient, mais il est en général nécessaire de multiplier les deux équations par des coefficients.*

$\begin{cases} 10x + 5y = 100 \\ -10x - 10y = -150 \end{cases}$ et $\begin{cases} 10x + 5y = 100 \\ -5x - 5y = -75 \end{cases}$

On additionne membre à membre les équations obtenues et on obtient un nouveau système.

$\begin{cases} 1^{er} \text{ système} \\ 2^{e} \text{ système} \end{cases}$ $\begin{cases} -5y = -50 \\ 5x = 25 \end{cases}$ et $\begin{cases} x = 5 \\ y = 10 \end{cases}$

Méthode graphique

$10x + 5y = 100$ équation de la droite $(\mathcal{D}_1)$

$x + y = 15$ équation de la droite $(\mathcal{D}_2)$

On les trace sur **un même** graphique. Les coordonnées de leur point d'intersection vérifient en même temps les deux équations et sont solutions du système.

11 FONCTION « CARRÉ » $f : x \mapsto f(x) = ax^2$

Exercices d'application page 148

1. CAS PARTICULIER

$$f : x \mapsto f(x) = x^2$$

Ensemble de définition

$x \in \mathbb{R}$ ou $x \in]-\infty\,;+\infty[$

Remarque : c'est une fonction paire car $f(x) = f(-x)$, on pourra se contenter dans le tableau de valeurs de prendre des valeurs positives de x, tout en n'oubliant pas que les mêmes valeurs seront associées aux valeurs négatives de x.

Tableau de valeurs

x	0	1	2	3	4
$f(x) = x^2$	0	1	4	9	16

Tableau de variation

x	$-\infty$		0		$+\infty$
$f(x)$	$+\infty$	↘	0	↗	$+\infty$

Représentation graphique

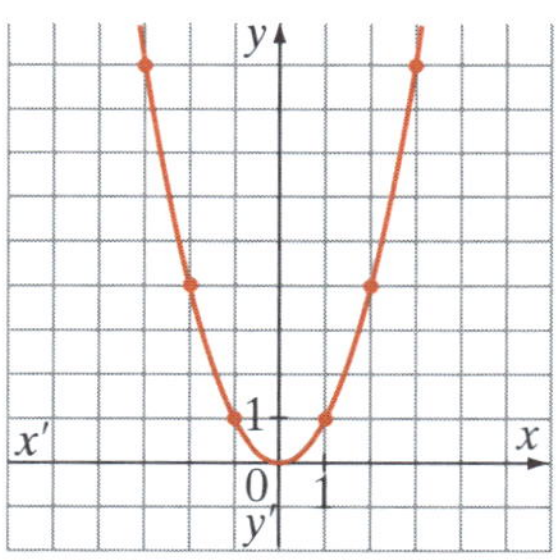

La courbe obtenue est une **parabole** d'équation $y = x^2$.

2. GÉNÉRALISATION

$$f : x \mapsto f(x) = ax^2$$

Ensemble de définition

$x \in \mathbb{R}$ ou $x \in]-\infty\,;+\infty[$

Tableaux de variation

Si $a > 0$

x	$-\infty$		0		$+\infty$
$f(x)$	$+\infty$	↘	0	↗	$+\infty$

Si $a < 0$

x	$-\infty$		0		$+\infty$
$f(x)$	$-\infty$	↗	0	↘	$-\infty$

Représentations graphiques

La courbe obtenue est une parabole d'équation $y = ax^2$.

Si $a > 0$

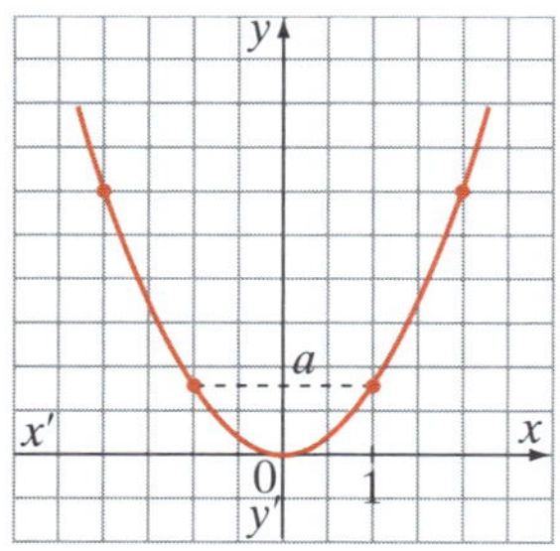

Si $a < 0$

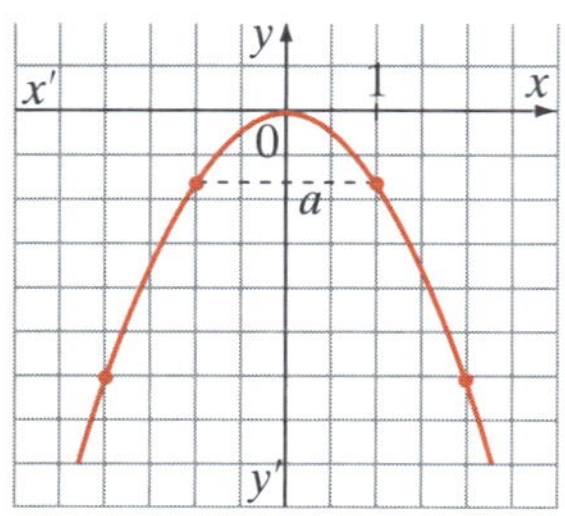

12 FONCTION INVERSE $f : x \mapsto f(x) = \frac{a}{x}$

Exercices d'application page 149

1. CAS PARTICULIER

$$f : x \mapsto f(x) = \frac{1}{x}$$

Ensemble de définition

$x \in \mathbb{R}^*$ ou $x \in]-\infty\,;0[\,\cup\,]0\,;+\infty[$

Remarque : c'est une fonction impaire car $f(-x) = -f(x)$. La courbe représentative sera symétrique par rapport à l'origine des axes.
On pourra se contenter dans le tableau de valeurs de prendre des valeurs positives de x, tout en n'oubliant pas de tracer la branche symétrique de la courbe.

Tableau de valeurs

x	1	2	4	5
$f(x) = \frac{1}{x}$	0	$\frac{1}{2}$	$\frac{1}{4}$	$\frac{1}{5}$

Tableau de variation

x	$-\infty$	0	$+\infty$
$\frac{1}{x}$	0^- ↘ $-\infty$	‖	$+\infty$ ↘ 0^+

Représentation graphique

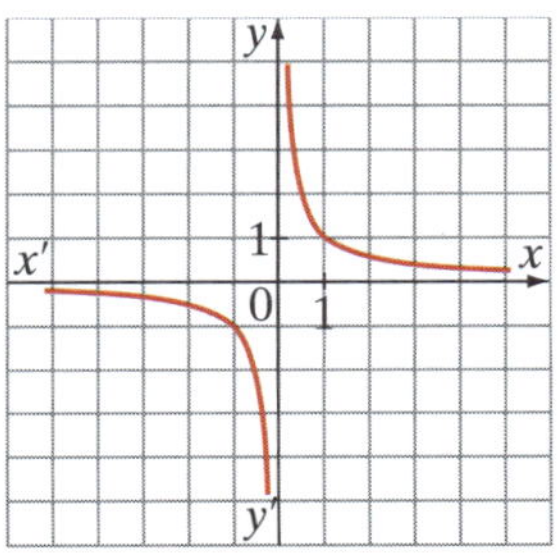

La courbe obtenue est une **hyperbole** d'équation $y = \frac{1}{x}$.

2. GÉNÉRALISATION

$$f : x \mapsto f(x) = \frac{a}{x}$$

Ensemble de définition

$x \in \mathbb{R}^*$ ou $x \in]-\infty\,;0[\,\cup\,]0\,;+\infty[$

Tableaux de variation

Si $a > 0$

x	$-\infty$	0	$+\infty$
$f(x)$	0^- ↘ $-\infty$	‖	$+\infty$ ↘ 0^+

Fonction décroissante

Si $a < 0$

x	$-\infty$	0	$+\infty$
$f(x)$	0^+ ↗ $+\infty$	‖	$-\infty$ ↗ 0^-

Fonction croissante

Représentations graphiques

La courbe obtenue est une **hyperbole** d'équation $y = \frac{a}{x}$.

Si a > 0

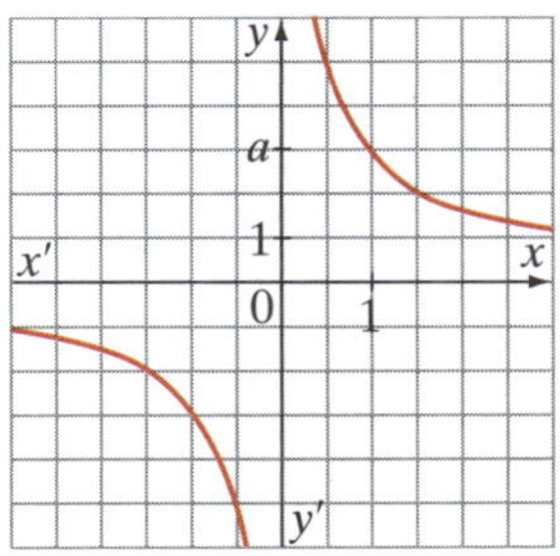

Si a < 0

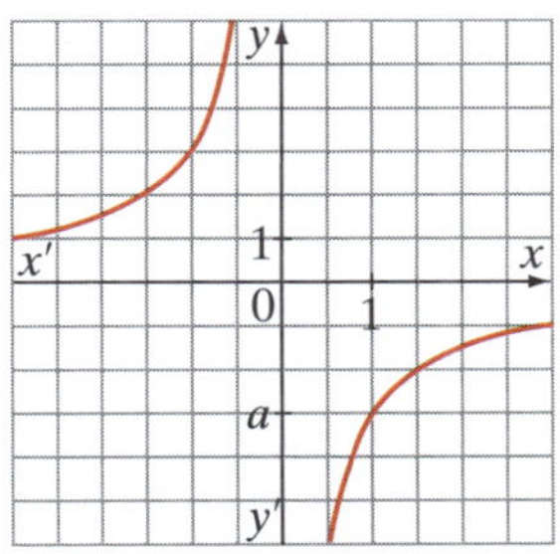

13 STATISTIQUES (1)

Exercices d'application page 150

- **Population :** ensemble étudié.
Ex. : un ensemble de voitures.

- **Caractère :** propriété étudiée.
Ex. : on classe les voitures :
– suivant leur marque : le caractère est **qualitatif** (non mesurable) ;
– suivant leur prix : le caractère est **quantitatif** (mesurable).

Si le caractère est quantitatif, les valeurs qui servent au classement peuvent être :
– isolées : le nombre d'enfants d'une famille : 1, 2,… : la variable est **discrète** ;
– définies par des **classes** : les revenus mensuels des familles : entre 900 et 1 000 € ; 1 000 et 1 200 € ; 1 200 et 1 400 €… : la variable est **continue**.

On utilise alors des intervalles pour écrire les classes : [900 ; 1 000[; [1 000 ; 1 200[…

L'**amplitude** de la classe est obtenue en faisant la différence entre les valeurs des deux bornes : 1 000 – 900 = 100 pour la 1re et 1 200 – 1 000 = 200 pour la 2e.

Ici, les amplitudes sont inégales.

1. FRÉQUENCE D'UNE OBSERVATION – MOYENNE

Classes	Effectifs n_i	Fréquence $f_i = \frac{n_i}{N}$	Fréquence en % $f_i \times 100$
[5 ; 10[	5	$\frac{5}{50} = 0{,}1$	10
[10 ; 20[	15	0,3	30
[20 ; 30[	20	0,4	40
[30 ; 50[	10	0,2	20
	$N = 50$	1	100

n_1 (effectif de la 1re ligne du tableau) = 5.
n_2 (effectif de la 2e ligne du tableau) = 15.
n_i est l'écriture généralisée de ces effectifs.

2. REPRÉSENTATIONS GRAPHIQUES – EFFECTIFS ET FRÉQUENCES

Diagramme en bâtons

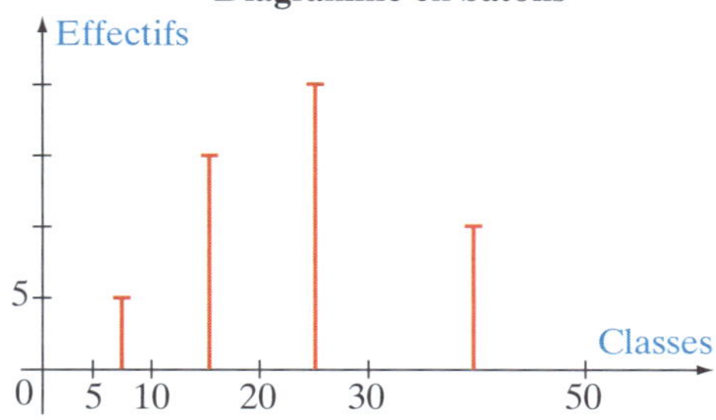

Diagramme circulaire

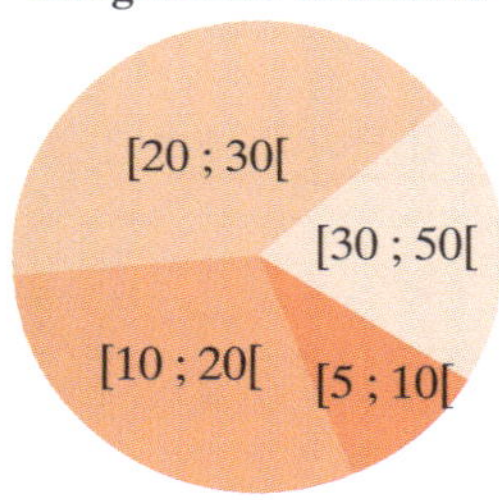

Classes	Effectifs	*Nombre de classes unitaires	Effectifs par classe unitaire
[5 ; 10[	5	1	5
[10 ; 20[	15	2	15 : 2 = 7,5
[20 ; 30[	20	2	20 : 2 = 10
[30 ; 50[	10	4	10 : 4 = 2,5

* Nombre de classes unitaires : c'est le nombre d'intervalles entre 2 graduations du graphique. On représente l'effectif par classe unitaire.

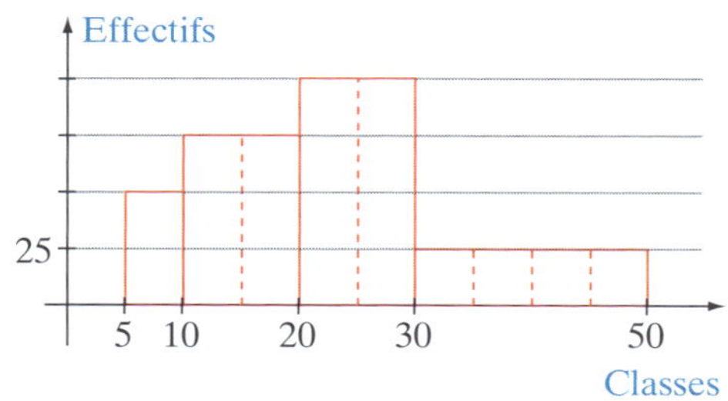

14 STATISTIQUES (2)

Exercices d'application page 150

1. EFFECTIFS OU FRÉQUENCES CUMULÉS

classes	effectifs n_i	effectifs cumulés croissants	effectifs cumulés décroissants
[5 ; 10[	5	5	50
[(10); 20[	15	20	(45)
[20 ; (30)[	20	(40)	30
[30 ; 50[	10	50	10
	50		

40 individus ont moins de 30 ans

45 individus ont plus de 10 ans

Polygone des effectifs cumulés

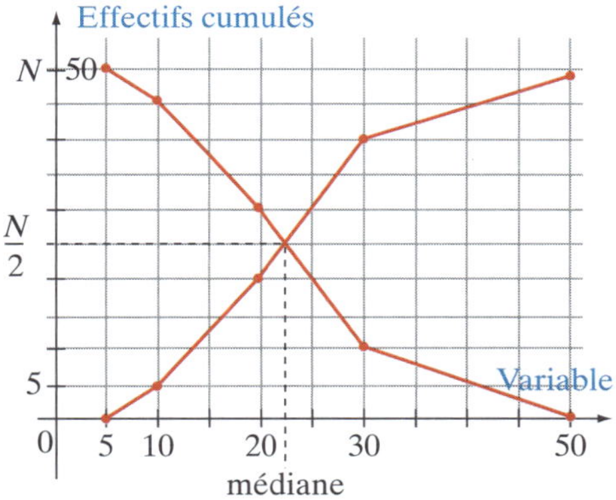

2. PARAMÈTRES DE POSITION

Mode

• Si la variable est discrète

Valeur de la variable correspondant à l'effectif le plus grand.

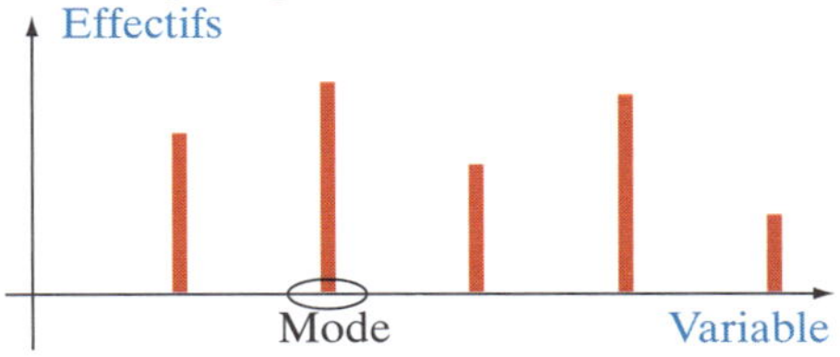

• Si la variable est continue

Classe modale : classe correspondant à l'effectif par classe unitaire le plus grand.

Mode : valeur centrale de la classe.

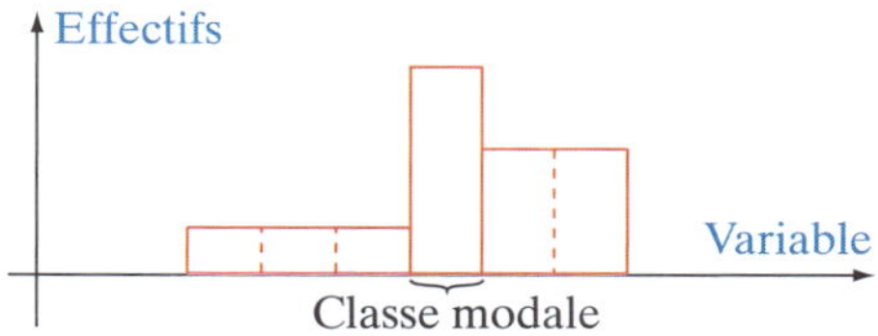

Classes	Effectifs n_i	*Centre de classes x_i	**Produits $x_i \times n_i$
[5 ; 10[	5	$\frac{5+10}{2} = 7{,}5$	37,5
[10 ; 20[	15	15	225
[20 ; 30[	20	25	500
[30 ; 50[	10	40	400
	$N = 50$		1 162,5

* Pour obtenir le centre de classe $[a\,;b[$ on fait la moyenne des valeurs des deux bornes de l'intervalle $\frac{a+b}{2}$.

** Sur chaque ligne on multiplie la valeur du centre de classe par l'effectif. Puis on fait la somme des produits obtenus : 1 162,5 ($\sum x_i \times n_i$).

Valeur moyenne :

$$\text{notée } \bar{x} = \frac{1\,162{,}5}{50} = 23{,}25.$$

$$\bar{n} = \frac{\sum x_i \times n_i}{N}.$$

Médiane

Valeur de la variable qui partage l'effectif en deux parties égales.

On la détermine graphiquement (graphique des effectifs cumulés).

15 TRIANGLE

Exercices d'application page 151

Quelconque 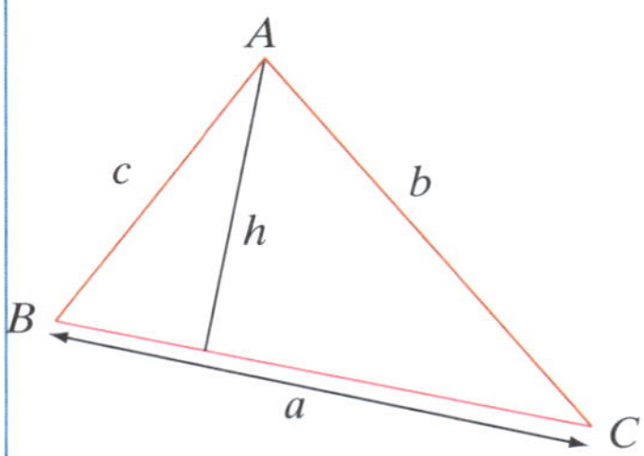	Polygone à 3 côtés		Aire $= \dfrac{h \times a}{2}$ $\hat{A} + \hat{B} + \hat{C} = 180°$
Isocèle 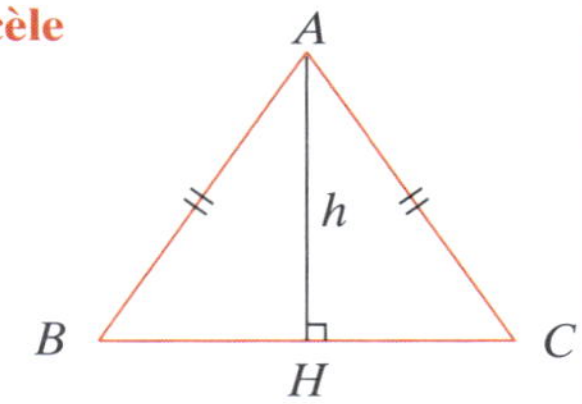	Triangle qui a 2 côtés égaux	$\hat{B} = \hat{C}$ La hauteur AH est aussi médiane médiatrice et bissectrice (1 axe de symétrie).	
Équilatéral 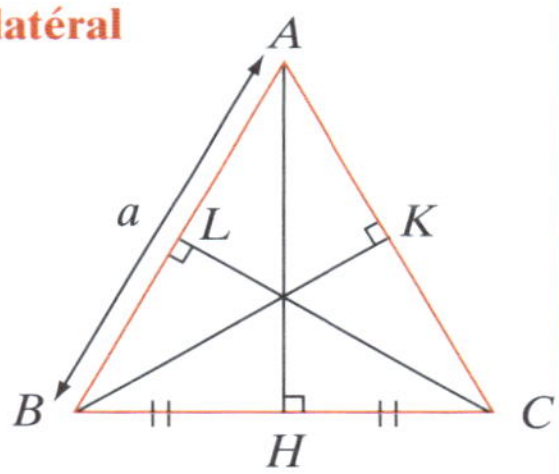	Triangle qui a 3 côtés égaux	$\hat{A} = \hat{B} = \hat{C} = 60°$ Les hauteurs AH, BK et CL sont aussi médianes, médiatrices et bissectrices (3 axes de symétrie).	$AH = \dfrac{a\sqrt{3}}{2}$ Aire $= \dfrac{a^2\sqrt{3}}{4}$
Rectangle 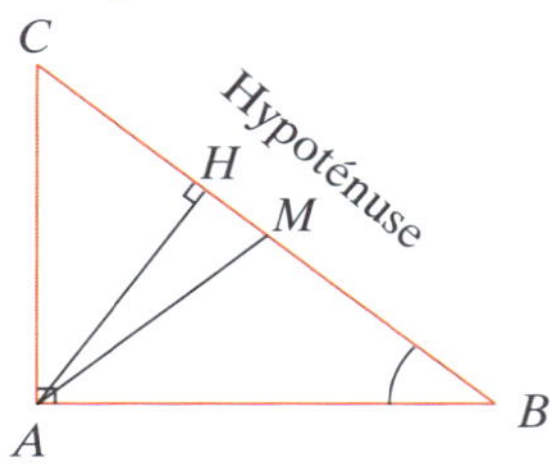	Triangle qui a un angle droit	Il est inscriptible dans un demi-cercle ayant pour diamètre son hypoténuse. La médiane AM relative à l'hypoténuse est égale à la moitié de l'hypoténuse.	Pythagore : $AB^2 + AC^2 = BC^2$ $AC^2 = CH \times CB$ $AB^2 = BH \times BC$ $AH^2 = HB \times HC$ $AB \times AC = BC \times AH$
Rectangle isocèle 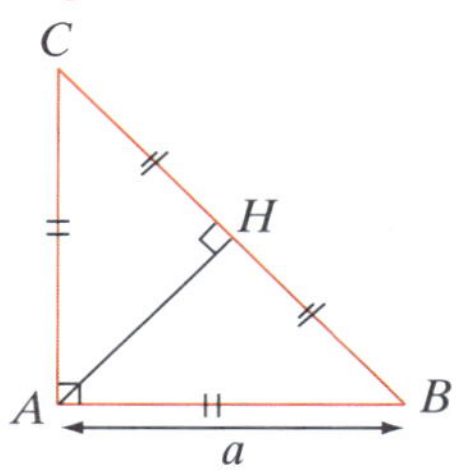	Triangle qui a un angle droit et 2 côtés égaux	$\hat{B} = \hat{C} = 45°$ $CH = HB$	$BC = a\sqrt{2}$

16 THÉORÈME DE THALÈS

Exercices d'application page 152

1. ÉNONCÉ

Si trois points A, B, C d'une droite (Δ) se projettent en A', B', C' sur une droite (Δ') parallèlement à une direction donnée $(\mathcal{D})$, alors $\dfrac{AB}{A'B'} = \dfrac{AC}{A'C'}$.

Réciproque : si trois points A, B, C d'une droite (Δ) se projettent en A', B', C' sur une droite (Δ') et sont tels que $\dfrac{AB}{A'B'} = \dfrac{AC}{A'C'}$, alors les droites (AA'), (BB') et (CC') sont parallèles.

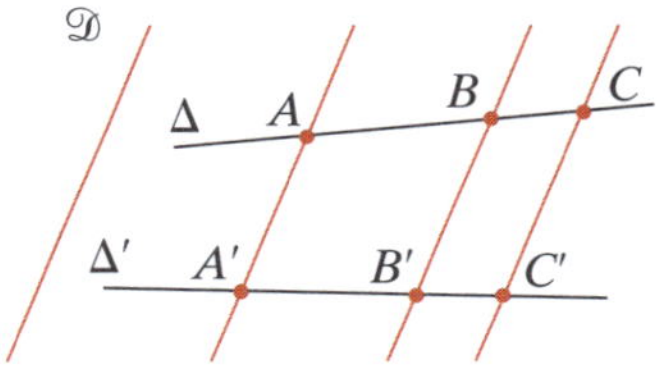

2. APPLICATION AU TRIANGLE

Si (MN) est parallèle à (BC), alors $\dfrac{AB}{AM} = \dfrac{AC}{AN} = \dfrac{BC}{MN}$.

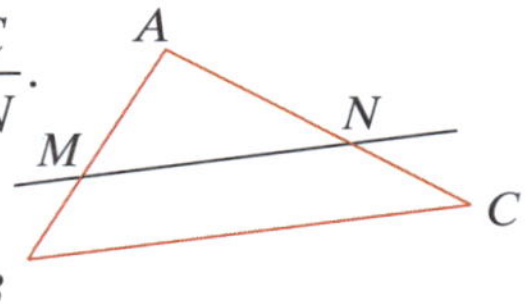

Cas particulier : si M est le milieu de $[AB]$ et N le milieu de $[AC]$ alors (MN) est parallèle à (BC) et $MN = \dfrac{BC}{2}$.

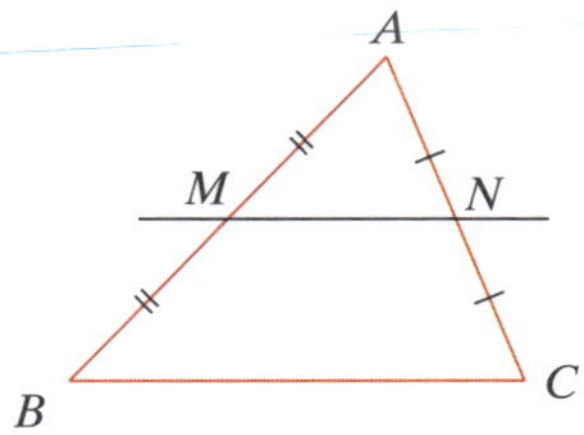

3. APPLICATION AU TRAPÈZE

Si M est le milieu de $[AD]$ et N le milieu de $[BC]$ alors (MN), (AB) et (CD) sont parallèles et $MN = \dfrac{AB + CD}{2}$.

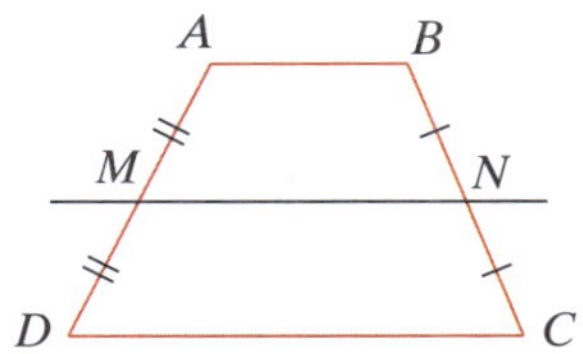

17 TRIGONOMÉTRIE DANS LE TRIANGLE RECTANGLE

Exercices d'application page 153

ABC est un triangle rectangle en A. Le côté opposé au sommet A est l'hypoténuse. Le triangle a deux angles aigus : $\widehat{B}$ et $\widehat{C}$.

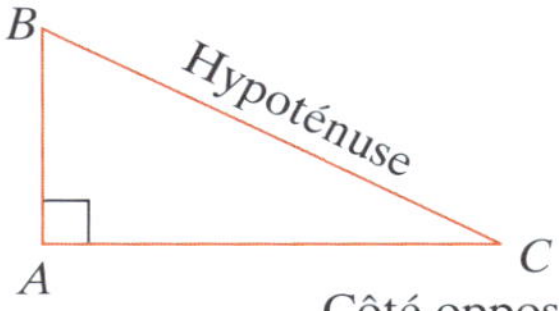

$AC = \dfrac{\text{Côté opposé à } \widehat{B}}{\text{Côté adjacent à } \widehat{C}}$

On travaille d'abord avec l'angle $\widehat{B}$. Parmi les côtés de l'angle droit $[AB]$ et $[AC]$:
– l'un $[AB]$ est un côté de l'angle $\widehat{B}$: c'est le côté adjacent à $\widehat{B}$.
– l'autre $[AC]$ est le côté opposé à $\widehat{B}$.
Si on choisit de travailler avec l'angle $\widehat{C}$.
– le côté de l'angle droit qui est aussi un côté de $\widehat{C}$ est le côté adjacent à $\widehat{C}$: $[AC]$.
– le côté opposé à $\widehat{C}$ est le côté $[AB]$.

On utilise :

$$\sin \alpha = \frac{\text{côté opposé}}{\text{hypoténuse}}$$

$$\cos \alpha = \frac{\text{côté adjacent}}{\text{hypoténuse}}$$

$$\tan \alpha = \frac{\text{côté opposé}}{\text{côté adjacent}}$$

Dans le triangle ABC rectangle en A :
– si on utilise l'angle $\widehat{B}$:

$$\sin \widehat{B} = \frac{AC}{BC} \; ; \cos \widehat{B} = \frac{AB}{BC} \; ; \tan \widehat{B} = \frac{AB}{BC}$$

– si on utilise l'angle $\widehat{C}$:

$$\sin \widehat{C} = \frac{AB}{BC} \; ; \cos \widehat{C} = \frac{AC}{BC} \; ; \tan \widehat{C} = \frac{AB}{AC}$$

Remarque : $\widehat{B}$ et $\widehat{C}$ sont des angles complémentaires, (leur somme est égale à 90°) et le sinus de l'un est égal au cosinus de l'autre, la tangente de l'un est égale à l'inverse de la tangente de l'autre.

Exemples de calculs :

- Dans un triangle ABC rectangle en A on a : $BC = 7$ cm et $\widehat{C} = 37°$, on calcule AC. $[BC]$ est l'hypoténuse du triangle et on veut calculer le côté $[AC]$ adjacent à l'angle $\widehat{C}$. On utilise la formule qui fait intervenir le côté adjacent et l'hypoténuse : celle qui permet de calculer le cosinus.

$\cos \widehat{C} = \dfrac{AC}{BC}$; $0{,}799 = \dfrac{AC}{BC}$;
$0{,}799 \times 7 = AC = 5{,}6$ cm
La calculatrice donne le cosinus d'un angle de 37° = 0,799.

- Dans un triangle ABC rectangle en A on a : $AB = 5$ cm et $\widehat{C} = 37°$, on calcule BC. $[AB]$ est le côté opposé à l'angle $\widehat{C}$, et on veut calculer l'hypoténuse. On utilise la formule qui fait intervenir le côté opposé et l'hypoténuse : celle qui permet de calculer le sinus.

$\sin \widehat{C} = \dfrac{AB}{BC}$; $0{,}602 = \dfrac{5}{BC}$;

$0{,}602 \times BC = 5$; $BC = \dfrac{5}{0.602} = 8.3$ cm

La calculatrice donne le sinus d'un angle de 37° = 0,602.

- Dans un triangle ABC rectangle en A, on a : $AB = 5$ cm ; $AC = 7$ cm. On calcule $\widehat{C}$. $[AB]$ est le côté opposé à l'angle $\widehat{C}$, $[AC]$ est le côté adjacent. On utilise la formule qui fait intervenir le côté opposé et le côté adjacent : celle qui permet de calculer la tangente.

$\tan \widehat{C} = \dfrac{AB}{AC} = \dfrac{5}{7} = 0{,}714$ et $\widehat{C} = 35{,}5°$

La calculatrice permet de trouver la valeur de l'angle lorsqu'on connaît la tangente.

18 QUADRILATÈRES ET AIRES

Exercices d'application page 155

nom	propriété des côtés	propriété des angles	propriété des diagonales	aire
Quadrilatère 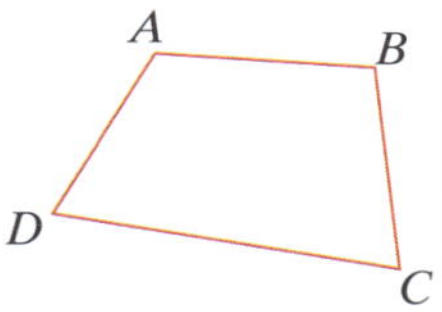				Décomposer en 2 triangles
Trapèze 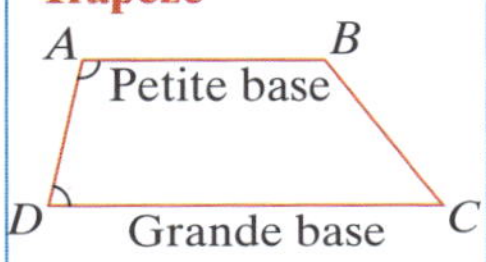	(AB) est parallèle à (DC)	$\hat{A} + \hat{D} = 180°$ $\hat{B} + \hat{C} = 180°$		$\mathcal{A} = \frac{(B+b)h}{2}$
Parallélogramme 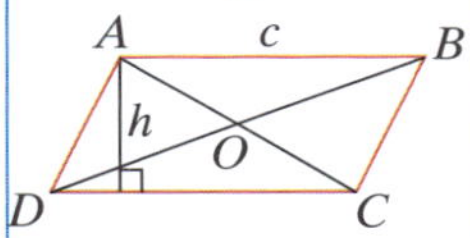	(AD) et (BC) (AB) et (DC) sont parallèles $AB = DC$ $AD = BC$	$\hat{A} = \hat{C}$ $\hat{B} = \hat{D}$ $\hat{A} + \hat{D} = 180°$ $\hat{B} + \hat{C} = 180°$	[AC] et [BD] ont le même milieu O	$\mathcal{A} = c \times h$
Rectangle 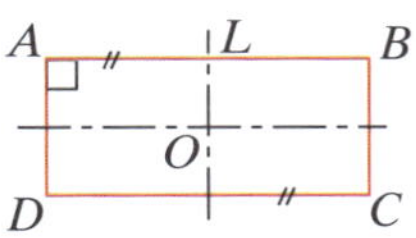	Identiques à celle du parallélogramme	$\hat{A} = \hat{B} = \hat{C} = \hat{D} = 90°$	$AO = OB = OC = OD$	$\mathcal{A} = L \times l$
Losange 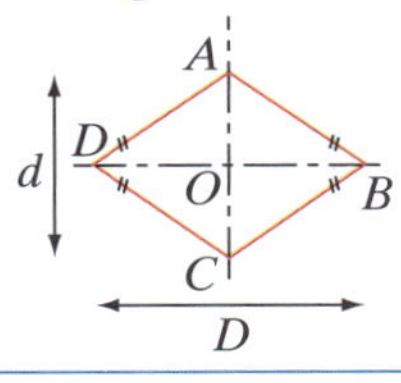	Les côtés sont égaux	$\hat{A} = \hat{C}$ $\hat{B} = \hat{D}$	$AO = OC$ $OD = OB$ (AC) et (BD) sont perpendiculaires	$\mathcal{A} = \frac{D \times d}{2}$
Carré 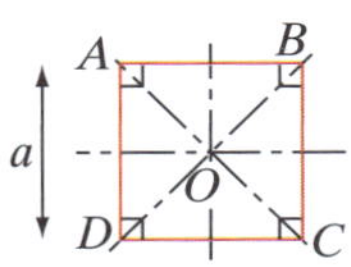	Les côtés sont égaux	$\hat{A} = \hat{B} = \hat{C} = \hat{D} = 90°$	$AO = OB = OC = OD$ (AC) est perpendiculaire à (BD)	$\mathcal{A} = a^2$

SOLIDES ET VOLUMES

Exercices d'application page 156

Cube 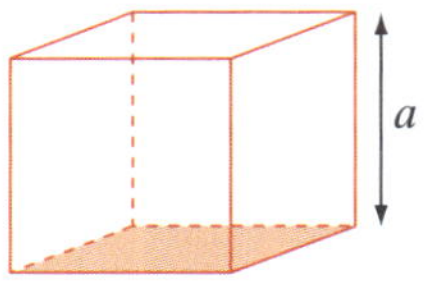	Les faces sont des carrés.	$\mathcal{V} = a^3$	
Parallélépipède rectangle 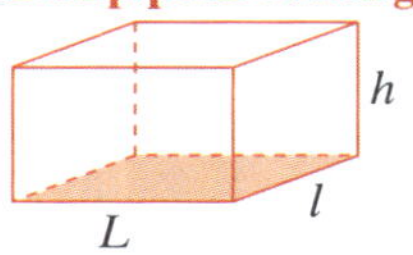	Les faces sont des rectangles.	$\mathcal{V} = L \times l \times h$	Aire base : $L \times l$ Aire latérale : $P_B \times h$
Prisme droit 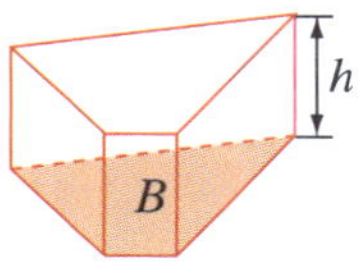	La base est un polygone. Les faces latérales sont des rectangles.	$\mathcal{V} = \mathcal{A}_B \times h$	Aire latérale : $P_B \times h$
Pyramide régulière 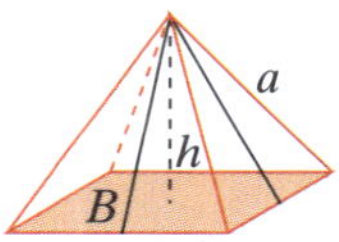	La base est un polygone. Les faces latérales sont des triangles.	$\mathcal{V} = \frac{1}{3}\mathcal{A}_B \times h$	
Cylindre 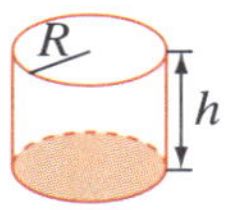	La base est un disque.	$\mathcal{V} = \mathcal{A}_B \times h$ $= \pi R^2 h$	Aire base : πR^2 Aire latérale : $P_B \times h = 2\pi Rh$
Cône 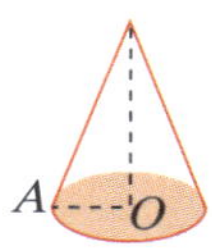	La base est un disque.	$\mathcal{V} = \frac{1}{3}\mathcal{A}_B \times h$ $= \frac{1}{3}\pi R^2 h$	Aire base : πR^2
Sphère 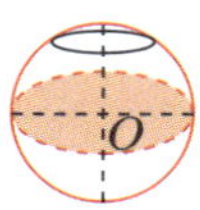		$\mathcal{V} = \frac{4}{3}\pi R^3$	Aire : $4\pi R^2$

20 LES VECTEURS

Exercices d'application page 158

1. DÉFINITION D'UN VECTEUR

Le vecteur $\overrightarrow{AB}$ est défini par :

– sa direction, la droite (AB) ;
– son sens, de A vers B ;
– sa norme qui est la longueur du segment $[AB]$, on note $\|\overrightarrow{AB}\| = AB$.

Remarque :
$\overrightarrow{AA} = \overrightarrow{BB} = \vec{0}$ vecteur nul.

2. VECTEURS COLINÉAIRES

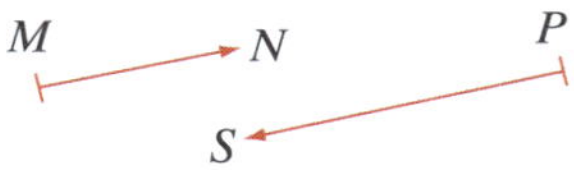

Des vecteurs $\overrightarrow{MN}$ et $\overrightarrow{PS}$ sont colinéaires : $(MN) \parallel (PS)$.

3. VECTEURS ÉGAUX

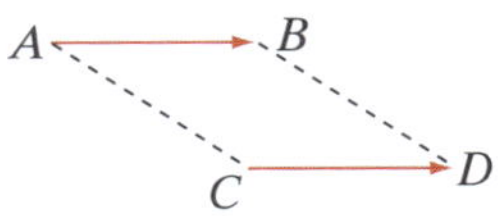

Les vecteurs $\overrightarrow{AB}$ et $\overrightarrow{CD}$ sont égaux :
– ils ont même direction, même sens et même norme ;
– ou le quadrilatère $ABCD$ est un parallélogramme ;
– ou $[AD]$ et $[BC]$ ont même milieu.

4. SOMME DE VECTEURS

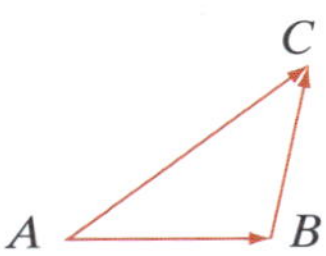

$\overrightarrow{AB} + \overrightarrow{BC} = \overrightarrow{AC}$

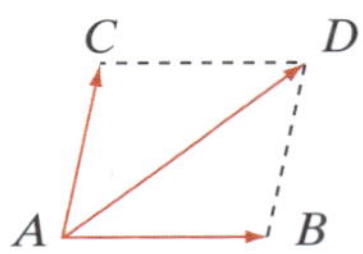

$\overrightarrow{AB} + \overrightarrow{AC} = \overrightarrow{AD}$

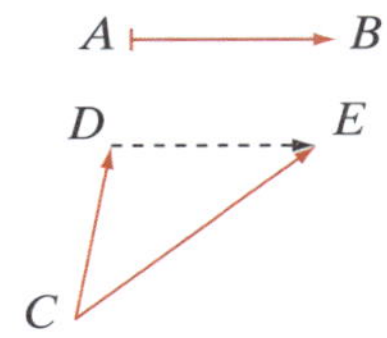

$\overrightarrow{AB} + \overrightarrow{CD} = \overrightarrow{CD} + \overrightarrow{DE} = CE$

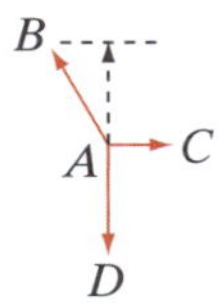

$\overrightarrow{AB} + \overrightarrow{AC} + \overrightarrow{AD} = \vec{0}$

5. PRODUIT PAR UN NOMBRE

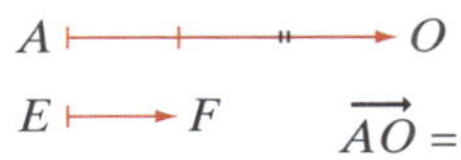

$\overrightarrow{AO} = 3\overrightarrow{EF}$

6. COMPOSANTES D'UN VECTEUR

$A(x_A\,;y_A)$; $B(x_B\,;y_B)$:

$$\overrightarrow{AB}(x_B - x_A\,;y_B - y_A).$$

7. NORME D'UN VECTEUR

Dans un repère orthonormé, si x et y sont les composantes d'un vecteur $\overrightarrow{AB}$:

$$\|\overrightarrow{AB}\| = \sqrt{x^2 + y^2}$$

norme de $\overrightarrow{AB}$.

21 ARCS ET ANGLES ASSOCIÉS

Exercices d'application page 158

1. UNITÉ DE MESURE

Les angles se mesurent en degrés, grades ou radians.

$$360° = 400 \text{ gr} = 2\pi \text{ rad}$$

2. CERCLE TRIGONOMÉTRIQUE

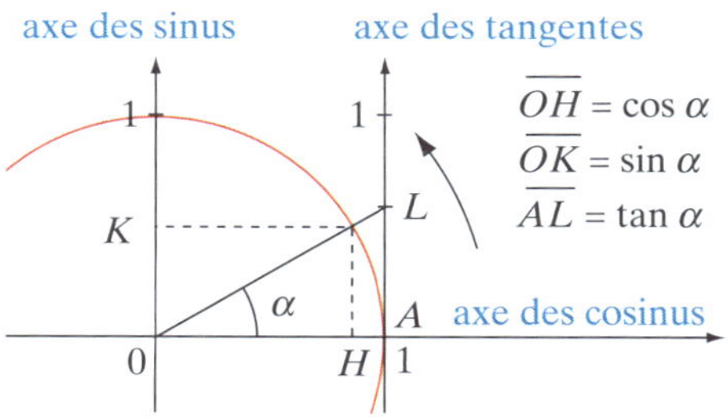

$$\overline{OH} = \cos \alpha$$
$$\overline{OK} = \sin \alpha$$
$$\overline{AL} = \tan \alpha$$

3. RÉSOLUTION D'ÉQUATIONS

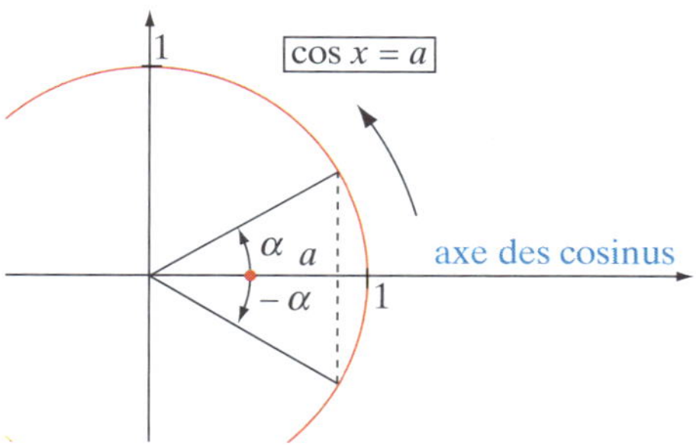

Solutions : $x = \alpha$
$x = -\alpha$

Remarque : la calculatrice ne donne que la plus petite des solutions positives.

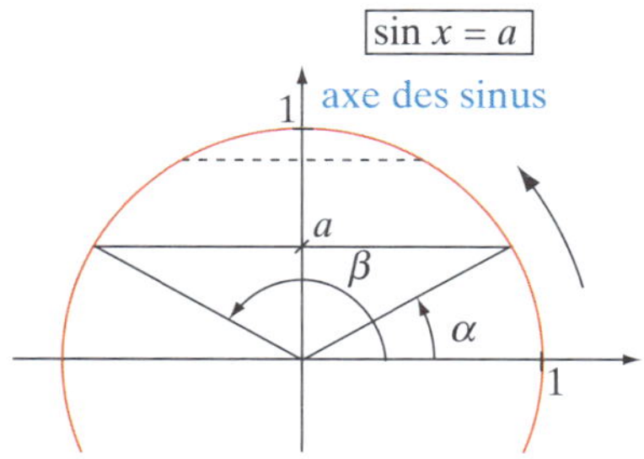

Solutions : $x = \alpha$
$x = \beta = \pi - \alpha$

4. VALEURS USUELLES

α (°)	0	30	45	60	90
α (rad)	0	$\frac{\pi}{6}$	$\frac{\pi}{4}$	$\frac{\pi}{3}$	$\frac{\pi}{2}$
sin α	0	$\frac{1}{2}$	$\frac{\sqrt{2}}{2}$	$\frac{\sqrt{3}}{2}$	1
cos α	1	$\frac{\sqrt{3}}{2}$	$\frac{\sqrt{2}}{2}$	$\frac{1}{2}$	0
tan α	0	$\frac{\sqrt{3}}{3}$	1	$\sqrt{3}$	

$$\cos^2\alpha + \sin^2\alpha = 1$$

$$\tan \alpha = \frac{\sin \alpha}{\cos \alpha}$$

EXERCICES

1 LES ENSEMBLES DE NOMBRES

** Dans les exercices où un calcul est demandé et où on ne sait pas faire les calculs, on « se débrouille » pour trouver le résultat en utilisant sa calculatrice.*

1 Corrigé page 160

Répartir les nombres suivants dans les ensembles de nombres auxquels ils appartiennent. Présenter les résultats sous forme d'un tableau.

$12 ; \frac{25}{5} ; -2 ; \sqrt{9} ; 3{,}7 ; \frac{1}{7} ; -4{,}5 ; -\frac{1}{8} ;$

$\sqrt{3} ; -\sqrt{36}$.

2 Corrigé page 160

Classer les séries de nombres suivants par ordre de grandeur croissante.

a) $2 ; -5 ; 12{,}7 ; -3 ; 7{,}5 ; -1 ; -4{,}9$.

b) $-0{,}2 ; \frac{3}{5} ; \frac{1}{1\,000} ; -\frac{2}{3} ; 1{,}07 ; 0{,}08$.

3 Corrigé page 160

Décomposer les nombres suivants en produits de facteurs premiers.

54 ; 84 ; 280 ; 330 ; 135 ; 484.

4 Corrigé page 160

Déterminer tous les couples x, y tels que le nombre entier noté $3x\,7y$ soit divisible à la fois par 3 et par 4. (On utilisera d'abord la divisibilité par 4.)

5 Corrigé page 160

Recopier et compléter les égalités :

112,8 + 42,3 = 64 + ...

93,23 + 54,31 = 82,37 + ...

6 Corrigé page 160

Effectuer les calculs suivants ; vérifier les résultats avec une calculatrice :

$2-(3-7)+(9-2)$

$29-24\times 3-35\times(12+3-7)$

$2\,(5+7-12)-4\,(5+1-7)(2-5)$

7 Corrigé page 160

Trouver toutes les fractions équivalentes à $\frac{126}{192}$ dont les termes sont plus petits que ceux de la fraction proposée. Justifier.

8 Corrigé page 160

Utiliser les résultats de l'exercice n°3 pour simplifier :

– les fractions : $\frac{84}{280} ; \frac{330}{135} ; \frac{484}{280}$;

– l'expression : $\frac{54\times 135\times 84}{280\times 330}$.

9 Corrigé page 161

Effectuer les calculs suivants ; vérifier les résultats avec une calculatrice :

$\frac{5}{8}+\frac{3}{7} ; \frac{9}{6}-\frac{7}{8} ; \frac{2}{7}\times\frac{5}{9} ;$

$\frac{5}{10}+\frac{3}{9}+\frac{2}{5}-\frac{7}{21}-\frac{1}{2} ; \left(\frac{2}{3}+\frac{3}{4}\right):\frac{5}{4}$.

10 Corrigé page 161

Calculer les nombres A et B suivants ; vérifier les résultats avec une calculatrice :

$$A=\frac{1-\frac{5}{6}-\frac{4}{9}}{1+\frac{5}{6}+\frac{4}{9}} \qquad B=\frac{\frac{6}{8}-\frac{8}{20}}{\frac{2}{3}+\frac{30}{18}}$$

11 Corrigé page 161

Effectuer et donner l'écriture exacte du résultat du calcul suivant :

$$\left(\frac{1}{2{,}6}-\frac{1}{7{,}8}\right):\frac{5}{1{,}3}$$

2 PUISSANCES ET RACINES CARRÉES D'UN NOMBRE RÉEL

12 Corrigé page 161

Calculer :

$(-3)^2 \times (-3)^3$ $\quad [(-5)^3]^2$

$\left(\dfrac{3}{2}\right)^{-3}$ $\quad \dfrac{2^3 \times 3^2}{2^4 \times 3}$ $\quad \dfrac{2^3 \times 5^0}{(-2)^{10} \times 5}$

13 Corrigé page 161

Utiliser la notation « puissance de » pour réécrire les résultats des exercices 3 et 8.

14 Corrigé page 161

Calculer puis donner le résultat sous la forme décimale :

$a = 12 \times 10^{-3} + 217 \times 10^{-2} - 10^{-1}$;

$b = 7 \times 10^{-3} \times 0{,}15 \times 10^5$.

15 Corrigé page 161

Écrire sous forme de fractions irréductibles :

$a = \dfrac{(2^2)^3}{24}$; $b = \dfrac{9}{5} \times \left(\dfrac{2}{3}\right)^3$; $c = \left(2 + \dfrac{3}{4}\right)^2$.

16 Corrigé page 161

Écrire sous la forme : $a \times 10^p$ (a et p sont des entiers relatifs et a n'a qu'un seul chiffre différent de 0 dans sa partie entière) les nombres A et B :

$A = 0{,}045$ $\quad B = 75 \times 10^{-5} \times 1{,}5 \times 10^2$

17 Corrigé page 161

Calculer :

$a = (-5) \times 10^{-3} \times 7 \times 10^{12} \times 25 \times 10^{-9} \times 4 \times 10 \times (-2) \times 10^{-6}$;

$b = \dfrac{2^2}{3^5} \times \dfrac{1}{\dfrac{2^3}{5^2}} \times \dfrac{3^4}{5}$.

18 Corrigé page 162

Calculer les nombres suivants : on demande les valeurs exactes les plus simples et non des valeurs approchées :

$a = \dfrac{\sqrt{18}}{\sqrt{2}}$; $b = \sqrt{60} \times \sqrt{\dfrac{5}{27}}$;

$c = \sqrt{7} + 3\sqrt{63} - 5\sqrt{28}$; $d = 3\sqrt{12} \times 2\sqrt{24}$.

19 Corrigé page 162

Justifier l'égalité :

$8 + 5\sqrt{18} + 3\sqrt{32} - 7\sqrt{98} - 5 = 3 - 22\sqrt{2}$

20 Corrigé page 162

Montrer que S peut s'écrire sous la forme $S = a\sqrt{2} + b\sqrt{3}$ où a et b sont des entiers relatifs à déterminer.

$S = 3\sqrt{2} + 5\sqrt{3} - 7\sqrt{8} - 4\sqrt{12} + \sqrt{18} - \sqrt{27}$

21 Corrigé page 162

Sachant que $\sqrt{17} \approx 4{,}1231$, calculer sans calculatrice $\sqrt{1\,700}$ et $\sqrt{0{,}17}$. Justifier.

22 Corrigé page 162

Soit $A = 8 + 7\sqrt{5}$ et $B = 16 - 4\sqrt{5}$.

On sait que $2{,}236 < \sqrt{5} < 2{,}237$.

Calculer un encadrement de A et de B à 10^{-2} près.

23 Corrigé page 162

Utiliser une calculatrice pour trouver parmi les réels suivants ceux qui sont égaux.

$A = \dfrac{1}{\sqrt{5}}$; $B = \dfrac{\sqrt{5}}{5}$;

$C = \dfrac{1}{\sqrt{2} + \sqrt{3}}$; $D = \sqrt{3} - \sqrt{2}$

3 POLYNÔMES

24 Corrigé page 162

Soit $x = \frac{4}{7}$ et $y = \frac{2}{3}$. Calculer :

$A = x + y$ $\quad B = x - y$ $\quad C = 7x + 3y$

$D = x^2 - y^2$ $\quad E = \frac{x}{y}$ $\quad F = \frac{x}{2} + \frac{y}{3}$

25 Corrigé page 163

On considère les expressions f et g et h :
$f(x) = 2x - 1$. Calculer $f(0)$, $f(4)$ et $f(-2)$.
$g(x) = 3x^2 - 2x + 1$. Calculer $g(2)$, $g(-3)$, $g(\frac{3}{4})$, $g(\frac{1}{5})$ et $g(\sqrt{2})$.

$h(x) = 25x^2 - 1 - 5(x - 1)$. Calculer $h(0)$, $h(-\frac{1}{5})$ et $h(\sqrt{2})$.

26 Corrigé page 163

Développer, réduire et ordonner :
$(x - 15)(3x + 5)$
$(3x + 5)(2x - 3)$
$(4x - 1)(4x + 1) + 1$
$(a^2 + b^2)^2$ et $(a^2 - b^2)^2$
$(a^2 - b^2)^2 + (2ab)^2$

27 Corrigé page 163

$a = \sqrt{5} + 3$ et $b = \sqrt{5} - 3$.

Utiliser les identités remarquables pour calculer a^2, b^2, ab.

28 Corrigé page 163

Mettre en évidence un facteur commun dans les expressions suivantes :
$28ab + 4c - 16$; $18x^3 + 27x^2 - 9x$.

29 Corrigé page 163

Factoriser les expressions suivantes :
$16x^2 - 49$
$(4x - 7)(4x + 3) + 16x^2 - 49$
$(4x - 7)^2 - (4x - 7)(4x + 3) + 16x^2 - 49$

30 Corrigé page 163

Développer, réduire et ordonner puis factoriser les polynômes :
$(x + 1)^2 - (3x - 2)^2$
$(4x - 6)(x + 5) - (3 - 2x)(x - 1) + 4x^2 - 9$
et $(2x - 3)^2 + 3(4x^2 - 9) - (2x - 3)(x + 1)$
$(3x - 2)(x - 1) + 2(9x^2 - 4) - (9x^2 - 12x + 4)$

31 Corrigé page 164

Les deux égalités suivantes sont-elles vraies ? Les corriger si nécessaire.
Égalités proposées :
$(4x + 3)^2 = 16x^2 + 12x + 9$
$(x\sqrt{2} - 3)(x\sqrt{2} + 3) = 4x^2 - 9$

On a utilisé les identités remarquables pour développer et factoriser dans le calcul algébrique. Elles ont d'autres applications dans le calcul numérique.

32 Corrigé page 164

Calculer :

a. $(2\sqrt{5} - 3)(\sqrt{3} + \sqrt{5}) - (\sqrt{3} + \sqrt{5})^2$

b. $(2\sqrt{3} - 3\sqrt{2})^2$

En déduire une écriture plus simple du réel $\sqrt{30 - 12\sqrt{6}}$.

33 Corrigé page 164

Pour le calcul mental. (Bien que ce soit du calcul mental, on demande ici de l'écrire.)
En remarquant que $29 = 30 - 1$, on utilise les identités remarquables pour calculer :
29^2 ; 31^2 ; 29×31 ; 105^2 ; 95^2 ; 95×105

34 Corrigé page 164

Pour rendre entier le dénominateur d'une fraction :

soit la fraction : $F = \dfrac{1}{\sqrt{3} - 2}$

**Il est difficile d'effectuer des calculs sur cette fraction (additions et recherche de dénominateur commun à plusieurs fractions en particulier) car le dénominateur n'est pas un nombre entier.*

On veut la remplacer par une fraction équivalente ayant un dénominateur entier.
Pour cela, on multiplie le numérateur et le dénominateur par un même nombre appelé la partie conjuguée du dénominateur : on change uniquement le signe entre les deux termes

$$\frac{1}{\sqrt{3}-2} = \frac{1 \times (\sqrt{3}+2)}{(\sqrt{3}-2)(\sqrt{3}+2)}$$

Calculer le résultat obtenu.
Remplacer les fractions suivantes par des fractions équivalentes qui ont des dénominateurs entiers :

$A = \dfrac{\sqrt{6}}{5+2\sqrt{6}}$ $\quad$ $B = \dfrac{2+\sqrt{5}}{\sqrt{5}-2}$

4 ÉQUATIONS ET INÉQUATIONS

35 Corrigé page 164

Les équations suivantes admettent-elles (–1) comme solution ? Justifier la réponse par un calcul.
$3x - 1 = 7x + 3$; $2(4x - 1) = 10x$;
$x - 2 = \dfrac{7x-5}{4}$; $3x^2 + 2x + 5 = 6$.

36 Corrigé page 164

Il faut reconnaître si les affirmations suivantes sont vraies ou fausses. Justifier la réponse par un calcul et corriger la réponse proposée si c'est nécessaire.

1re affirmation :
l'équation $5(x + 3) - 7(2x - 1) = 3(1 - 4x)$ admet $\left(-\dfrac{3}{19}\right)$ comme solution.

2e affirmation :
l'équation $x - 1 - \dfrac{2x-1}{3} = 3x + \dfrac{20}{3}$ admet (– 3) comme solution.

3e affirmation :
l'équation $\dfrac{x-1}{x-2} = 1$ n'a pas de solution.

37 Corrigé page 164

Dans chacun des cas suivants, trouver le nombre x tel que :
$5x = 0$; $5x = 1$; $x + 5 = 0$; $\dfrac{x-5}{5} = 0$.

38 Corrigé page 165

Résoudre dans $\mathbb{R}$ les équations suivantes dans lesquelles u est l'inconnue.
$u - 7 = 0$; $3u - 7 = 0$; $u(3u - 7) = 0$;
$(3u - 7)^2 = u(3u - 7)$.

39 Corrigé page 166

Résoudre les équations :
$4{,}5x + 13 = 58$; $4x - 5 = 7{,}4$;
$7x - 5 = 17 - 5x + 2$;
$2x + 3 = 7(4x - 5) + 12$;
$\dfrac{30}{4{,}5} = \dfrac{x}{1{,}8}$; $\dfrac{2x}{3} = \dfrac{x+4}{5}$; $\dfrac{2}{3}x = 7$;
$\dfrac{x}{2} + \dfrac{3}{4} = 5$; $\dfrac{15x}{2} + 2 = 3x - \dfrac{1}{4}$;
$(4x - 5)(2x + 9) = 0$;
$(2x + 3)(1{,}5x - 4) = (3x - 2)(x + 6)$.

40 Corrigé page 166

$g(x) = (3x - 5)^2 - 4(x - 2)^2$
a. Calculer $g(-1)$; $g(0)$; $g(-0{,}5)$; $g\left(\dfrac{1}{5}\right)$.
b. Développer, réduire et ordonner $g(x)$.
c. Factoriser $g(x)$.
d. Résoudre les équations suivantes :
$g(x) = 9$; $g(x) = 0$; $g(x) = x - 1$.

41 Corrigé page 165

x et y sont deux nombres qui vérifient l'égalité $5x - 2y + 1 = 0$.
(Il s'agit d'une équation à deux inconnues.)*
Reproduire et compléter le tableau :

x	0		2		$-\frac{1}{5}$
y		-1		$\frac{3}{2}$	

Justifier chaque réponse par un calcul.

42 *Corrigé page 165*

Parmi les équations suivantes trouver celles qui admettent :

a. $x = 0$ et $y = 32$ comme solution.

b. $x = 100$ et $y = 212$ comme solution.

$y = -2{,}8x + 32$

y = 1,8x + 32

$y = 2{,}12x$

5 SUITES NUMÉRIQUES

** On a choisi de traiter ici les exercices sur les suites numériques car la plupart des calculs utilisent les règles définies dans les trois précédents chapitres.*

43 *Corrigé page 165*

Calculer les 10 premiers termes d'une suite arithmétique.

– On connaît le premier terme et la raison :

$u_1 = 12$ et $r = 3$

$u_1 = -4$ et $r = 0{,}5$

$u_1 = 1{,}2$ et $r = -0{,}3$

– On connaît deux termes :

$u_3 = 10{,}5$ et $u_4 = 8{,}6$

$u_5 = 121$ et $u_8 = 139$

44 *Corrigé page 166*

Écrire les quatre premiers termes d'une suite géométrique. On sait que :

$u_1 = 12$ et $q = 3$

$u_1 = -4$ et $q = 0{,}1$

$u_1 = 1{,}2$ et $q = -10$

$u_3 = 9$ et $u_4 = 13{,}5$

$u_2 = 4$ et $u_4 = 100$

45 *Corrigé page 166*

Parmi les suites de nombres suivantes qui représentent les productions de plusieurs chaînes de fabrication, reconnaître les suites arithmétiques et les suites géométriques. (Justifier la réponse.)

450 ; 540 ; 648 ; 777,6

300 ; 450 ; 600 ; 750

800 ; 640 ; 512 ; 256

46 *Corrigé page 166*

Calculer un des termes de la suite.

a. Le 100e terme d'une suite arithmétique de 1er terme 15 et de raison 7.

b. Le 200e nombre impair.

c. Le 9e terme d'une suite géométrique de 1er terme 1 et de raison 2.

d. Le 5e terme d'une suite géométrique de 1er terme 7 et de raison $(-\frac{1}{3})$.

47 *Corrigé page 166*

Utiliser la formule pour calculer un des éléments définissant la suite.

** La formule $u_n = u_1 + (n-1)r$ fait intervenir 4 éléments : le terme de rang n, le premier terme, le rang du terme , la raison de la suite. Dès qu'on connaît trois de ces éléments on peut calculer le 4e, quelle que soit sa place dans la formule.*

Les suites sont arithmétiques :

a. le premier terme est 3 et le 25e terme est égal à 39. Calculer r.

b. la raison est 5, le premier terme (– 4), quel est le rang du nombre 141 ?

c. la raison est (– 2) et le 8e terme (– 12). Calculer le premier terme.

48 *Corrigé page 166*

Les suites sont géométriques.

a. Calculer le premier terme d'une suite géométrique de 6 termes dans laquelle le 5e terme est égal à (– 384) et la raison à (– 2).

b. Calculer la raison lorsque le 1er terme est 2 et le 4e terme 54.

c. Quel est le rang du terme 40 dans une suite de 1er terme (– 5) et de raison (– 2) ?

49 *Corrigé page 166*

Calculer, en appliquant les formules, la somme des :

a. 100 premiers termes d'une suite arithmétique de 1er terme 10 et de raison (– 0,5) ;

b. 7 premiers termes d'une suite géométrique de raison 0,4 et de 1er terme 12.

50 *Corrigé page 166*

Le jour du BEP

Chaque année, au 1er janvier, les parents d'un jeune augmentent de 10 % l'argent de poche qu'il reçoit mensuellement.

a. S_1 est la somme mensuelle reçue la première année et S_2 celle versée l'année suivante. Écrire la relation entre S_1 et S_2.

b. S_1, S_2, ..., S_n les sommes versées au cours des n années suivantes forment-elles une suite géométrique ? Si oui, en donner la raison.

c. Quelle somme mensuelle reçoit-il au cours de la 7e année si $S_1 = 15$ € ?

d. Combien d'argent aura-t-il reçu, au total, entre le 1er janvier de son 14e anniversaire (date à laquelle il a reçu S_1) et celui de son 18e anniversaire.

6 LES FONCTIONS

51 *Corrigé page 166*

On considère la fonction f telle que :

$$f(x) = \sqrt{x}$$

a. Pour quelles valeurs de x ne peut-on pas calculer $f(x)$. En déduire quel est l'ensemble de définition de la fonction f.

b. Calculer les valeurs de $f(x)$ lorsque x prend les valeurs suivantes : 0 ; 1 ; 4 ; 9 ; 16. Faire un tableau de valeurs de la fonction.

c. Placer dans un repère orthonormé les points correspondant au tableau précédent.

d. Tracer la courbe représentative ($\mathscr{C}$) de cette fonction.

e. Représenter dans le même repère, dans l'intervalle [0 ; 16], la fonction représentative de la fonction g telle que $g(x) = x$.

(d) est la droite représentative de cette fonction.

f. À l'aide d'une symétrie orthogonale, construire la courbe ($\mathscr{C}'$) symétrique de la courbe ($\mathscr{C}$) par rapport à (d).

g. Lire sur le graphique les valeurs associées à $x = 0$; 1 ; 2 ; 3 ; 4 en utilisant la représentation ($\mathscr{C}'$).

52 *Corrigé page 167*

Dans le repère de la figure, ($\mathscr{C}$) est la courbe représentative d'une fonction g définie sur [–3 ; 0].

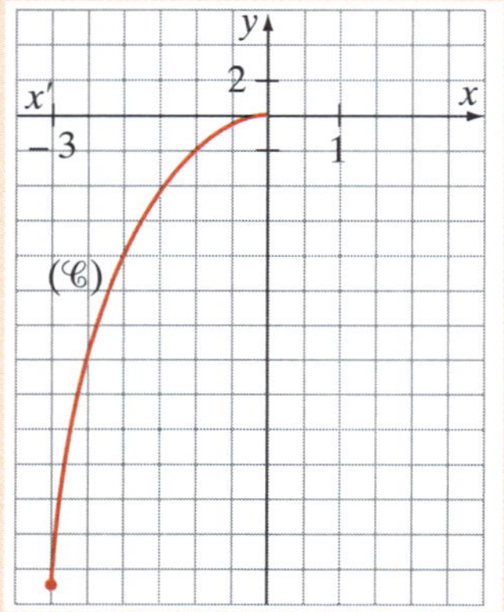

a. Parmi les trois tableaux de variation suivants, trouver celui de g et justifier le choix fait.

①

x	– 27	0
$g(x)$	– 3 ↗	0

②

x	– 3	0
$g(x)$	– 27 ↗	0

③

x	– 3	0
$g(x)$	27 ↘	0

b. Une fonction h définie sur [– 3 ; + 3] a pour courbe représentative ($\mathscr{C}'$).

Sachant que h est impaire et que la courbe représentative de h sur [– 3 ; 0] est ($\mathscr{C}$), construire ($\mathscr{C}'$) sur l'intervalle [0 ; 3].

43 *Corrigé page 167*

Les fonctions f et g sont données par leurs courbes représentatives ($\mathscr{C}_1$) et($\mathscr{C}_2$).

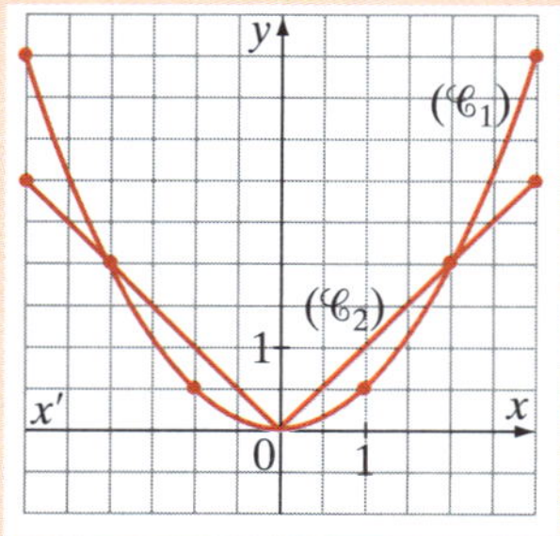

a. Recopier et compléter le tableau.

x	– 3	– 2	– 1	0	1	2	3
$f(x)$							
$g(x)$							

b. Résoudre à l'aide du graphique sur l'intervalle [– 3 ; 3] les équations :

$g(x) = 1$; $f(x) = -1$ et $f(x) = g(x)$.

c. Résoudre sur cet intervalle les inéquations :

$f(x) \geqslant g(x)$; $f(x) < g(x)$

7 GRANDEURS PROPORTIONNELLES

54 Corrigé page 167

Calculer le terme inconnu :

$$\frac{0{,}3}{2} = \frac{y}{3{,}1} \; ; \; \frac{14{,}4}{x} = 72.$$

55 Corrigé page 167

La masse d'une barre métallique de section constante est proportionnelle à sa longueur. Calculer la masse d'une barre cylindrique de 10 mm^2 de section, de 6 m de long. Une barre de 2,5 m (même section et même nature) a une masse de 200 g.

56 Corrigé page 167

Partager une somme de 2 431 € en trois parts proportionnelles à 2, 4 et 5.

57 Corrigé page 168

On veut partager une somme entre 4 enfants proportionnellement à leurs âges. Ils ont 15, 12, 8 et 5 ans. Le plus âgé reçoit 15,75 €. Calculer la part de chacun et la somme à partager.

8 FONCTION AFFINE

58 Corrigé page 168

Répondre par vrai ou faux à chacune des affirmations suivantes et justifier la réponse.

a. Le point $A(2 ; 3)$ est sur la droite $(\mathscr{D})$ d'équation $y = 7x - 10$.

b. Dans la fonction f : $f(x) = 2x - 5$, 7 est l'image de 6.

59 Corrigé page 168

Soit les fonctions f et g telles que :

$f(x) = 2x$ et $g(x) = -3x + 10$

a. La fonction f est-elle croissante ou décroissante ? Pourquoi ?

b. La fonction g est-elle linéaire ou affine ? Pourquoi ?

c. Tracer sur un même repère les représentations graphiques des fonctions f et g. Lire les coordonnées du point d'intersection et écrire le système de deux équations dont ces coordonnées sont solutions.

60 Corrigé page 168

Une voiture consomme 7,5 L d'essence aux 100 km à la vitesse moyenne de 90 km/h.

a. Si on désigne par y la quantité d'essence consommée pour parcourir une distance de x km, montrer que $y = 0{,}075x$.

b. Représenter graphiquement la fonction qui associe y à x ($0 \leqslant x \leqslant 600$).

c. Au départ le réservoir contient 60 L d'essence. On désigne par z la quantité d'essence restant dans le réservoir après x km. Montrer que $z = 60 - 0{,}075x$.

d. Représenter graphiquement la fonction qui associe z à x.

61 Corrigé page 168

Un club de judo propose deux formules de prix à ses adhérents.

– Formule A : séance à 10 €.

– Formule B : une carte d'abonnement annuelle de 60 € ; séance à 5 €.

a. Calculer le coût de 5, 10, 20, 30 séances en utilisant chacune des deux formules. Donner les résultats dans un tableau.

b. Représenter graphiquement dans un repère orthogonal les fonctions A et B telles que $A(x) = 10x$ et $B(x) = 60 + 5x$ où x est un nombre réel positif.

c. Calculer le nombre de séances pour lequel les deux formules coûtent le même prix et quel sera ce prix.

d. Expliquer comment on peut retrouver graphiquement ce résultat.

e. Calculer le nombre de séances pour lequel la somme à payer avec la formule B est inférieur de 45 € à la somme à payer avec la formule A.

9 ÉQUATION D'UNE DROITE

62 *Corrigé page 168*

Soit la droite d'équation $y = -3x + 2$. Retrouver sa représentation graphique parmi les représentations graphiques ci-après.

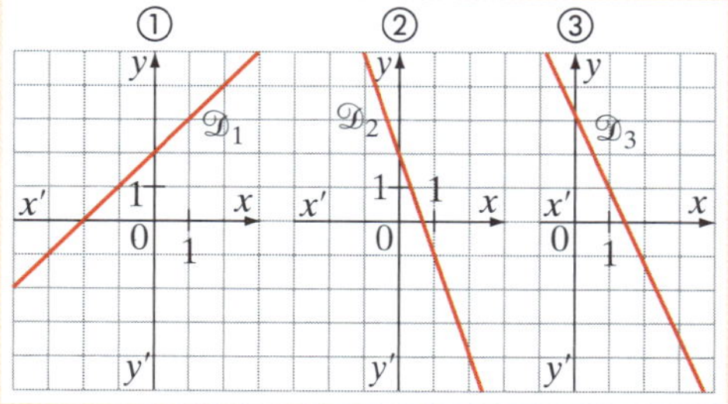

10 SYSTÈME DE DEUX ÉQUATIONS À DEUX INCONNUES

63 *Corrigé page 168*

Résoudre par une méthode de calcul les systèmes d'équations suivants :

$\begin{cases} 3x + 2y = -10 \\ x - y = 7. \end{cases}$ $\begin{cases} x + 2y = -1 \\ -3x + y = 25. \end{cases}$

64 *Corrigé page 169*

On a acheté 76 plants de pommiers et de poiriers. Les pommiers valent 10 € pièce, les poiriers 13 €. On paie en tout 799 €.

a. Mettre le problème en équation.

b. Trouver le nombre de pommiers et de poiriers.

65 *Corrigé page 169*

Les notes d'un élève sont écrites dans l'ordre croissant.

x, 4, 6, 7, 10, 11, 13, 14, 15, y.

La moyenne est égale à 10.

La différence entre la note la plus haute et la note la plus basse est égale à 16 points.

Calculer les notes x et y.

11 FONCTION « CARRÉ »

66 *Corrigé page 169*

La courbe est la représentation graphique d'une fonction f sur l'intervalle [0 ; 8].

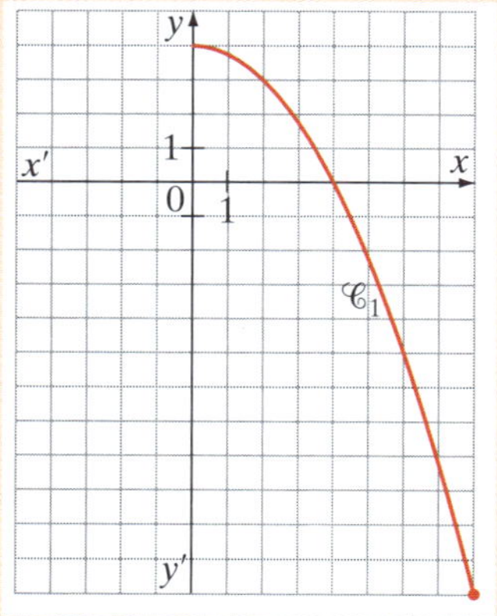

a. Le couple (x ; y) représente les coordonnées de points de ($\mathscr{C}_1$). Recopier et compléter, avec le graphique, le tableau suivant.

x				
– 5				

b. Construire la courbe ($\mathscr{C}_2$) symétrique de ($\mathscr{C}_1$) par rapport à l'axe des ordonnées.

c. La courbe ($\mathscr{C}$) constituée des courbes ($\mathscr{C}_1$) et ($\mathscr{C}_2$)est la représentation graphique d'une fonction h définie sur [– 8 ; 8]. À l'aide de la courbe ($\mathscr{C}$) indiquer quel semble être :

– l'intervalle sur lequel h est croissante ;

– l'intervalle sur lequel h est décroissante ;

– la valeur maximale de $h(x)$;

– la valeur de x pour laquelle $h(x)$ est maximal.

d. Choisir parmi les équations suivantes celle qui correspond à la courbe ($\mathscr{C}$) et justifier le choix fait.

$y = \frac{1}{4}x^2 + 4$ $y = -\frac{1}{4}x^2 + 4$

$y = -\frac{1}{4}x^2 - 4$ $y = \frac{1}{4}x^2 - 4$

e. Justifier que sur l'intervalle [– 8 ; 8] la fonction h est paire.

67 *Corrigé page 169*

Soit la fonction f telle que :

$$f(x) = -\frac{x^2}{4} + 2$$

a. Calculer $f(-4)$, $f(-2)$, $f(0)$, $f(2)$, $f(4)$. Donner les résultats dans un tableau de valeurs.
b. Représenter graphiquement cette fonction lorsque x varie de (-4) à $(+4)$.

68 *Corrigé page 169*

Soit les fonctions f et g telles que :
$f(x) = x + 4$ et $g(x) = x^2 - 2$.
a. Reproduire et compléter le tableau.

x	-3	-2		0		2	3
$f(x)$			3		5		
$g(x)$							

b. Représenter graphiquement les fonctions f et g sur l'intervalle $[-3 ; 3]$ dans le même repère.
c. Résoudre graphiquement l'équation :
$x^2 - 2 = 0$.
d. Lire les coordonnées des points d'intersection des deux courbes et écrire l'équation dont les coordonnées de ces points sont solutions.

69 *Corrigé page 169*

Un motard A roule à une vitesse constante de 4 m/s. La distance d_A (en mètres) qu'il parcourt s'exprime en fonction du temps t (en secondes) par la relation : $d_A = 4t$.
a. Calculer d_A au bout de 0, 1, 2, 3 secondes et présenter les résultats obtenus dans un tableau de valeurs.
b. Représenter les points correspondant au tableau de valeurs dans un repère orthogonal. (En abscisse : 2 cm représentent 1 s et en ordonnée : 1 cm représente 2 m.) Joindre les points obtenus.
c. Un motard B roule à une autre vitesse. La distance parcourue d_B s'exprime en fonction du temps par la relation : $d_B = 0{,}8\ t^2$.
Calculer d_B au bout de 0, 1, 2, 3, 4, 5, 6 secondes et présenter les résultats obtenus dans un tableau de valeurs.
d. Construire $(\mathscr{C})$ courbe représentative de la fonction g définie sur l'intervalle $[0 ; 6]$ par $g(t) = 0{,}8\ t^2$ dans le même repère.
e. Déterminer graphiquement au bout de combien de temps le motard B doublera le motard A et quelle sera la distance parcourue à cet instant.

12 FONCTION INVERSE

70 *Corrigé page 170*

a. Dans un repère orthonormé, placer les points A(3 ; – 5) et B(– 4 ; 2) et tracer la droite passant par ces points.
Vérifier que l'équation de la droite obtenue peut s'écrire : $y = -x - 2$
b. Construire la courbe $(\mathscr{H})$ représentative de la fonction $f(x) = -\frac{3}{x}$ pour $-5 \leqslant x < 0$ et $0 < x \leqslant 5$.
c. Déterminer graphiquement les coordonnées des points d'intersection de la droite et de $(\mathscr{H})$, et écrire le système dont ces coordonnées sont solutions.

71 *Corrigé page 170*

Reproduire la figure suivante.

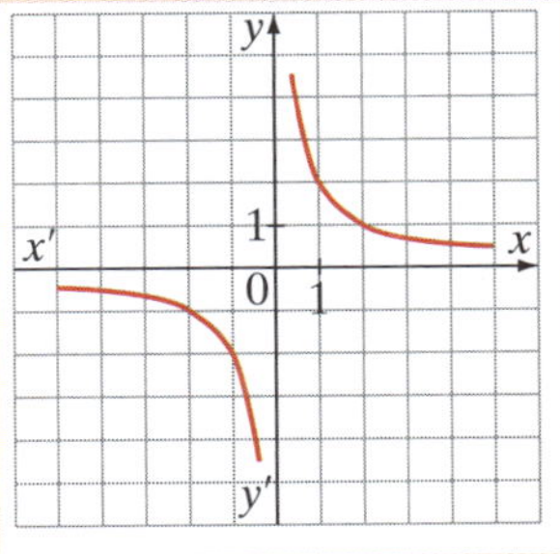

1. a. Placer dans (O, x, y) les points :
$A(-4 ; -2)$, $C(1 ; 0{,}5)$, $E(2 ; 1)$ et $H(4 ; 2)$.
b. Ces points appartiennent à une droite $(\mathscr{D})$. La tracer.
c. Soit F le point de la droite ayant pour ordonnée 3. Trouver graphiquement son abscisse.
d. Soit G le point de la droite ayant pour abscisse – 5. Trouver graphiquement son ordonnée.
2. La droite $(\mathscr{D})$ est la représentation graphique d'une fonction f. Cette fonction

MATHÉMATIQUES Exercices

est-elle linéaire ou affine ? Justifier la réponse.

3. a. Vérifier que l'expression de la fonction f est $f(x) = 0{,}5x$.

b. Retrouver par le calcul l'abscisse de F et l'ordonnée de G.

4. Trouver graphiquement les coordonnées des points d'intersection de la droite $(\mathscr{D})$ et de la courbe $(\mathscr{C})$.

5. La courbe $(\mathscr{C})$ est la représentation d'une fonction g. Parmi les 8 équations suivantes trouver celle de la courbe $(\mathscr{C})$ et justifier le choix fait.

$y = 2x^2$ $\quad$ $y = -2x^2$

$y = -\dfrac{2}{x}$ $\quad$ $y = \dfrac{2}{x}$

$y = 2x$ $\quad$ $y = -2x$

$y = 2x + 2$ $\quad$ $y = -2x + 2$

6. Sur l'intervalle [1 ; 4], surligner l'arc de courbe représentant la fonction g. En déduire si la fonction g est croissante ou décroissante sur cet intervalle.

7. a. Vérifier que 2 est une solution de l'équation : $0{,}5x = \dfrac{2}{x}$.

b. Utiliser les résultats de la question 4 pour justifier que – 2 est l'autre solution de cette équation.

Complément de cours :

Deux grandeurs sont inversement proportionnelles si les mesures de l'une sont proportionnelles à l'inverse des mesures de l'autre.

$$\frac{x_1}{\frac{1}{y_1}} = \frac{x_2}{\frac{1}{y_2}} = \frac{x_3}{\frac{1}{y_3}} \Leftrightarrow x_1y_1 = x_2y_2 = x_3y_3$$

72 *Corrigé page 171*

La vitesse d'un véhicule est inversement proportionnelle à la durée que met ce véhicule pour parcourir une distance donnée. Recopier et compléter la tableau suivant :

Durée du trajet (en h)	2,5	2	2h40	
Vitesse (en km.h^{-1})		80		100

73 *Corrigé page 171*

Un chef d'entreprise veut partager une prime de chantier entre trois employés : les parts seront inversement proportionnelles au nombre de jours d'absence du chantier : 4, 10, et 7 jours. La prime totale est de 276 €.

a. Quel employé aura la plus grosse prime ?

b. Quelle sera la part de chacun ?

13 et 14 STATISTIQUES

74 *Corrigé page 171*

À la demande de TÉLÉRAMA, une enquête a été faite auprès d'un échantillon de 1 000 téléspectateurs. Suivant la durée hebdomadaire d'écoute des émissions télévisées, la répartition des personnes interrogées est la suivante :

Durée d'écoute en heures	Nombre de personnes (n_i)
[2 ; 4[	10
[4 ; 6[	40
[6 ; 8[	170
[8 ; 10[	180
[10 ; 12[	
[12 ; 14[	350

a. Compléter ce tableau et rajouter les colonnes :
- effectifs cumulés croissants ;
- effectifs cumulés décroissants ;
- centres des classes (x_i) ;
- produits ($x_i \times n_i$).

b. Combien de personnes écoutent les émissions télévisées ?
- moins de 8 h par semaine
- au moins 10 h par semaine.

c. Construire l'histogramme des effectifs (échelle : en abscisse, 1 cm représente 2 h ; en ordonnée, 1 cm représente 50 personnes).

d. Quelle est la durée d'écoute modale ?

e. Calculer le nombre moyen d'heures d'écoute par semaine ?
Donner la réponse décimale, puis la réponse en heures, minutes et secondes.

f. tracer les courbes des ECC et ECD dans un repère orthogonal (échelle : en abscisse, 1 cm représente 1 h ; en ordonnée, 1 cm représente 100 personnes).

g. Lire la valeur de la médiane et donner sa signification.

75 Corrigé page 172

Un artisan a effectué 80 chantiers. Il souhaite faire une étude statistique sur les montants TC (taxe comprise) des factures payées par ses clients.

a. Rajouter dans ce tableau les colonnes :
– nombre de factures (n_i) ;
– fréquences en % ;
– centres des classes (x_i) ;
– produits ($x_i \times n_i$).

Montants TC des factures (€)	ECC
[0 ; 1 200[	6
[1 200 ; 1 800[	32
[1 800 ; 2 400[	64
[2 400 ; 3 000[	76
[3 000 ; 4 800[	80

b. Calculer le montant moyen des factures (arrondir par excès à un euro près).
c. Quel est le pourcentage de factures dont le montant est inférieur à 2 400 € ?
d. Combien de factures ont un montant TC supérieur ou égal à 1 800 € ?
e. Ajouter au tableau la colonne « mesure des angles (en degré) » afin de construire le diagramme semi-circulaire correspondant.

76 Corrigé page 173

Une enquête réalisée avec un groupe de 500 jeunes porte sur leur consommation journalière de cigarettes (voir tableau ci-après).

a. Compléter le tableau en rajoutant les colonnes suivantes :
– centres des classes (x_i) et produits ($x_i \times n_i$) ;
– nombre de classe unitaires ;
– effectifs par classe unitaires.

Nombres de cigarettes consommées par jour	Effectifs (n_i)	Fréquences en %
[0 ; 5[		2
[5 ; 10[		31
[10 ; 25[		60
[25 ; 35[	30	
[35 ; 40[		
Total		

b. Calculer le nombre moyen de cigarettes consommées par jour par les jeunes.
c. Représenter l'histogramme des effectifs (échelle : en abscisse, 1 cm représente 5 cigarettes ; en ordonnée, 1 cm représente 20 jeunes).

15 LE TRIANGLE

77 Corrigé page 173

Trouver parmi les triangles suivants celui ou ceux qui sont rectangles. Justifier le résultat par un calcul.

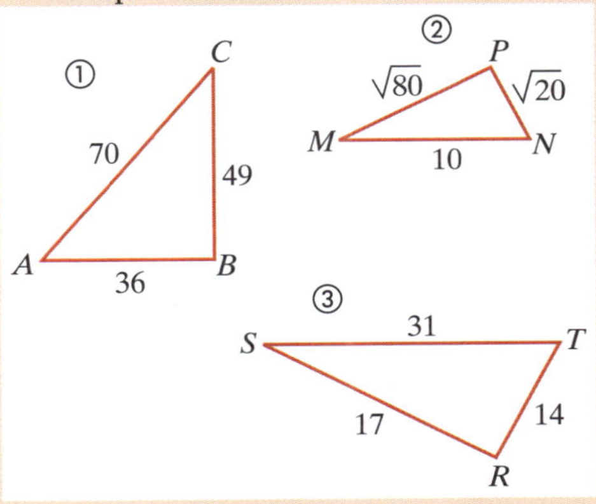

78 Corrigé page 173

a. Tracer le segment $[BC]$ de longueur 7 cm et construire de part et d'autre de $[BC]$, le triangle ABC rectangle en A tel que $AC = 5$ cm et le triangle BCE avec $BE = 4,3$ cm et $EC = 5,5$ cm.
b. Calculer AB à 10^{-2} près.
c. Le triangle BCE est-il rectangle ?

79 Corrigé page 173

A et B sont 2 points diamétralement opposés du demi-cercle de centre O et de 40 mm de rayon.

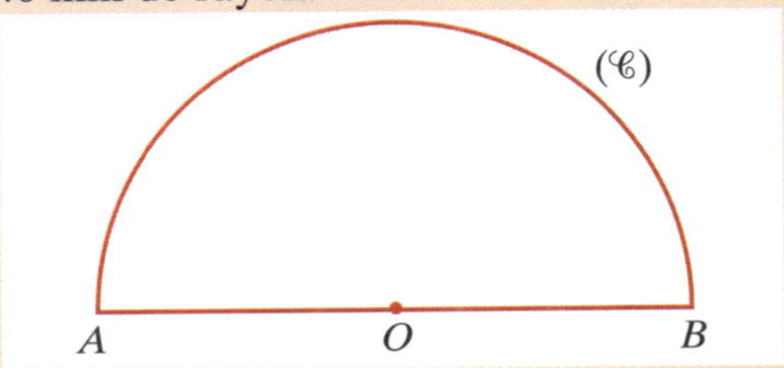

Un programme de construction permet d'obtenir la figure ci-dessous :

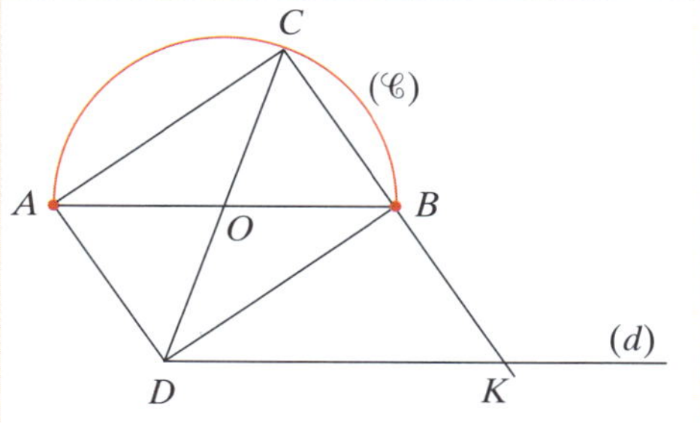

Le programme comporte 6 instructions données dans le désordre :

1 Tracer le triangle ABC.
2 Placer le point C sur le cercle (C) tel que $\widehat{BAC} = 35°$.
3 Placer K point d'intersection de (CB) et (d).
4 Tracer la parallèle (d) à (AB) passant par D.
5 Tracer le quadrilatère $ACBD$.
6 Placer le point D symétrique du point C par rapport à O.

a. Compléter le tableau suivant afin de reconstituer le programme de construction dans l'ordre.

Étape	1	2	3	4	5	6
Numéro de l'instruction	2					3

b. Déterminer la nature du triangle ABC. Justifier la réponse.
c. Déterminer la nature du quadrilatère $ACBD$. Justifier la réponse.
d. Déterminer la nature du quadrilatère $ADKB$. Justifier la réponse.

80 Corrigé page 174

L'unité de longueur est le millimètre. Les angles $\widehat{DBC}$ et $\widehat{ACD}$ sont des angles droits.

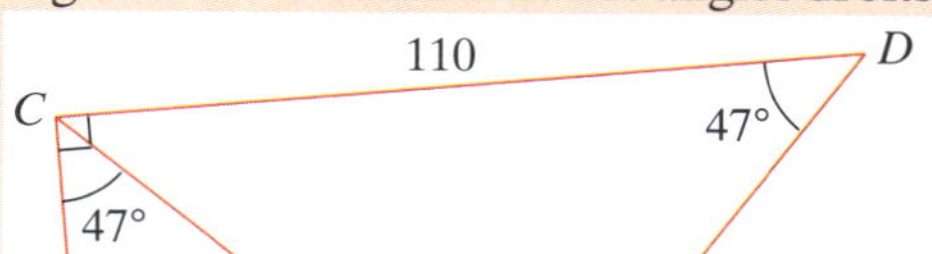

a. Calculer la mesure de l'angle $\widehat{BCD}$.
b. Calculer BD.
c. Calculer CA sachant que la longueur de [AD] est de 118 mm.
d. Le triangle CAB est-il rectangle ? Justifier le résultat.

16 PROPRIÉTÉ DE THALÈS

81 Corrigé page 174

Les droites (AA'), (BB'), (CC') et (DD') sont parallèles. Les cotes sont en cm.

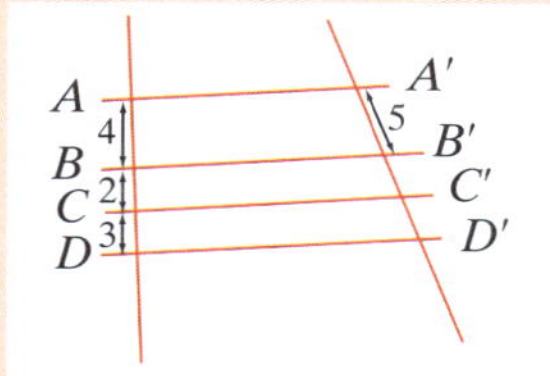

Calculer $B'C'$ et $C'D'$.

82 Corrigé page 174

(UU') et (VV') sont parallèles.

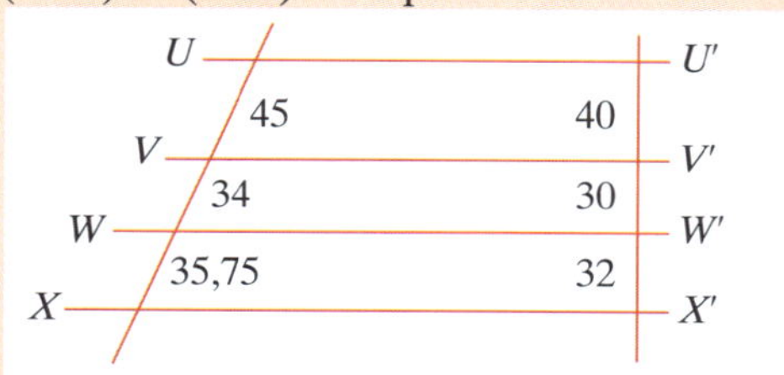

a. La droite (WW') est-elle parallèle à (VV') ?
b. La droite (XX') est-elle parallèle à (VV') ?

83 Corrigé page 174

Parmi les droites ci-dessous, deux sont réellement parallèles. Indiquer lesquelles en justifiant la réponse.

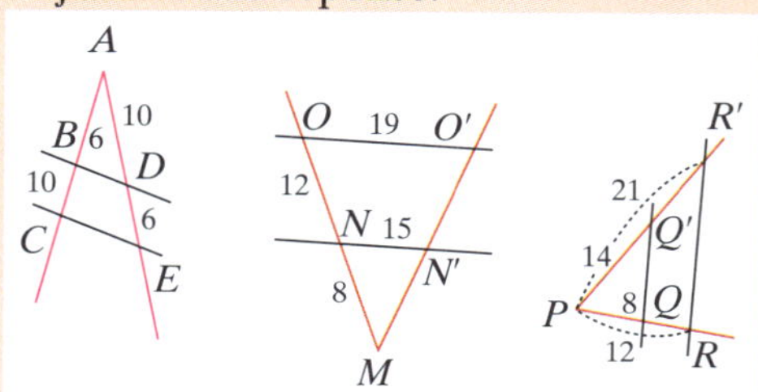

84 Corrigé page 174

Soit le triangle ABC tel que $AB = 6$ cm, $AC = 7{,}5$ cm et $BC = 4{,}5$ cm.

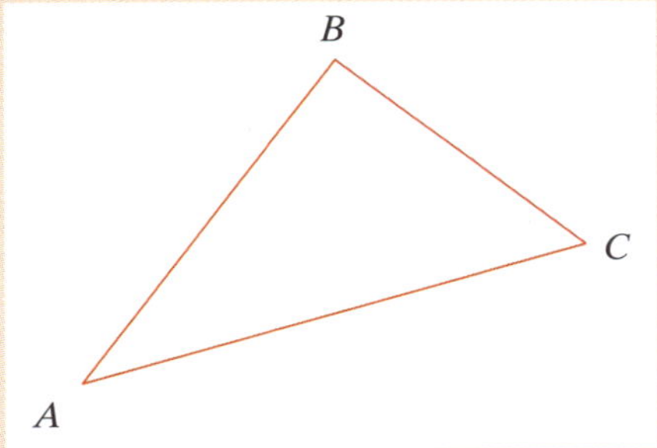

a. Le triangle ABC est-il rectangle en B ?
b. Construire la médiatrice du segment $[AB]$. (Utiliser la règle et le compas et laisser les traits de construction apparents.)
c. La médiatrice coupe $[AC]$ en E et $[AB]$ en D. Calculer AD.
d. Que peut-on dire des droites (BC) et (DE) ? (Justifier votre réponse.)
e. Calculer AE et DE.

85 Corrigé page 174

Un centre social prépare une animation sur un plateau de jeu ayant la forme d'un trapèze rectangle dont les dimensions sont indiquées sur le schéma ci-après.
a. Afin de répartir les stands sur le terrain, on vous propose de réaliser un plan à l'échelle 1/200. Calculer les longueurs JX, XU et UE à l'échelle 1/200.
b. Calculer la longueur JE sur le terrain (à 0,1 m près).
c. Calculer l'aire totale du terrain (en m^2).
d. Sachant que (ND) est parallèle à (JX) et que $XD = 12$ m, calculer la longueur NI et dire si on peut y placer un stand de 3,60 m de largeur.

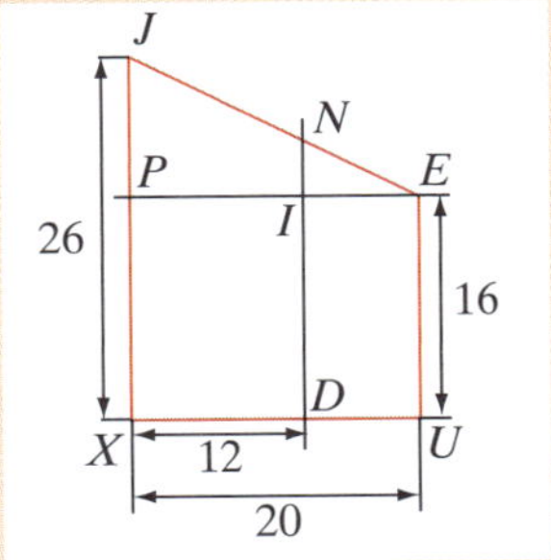

17 TRIGONOMÉTRIE DANS LE TRIANGLE RECTANGLE

86 Corrigé page 174

Dans le triangle ABC rectangle en A, calculer BC puis AC.

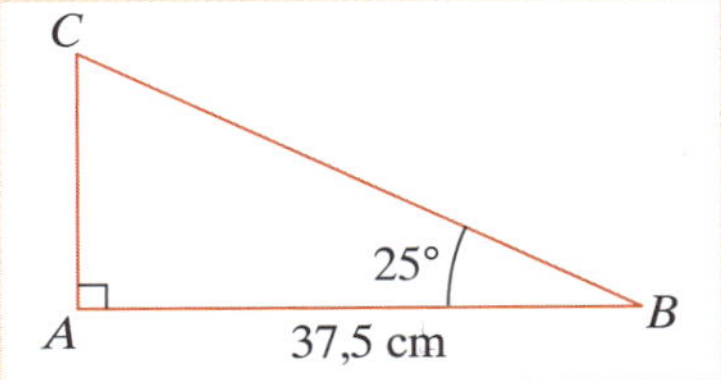

87 Corrigé page 174

Dans le triangle ABC rectangle en B, calculer AB puis BC.

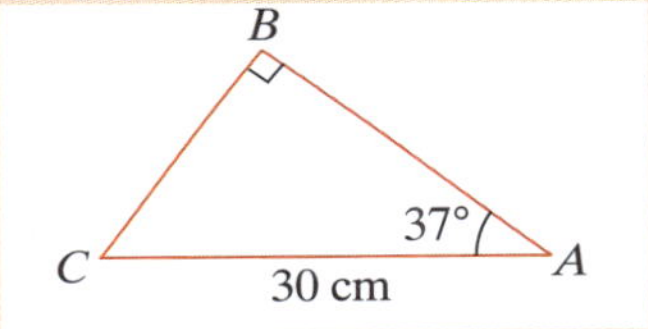

88 Corrigé page 175

Dans le triangle RST rectangle en S (voir page suivante), calculer :
a. la mesure de l'angle $\widehat{SRT}$. Exprimer le résultat en degrés ;
b. la mesure du côté ST (au cm près).

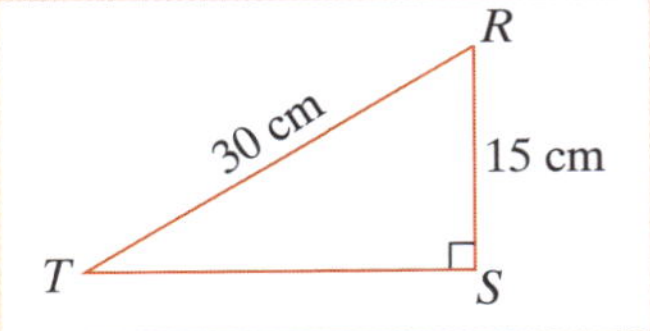

89 Corrigé page 175

Dans la figure ci-dessous, calculer AC et la mesure de $\widehat{ACB}$.

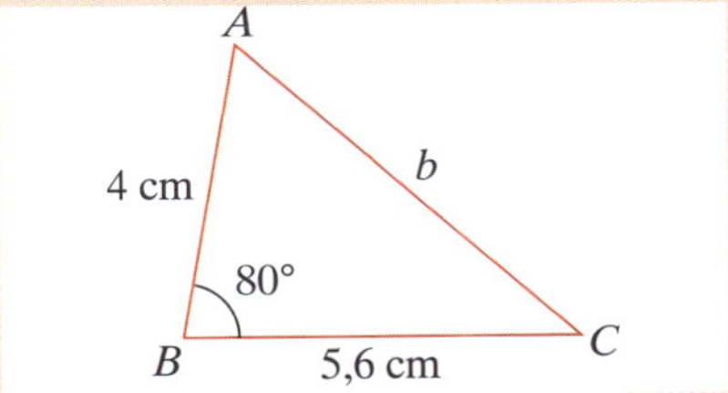

MATHÉMATIQUES Exercices

90 Corrigé page 175

Dans la figure ci-dessous, calculer AB et AC.

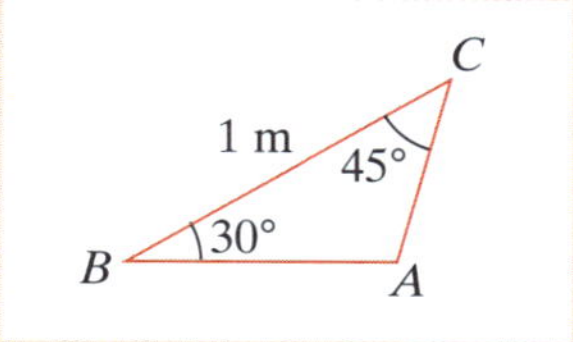

91 Corrigé page 175

Un élément de charpente qu'on veut restaurer et dont on veut recouvrir le pignon, ABE a la forme ci-après.

a. On donne $h = 3$ m et $l_1 = 4$ m. Calculer la longueur AB, en mètres.

b. Donner la valeur numérique, arrondie au centième, de la tangente de α dans le triangle ABC, rectangle en C.

c. Calculer la valeur de l'angle α arrondie au degré près.

d. On donne la valeur de l'angle $\gamma = 37°$. Construire ci-dessous à l'aide du rapporteur l'angle γ ; le sommet est D.

e. On suppose que $AD = 5$ m ; $DE = 5$ m et $\beta = 143°$. Construire le triangle ADE à l'échelle 1/100e.

f. Mesurer AE sur la construction faite à la question **e.** En déduire la longueur AE (grandeur réelle).

g. Calculer BE en mètres.

h. En supposant que $CD = 4$ m, calculer l'aire arrondie au m^2, de la surface du pignon (ABE) qu'on veut recouvrir de peinture.

i. Calculer la longueur AE arrondie au cm près, à l'aide d'une relation dans le triangle quelconque figurant dans le formulaire.

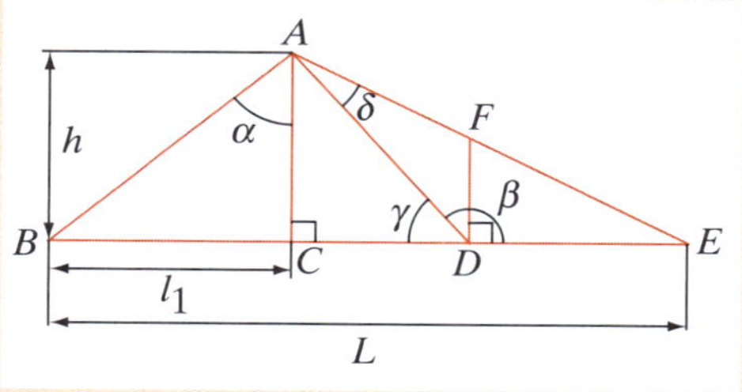

92 Corrigé page 175

La figure représente une pièce métallique. Les points D, O et B sont alignés.
On donne : $OB = OC = 3{,}4$ cm ;
$BD = 11{,}6$ cm ; $\widehat{AOB} = 30°$; $(AC) \parallel (DE)$.

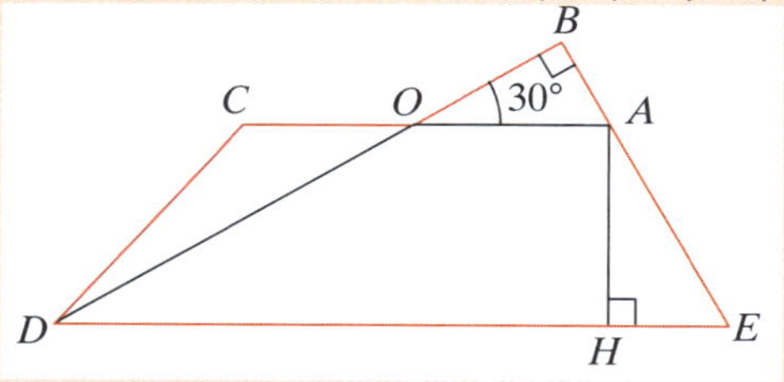

a. Quelle est la mesure de l'angle $\widehat{COD}$ et montrer que celle de l'angle $\widehat{DEB}$ est 60°.

b. Calculer la mesure de $[AB]$ et $[OA]$ au mm près par excès.

c. Calculer la mesure de $[DE]$ au mm près par excès.

d. Calculer les mesures de $[OD]$ puis de $[DC]$ au mm près par excès.

93 Corrigé page 175

Un portail est formé de deux battants, de mêmes dimensions, réalisés en tubes métalliques soudés (voir les figures ci-après). Les cotes sont exprimées en centimètres, on ne tient pas compte de l'épaisseur des tubes dans les calculs demandés (cotes en cm).

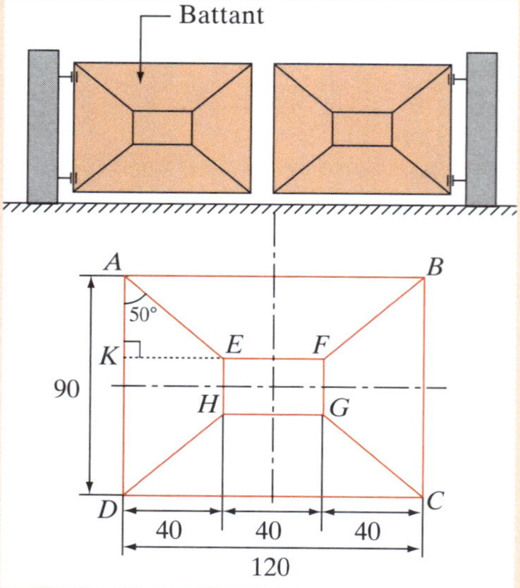

Dans le quadrilatère $AEHD$, calculer :
a. AK, AE et EH. Donner les valeurs arrondies à 0,1 près ;
b. la longueur totale du tube nécessaire pour réaliser un battant.

18 QUADRILATÈRES ET AIRES

94 Corrigé page 175

$ABCD$ est un carré. Calculer l'aire de la surface colorée.

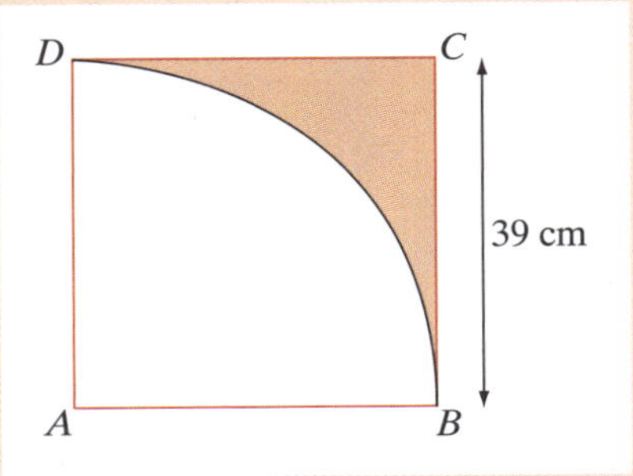

95 Corrigé page 176

Un versant de toit est représenté par le quadrilatère $ABCD$ dans lequel $[BC]$ et $[AD]$ sont parallèles. Les cotes sont en cm.

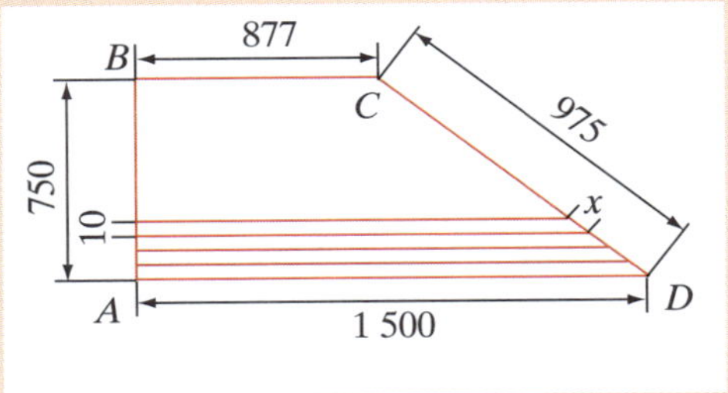

Attention ! le dessin n'est pas à l'échelle.
Pour couvrir ce versant, on trace des parallèles équidistantes. Pour cela, on marque le long de la rive $[AB]$ un point tous les 10 cm.
a. Combien y a-t-il d'intervalles entre A et B ?
b. Déterminer la longueur x des intervalles à reporter sur la rive $[CD]$.
c. Calculer l'aire de ce versant.
d. Convertir cette aire en m². On donnera le résultat arrondi au m².

96 Corrigé page 176

On désire réaliser une porte d'entrée schématisée ci-dessous. La porte se compose d'un rectangle surmonté d'un demi-disque. On note $ABCD$ le rectangle et O le centre du demi-cercle de diamètre $[CE]$ (les cotes sont en cm).

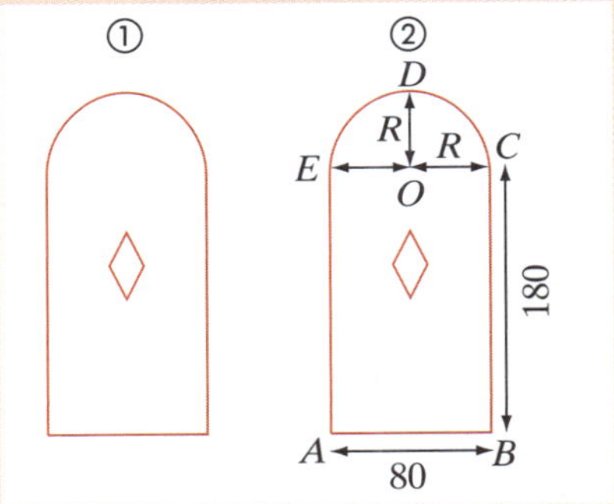

a. Calculer le périmètre $ABCDEA$ de la porte.
b. Calculer, en cm², l'aire A de la porte. Exprimer le résultat en m² arrondi au dm².
c. La porte est ornée d'un motif représenté ci-après. Les segments $[IJ]$ et $[MN]$ sont perpendiculaires. K est le milieu des segments $[IJ]$ et $[MN]$.

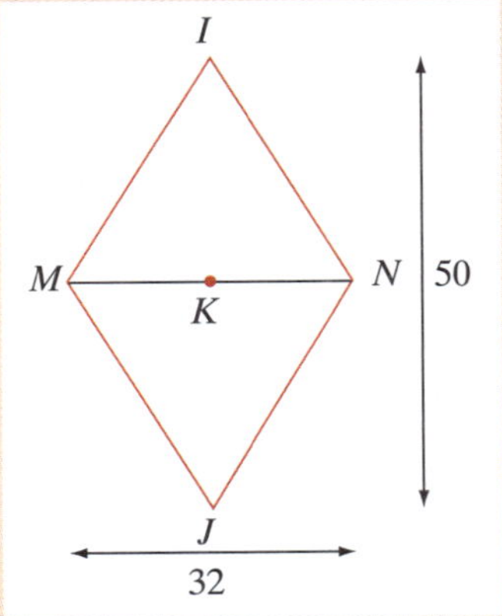

d. On considère le triangle IKM. Calculer, en cm, la longueur MI. Exprimer ce résultat arrondi au mm.
e. Calculer, en cm², l'aire A_3 du motif.

97 Corrigé page 176

Le plan d'une salle est représenté page suivante. La salle se partage en deux parties : $ABCDIF$, la salle de réunion et EIF, les sanitaires. La salle de réunion sera recouverte de moquette et les sanitaires seront carrelés.

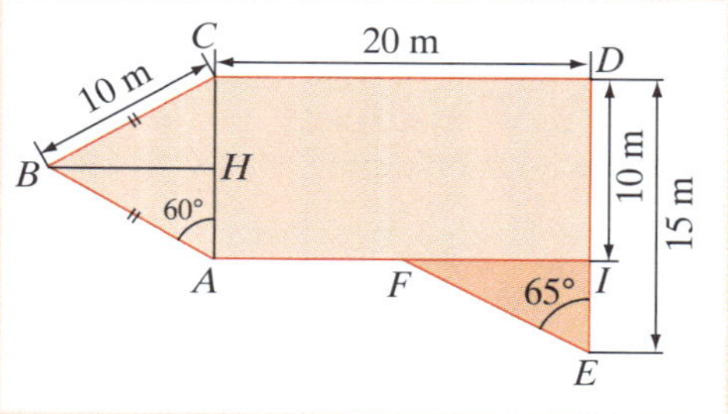

a. Indiquer la mesure, en degrés, de l'angle $\widehat{ABC}$ et la mesure, en degrés, de l'angle $\widehat{ACB}$.
b. Indiquer la nature exacte du triangle ABC et justifier votre réponse.
c. En déduire, en mètres, la longueur AB.
d. Calculer, en mètres, la longueur BH arrondie au centimètre.
e. Calculer, en m², l'aire A_1 du triangle ABC, arrondie au dm².
f. Calculer, en m², l'aire A_2 du rectangle $ACDI$.
g. Calculer, en m², l'aire A_t de la salle de réunion, arrondie au dm².
h. Calculer, en mètres, la longueur IE.
i. Calculer, en mètres, la longueur FI arrondie au cm.
j. Calculer, en m², l'aire A_c de la surface EFI à carreler, arrondie au dm².

19 SOLIDES ET VOLUMES

98 Corrigé page 176

Une boule de diamètre $a = 4$ cm est à l'intérieur d'un cube d'arête a. Calculer le volume de l'espace compris entre les 6 faces du cube et la boule. Donner le résultat à 10^{-1} cm³ près.

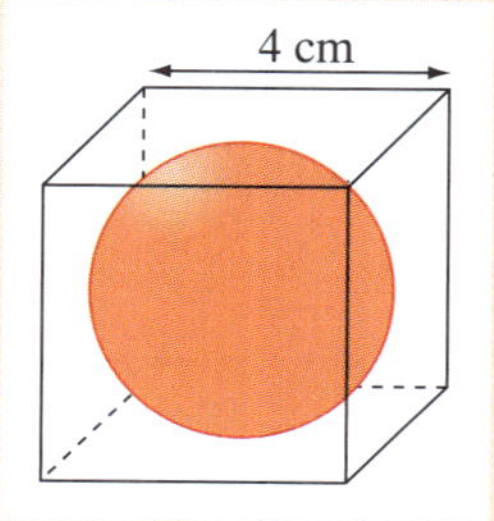

99 Corrigé page 176

Un chapiteau est formé d'une salle parallélipédique et surmonté d'un volume qui a la forme d'un prisme droit à base triangulaire. Quel est le volume d'air sous ce chapiteau ? (arrondir le résultat à 10^{-3} m près).

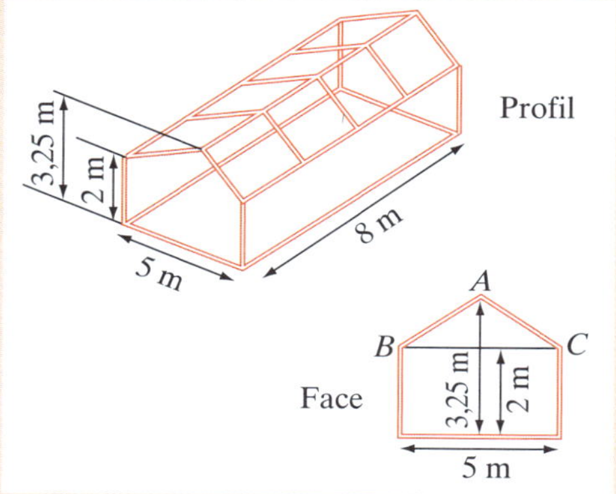

100 Corrigé page 176

On considère le parallélépipède rectangle ci-dessous : $AB = 8$ cm ; $AD = 6$ cm ; $DH = 4$ cm.

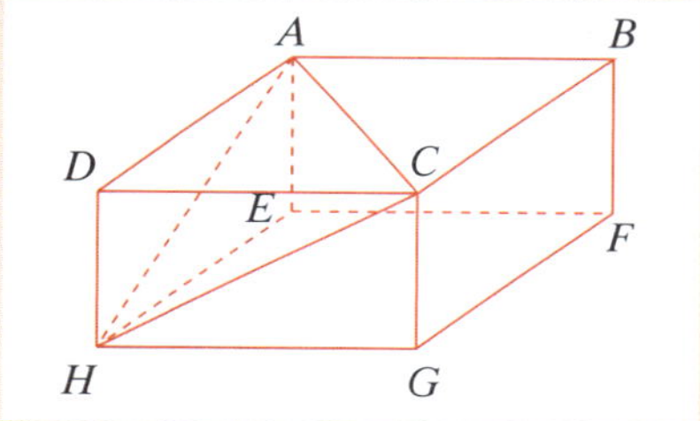

a. Calculer le volume V_1 de ce parallélépipède.
b. Calculer AC.
c. Calculer l'aire A_1 du triangle rectangle ADC.
d. On découpe dans le parallélépipède la pyramide de base ACD et de sommet H. Calculer le volume V_2 de cette pyramide. En déduire le volume V_3 de la partie restante.

101 Corrigé page 176

Une pyramide a pour base un carré de 9 m de côté. Les faces latérales sont des triangles équilatéraux.

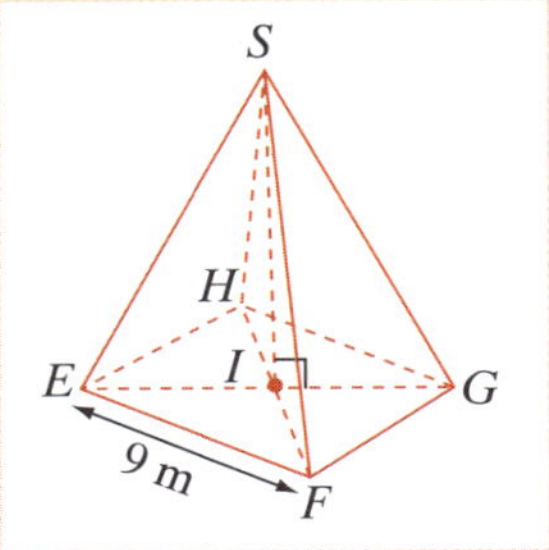

a. Calculer EG et en déduire EI (au cm près).
b. Calculer IS.
c. Calculer le volume de la pyramide à 10^{-3} m^3 près.

102 *Corrigé page 176*

La surface latérale d'un cylindre est fabriquée à partir d'une feuille rectangulaire. On donne $L = 2{,}50$ m et $l = 1{,}25$ m. Il y a deux manières de procéder :

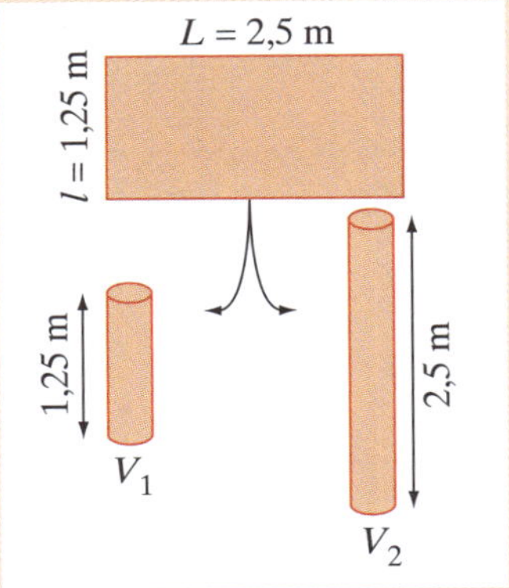

Les deux cylindres obtenus ont-ils le même volume ?

103 *Corrigé page 177*

Un laboratoire d'optique doit fabriquer le prisme droit représenté ci-dessous.

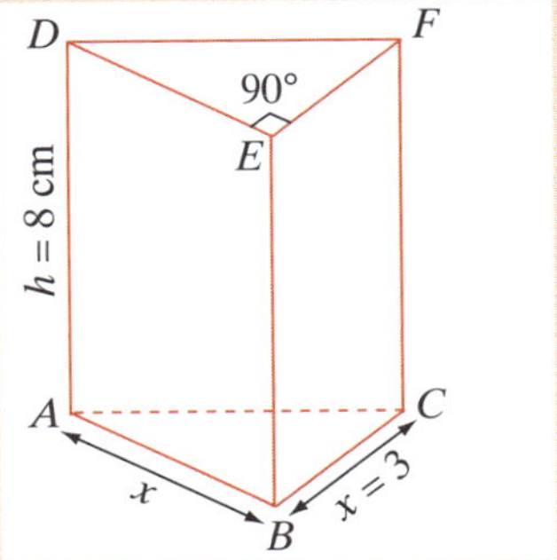

Calculer :
a. AC à 0,01 cm près ;
b. l'aire de la face $ACFD$ à 0,1 cm^2 près ;
c. l'aire du triangle ABC ;
d. le volume du prisme.

104 *Corrigé page 177*

Des boîtes ont la forme d'un cylindre de diamètre 30 cm et de hauteur 5 cm : on a deux façons pour les ranger sur un rayonnage de hauteur 43 cm, de largeur 78 cm et de profondeur 30 cm.

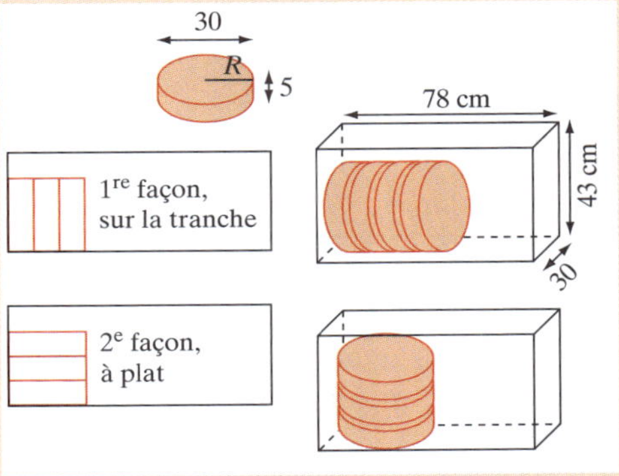

a. En utilisant la 1re façon, combien peut-on ranger de boîtes au maximum ?
b. En utilisant la 2e façon, combien peut-on ranger de boîtes au maximum ?
c. Calculer le volume total V_1 disponible sur le rayonnage.
d. Calculer le volume d'une boîte V_2.
e. En déduire le volume de l'espace non utilisé V_3 si l'on range les boîtes suivant la 1re façon. (résultat arrondi au cm^3).
f. Exprimer ce résultat en pourcentage du volume total disponible.

105 *Corrigé page 177*

L'espace occupé par le prisme droit ayant pour base un trapèze isocèle correspond à une vitrine de magasin. Le rectangle $ABCD$ constitue la vitre. Les rectangles $AA'D'D$, $A'B'C'D'$ et $B'BCC'$ sont des paravents fixes de 2 m de hauteur.
On donne $DC = 4$ m ; $D'C' = 2{,}20$ m ; $\widehat{D'DC} = 45°$.

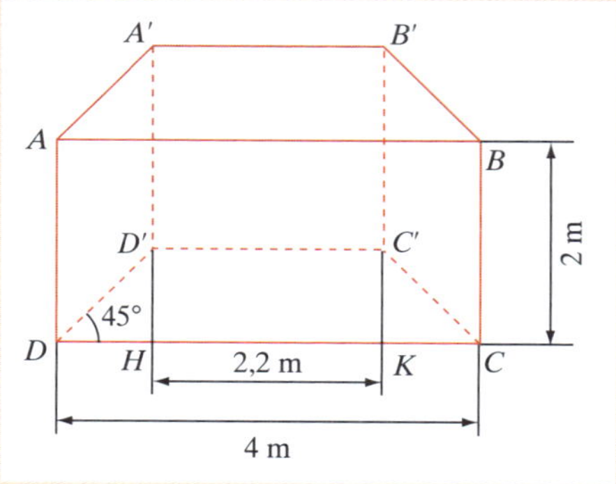

a. Calculer DH.
b. Calculer $D'H$.
c. Calculer A l'aire du trapèze $DD'C'C$.
d. Calculer le volume de la vitrine V.

20 LES VECTEURS

106 Corrigé page 177

Le plan est rapporté à un repère orthonormal $(O, \vec{i}, \vec{j})$, d'unités graphiques 1 cm. $(x ; y)$ désigne les coordonnées d'un vecteur dans un plan rapporté au repère $(O, \vec{i}, \vec{j})$.
a. Représenter, dans un repère orthonormal, le vecteur $\overrightarrow{OM_1}(3 ; 0)$ et le vecteur $\overrightarrow{M_1M_2}(0 ; 4)$.
b. Représenter le vecteur $\vec{S}$, somme des vecteurs $\overrightarrow{OM_1}$ et $\overrightarrow{M_1M_2}$.
c. Calculer les coordonnées de $\vec{S}$.
d. Rechercher, dans le formulaire, la relation permettant de calculer la norme d'un vecteur $\vec{v}(x ; y)$ et l'utiliser pour calculer la norme du vecteur $\overrightarrow{OM_2}$. Vérifier le résultat sur le repère.
e. Déterminer la norme du vecteur $\overrightarrow{OM_1}$ puis celle du vecteur $\overrightarrow{M_1M_2}$. Vérifier le résultat sur le repère.

107 Corrigé page 177

Dans un plan rapporté à un repère orthonormal $(O, \vec{i}, \vec{j})$, on considère les points A, B et C définis par $\overrightarrow{OA} = 2\vec{i} + \vec{j}$; $\overrightarrow{OB} = 5\vec{i} + 5\vec{j}$ et $\overrightarrow{OC} = 6\vec{i} + 3\vec{j}$.
a. Placer les points A, B, C dans un repère orthonormal. (Unités graphiques 1 cm).
b. Calculer les coordonnées des vecteurs $\overrightarrow{AB}$, $\overrightarrow{AC}$ et $\overrightarrow{BC}$.
c. Calculer les normes $\|\overrightarrow{AB}\|$, $\|\overrightarrow{AC}\|$ et $\|\overrightarrow{BC}\|$.
d. Montrer que le triangle ABC est rectangle en C.

21 ARCS ET ANGLES ASSOCIÉS

108 Corrigé page 177

Compléter le tableau ci-après puis placer les points M_1, M_2, M_3, M_4 et M_5 sur le cercle trigonométrique.

arcs	mesure en radians	mesure en degré
$\overset{\frown}{AM_1}$	$\frac{\pi}{2}$	
$\overset{\frown}{AM_2}$	$\frac{\pi}{3}$	
$\overset{\frown}{AM_3}$	$-\frac{\pi}{4}$	
$\overset{\frown}{AM_4}$	$\frac{5\pi}{6}$	
$\overset{\frown}{AM_5}$	$-\frac{3\pi}{4}$	

109 Corrigé page 178

Résoudre les équations sur $[-\pi ; +\pi]$:
$\cos x = 0$; $\sin x = \frac{1}{2}$; $\cos x = \frac{\sqrt{2}}{2}$

110 Corrigé page 178

On considère la pièce mécanique de forme triangulaire suivante. Les côtés BC et AC sont connus, on fait varier l'angle $\widehat{ACB}$ entre 0° et 120°.

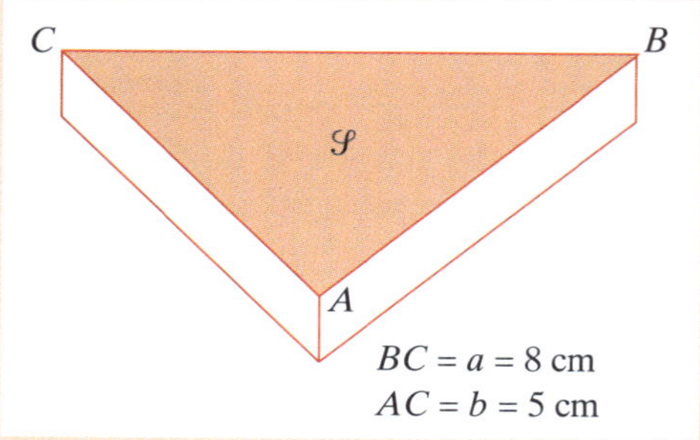

a. Sachant que l'aire d'un triangle quelconque est : $\mathscr{S} = \frac{1}{2} ab \sin \alpha$, montrer que la section $\mathscr{S}$ exprimée en mm² peut s'écrire : $\mathscr{S} = 2\,000 \sin \alpha$.

b. Compléter le tableau de valeurs ci-dessous, dans lequel les valeurs de $\mathcal{S}$ sont arrondies au mm² près.

α (en °)	0	5	10	20	30	40	50
$\mathcal{S}$ (en mm²)							
α (en °)		70	80	90	100	110	120
$\mathcal{S}$ (en mm²)	1732						

Détailler les étapes du calcul conduisant à trouver :
– $\mathcal{S}$ quand $\alpha = 30°$;
– α quand $\mathcal{S} = 1\ 732$ mm².

c. Construire la courbe représentative de la fonction f telle que $\mathcal{S} = f(\alpha)$ dans un repère orthogonal, α variant entre 0° et 120° (échelle : abscisse : 1 cm pour 10° ; ordonnée : 1 cm pour 100 mm²).

d. Pour quelle valeur de l'angle α, l'aire est-elle maximale ? (Justifier la réponse.) Quelle est la valeur de cette aire ?

MATHÉMATIQUES
Exercices

CORRIGÉS

** Il va falloir bien savoir utiliser sa calculatrice pour vérifier tous les calculs proposés.*

1

$\mathbb{N}$	$\mathbb{Z}$	$\mathbb{Q}$	$\mathbb{R}$
12	12	12	12
$\sqrt{9}$	$\sqrt{9}$	$\sqrt{9}$	$\sqrt{9}$
$\frac{25}{5}$	$\frac{25}{5}$	$\frac{25}{5}$	$\frac{25}{5}$
	– 2	– 2	– 2
	$-\sqrt{36}$	$-\sqrt{36}$	$-\sqrt{36}$
		3,7	3,7
		$\frac{1}{7}$	$\frac{1}{7}$
		– 4,5	– 4,5
		$-\frac{1}{8}$	$-\frac{1}{8}$

2 ** Grandeur croissante : du plus petit au plus grand.*

1. – 5 ; – 4,9 ; – 3 ; – 1 ; 2 ; 7,5 ; 12,7

** Tout nombre négatif est toujours plus petit que tout nombre positif.*

2. $-\frac{2}{3}$; – 0,2 ; $\frac{1}{1\,000}$; 0,08 ; $\frac{3}{5}$; 1,07

** Toute fraction dont le numérateur est plus petit que le dénominateur est inférieure à 1.*

3

$54 = 2 \times 3 \times 3 \times 3$
$84 = 2 \times 2 \times 3 \times 7$
$280 = 2 \times 2 \times 2 \times 5 \times 7$
$330 = 2 \times 3 \times 5 \times 11$
$135 = 3 \times 3 \times 3 \times 5$
$484 = 2 \times 2 \times 11 \times 11$

4 ** Un nombre est divisible par 3, si la somme de ses chiffres est divisible par 3. Il est divisible par 4, si le nombre formé par ses deux derniers chiffres est divisible par 4.*

Deux conditions :

- le nombre $7y$ est divisible par 4 : il se termine par 72 ou 76 ; y est égal à 2 ou 6 ;
- $3 + x + 7 + y$ est divisible par 3 :

– si $y = 2$ alors $3 + x + 7 + y = 12 + x$.

$12 + x = 12$ et $x = 0$
$12 + x = 15$ et $x = 3$
$12 + x = 18$ et $x = 6$
$12 + x = 21$ et $x = 9$

– si $y = 6$ alors $3 + x + 7 + y = 16 + x$.

$16 + x = 18$ et $x = 2$
$16 + x = 21$ et $x = 5$
$16 + x = 24$ et $x = 8$

Les solutions sont : 3 072 ; 3 372 ; 3 672 ; 3972 ; 3 276 ; 3 576 ; 3 876.

5 $112,8 + 42,3 = 64 + 91,1$
$93,23 + 54,31 = 82,37 + 65,17$

6 $2 - (3 - 7) + (9 - 2) = 2 + 4 + 7 = 13$

** Pour vérifier le résultat obtenu avec la calculatrice, il faut utiliser les touches parenthèses et penser à les ouvrir et à* ***les fermer****.*

$29 - 24 \times 3 - 35 \times (12 + 3 - 7)$
$= 29 - 72 - 35 \times 8 = -323$

$2(5 + 7 - 12) - 4\,(5 + 1 - 7)(2 - 5)$
$= 2 \times 0 - 4\,(-1)(-3) = -12$

7 $\frac{126}{192} = \frac{126 : 2}{192 : 2} = \frac{63}{96} = \frac{63 : 3}{96 : 3} = \frac{21}{32}$

8 $\frac{84}{280} = \frac{2 \times 2 \times 3 \times 7}{2 \times 2 \times 2 \times 5 \times 7}$

** Le numérateur et le dénominateur « contiennent tous les deux »* $2 \times 2 \times 7 = 28$.

On peut les diviser tous les deux par 28.

$\frac{84}{280} = \frac{84 : 28}{280 : 28} = \frac{3}{10}$

** Utilisation de la touche fraction de la calculatrice : souvent notée* [a/b] *ou* [a+b/c].

On tape : 330 [a/b] 135

$\frac{330}{135} = \frac{2 \times 3 \times 5 \times 11}{3 \times 3 \times 3 \times 5} = \frac{22}{9}$

$\frac{484}{280} = \frac{2 \times 2 \times 11 \times 11}{2 \times 2 \times 2 \times 5 \times 7} = \frac{121}{70}$

** Les fractions obtenues ne peuvent plus être simplifiées, on dit qu'elles sont irréductibles.*

$\frac{54 \times 135 \times 84}{280 \times 330} =$

$\frac{2 \times 3 \times 3 \times 3 \times 3 \times 3 \times 3 \times 5 \times 2 \times 2 \times 3 \times 7}{2 \times 2 \times 2 \times 5 \times 7 \times 2 \times 3 \times 5 \times 11}$

$= \frac{3 \times 3 \times 3 \times 3 \times 3 \times 3}{2 \times 11 \times 5} = \frac{729}{110}$

9 $\frac{5}{8}+\frac{3}{7}=\frac{35}{56}+\frac{24}{56}=\frac{59}{56}$

** Il est possible que la calculatrice écrive :*
1 ⌟ 3 ⌟ 56. *Cela signifie alors :*

1 *entier et* $\frac{3}{56}$ $\left(\text{donc bien } \frac{56}{56}+\frac{3}{56}=\frac{59}{56}\right)$

Pour obtenir l'écriture $\frac{59}{56}$ *il faut utiliser la touche* shift *ou* 2nd *et la touche fraction.*

$\frac{9}{6}-\frac{7}{8}={}^{*}\frac{3}{2}-\frac{7}{8}=\frac{12}{8}-\frac{7}{8}=\frac{5}{8}$

** On simplifie les fractions avant d'effectuer les opérations.*

$\frac{2}{7}\times\frac{5}{9}=\frac{2\times 5}{7\times 9}=\frac{10}{63}$

$\frac{5}{10}+\frac{3}{9}+\frac{2}{5}-\frac{7}{21}-\frac{1}{2}=\frac{1}{2}+\frac{1}{3}+\frac{2}{5}-\frac{1}{3}-\frac{1}{2}=\frac{2}{5}$

$\left(\frac{2}{3}+\frac{3}{4}\right):\frac{5}{4}=\left(\frac{8}{12}+\frac{9}{12}\right)\times\frac{4}{5}=\frac{17}{12}\times\frac{4}{5}=\frac{17}{15}$

10 $A=\dfrac{1-\frac{5}{6}-\frac{4}{9}}{1+\frac{5}{6}+\frac{4}{9}}=\dfrac{\frac{18}{18}-\frac{15}{18}-\frac{8}{18}}{\frac{18}{18}+\frac{15}{18}+\frac{8}{18}}=\dfrac{\frac{-5}{18}}{\frac{41}{18}}$

$=-\frac{5}{18}\times\frac{18}{41}=-\frac{5}{41}$

$B=\dfrac{\frac{6}{8}-\frac{8}{20}}{\frac{2}{3}+\frac{30}{18}}=\dfrac{\frac{3}{4}-\frac{2}{5}}{\frac{2}{3}+\frac{5}{3}}=\dfrac{\frac{15}{20}-\frac{8}{20}}{\frac{7}{3}}$

$=\frac{7}{20}\times\frac{3}{7}=\frac{3}{20}$

11 $\left(\frac{1}{2,6}-\frac{1}{7,8}\right):\frac{5}{1,3}=\left(\frac{10}{26}-\frac{10}{78}\right)\times\frac{13}{50}$

$=\left(\frac{30}{78}-\frac{10}{78}\right)\times\frac{13}{50}=\frac{20}{78}\times\frac{13}{50}=\frac{1}{15}$

12 $(-3)^2\times(-3)^3=(-3)^5=-3^5=-243$

** L'exposant est impair, le résultat est négatif.*

$[(-5)^3]^2=(-5)^6=5^6=15\,625$

$\left(\frac{3}{2}\right)^{-3}=\left(\frac{2}{3}\right)^3=\frac{2^3}{3^3}=\frac{8}{27}$

$\frac{2^3\times 3^2}{2^4\times 3}=\frac{3}{2}$

$\frac{2^3\times 5^0}{(-2)^{10}\times 5}=\frac{{}^{*}2^3}{2^{10}\times 5}=\frac{1}{2^7\times 5}=\frac{1}{640}$

** On sait que la puissance* 0 *d'un nombre est toujours égale à* 1.

13 • Reprise de l'exercice 3 :

$54=2\times3\times3\times3=2\times3^3$
$84=2\times2\times3\times7=2^2\times3\times7$
$280=2\times2\times2\times5\times7=2^3\times5\times7$
$330=2\times3\times5\times11$
$135=3\times3\times3\times5=3^3\times5$
$484=2\times2\times11\times11=2^2\times11^2$

Reprise de l'exercice 8 :

$\frac{84}{280}=\frac{2^2\times3\times7}{2^3\times5\times7}=\frac{3}{2\times5}=\frac{3}{10}$

$\frac{330}{135}=\frac{2\times3\times5\times11}{3^3\times5}=\frac{2\times11}{3^2}=\frac{22}{9}$

$\frac{484}{280}=\frac{2^2\times11^2}{2^3\times5\times7}=\frac{11^2}{2\times5\times7}=\frac{121}{70}$

$\frac{54\times135\times84}{280\times330}=\frac{2\times3^3\times3^3\times5\times2^2\times3\times7}{2^3\times5\times7\times2\times3\times5\times11}=$
$\frac{2^3\times3^7\times5\times7}{2^4\times3\times5^2\times7\times11}=\frac{3^6}{2\times5\times11}=\frac{729}{110}$

14 $a=12\times10^{-3}+217\times10^{-2}-10^{-1}$
$=0{,}012+2{,}17-0{,}1=2{,}082$
$b=7\times10^{-3}\times0{,}15\times10^5=7\times0{,}15\times10^2$
$=1{,}05\times10^2=105$

15 $a=\frac{(2^2)^3}{24}=\frac{2^6}{2^3\times3}=\frac{2^3}{3}=\frac{8}{3}$

$b=\frac{9}{5}\times\left(\frac{2}{3}\right)^3=\frac{3^2\times2^3}{5\times3^3}=\frac{2^3}{3\times5}=\frac{8}{15}$

$c=\left(2+\frac{3}{4}\right)^2=\left(\frac{8}{4}+\frac{3}{4}\right)^2=\left(\frac{11}{4}\right)^2=\frac{121}{16}$

16 $a=0{,}045=4{,}5\times10^{-2}$
$b=75\times10^{-5}\times1{,}5\times10^2$
$=75\times1{,}5\times10^{-3}=112{,}5\times10^{-3}=1{,}125\times10^{-1}$

** On peut remarquer que cette écriture du résultat est l'écriture scientifique du nombre.*

17 ** Pour calculer a on va « régler » successivement chacun des problèmes :*
– le signe : il y a deux signes – le résultat est positif ;
– les puissances de 10 *: on additionne les exposants :* $-3+12-9+1-6=-5$ *;*
– le nombre : $5\times7\times25\times4\times2=7\,000$
$=7\times10^3$

$a=(-5)\times10^{-3}\times7\times10^{12}\times25\times10^{-9}\times4\times10$
$\times(-2)\times10^{-6}=7\times10^3\times10^{-5}=7\times10^{-2}=0{,}07$

$$b = \frac{2^2}{3^5} \times \frac{1}{\frac{2^3}{5^2}} \times \frac{3^4}{5} = \frac{2^2}{3^5} \times \frac{5^2}{2^3} \times \frac{3^4}{5} = \frac{5}{2 \times 3} = \frac{5}{6}$$

** L'inverse d'une fraction* $\frac{a}{b}$ *s'écrit* $\frac{1}{\frac{a}{b}}$ *comme l'inverse de n'importe quel nombre.*

$\frac{1}{\frac{2^3}{5^2}}$ *est l'inverse de* $\frac{2^3}{5^2}$ *et est égal à* $\frac{5^2}{2^3}$.

On l'obtient rapidement en intervertissant le numérateur et le dénominateur de la fraction.

18 $a = \frac{\sqrt{18}}{\sqrt{2}} = \frac{\sqrt{9 \times 2}}{\sqrt{2}} = \frac{3\sqrt{2}}{\sqrt{2}} = 3$

$$b = \sqrt{60} \times \sqrt{\frac{5}{27}} = \sqrt{4 \times 3 \times 5} \times \frac{\sqrt{5}}{\sqrt{9 \times 3}}$$
$$= \frac{2 \times \sqrt{3} \times \sqrt{5} \times \sqrt{5}}{3\sqrt{3}} = \frac{2 \times 5}{3} = \frac{10}{3}$$

$c = \sqrt{7} + 3\sqrt{63} - 5\sqrt{28} = \sqrt{7} + 3\sqrt{9 \times 7} - 5\sqrt{4 \times 7} =$

** On a décomposé les nombres des radicaux en produits de facteurs en essayant de faire apparaître le plus possible de carrés.*

** On « sort » les carrés des radicaux* $3\sqrt{9 \times 7}$ *devient* $3 \times 3 \times \sqrt{7} = 9\sqrt{7}$.

$\sqrt{7} + 9\sqrt{7} - 10\sqrt{7} = 0$

Puis on additionne les $\sqrt{7}$ *:* $1 + 9 - 10 = 0$ *et* $c = 0\sqrt{7} = 0$.

$$d = \left(3\sqrt{12}\right) \times \left(2\sqrt{24}\right) = 3\sqrt{3 \times 4} \times 2\sqrt{2 \times 3 \times 4}$$
$$= 6\sqrt{3} \times 4\sqrt{3} \times \sqrt{2} = 24 \times 3 \times \sqrt{2} = 72\sqrt{2}$$

** Explication du résultat : là aussi on traite les problèmes les uns après les autres pour calculer* $6\sqrt{3} \times 4\sqrt{3}$ *:*

$6 \times 4 = 24$ $\quad \sqrt{3} \times \sqrt{3} = 3$ $\quad 24 \times 3 = 72$

19 $8 + 5\sqrt{18} + 3\sqrt{32} - 7\sqrt{98} - 5$
$= 8 + 5\sqrt{2 \times 9} + 3\sqrt{2 \times 16} - 7\sqrt{2 \times 49} - 5$
$= 8 + 15\sqrt{2} + 12\sqrt{2} - 49\sqrt{2} - 5 = 3 - 22\sqrt{2}$

** On additionne les* $\sqrt{2}$ *entre elles :*

$15 + 12 - 49 = -22$ *donc* $-22\sqrt{2}$

On additionne les nombres qui ne contiennent pas de $\sqrt{2}$ *:* $8 - 5 = 3$

20

$$S = 3\sqrt{2} + 5\sqrt{3} - 7\sqrt{8} - 4\sqrt{12} + \sqrt{18} - \sqrt{27}$$
$$= 3\sqrt{2} + 5\sqrt{3} - 7\sqrt{2 \times 4} - 4\sqrt{3 \times 4} + \sqrt{2 \times 9} - \sqrt{3 \times 9}$$
$$= 3\sqrt{2} + 5\sqrt{3} - 14\sqrt{2} - 8\sqrt{3} + 3\sqrt{2} - 3\sqrt{3}$$
$$= -8\sqrt{2} - 6\sqrt{3}$$

$a = -8$ $\qquad b = -6$

21 $\sqrt{17} \approx 4{,}1231$

$\sqrt{1\,700} = \sqrt{17 \times 100} = 10\sqrt{17} \approx 41{,}231$

$\sqrt{0{,}17} = \sqrt{17 \times 0{,}01} = 0{,}1\sqrt{17} \approx 0{,}41231$

22 Pour A :

$$2{,}236 < \sqrt{5} < 2{,}237$$
$$7 \times 2{,}236 < 7\sqrt{5} < 7 \times 2{,}237$$
$$8 + 7 \times 2{,}236 < 8 + 7\sqrt{5} < 8 + 7 \times 2{,}237$$
$$23{,}65 < 8 + 7\sqrt{5} < 23{,}66$$

Pour B :

$$2{,}236 < \sqrt{5} < 2{,}237$$
$$4 \times 2{,}236 < 4\sqrt{5} < 4 \times 2{,}237$$
$$* -4 \times 2{,}237 < -4\sqrt{5} < -4 \times 2{,}236$$

** Attention quand on multiplie les deux membres de l'inégalité par un nombre négatif, on change le sens de l'inégalité.*

$$16 - 4 \times 2{,}237 < 16 - 4\sqrt{5} < 16 - 4 \times 2{,}236$$
$$7{,}05 < 16 - 4\sqrt{5} < 7{,}06$$

23 On donne les résultats à 10^{-4} près.

$A = \frac{1}{\sqrt{5}} = 0{,}4472$ $\qquad C = \frac{1}{\sqrt{2} + \sqrt{3}} = 0{,}3178$

$B = \frac{\sqrt{5}}{5} = 0{,}4472$ $\qquad D = \sqrt{3} - \sqrt{2} = 0{,}3178$

$\frac{1}{\sqrt{2} + \sqrt{3}} = \sqrt{3} - \sqrt{2}$ et $\frac{1}{\sqrt{5}} = \frac{\sqrt{5}}{5}$

24 $x = \frac{4}{7}$ et $y = \frac{2}{3}$.

$A = x + y = \frac{4}{7} + \frac{2}{3} = \frac{26}{21}$

$B = x - y = \frac{4}{7} - \frac{2}{3} = -\frac{2}{21}$

$C = 7x + 3y = 7 \times \frac{4}{7} + 3 \times \frac{2}{3} = 4 + 2 = 6$

$D = x^2 - y^2 = \left(\frac{4}{7}\right)^2 - \left(\frac{2}{3}\right)^2 = \frac{16}{49} - \frac{4}{9} = -\frac{52}{441}$

$E = \frac{x}{y} = \frac{4}{7} \times \frac{3}{2} = \frac{6}{7}$

$F = \frac{x}{2} + \frac{y}{3} = \frac{2}{7} + \frac{2}{9} = \frac{32}{63}$

** Rappel : pour diviser une fraction par un nombre, on divise lorsque c'est possible son numérateur par le nombre. Autrement, on multiplie son dénominateur par le nombre.*

$\frac{x}{2} = \frac{4}{7} : 2 = \frac{2}{7}$ *et* $\frac{y}{3} = \frac{2}{3} : 3 = \frac{2}{9}$

25 $f(x) = 2x - 1$
$f(0) = -1$; $f(4) = 7$ et $f(-2) = -4 - 1 = -5$.
$g(x) = 3x^2 - 2x + 1$
$g(2) = 3 \times 4 - 2 \times 2 + 1 = 9$
$g(-3) = 3 \times 9 - 2 \times (-3) + 1 = 34$

$g\left(\frac{3}{4}\right) = 3 \times \frac{9}{16} - 2 \times \frac{3}{4} + 1 = \frac{27}{16} - \frac{3}{2} + 1 = \frac{27}{16} - \frac{1}{2} = \frac{19}{16}$

$g\left(\frac{1}{5}\right) = 3 \times \frac{1}{25} - 2 \times \frac{1}{5} + 1 = \frac{3}{25} - \frac{2}{5} + 1 = \frac{18}{25}$

$g(\sqrt{2}) = 3 \times 2 - 2\sqrt{2} + 1 = 7 - 2\sqrt{2}$

$h(x) = 25x^2 - 1 - 5(x - 1)$
$h(0) = 4$

$h\left(-\frac{1}{5}\right) = 25 \times \frac{1}{25} - 1 - 5\left(-\frac{1}{5} - 1\right) = 6$

$h(\sqrt{2}) = 25 \times 2 - 1 - 5(\sqrt{2} - 1) = 54 - 5\sqrt{2}$

26 $(x - 15)(3x + 5) = 3x^2 + 5x - 45x - 75$
$= 3x^2 - 40x - 75$.
$(3x + 5)(2x - 3) = 6x^2 + x - 15$.
$(4x - 1)(4x + 1) + 1 = 16x^2 - 1 + 1 = 16x^2$
$(a^2 + b^2)^2 = a^4 + 2a^2b^2 + b^4$
$(a^2 - b^2)^2 = a^4 - 2a^2b^2 + b^4$
$(a^2 - b^2)^2 + (2ab)^2$
$= a^4 - 2a^2b^2 + b^4 + 4a^2b^2$
$= a^4 + 2a^2b^2 + b^4 = (a^2 + b^2)^2$

27 $a = \sqrt{5} + 3$ et $b = \sqrt{5} - 3$

$a^2 = (\sqrt{5} + 3)^2 = 5 + 6\sqrt{5} + 9 = 14 + 6\sqrt{5}$

$b^2 = (\sqrt{5} - 3)^2 = 5 - 6\sqrt{5} + 9 = 14 - 6\sqrt{5}$

$ab = (\sqrt{5} + 3)(\sqrt{5} - 3) = 5 - 9 = -4$

28 $28ab + 4c - 16 = 4(7ab + c - 4)$.
$18x^3 + 27x^2 - 9x = 9x(2x^2 + 3x - 1)$.

29 $16x^2 - 49 = *(4x - 7)(4x + 7)$
** On utilise une identité remarquable :* $16x^2$ *est le carré de* $4x$ *et* 49 *celui de* 7.

$(4x - 7)(4x + 3) + 16x^2 - 49$
** On fait « apparaître » un facteur commun en utilisant une identité remarquable.*
$= \mathbf{(4x - 7)}(4x + 3) + \mathbf{(4x - 7)}(4x + 7)$
$= (4x - 7)(4x + 3 + 4x + 7) = (4x - 7)(8x + 10)$
$= 2(4x - 7)(4x + 5)$
$(4x - 7)^2 - (4x - 7)(4x + 3) + 16x^2 - 49$
$= (4x - 7)^2 - (4x - 7)(4x + 3) + (4x - 7)(4x + 7)$
$= (4x - 7)[(4x - 7) - (4x + 3) + (4x + 7)]$
$= (4x - 7)(4x - 7 - 4x - 3 + 4x + 7)$
$= (4x - 7)(4x - 3)$

30 Développer : $(x + 1)^2 - (3x - 2)^2$
$= x^2 + 2x + 1 - 9x^2 + 12x - 4 = -8x^2 + 14x - 3$
Factoriser : $(x + 1)^2 - (3x - 2)^2$
$= [(x + 1) + (3x - 2)]\,[(x + 1) - (3x - 2)]$
$= (4x - 1)(-2x + 3)$
** Remarque : si on développe la forme factorisée, on retrouve la forme développée.*
$(4x - 1)(-2x + 3) = -8x^2 + 2x + 12x - 3$
$= -8x^2 + 14x - 3$
** Ce n'est qu'un moyen de vérification rapide des résultats obtenus, il n'est pas nécessaire de l'écrire sur une copie.*
Développer :
$(4x - 6)(x + 5) - (3 - 2x)(x - 1) + 4x^2 - 9$
$= 4x^2 + 20x - 6x - 30 - 3x + 3 + 2x^2 - 2x + 4x^2 - 9$
$= 10x^2 + 9x - 36$
Factoriser :
$(4x - 6)(x + 5) - (3 - 2x)(x - 1) + 4x^2 - 9$
$= 2(2x - 3)(x + 5) + (2x - 3)(x - 1) + (2x - 3)(2x + 3)$
$= (2x - 3)\,[2(x + 5) + (x - 1) + (2x + 3)]$
$= (2x - 3)(2x + 10 + x - 1 + 2x + 3)$
$= (2x - 3)(5x + 12)$
Développer :
$(2x - 3)^2 + 3(4x^2 - 9) - (2x - 3)(x + 1)$
$= 4x^2 - 12x + 9 + 12x^2 - 27 - 2x^2 - 2x + 3x + 3$
$= 14x^2 - 11x - 15$
Factoriser :
$(2x - 3)^2 + 3(4x^2 - 9) - (2x - 3)(x + 1)$
$= (2x - 3)^2 + 3(2x - 3)(2x + 3) - (2x - 3)(x + 1)$
$= (2x - 3)\,[(2x - 3) + 3(2x + 3) - (x + 1)]$
$= (2x - 3)\,(2x - 3 + 6x + 9 - x - 1)$
$= (2x - 3)(7x + 5)$
Développer :
$(3x - 2)(x - 1) + 2(9x^2 - 4) - (9x^2 - 12x + 4)$
$= 3x^2 - 3x - 2x + 2 + 18x^2 - 8 - 9x^2 + 12x - 4$
$= 12x^2 + 7x - 10$
Factoriser :
$(3x - 2)(x - 1) + 2(9x^2 - 4) - (9x^2 - 12x + 4)$
$= (3x - 2)(x - 1) + 2(3x - 2)(3x + 2) - (3x - 2)^2$
$= (3x - 2)[(x - 1) + 2(3x + 2) - (3x - 2)]$
$= (3x - 2)(x - 1 + 6x + 4 - 3x + 2)$
$= (3x - 2)(4x + 5)$

31 $(4x + 3)^2 = 16x^2 + 12x + 9$ fausse
$(4x + 3)^2 = 16x^2 + 24x + 9$ exacte
$(x\sqrt{2} - 3)(x\sqrt{2} + 3) = 4x^2 - 9$ fausse
$(x\sqrt{2} - 3)(x\sqrt{2} + 3) = 2x^2 - 9$ exacte

32 $(2\sqrt{5} - 3)(\sqrt{3} + \sqrt{5}) - (\sqrt{3} + \sqrt{5})^2$
$= 2\sqrt{15} - 3\sqrt{3} + 10 - 3\sqrt{5} - 3 - 5 - 2\sqrt{15}$
$= 2 - 3\sqrt{3} - 3\sqrt{5}$
$(2\sqrt{3} - 3\sqrt{2})^2 = (2\sqrt{3})^2 - 2 \times 2\sqrt{3} \times 3\sqrt{2}$
$+ (3\sqrt{2})^2 = 12 - 12\sqrt{6} + 18 = 30 - 12\sqrt{6}$
Écriture plus simple du réel :
$\sqrt{30 - 12\sqrt{6}} = \sqrt{(2\sqrt{3} - 3\sqrt{2})^2} = (2\sqrt{3} - 3\sqrt{2})$

33 $29^2 = (30 - 1)^2 = 900 - 60 + 1 = 841$
$31^2 = (30 + 1)^2 = 900 + 60 + 1 = 961$
$29 \times 31 = (30 - 1)(30 + 1) = 900 - 1 = 899$
$105^2 = (100 + 5)^2 = 10\,000 + 1\,000 + 25 = 11\,025$
$95^2 = (100 - 5)^2 = 10\,000 - 1\,000 + 25 = 9\,025$
$95 \times 105 = (100 - 5)(100 + 5) = 10\,000 - 25$
$= 9\,975$

34 $\dfrac{1}{\sqrt{3} - 2} = \dfrac{1 \times (\sqrt{3} + 2)}{(\sqrt{3} - 2)(\sqrt{3} + 2)} = \dfrac{\sqrt{3} + 2}{3 - 4}$
$= -\sqrt{3} - 2$

$A = \dfrac{\sqrt{6}}{5 + 2\sqrt{6}} = \dfrac{\sqrt{6}(5 - 2\sqrt{6})}{(5 + 2\sqrt{6})(5 - 2\sqrt{6})}$
$= \dfrac{5\sqrt{6} - 12}{25 - 24} = 5\sqrt{6} - 12$

$B = \dfrac{2 + \sqrt{5}}{\sqrt{5} - 2} = \dfrac{(2 + \sqrt{5})(\sqrt{5} + 2)}{(\sqrt{5} - 2)(\sqrt{5} + 2)}$
$= \dfrac{(\sqrt{5} + 2)^2}{(\sqrt{5} - 2)(\sqrt{5} + 2)} = \dfrac{5 + 4\sqrt{5} + 4}{5 - 4} = 9 + 4\sqrt{5}$

35 On remplace x par (-1) : si l'égalité est vérifiée, (-1) est solution.

$3x - 1 = 7x + 3$	$2(4x - 1) = 10x$
$-3 - 1 = -7 + 3$	$2(-4 - 1) = -10$
$-4 = -4$ vrai	$-10 = -10$ vrai
(-1) est solution.	(-1) est solution.
$x - 2 = \dfrac{7x - 5}{4}$	$3x^2 + 2x + 5 = 6$
$-1 - 2 = \dfrac{-7 - 5}{4}$	$3(-1)^2 - 2 + 5 = 6$
$-3 = -3$ vrai	$3 - 2 + 5 = 6$ vrai
(-1) est solution.	(-1) est solution.

36 **1re affirmation**
$5(x + 3) - 7(2x - 1) = 3(1 - 4x)$; $x = -\dfrac{3}{19}$
$5\left(-\dfrac{3}{19} + 3\right) - 7\left(-\dfrac{6}{19} - 1\right) = 3\left(1 + \dfrac{12}{19}\right)$
$5\left(\dfrac{54}{19}\right) - 7\left(-\dfrac{25}{19}\right) = 3\left(\dfrac{31}{19}\right)$
$\dfrac{270}{19} + \dfrac{175}{19} = \dfrac{93}{19}$ Égalité non vérifiée.
$(-\dfrac{3}{19})$ n'est pas solution.
Pour trouver la solution, on développe :
$5x + 15 - 14x + 7 = 3 - 12x$
$12x - 9x = 3 - 22$ et $x = -\dfrac{19}{3}$

2e affirmation
$x - 1 - \dfrac{2x - 1}{3} = 3x + \dfrac{20}{3}$; $x = (-3)$
$-3 - 1 - \dfrac{-7}{3} = -9 + \dfrac{20}{3}$
$-\dfrac{12}{3} + \dfrac{7}{3} = -\dfrac{27}{3} + \dfrac{20}{3}$ non vérifiée.
(-3) n'est pas solution.
Pour trouver la solution, on multiplie les deux membres de l'égalité par 3 pour se « débarrasser » des dénominateurs. **Attention, on se « débarrasse » en même temps de la barre de fraction précédée du signe – et elle joue le même rôle que des parenthèses, il faut donc changer les signes devant* $2x$ *et devant* -1.
$3x - 3 - 2x + 1 = 9x + 20$
$x - 2 = 9x + 20$ soit $-22 = 8x$
$x = -\dfrac{22}{8} = -\dfrac{11}{4} = -2{,}75$

3e affirmation
** Une fraction est égale à 1 si son numérateur et son dénominateur sont égaux.*
$x - 1 = x - 2$ soit $0x = -1$ pas de solution.

37 $5x = 0 \Rightarrow x = 0$; $5x = 1 \Rightarrow x = \dfrac{1}{5}$
$x + 5 = 0 \Rightarrow x = -5$
$\dfrac{x - 5}{5} = 0$ soit $x - 5 = 0$ et $x = 5$

38

$u - 7 = 0$	$3u - 7 = 0$
$u = 7$	$3u = 7$ et $u = \dfrac{7}{3}$

$u(3u - 7) = 0 \Rightarrow u = 0$ ou $3u - 7 = 0$ et $u = \dfrac{7}{3}$

$(3u-7)^2 = u(3u-7)$ soit
$(3u-7)^2 - u(3u-7) = 0$
$(3u-7)(3u-7-u) = (3u-7)(2u-7) = 0$
$3u-7=0$ et $u = \frac{7}{3}$ ou $2u-7=0$ et $u = \frac{7}{2}$

39 $4{,}5x + 13 = 58$ $4{,}5x = 58 - 13$
$x = 45 : 4{,}5 = 10$
$4x - 5 = 7{,}4$ $4x = 7{,}4 + 5$
$x = 12{,}4 : 4 = 3{,}1$
$7x - 5 = 17 - 5x + 2$
$7x + 5x = 17 + 2 + 5$
$12x = 24$ et $x = 24 : 12 = 2$
$2x + 3 = 7(4x-5) + 12$
$2x + 3 = 28x - 35 + 12$
$35 - 12 + 3 = 28x - 2x$
** Ici, on regroupe les termes qui contiennent x* ***après*** *le signe = car ils ont ainsi le signe +.*
$26 = 26x$ et $x = 1$
$\frac{30}{4{,}5} = \frac{x}{1{,}8}$ $30 \times 1{,}8 = 4{,}5x$
$x = 54 : 4{,}5 = 12$
$\frac{2x}{3} = \frac{x+4}{5}$ $10x = 3x + 12$
$7x = 12$ et $x = \frac{12}{7}$
$\frac{2}{3}x = 7$ $x = \frac{7\times 3}{2} = \frac{21}{2}$
$\frac{x}{2} + \frac{3}{4} = 5$ $\frac{x}{2} = \frac{17}{4}$ et $x = \frac{17}{2}$
$\frac{15x}{2} + 2 = 3x - \frac{1}{4}$
$\frac{15x}{2} - 3x = -\frac{9}{4}$ $\frac{9}{2}x = -\frac{9}{4}$ $x = -\frac{1}{2}$
$(4x-5)(2x+9) = 0$
$4x - 5 = 0$ ou $2x + 9 = 0$
$x = \frac{5}{4}$ $x = -\frac{9}{2}$
$(2x+3)(1{,}5x-4) = (3x-2)(x+6)$
$3x^2 + 4{,}5x - 8x - 12 = 3x^2 - 2x + 18x - 12$
$-12 + 12 = -4{,}5x + 8x - 2x + 18x$
$0 = 19{,}5x$ et $x = 0$

40 $g(x) = (3x-5)^2 - 4(x-2)^2$
a. $g(-1) = (-3-5)^2 - 4(-1-2)^2 = 64 - 36 = 28$
$g(0) = (-5)^2 - 4(-2)^2 = 25 - 16 = 9$
$g(-0{,}5) = (-1{,}5-5)^2 - 4(-0{,}5-2)^2 = 17{,}25$
$g\left(\frac{1}{5}\right) = \left(\frac{3}{5}-5\right)^2 - 4\left(\frac{1}{5}-2\right)^2 = \left(-\frac{22}{5}\right)^2 - 4\left(-\frac{9}{5}\right)^2$
$= \frac{160}{25} = \frac{32}{5}$
b. $g(x) = 9x^2 - 30x + 25 - 4x^2 + 16x - 16$
$= 5x^2 - 14x + 9$
c. $g(x) = [(3x-5) + 2(x-2)]\,[(3x-5) - 2(x-2)]$
$= (5x-9)(x-1)$
d. $g(x) = 9$ $5x^2 - 14x + 9 = 9$
** Suivant les valeurs proposées pour g(x) on va choisir de travailler avec l'une ou l'autre des formes de g, ici on choisit la forme développée :*
$5x^2 - 14x = 0.$
$x(5x-14) = 0$
$x = 0$ ou $5x - 14 = 0$ et $x = \frac{14}{5}$
** Pour les deux égalités suivantes, on choisit la forme factorisée.*
$g(x) = 0$ $(5x-9)(x-1) = 0$
$5x - 9 = 0$ et $x = \frac{9}{5}$ ou $x - 1 = 0$ et $x = 1$
$g(x) = x - 1$ $(5x-9)(x-1) = x - 1$
$(5x-9)(x-1) - (x-1) = 0$
$(x-1)(5x-10) = 0$
$x = 1$ ou $x = 2$

41 $5x - 2y + 1 = 0.$
** C'est une équation à 2 inconnues x et y : les solutions sont des couples de nombres notés (x ; y).*

x	0	$-\frac{3}{5}$	2	$\frac{2}{5}$	$-\frac{1}{5}$
y	$\frac{1}{2}$	-1	$\frac{11}{2}$	$\frac{3}{2}$	0

42 $y = -2{,}8x + 32$ $x = 0$; $y = 32$
$y = 1{,}8x + 32$ $x = 0$; $y = 32$
et $x = 100$; $y = 212$
$y = 2{,}12x$ $x = 100$; $y = 212$

43 $u_1 = 12$ et $r = 3$
12, 15, 18, 21, 24, 27, 30, 33, 36, 39.
$u_1 = -4$ et $r = 0{,}5$
– 4 ; – 3,5 ; – 3 ; – 2,5 ; – 2 ; – 1,5 ; – 1 ; – 0,5 ; 0 ; 0,5.
$u_1 = 1{,}2$ et $r = -0{,}3$
1,2 ; 0,9 ; 0,6 ; 0,3 ; 0 ; – 0,3 ; – 0,6 ; – 0,9 ; –1,2 ; – 1,5.
$u_3 = 10{,}5$ et $u_4 = 8{,}6$
$r = u_4 - u_3 = 8{,}6 - 10{,}5 = -1{,}9$
14,3 ; 12,4 ; 10,5 ; 8,6 ; 6,7 ; 4,8 ; 2,9 ; 1 ; – 0,9 ; – 2,8.
$u_5 = 121$ et $u_8 = 139$
$u_8 - u_5 = 139 - 121 = 18 = 3r$ et $r = 6$
97 ; 103 ; 109 ; 115 ; 121 ; 127 ; 133 ; 139 ; 145 ; 151.

44 $u_1 = 12$ et $q = 3$
12 ; 36 ; 108 ; 324.
$u_1 = -4$ et $q = 0{,}1$
-4 ; $-0{,}4$; $-0{,}04$; $-0{,}004$
$u_1 = 1{,}2$ et $q = -10$
1,2 ; -12 ; 120 ; $-1\,200$;
$u_3 = 9$ et $u_4 = 13{,}5$

$$q = \frac{u_4}{u_3} = \frac{13{,}5}{9} = 1{,}5$$

4 ; 6 ; 9 ; 13,5.
$u_2 = 4$ et $u_4 = 100$

$$\frac{u_4}{u_2} = \frac{100}{4} = 25 = q^2 \quad \text{et } q = 5 \text{ ou } -5$$

2 réponses possibles.

$$\frac{4}{5} \text{ ; 4 ; 20 ; 100 et } -\frac{4}{5} \text{ ; 4 ; } -20 \text{ ; 100.}$$

45 **Suite n° 1**
$540 - 450 \neq 648 - 540$ suite non arithmétique.

$$\frac{540}{450} = \frac{648}{540} = \frac{777{,}6}{648} = 1{,}2 \quad \text{suite géométrique.}$$

Suite n° 2
$450 - 300 = 600 - 450 = 750 - 600 = 150$ suite arithmétique.
Suite n° 3
$640 - 800 \neq 512 - 640$ suite non arithmétique.

$$\frac{640}{800} = \frac{512}{640} \neq \frac{256}{512} \quad \text{suite non géométrique.}$$

46 **a.** $u_n = u_1 + (n-1)r$
$u_{100} = 15 + 7\,(100 - 1)$ $\qquad u_{100} = 708$
b. La suite des nombres impairs est une suite arithmétique de premier terme 1 et de raison 2.
$u_{200} = 1 + 199 \times 2 = 399$
c. $u_n = u_1 \times q^{n-1}$
$u_9 = 1 \times 2^8 = 256$

d. $$u_5 = 7 \times \left(-\frac{1}{3}\right)^4 = \frac{7}{81}$$

47 $u_n = u_1 + (n-1)r$
a. $39 = 3 + 24r$ soit $36 = 24r$ et $r = 1{,}5$
b. $141 = -4 + (n-1) \times 5$ soit

$$\frac{145}{5} = n - 1 \text{ ;} \qquad 29 = n - 1 \text{ et } n = 30$$

c. $-12 = u_1 + 7 \times (-2)$ soit $-12 = u_1 - 14$
$u_1 = 2$

48 $u_n = u_1 \times q^{n-1}$
a. $u_5 = u_1 \times (-2)^4$ donc $-384 = u_1 \times (-2)^4$

$$u_1 = \frac{-384}{2^4} = -24$$

b. $u_4 = 2 \times q^3$ donc $54 = 2 \times q^3$ et $q^3 = 27$
$q = 3$
c. $40 = -5 \times (-2)^n$ soit $-8 = (-2)^n$ et $n = 3$

49 **a.** $$S_n = \frac{(u_1 + u_n)n}{2}$$

$$S_{100} = \frac{(u_1 + u_{100}) \times 100}{2} \quad \text{dans laquelle :}$$

$u_{100} = u_1 + 99 \times r = 10 + 99 \times (-0{,}5) = -39{,}5$
$S_{100} = (10 - 39{,}5) \times 50 = -29{,}5 \times 50 = -1\,475.$

b. $$S_n = \frac{u_1(q^n - 1)}{q - 1}$$

$$S_7 = 12 \times \frac{0{,}4^7 - 1}{0{,}4 - 1} = 12 \times \frac{1 - 0{,}4^7}{0{,}6} = 19{,}967232$$

50 **a.**
S_1 $\qquad$ S_2
100 % $\qquad$ 110 % de S_1
$\searrow \times 1{,}1 \nearrow$
$S_2 = S_1 \times 1{,}1$

b.
S_1 $\qquad$ S_2 $\qquad$ S_3
100 % $\qquad$ 110 % de S_1
$\qquad$ 100 % $\qquad$ 110 % de S_2
$\searrow \times 1{,}1 \nearrow \quad \searrow \times 1{,}1 \nearrow$

On obtient une suite géométrique de raison 1,1.
c. Durant la septième année, il reçoit :
$15 \times (1{,}1)^6 = 26{,}57$ €.
d. Le total des sommes perçues pendant les 4 mois de janvier est égal à la somme des 4 premiers termes de la suite. Soit en appliquant la formule :

$$15 \times \frac{1{,}1^4 - 1}{1{,}1 - 1} = 69{,}61 \text{ €.}$$

Le total des 4 mois de février est égal à la même somme, ainsi que celui des 4 mois de mars…
La somme totale reçue est égale à :
$69{,}61 \times 12 = 835{,}32$ €.

51 $f(x) = \sqrt{x}.$

a. On peut calculer $f(x)$ lorsque $x \geqslant 0$.
* *On ne peut pas calculer $f(x)$ si $x < 0$.*
On peut écrire l'intervalle de définition de la fonction de deux façons :
$x \in \mathbb{R}^+$ ou $x \in [0 \,;\, +\infty[$
* *Ce sont deux façons différentes d'écrire la même chose. Une seule des deux écritures suffit pour répondre à la question.*
b.

x	0	1	4	9	16
$f(x)$	0	1	2	3	4

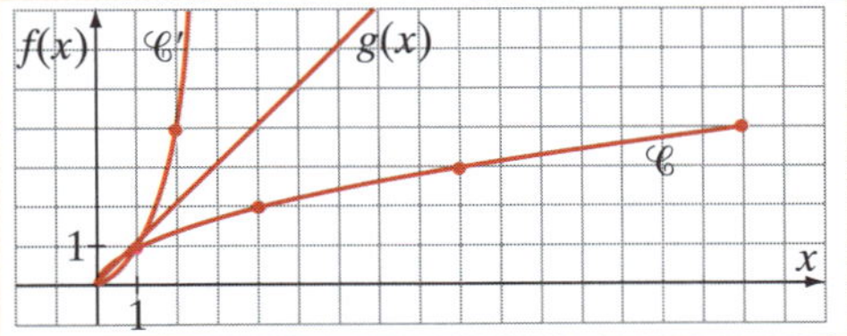

g. (𝒞′) représente une fonction f.

x	0	1	2	3	4
$f'(x)$	0	1	4	9	16

52 La courbe passe par le point (– 3 ; – 27). Elle est croissante dans l'intervalle. Le tableau de variation est le second.

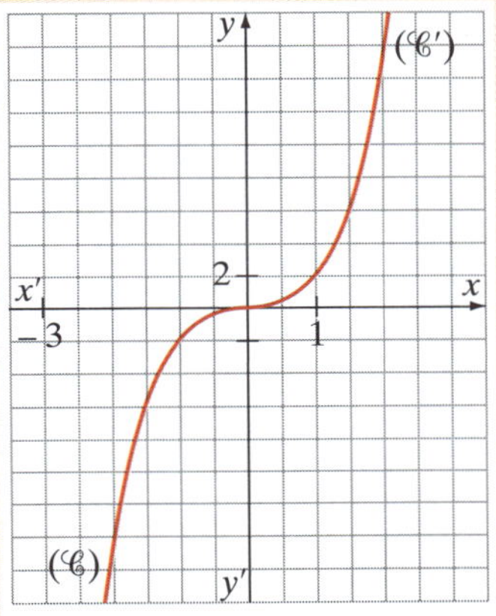

La fonction h est impaire, sa représentation graphique est symétrique par rapport à l'origine des axes.

53 a.

x	– 3	– 2	– 1	0	1	2	3
$f(x)$	4,5	2	0,5	0	0,5	2	4,5
$g(x)$	3	2	1	0	1	2	3

b. $g(x) = 1$: 2 solutions, $x = 1$ et $x = -1$

$f(x) = -1$: pas de solution

$f(x) = g(x)$: 3 solutions, $x = -2$; $x = 0$ et $x = 2$

c. $f(x) \geqslant g(x)$ * *($\mathscr{C}_1$) au-dessus de ($\mathscr{C}_2$)*

$x \in [-3 ; -2]$ ou $x \in [2 ; 3]$

$f(x) < g(x)$ * *($\mathscr{C}_1$) au-dessous de ($\mathscr{C}_2$)*

$x \in]-2 ; 0[$ ou $x \in]0 ; 2[$

* *x ne peut pas prendre la valeur 0 ou 2 car pour ces valeurs $f(x) = g(x)$.*

54 $\dfrac{0,3}{2} = \dfrac{y}{3,1} \Leftrightarrow 2y = 0,3 \times 3,1$

$y = 0,93 : 2 = 0,465$

$\dfrac{14,4}{x} = 72 \Leftrightarrow 72x = 14,4$; $x = 14,4 : 72 = 0,2$

55

Longueur en m	2,5	6
Masse en g	200	x

$\dfrac{2,5}{200} = \dfrac{6}{x} \Leftrightarrow 2,5x = 6 \times 200$; $x = 1\,200 : 2,5$

$x = 480$ g

56 On appelle x, y et z les trois parts

$\dfrac{x}{2} = \dfrac{y}{4} = \dfrac{z}{5} = \dfrac{x+y+z}{2+4+5} = \dfrac{2\,431}{11} = 221$

$\dfrac{x}{2} = 221$ $\quad$ $\dfrac{z}{4} = 221$ $\quad$ $\dfrac{x}{5} = 221$

$x = 221 \times 2$ $\quad$ $z = 221 \times 4$ $\quad$ $x = 221 \times 5$

$x = 442$ € $\quad$ $z = 884$ € $\quad$ $x = 1\,105$ €

57 On appelle a, b, c et d les quatre parts.

$a = 15,75$ € et $\dfrac{a}{15} = \dfrac{15,75}{15} = \dfrac{b}{12} = \dfrac{c}{8} = \dfrac{d}{5}$

$\dfrac{b}{12} = 1,05$ $\quad$ $b = 1,05 \times 12 = 12,60$ €

$\dfrac{c}{8} = 1,05$ $\quad$ $c = 1,05 \times 8 = 8,40$ €

$\dfrac{d}{5} = 1,05$ $\quad$ $d = 1,05 \times 5 = 5,25$ €

Somme totale :

$15,75 + 12,6 + 8,4 + 5,25 = 42$ €

58 a. Pour que le point $A(2 ; 3)$ soit sur la droite ($\mathscr{D}$) d'équation $y = 7x - 10$, il faut que ses coordonnées vérifient cette équation.

* *On remplace x par 2 et y par 3.*

$3 = 7 \times 2 - 10$? Égalité non vérifiée : le point A n'est pas sur la droite.

b. Dans la fonction f : $f(x) = 2x - 5$

7 est l'image de 6.

On remplace x par 6 : $f(6) = 2 \times 6 - 5 = 7$.

7 est l'image de 6.

59 Soit les fonctions f et g telles que $f(x) = 2x$ et $g(x) = -3x + 10$.

a. La fonction f est croissante : son coefficient directeur 2 est positif.

b. La fonction g est affine : elle est de la forme $ax + b$.

c. Représentations graphiques : tableaux de valeurs :

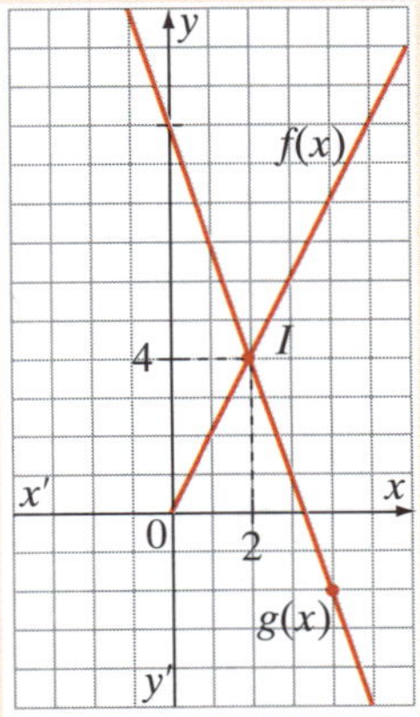

x	0	2
$f(x)$	0	4

x	0	2	4
$g(x)$	10	4	– 2

Point d'intersection : $I(2 ; 4)$
Les coordonnées du point I sont solutions du système : $\begin{cases} y = 2x \\ y = -3x + 10 \end{cases}$

60 **a.**

distance en km	100	1	x
consommation en L	7,5	$\frac{7,5}{100}$	$\frac{7,5}{100}x$

b.

x	0	600
y	0	45

* *Il s'agit de km et de L, on ne représente que la partie positive des axes.*

c. Quantité d'essence restant dans le réservoir après x km = quantité remplissant le réservoir – quantité consommée : $z = 60 - 0,075x$.

x	0	600
z	60	15

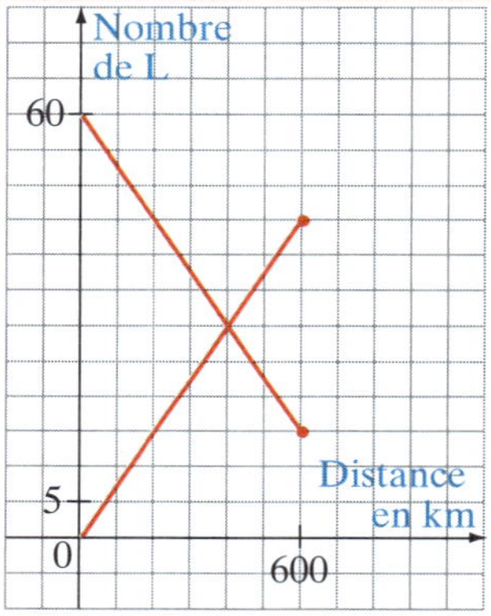

61 **a.**

Nbre de séances	5	10	20	30
Prix A	50	100	200	300
Prix B	85	110	160	210

Pour x séances : Prix $A = 10x$. Prix $B = 60 + 5x$
Représentation graphique : voir ci-après.

e. Les deux formules coûtent le même prix lorsque $10x = 60 + 5x$
$10x - 5x = 60$ $\quad x = 12$ séances.
Le prix est alors égal à $12 \times 10 = 120$ €.

d. On peut retrouver graphiquement ce résultat en lisant les coordonnées du point d'intersection I des droites qui représentent ces fonctions.

e. Le premier prix est supérieur de 45 € au second $10x - 45 = 60 + 5x$
$10x - 5x = 60 + 45$
$x = 105 : 5 = 21$ séances.

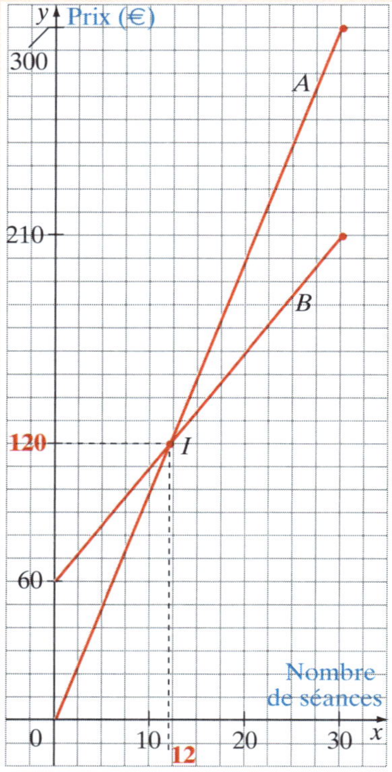

62 La représentation graphique de la droite $y = -3x + 2$ est la représentation 2.
La fonction est décroissante et la droite passe par le point de coordonnées (0 ; 2).

63 Méthode de substitution :

$\begin{cases} 3x + 2y = -10 \\ x - y = 7 \end{cases}$ $\begin{cases} 3(y + 7) + 2y = -10 \\ x = y + 7 \end{cases}$

$\begin{cases} 3y + 21 + 2y = -10 \\ x = y + 7 \end{cases}$ $\begin{cases} 5y = -31 \\ x = y + 7 \end{cases}$

$\begin{cases} y = -\frac{31}{5} \\ x = \frac{4}{5} \end{cases}$

Méthode d'addition :

$\begin{cases} x + 2y = -1 \\ -3x + y = 25 \end{cases} \left| \begin{matrix} 3 \\ \end{matrix} \right| \left| \begin{matrix} \\ -2 \end{matrix} \right.$

$\begin{cases} 3x + 6y = -3 \\ -3x + y = 25 \end{cases}$ $\begin{cases} x + 2y = -1 \\ 6x - 2y = -5 \end{cases}$

$\begin{cases} 7y = 22 \\ 7x = -51 \end{cases}$ $\begin{cases} x = -\frac{51}{7} \\ y = \frac{22}{7} \end{cases}$

64 **a.** x = nombre de pommiers.
y = nombre de poiriers.
$x + y = 76$.
Prix des pommiers $10 \times x$
des poiriers $13 \times y$.
$10x + 13y = 799$.

$$\begin{cases} x + y = 76 \\ 10x + 13y = 799 \end{cases} \left| -10 \right.$$

$$\begin{cases} -10x - 10y = -760 \\ 10x + 13y = 799 \end{cases}$$

b. $\begin{cases} 3y = 39 \\ x = 76 - y \end{cases}$ $\begin{cases} y = 13 \\ x = 63 \end{cases}$

65

Moyenne : $\dfrac{x + 4 + 6 + 7 + 11 + 13 + 14 + 15 + y}{10} = 10.$

Soit $x + y + 80 = 100$ et $x + y = 20$.

$\begin{cases} x + y = 20 \\ y - x = 16 \end{cases}$ $\begin{cases} y + x = 20 \\ y - x = 16 \end{cases}$

$\begin{cases} 2y = 36 \\ y - 16 = x \end{cases}$ $\begin{cases} y = 18 \\ x = 2 \end{cases}$

66 **a.**

x	0	4	6	8
y	4	0	– 5	– 12

c. h est croissante sur l'intervalle [– 8 ; 0].
h est décroissante sur l'intervalle [0 ; 8].
La valeur maximale de $h(x)$: 4.
$h(x)$ est maximal lorsque $x = 0$.
b.

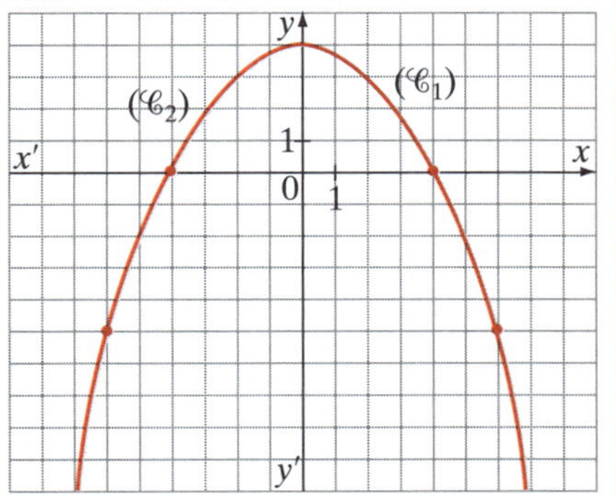

d. Équation de la courbe (𝒞) : $y = -\dfrac{1}{4}x^2 + 4$

La courbe est ouverte vers le bas : le coefficient de x^2 est négatif. Le point (0 ; 4) est un point de la courbe.
e. Pour que la fonction h soit paire, il faut que lorsqu'on remplace x par $-x$, on trouve la même valeur « associée » :

$$f(x) = -\frac{1}{4}x^2 + 4$$

$$f(-x) = -\frac{1}{4}(-x)^2 + 4 = -\frac{1}{4}x^2 + 4 = f(x).$$

La fonction est paire.

67 $f(x) = -\dfrac{x^2}{4} + 2$

a.

x	– 4	– 2	0	2	4
$f(x)$	– 2	1	2	1	– 2

b. Représentation graphique entre – 4 et + 4.

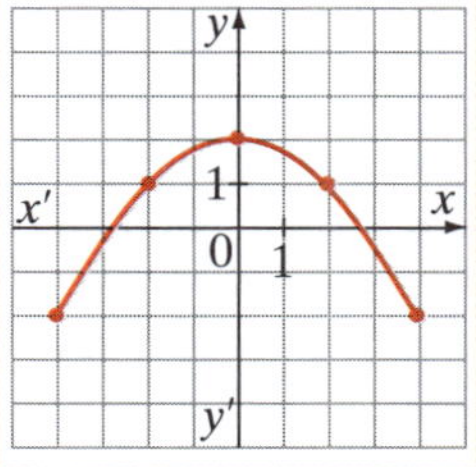

68 $f(x) = x + 4$ et $g(x) = x^2 - 2$.

x	– 3	– 2	– 1	0	1	2	3
$f(x)$	1	2	3	4	5	6	7
$g(x)$	7	2	– 1	– 2	– 1	2	7

b. Représentation graphique entre – 3 et + 3.

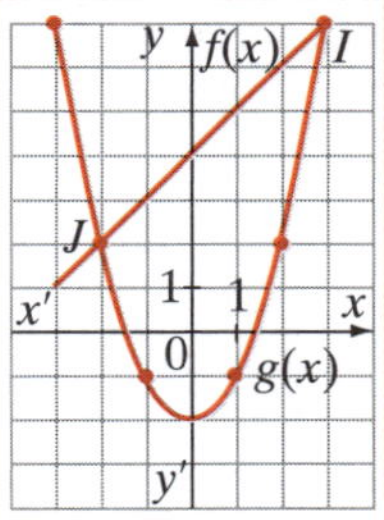

c. $x^2 - 2 = 0$. Les solutions de cette équation sont les abscisses des points où la courbe coupe l'axe $(x'x)$: $x_1 = -1{,}4$ et $x_2 = 1{,}4$.
Plus précisément :

$x_1 = -\sqrt{2}$ et $x_2 = \sqrt{2}$

* *On peut retrouver ce résultat par le calcul : on factorise en utilisant une identité remarquable :*

$(x - \sqrt{2})(x + \sqrt{2}) = 0$

$x - \sqrt{2} = 0$ ou $x + \sqrt{2} = 0$

d. Points d'intersection des deux courbes :
I : (3 ; 7) et J : (-2 ; 2)

* *On peut les lire sur le graphique, mais on les trouve également dans le tableau de valeurs.*
L'équation est $x + 4 = x^2 - 2$.

69 **a.** $d_A = 4t$.

t (s)	0	1	2	3
d_A (m)	0	4	8	12

MATHÉMATIQUES
Corrigés

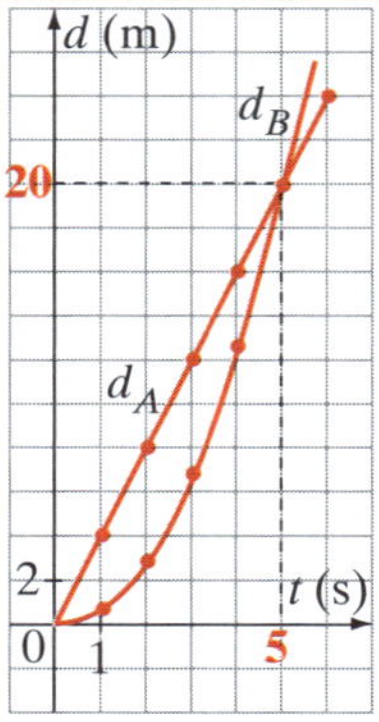

c. $d_B = 0{,}8t^2$.

t en s	0	1	2	3	4	5	6
d_B en m	0	0,8	3,2	7,2	12,8	20	28,8

e. Le motard B doublera le motard A à l'instant $t = 5$ s ; la distance parcourue à cet instant sera $d = 20$ m.

70 **a.** Les coordonnées du point $A(3\ ;-5)$ vérifient-elles l'équation de la droite ?
$y = -x - 2 \qquad -5 = -3 - 2$ vrai.
Le point A est sur la droite.
$B(-4\ ;2)$ est-il un point de la droite ?
$2 = -(-4) - 2$ égalité vérifiée.
La droite (AB) a pour équation $y = -x - 2$
b. La fonction est impaire, on ne remplit le tableau de valeurs que pour les valeurs positives de x, * *mais on n'oublie pas de tracer les deux branches de l'hyperbole.*

x	1	2	3	4	5
y	– 3	– 1,5	– 1	– 0,75	– 0,6

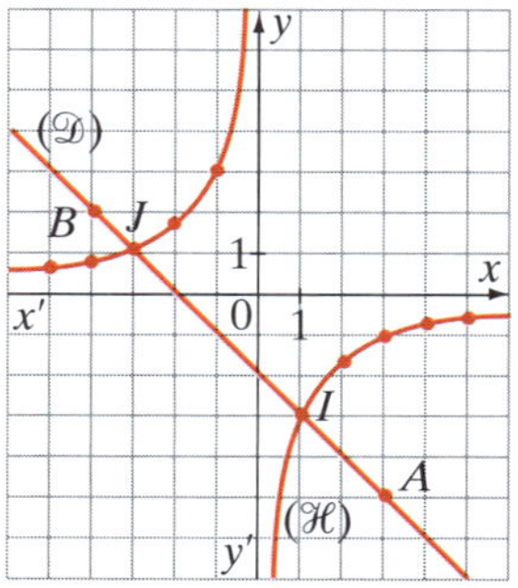

c. Les coordonnées des points d'intersection I et J de la droite et de $(\mathcal{H})$, sont solutions du système : $\begin{cases} y = -x - 2 \\ y = -\dfrac{3}{x} \end{cases}$ $I(1\ ;-3)$, $J(-3\ ;1)$

71

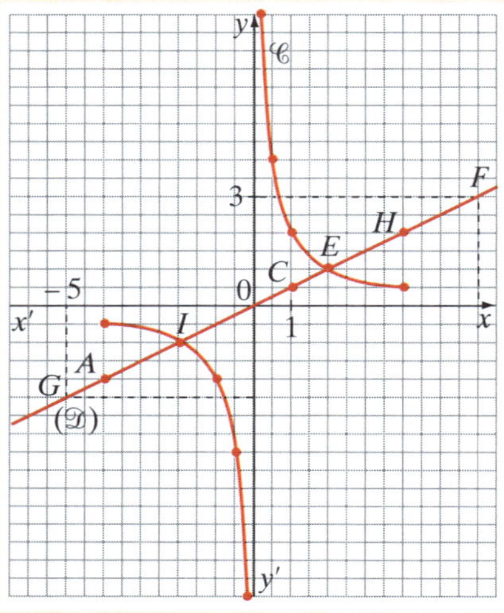

1. c. Abscisse de F : 6
1. d. Ordonnée de G : – 2,5
2. La fonction f est linéaire : sa représentation graphique est une droite qui passe par l'origine des axes.
3. a. Les coordonnées du point $A(-4\ ;-2)$ et celles du point $F(6\ ;\ 3)$ vérifient la relation $y = 0{,}5x$.
La droite (AF) représente la fonction $f(x) = 0{,}5x$.
3. b. Si $f(x) = 3$; $3 = 0{,}5x$ et $x = 6$ Point F
Si $x = -5$; $f(-5) = 0{,}5 \times (-5) = -2{,}5$ Point G
4. $I(-2\ ;-1)$ et $J(2\ ;1)$
5. $y = 2x^2$ et $y = -2x^2$ équations de paraboles
$y = 2x$ et $y = -2x$ équations de droites
$y = 2x + 2$ et $y = -2x + 2$ équations de droites
$y = -\dfrac{2}{x}$ et $y = \dfrac{2}{x}$ équations d'hyperboles.
$y = \dfrac{2}{x}$ est l'équation qui convient, l'autre serait située dans les autres quadrants du graphique.
* *Les quadrants sont les quatre parties du plan délimitées par les axes du système.*
6. Lorsque $x = 1$ $g(x) = 2$
$x = 2$ $g(x) = 1$
$x = 4$ $g(x) = 0{,}5$
Pendant que x augmente, $g(x)$ diminue.
La fonction g est décroissante sur cet intervalle.
7. a. Lorsque $x = 2$, $0{,}5x = 1$ et $\dfrac{2}{x} = 1$.
L'égalité $0{,}5x = \dfrac{2}{x}$ est vérifiée. 2 est solution de l'équation.

7. b. $0{,}5x = \dfrac{2}{x}$ traduit le système $\begin{cases} y = 0{,}5 \\ y = \dfrac{x}{2} \end{cases}$

La 1re équation est celle de la droite AF.
La 2e celle de l'hyperbole.
Les solutions du système sont les coordonnées des points d'intersection des deux représentations graphiques : $x = 2$ au point E ; $x = -2$ au point I.

72

Durée du trajet (en h)	2,5	2	2 h 40	1 h 36
Vitesse en ($km.h^{-1}$)	64	**80**	60	**100**

Recherche du coefficient de proportionnalité entre 2 et 2,5 :

$2 \times k = 2{,}5$ et $k = 2{,}5 : 2 = 1{,}25$

La durée est multipliée par 1,25, la vitesse est divisée par 1,25. $80 : 1{,}25 = 64$

$$2\,\text{h}\,40 = 2\,\text{h} + \frac{40}{60} = \frac{160}{60} = \frac{8}{3}\,\text{h}$$

Recherche du coefficient de proportionnalité entre 2 et $\dfrac{8}{3}$: $2 \times k = \dfrac{8}{3}$

$$\frac{8}{3} : 2 \times k = \frac{8}{3} \quad \text{et} \quad k = \frac{4}{3}.$$

La durée est multipliée par $\dfrac{4}{3}$, la vitesse est divisée par $\dfrac{4}{3}$ et 80 : $\dfrac{4}{3} = 80 \times \dfrac{3}{4} = 60$

73 a. L'employé qui aura la plus grosse prime sera le moins absent donc le 1er.

b.

Parts	a	b	c
Inverse du nbre de jours d'absence	$\frac{1}{4}$	$\frac{1}{10}$	$\frac{1}{7}$

$$\frac{a}{\frac{1}{4}} = \frac{b}{\frac{1}{10}} = \frac{c}{\frac{1}{7}} = \frac{a+b+c}{\frac{1}{4}+\frac{1}{10}+\frac{1}{7}} = \frac{276}{\frac{69}{140}} = \frac{276 \times 140}{69} = 560$$

$4a = 10b = 7c = 560$

$4a = 560$ $\quad 10b = 560$ $\quad 7c = 560$

$a = \dfrac{560}{4}$ $\quad b = \dfrac{560}{10}$ $\quad c = \dfrac{560}{7}$

$a = 140$ € $\quad b = 56$ € $\quad c = 80$ €.

74 a.

Durée d'écoute en heures	Nombre de personnes (n_i)	ECC*	ECD*	Centres des classes (x_i)	Produits $x_i \times n_i$
[2 ; 4[	10	10 ↓	1 000 ↑	3	30
[4 ; 6[	40	50	990	5*	200
[6 ; (8)[	170	(220)	950	7	1 190
[8 ; 10[	180	400	780	9	1 620
[(10) ; 12[	250*	650	(600)	11	2 750
[12 ; 14[	350	1 000	350	13	4 550
Total	1 000				10 340

* 1 000– 10 – 40 – 170 – 180 – 350 = 250

** ECC : on additionne les effectifs en commençant par le haut.*

** ECD : on additionne les effectifs en commençant par le bas.*

** Centre de la classe* [4 ; 6] : $\dfrac{4+6}{2} = 5$

b. – moins de 8 h/sem :
220 personnes (10 + 40 + 170)
– au moins 10 h/sem :
600 personnes (250 + 350)

c. Voir schéma ci-contre.

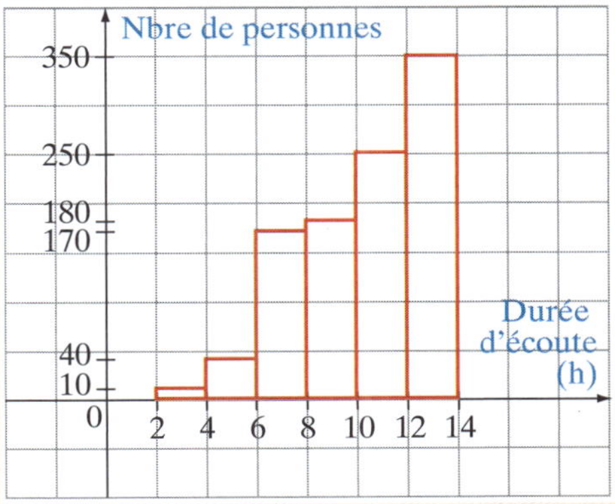

d. Les classes ont des amplitudes égales.
Classe modale : classe qui a le plus grand effectif : [12 ; 14[.
Durée d'écoute modale = centre de la classe modale = 13 h.

e. $\overline{x} = \dfrac{10\,340}{1\,000} = 10{,}34$ h = 10 h 20 min 24 s.

10,34 h = 10 h et $\dfrac{34}{100}$ h.

1 h = 3 600 s. $\frac{1}{100}$ h = $\frac{3\,600}{100}$ = 36 s.

$\frac{34}{100}$ h = 34 × 36 = 1 224 s.

$\frac{1\,224}{60}$ s = 20 min et 24 s.

* *La calculatrice fait le travail lorsqu'elle possède une touche* [a/b]. *Il suffit alors de taper* 10,34 [2nde] [a/b]

f. Voir schéma ci-dessous.

g. Médiane = 10,8 h = 10 h 48 min. La moitié des personnes regarde la télévision moins de 10 h 48 min par semaine ou la moitié des personnes regarde la télévision plus de 10 h 48 min par semaine.

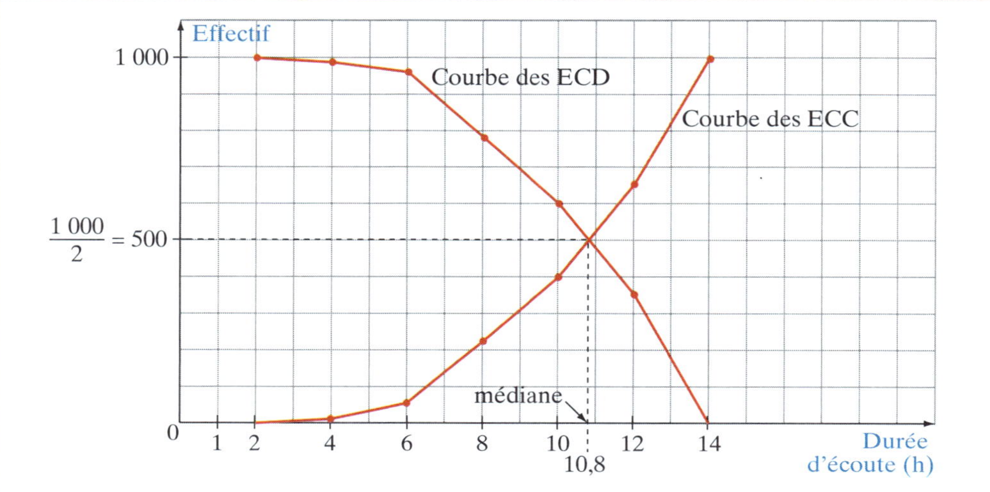

75 a.

Montants TC des factures (en €)	Effectifs n_i	Fréquences en %	Centre des classes (x_i)	Produits ($n_i \times x_i$)	Mesures des angles (en °)
[0 ; 1 200[	6	7,5*	600	3 600	13,5*
[1 200 ; 1 800[	26 (32 – 6)	32,5	1 500	39 000	58,5
[1 800 ; 2 400[	32 (64 – 32)	40	2 100	67 200	72
[2 400 ; 3 000[	12 (76 – 64)	15	2 700	32 400	27
[3 000 ; 4 800[	4 (80 – 76)	5	3 900	15 600	9
	80	100		157 800	180

* $\frac{6}{80} \times 100 = 7{,}5$

* $\frac{6}{80} \times 180 = 13{,}5$ ou $\frac{7{,}5}{100} \times 180 = 13{,}5$

b. $\bar{x} = \frac{157\,800}{80} \approx 1\,973$ euros.

c. 80 % des factures ont un montant inférieur à 2 400 € (7,5 + 32,5 + 40).

d. 48 factures ont un montant TC supérieur ou égal à 1 800 € (32 + 12 + 4).

e. Répartition des factures de l'entreprise
Le diagramme est semi-circulaire (dans un demi-cercle).

* Pour construire un diagramme circulaire, prendre un angle total de 360°.

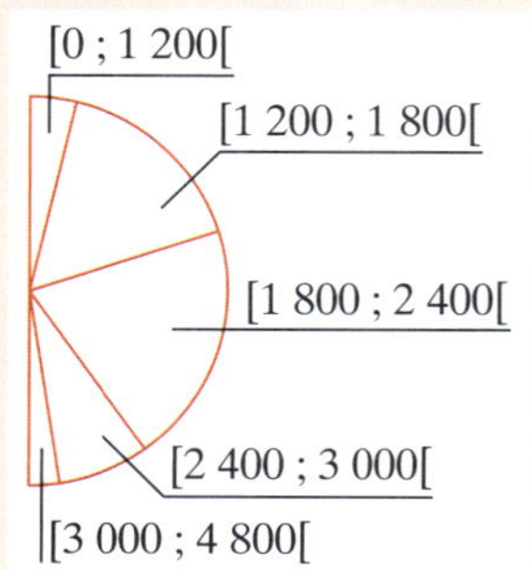

76 a.

Nbre de cigarettes consommées/jour	Effectifs (n_i)	Fréquence en %	Centres des classes (x_i)	Produits ($x_i \times n_i$)	Nombre de classes unitaires d'amplitude 5 cigarettes	Effectifs par classe unitaire
[0 ; 5[	10*	2	2,5	25	1	10
[5 ; 10[	155	31	7,5	1 162,5	1	155
[10 ; 25[	300	60	17,5	5 250	3	$\frac{300}{3} = 100$
[25 ; 35[	30	6*	30	900	2	$\frac{30}{2} = 15$
[35 ; 40[	5*	1*	37,5	187,5	1	5
Total	500	100		7 525		

$* \ \frac{30}{500} \times 100 = 6$

$* \ \frac{2}{100} \times 500 = 10$

$* \ 500 - 10 - 155 - 300 - 30 = 5$

$* \ 100 - 2 - 31 - 60 - 6 = 1$

b. $\bar{x} = \frac{7\,525}{500} \approx 15$ cigarettes.

c. ** Les classes ont des amplitudes inégales, on fait apparaître 2 colonnes supplémentaires (nombre de classes unitaires et effectifs par classe unitaire) dans le tableau. On utilise les effectifs par classe unitaire pour construire l'histogramme.*

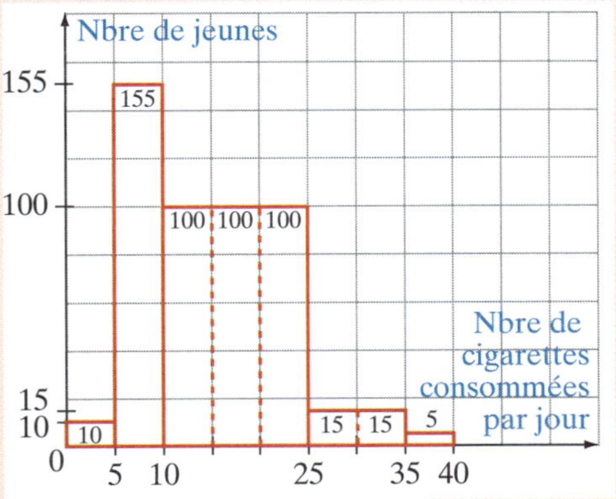

77 Fig. 1 : $AC^2 = 70^2 = 4\,900$; $AB^2 + BC^2 = 36^2 + 49^2 = 3\,697$; $AC^2 \neq AB^2 + BC^2$.
Théorème de Pythagore non vérifié : le triangle ABC n'est pas rectangle en B.

Fig. 2 : $MN^2 = 10^2 = 100$;
$MP^2 + PN^2 = (\sqrt{80})^2 + (\sqrt{20})^2 = 100$;
$MN^2 = MP^2 + PN^2$. D'après la réciproque de Pythagore, le triangle MNP est rectangle en P.

Fig. 3 : $ST^2 = 31^2 = 361$; $SR^2 + RT^2 = 17^2 + 14^2 = 485$; $ST^2 \neq SR^2 + RT^2$.
Théorème de Pythagore non vérifié : le triangle SRT n'est pas rectangle en R.

78 a. Le triangle ABC est rectangle en A donc A est sur le cercle de diamètre BC et $AC = 5$ cm.

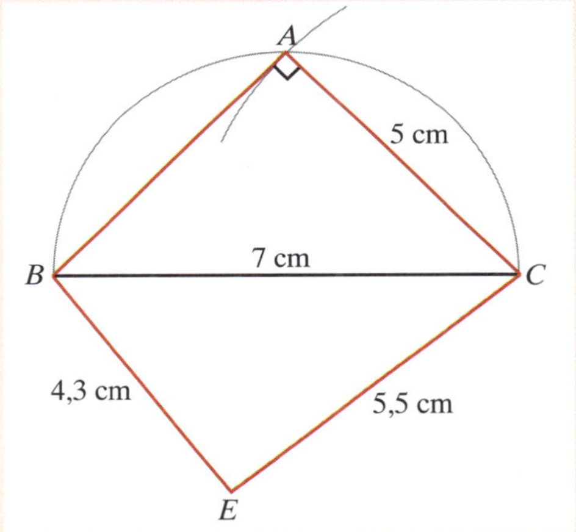

b. Dans le triangle ABC rectangle en A :
$BC^2 = AB^2 + AC^2$; $AB^2 = BC^2 - AC^2$;
$AB = \sqrt{7^2 - 5^2} = 4{,}90$ cm.

c. $BC^2 = 7^2 = 49$;
$BE^2 + EC^2 = 4{,}3^2 + 5{,}5^2 = 48{,}74$.
Théorème de Pythagore non vérifié : le triangle BCE n'est pas rectangle en E.

79 a.

Étape	1	2	3	4	5	6
N° de l'instruction	2	1	6	5	4	3

b. Le triangle ABC est rectangle en C car il est inscrit dans le demi-cercle ($\mathcal{C}$) qui a pour diamètre son hypoténuse.

c. D symétrique de C donc D est sur ($\mathcal{C}$). Le triangle ADB est rectangle en D car inscrit dans un demi-cercle. $ACBD$ est un rectangle.

d. (DK) est parallèle à (AB) ; (BK) est parallèle

à (AD), côtés de rectangle ; $ADKB$ a ses côtés parallèles deux à deux, c'est un parallélogramme.

80 **a.** Dans le triangle BCD rectangle en B, les angles $\widehat{BCD}$ et $\widehat{CDB}$ sont complémentaires : $\widehat{BCD} = 90° - 47° = 43°$.

b. Dans le triangle BCD rectangle en B :
$CD^2 = CB^2 + BD^2$;
$BD = \sqrt{CD^2 - CB^2} = \sqrt{110^2 - 80^2} = 75{,}5$ mm.

c. Dans le triangle CAD rectangle en C :
$AD^2 = CA^2 + CD^2$; $CA^2 = AD^2 - CD^2 = 1\,824$;
$CA = \sqrt{1\,824} = 43$ mm.

d. $CB^2 = 80^2 = 6\,400$;
$CA^2 + AB^2 = 1\,824 + 3\,600 = 5\,424$.
$CB^2 \neq CA^2 + AB^2$.
Théorème de Pythagore non vérifié : le triangle CAB n'est pas rectangle en A.

81 D'après l'énoncé du théorème de Thalès :
$\dfrac{B'C'}{BC} = \dfrac{A'B'}{AB}$; $\dfrac{B'C'}{2} = \dfrac{5}{4}$;
$B'C' = \dfrac{5 \times 2}{4} = 2{,}5$ cm.
$\dfrac{C'D'}{CD} = \dfrac{A'B'}{AB}$; $\dfrac{C'D'}{3} = \dfrac{5}{4}$;
$C'D' = \dfrac{5 \times 3}{4} = 3{,}75$ cm.

82 **a.** $\dfrac{45}{40} \neq \dfrac{34}{30}$; $\dfrac{UV}{U'V'} \neq \dfrac{VW}{V'W'}$: les droites ne sont pas parallèles.

b. $\dfrac{45}{40} = \dfrac{69{,}75}{62}$; $\dfrac{UV}{U'V'} = \dfrac{VX}{V'X'}$: les droites sont parallèles.

83 **Fig. 1 :** non, car $\dfrac{AB}{AD} \neq \dfrac{BC}{DE}$; $\dfrac{6}{10} \neq \dfrac{10}{6}$;

fig. 2 : non, car $\dfrac{MN}{MO} \neq \dfrac{NN'}{OO'}$; $\dfrac{8}{20} \neq \dfrac{15}{19}$;

fig. 3 : oui, car $\dfrac{PQ}{PQ'} = \dfrac{PR}{PR'}$; $\dfrac{8}{14} = \dfrac{12}{21}$.

84 **a.** $AC^2 = 7{,}5^2 = 56{,}25$;
$AB^2 + BC^2 = 36 + 20{,}25 = 56{,}25$;
$AC^2 = AB^2 + BC^2$. D'après réciproque du théorème de Pythagore, le triangle ABC est rectangle en B.

b. Voir schéma ci-contre.

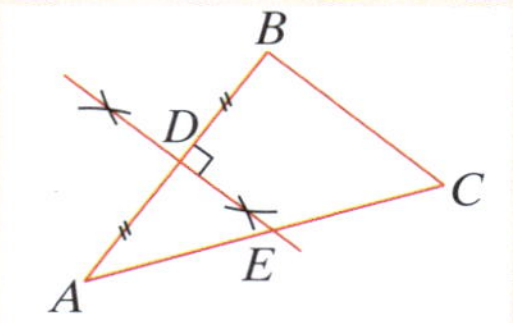

c. $AD = \dfrac{AB}{2} = 3$ cm.

d. (BC) est parallèle à (DE) car (BC) et (DE) sont toutes les deux perpendiculaires à $[AB]$.

e. Dans un triangle, la parallèle à un côté qui passe par le milieu d'un côté, passe aussi par le milieu du 3e côté.
$AE = \dfrac{AC}{2} = 3{,}75$ cm et $DE = \dfrac{BC}{2} = 2{,}25$ cm.

85 **a.** $JX = \dfrac{26}{200} = 0{,}13$ m $= 13$ cm ;
$XU = \dfrac{20}{200} = 0{,}1$ m $= 10$ cm ;
$UE = \dfrac{16}{200} = 0{,}08$ m $= 8$ cm.

b. $JP = 26 - 16 = 10$ m. Dans le triangle JPE rectangle en P : $JE^2 = JP^2 + PE^2$;
$JE^2 = 10^2 + 20^2 = 500$;
$JE = \sqrt{500} = 22{,}4$ m.

c. $A_{\text{totale}} = A_{JPE} + A_{PEUX}$
$= \dfrac{1}{2}(JP \times PE) + PE \times PX = PE\left(\dfrac{1}{2}JP + PX\right)$
$20(5 + 16) = 420$ m^2.

d. $\dfrac{EI}{EP} = \dfrac{NI}{JP}$; $\dfrac{20 - 12}{20} = \dfrac{NI}{10}$;
$NI = \dfrac{8 \times 10}{20} = 4$ m $> 3{,}6$ m donc possibilité de placer ce stand.

86 $\cos \hat{B} = \dfrac{AB}{BC}$; $\cos 25° = \dfrac{37{,}5}{BC}$;
$BC = \dfrac{37{,}5}{\cos 25°} \approx 41{,}4$ cm.

$\tan \hat{B} = \dfrac{AC}{AB}$; $\tan 25° = \dfrac{AC}{37{,}5}$;
$AC = 37{,}5 \times \tan 25° \approx 17{,}5$ cm.

87 $\cos \hat{A}$ $\dfrac{AB}{AC}$ $\cos 37° = \dfrac{AB}{30}$;
$AB = 30 \times \cos 37° \approx 24$ cm.
$\sin \hat{A}$ $\dfrac{BC}{AC}$ $\sin 37° = \dfrac{BC}{30}$;
$BC = 30 \times \sin 37° \approx 18{,}1$ cm.

88 **a.** $\cos \widehat{SRT} = \dfrac{RS}{RT} = \dfrac{15}{30}$; $\widehat{SRT} = 60°$.

b. $\sin \widehat{SRT} = \dfrac{ST}{RT}$; $\sin 60° = \dfrac{ST}{30}$;
$ST = 30 \times \sin 60° \approx 26$ cm.

89 $AC^2 = b^2 = a^2 + c^2 - 2ac\cos\hat{B}$
$= 5{,}6^2 + 4^2 - 2 \times 5{,}6 \times 4 \times \cos 80°$;
$b = 6{,}3$ cm.
$\dfrac{AB}{\sin\hat{C}} = \dfrac{AC}{\sin\hat{B}}$; $\dfrac{4}{\sin\hat{C}} = \dfrac{6{,}3}{\sin 80°}$
$\sin\hat{C} = \dfrac{4 \times \sin 80°}{6{,}3}$; $\hat{C} = 38{,}7°$.

90 $\hat{A} = 180 - \hat{B} - \hat{C} = 105°$.
$\dfrac{BC}{\sin\hat{A}} = \dfrac{AB}{\sin\hat{C}}$; $\dfrac{1}{\sin 105°} = \dfrac{AB}{\sin 45°}$;
$AB = \dfrac{\sin 45°}{\sin 105°} \approx 0{,}73$ m.
$AC^2 = b^2 = a^2 + c^2 - 2ac\cos\hat{B}$
$= 1^2 + 0{,}73^2 - 2 \times 1 \times 0{,}73 \times \cos 30°$;
$AC = b \approx 0{,}52$ m.

91 **a.** Dans le triangle ABC rectangle en C, on utilise le théorème de Pythagore :
$AB^2 = AC^2 + BC^2$; $AB^2 = 4^2 + 3^2 = 25$;
$AB = \sqrt{25} = 5$ m.
b. Dans le triangle ABC rectangle en C :
$$\tan\alpha = \frac{BC}{AC} = \frac{4}{3} = 1{,}33.$$
c. $\tan\alpha = 1{,}33$; on utilise les touches INV puis TAN, on trouve $\alpha = 53°$.
d.

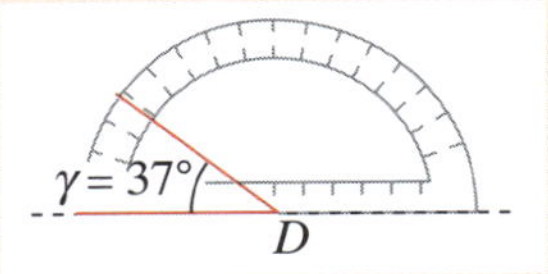

e.

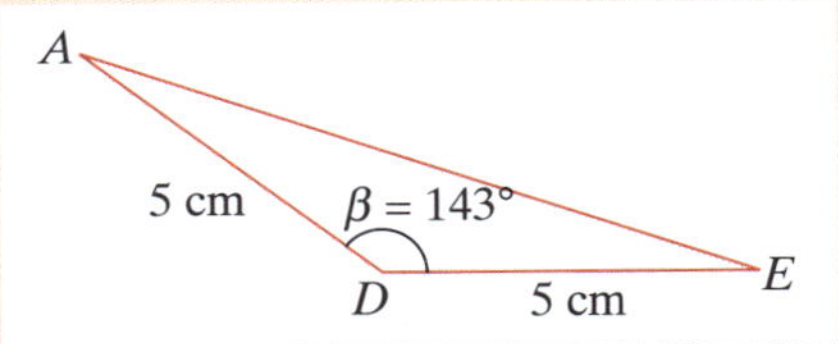

f. $AE = 9{,}5$ cm ; valeur réelle 9,5 m.
g. $\tan\gamma = \dfrac{AC}{CD}$; $CD = \dfrac{AC}{\tan\gamma} = \dfrac{3}{\tan 37°} = 4$ m ;
$BE = BC + CD + DE = 4 + 4 + 5 = 13$ m.
h. $A_{ABE} = \dfrac{AC \times BE}{2} = \dfrac{3 \times 13}{2} = 19{,}5$ m².
i. $AE^2 = AD^2 + DE^2 - 2\,AD \times DE \cos\beta$
$AE^2 = 5^2 + 5^2 - 2 \times 5 \times 5 \times \cos 143°$
$AE = 9{,}48$ m.

92 **a.** $\widehat{COD} = \widehat{AOB} = 30°$;
$\widehat{BDE} = \widehat{BOA} = 30°$; $\widehat{EBD} = 90°$
$\widehat{DEB} = 180° - \widehat{EBD} - \widehat{BDE} = 60°$.
b. Dans le triangle AOB rectangle en B :
$$\tan\widehat{AOB} = \frac{AB}{OB} \;;$$
$AB = OB \times \tan\widehat{AOB} = 2$ cm.
Le triangle AOB est un demi triangle équilatéral. Donc $OA = 2 \times AB = 2 \times 2 = 4$ cm.
c. Le triangle EDB est un demi triangle équilatéral de côté DE. Sa hauteur est telle que
$$DB = \frac{DE\sqrt{3}}{2} = 11{,}6$$
d'où $DE = \dfrac{11{,}6 \times 2}{\sqrt{3}} = 13{,}4$ cm.
d. $OD = DB - OB = 8{,}2$ cm.
Dans le triangle quelconque CDO :
$DC^2 = CO^2 + OD^2 - 2 \times CO \times OD \times \cos\widehat{COD}$;
$DC^2 = 3{,}4^2 + 8{,}2^2 - 2 \times 3{,}4 \times 8{,}2 \times \cos 30°$
$= 30{,}51$ cm ;
$DC = \sqrt{30{,}51} = 5{,}5$ cm.

93 **a.** Dans le triangle AKE rectangle en K,
$\tan\hat{A} = \dfrac{KE}{AK}$ $\quad \tan 50° = \dfrac{40}{AK}$;
$AK = \dfrac{40}{\tan 50°} = 33{,}6$ cm.
Dans le triangle AKE rectangle en K,
$\sin\hat{A} = \dfrac{KE}{AE}$ $\quad \sin 50° = \dfrac{40}{AE}$;
$AE = \dfrac{40}{\sin 50°} = 52{,}2$ cm.
$EH = AD - 2AK = 90 - 2 \times 33{,}6 = 22{,}8$ cm.
b. Longueur totale $= 2AD + 2AB + 4AE + 2EF + 2EH = 2 \times 90 + 2 \times 120 + 4 \times 52{,}2 + 2 \times 40 + 2 \times 22{,}8 = 754{,}4$ cm.

94 Aire carré $= 39^2 = 1\,521$ cm².
Aire du quart de disque :
$$\frac{\pi \times 39^2}{4} = 1\,194{,}6 \text{ cm}^2.$$
Aire colorée :
$1\,521 - 1\,194{,}6 = 326{,}4$ cm².

95 **a.** $\frac{750}{10} = 75$ intervalles entre A et B.

b. $75 \times x = 975$; $x = \frac{975}{75} = 13$ cm.

c. Aire trapèze

$ABCD = \frac{(AD + BC) \times AB}{2} = \frac{(1\,500 + 877) \times 750}{2}$

$= 891\,375$ cm^2.

d. Aire trapèze $ABCD = 89{,}1375$ m$^2 \approx 89$ m^2.

96 **a.** Périmètre

$DA + AB + BC + CD = 180 + 80 + 180 + \frac{2 \times \pi \times 40}{2}$

$= 565{,}7$ cm.

b. Aire

$ABCE = A_1 = AB \times BC = 80 \times 180 = 14\,400$ cm^2.

Aire $EDC = A_2 = \frac{\pi \times R^2}{2} = \frac{\pi \times 40^2}{2} \approx 2\,513$ cm^2.

$A = A_1 + A_2 \approx 16\,913$ cm$^2 \approx 1{,}69$ m^2.

c. Dans le triangle IMK rectangle en K :

$IM^2 = IK^2 + KM^2$;

$IM = \sqrt{25^2 + 16^2} \approx 29{,}7$ cm.

d. Aire losange

$IMJN = A_3 = \frac{IJ \times MN}{2} = \frac{50 \times 32}{2} = 800$ cm^2.

97 **a.** $\widehat{ABH} + \widehat{BHA} + \widehat{HAB} = 180°$;

$\widehat{ABH} = 180 - 60 - 90 = 30°$;

$\widehat{ABC} = 2\widehat{ABH} = 60°$.

$\widehat{ACB} + \widehat{CBA} + \widehat{BAC} = 180°$;

$\widehat{ACB} = 60°$.

b. $\widehat{ABC} = \widehat{BCA} = \widehat{CAB} = 60°$ donc ABC est un triangle équilatéral.

c. Un triangle équilatéral a 3 côtés égaux donc $AB = BC = AC = 10$ m.

d. BH est la hauteur du triangle équilatéral ABC donc $BH = \frac{10\sqrt{3}}{2} = 8{,}66$ m.

e. $A_1 = \frac{a^2\sqrt{3}}{4} = \frac{10^2 \times \sqrt{3}}{4} = 43{,}30$ m^2.

f. $A_2 = AC \times CD = 10 \times 20 = 200$ m^2.

g. $A_t = A_1 + A_2 = 243{,}30$ m^2.

h. $IE = 15 - 10 = 5$ m.

i. $\tan \hat{E} = \frac{FI}{IE}$; $\tan 65° = \frac{FI}{5}$;

$FI = 5 \times \tan 65° \approx 10{,}72$ m.

j. $A_c = \frac{IE \times FI}{2} = \frac{5 \times 10{,}72}{2} = 26{,}80$ m^2.

98 V : volume entre les 2 solides

V_1 : volume du cube ; V_2 : volume de la boule

Rayon de la boule : $R = \frac{a}{2} = 2$ cm

$V = V_1 - V_2$;

$V_1 = a^3 = 4^3 \approx 64$ cm^3 ;

$V_2 = \frac{4}{3}\pi (R)^3 = \frac{4}{3} \times (2)^3 \approx 33{,}5$ cm^3 ;

$V = 64 - 33{,}5 = 30{,}5$ cm^3.

99 **a.** $V_{chap} = V_{toit} + V_{salle}$;

$V_{chap} = \left(\frac{5 \times 3{,}25 - 2)}{2} \times 8\right) + 5 \times 8 \times 2 = 105$ m^3

$*V_{toit} = \frac{1}{2} \times BC \times AH \times 8$.

100 **a.** $V_1 = 8 \times 6 \times 4 = 192$ cm^3.

b. Dans le triangle ADC rectangle en D, on utilise le théorème de Pythagore :

$AC^2 = AD^2 + DC^2$; $AC = \sqrt{6^2 + 8^2} = 10$ cm.

c. $A = \frac{AD \times DC}{2} = \frac{6 \times 8}{2} = 24$ cm^2.

d. $V_2 = \frac{(h \times A)}{3} = \frac{24 \times 4}{3} = 32$ cm^3.

$V_3 = V_1 - V_2 = 160$ cm^3.

101 **a.** EG est la diagonale d'un carré de 9 m de côté $EG = 9 \times \sqrt{2} = 12{,}73$ m.

b. $EI = \frac{EG}{2} = 6{,}36$ m.

c. Dans le rectangle EIS rectangle en I :

$ES^2 = EI^2 + IS^2$; $9^2 = 6{,}36^2 + IS^2$;

$IS^2 = 9^2 - 6{,}36^2 = 40{,}55$ m^2 ; $IS = 6{,}37$ m.

d. $V = \frac{A_{EFGH} \times IS}{3} = \frac{81 \times 6{,}37}{3} = 171{,}934$ m^3.

102 Le 1er cylindre a pour hauteur 1,25 m. Le périmètre de sa base est égal à 2,5 m.

Le 2nd cylindre a pour hauteur 2,5 m. Le périmètre de sa base est égal à 1,25 m.

• Calcul des rayons des bases :

1er cyl. : $P_1 = 2\pi R_1 = 2{,}5$; $R_1 = \frac{2{,}5}{2\pi} = 0{,}4$ m.

2nd cyl. : $P_2 = 2\pi R_2 = 1{,}25$; $R_2 = \frac{1{,}25}{2\pi} = 0{,}2$ m.

• Calcul des volumes :

1er cyl. : $V_1 = \pi R_1^2 h_1 = \pi \times 0{,}4^2 \times 1{,}25 = 0{,}6$ m^3.

2nd cyl. : $V_2 = \pi R_2^2 h_2 = \pi \times 0{,}2^2 \times 2{,}5 = 0{,}3$ m^3.

Les volumes sont différents.

** Remarque : si on compare V_1 et V_2 :*

$V_1 = \pi(0{,}2\times 2)^2 \times \dfrac{2{,}5}{2}$; $V_1 = \pi \times 0{,}4^2 \times 4 \times \dfrac{2{,}5}{2}$;

$V_1 = \pi \times 0{,}4^2 \times 2 \times 2{,}5$

$V_1 = 2V_2$.

103 **a.** $AC = x\sqrt{2} = 3 \times \sqrt{2} \approx 4{,}24$ cm.

b. $A_{ACFD} = AC \times AD = 4{,}24 \times 8 \approx 33{,}9$ cm².

c. $A_{ABC} = \dfrac{AB \times BC}{2} = \dfrac{3\times 3}{2} = 4{,}5\,\text{cm}^2$.

d. $V = A_{ABC} \times h = 36$ cm³.

104 **a.** $\dfrac{78}{5} = 15{,}6$. On peut ranger 15 boîtes.

b. $\dfrac{78}{30} = 2{,}6$; $\dfrac{43}{5} = 8{,}6$.

On peut ranger 2 × 8 = 16 boîtes.

c. $V_1 = 30 \times 43 \times 78 = 100\,620$ cm³.

d. $V_2 = \pi \times (15)^2 \times 5 = 3\,534{,}3$ cm³.

e. $V_3 = V_1 - 15 \times V_2 = 47\,605{,}5$ cm³.

f. $\dfrac{47\,605{,}5}{100\,620} \times 100 \approx 47{,}3$; donc 47,3 %.

105 **a.** $DH = \dfrac{DC - HK}{2} = \dfrac{4 - 2{,}2}{2} = 0{,}9$ m.

b. $\widehat{DHD'} = 90°$ donc $\widehat{DD'H} = \widehat{HDD'} = 45°$. Le triangle $DD'H$ est isocèle : $DH = D'H = 0{,}9$ m.

c. $A = \dfrac{(D'C' + DC) \times D'H}{2} = \dfrac{(2{,}2 + 4) \times 0{,}9}{2}$

$A = 2{,}79$ m².

d. $V = A \times BC = 2{,}79 \times 2 = 5{,}58$ m³.

106 **a.**

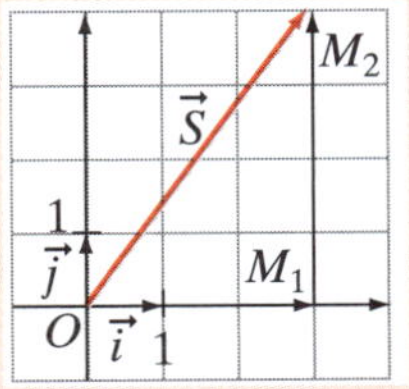

b. Voir repère.

c. $\vec{S} = \overrightarrow{OM_1} + \overrightarrow{M_1M_2}$; $\vec{S}(3+0\,;0+4)$; $\vec{S}(3\,;4)$.

d. $\|\vec{v}\| = \sqrt{x^2 + y^2}$

$\|\overrightarrow{OM_2}\| = \|\vec{S}\| = \sqrt{3^2 + 4^2} = 5$ cm.

e. $\|\overrightarrow{OM_1}\| = \sqrt{3^2 + 0^2} = 3$ cm.

$\|\overrightarrow{M_1M_2}\| = \sqrt{0^2 + 4^2} = 4$ cm.

107

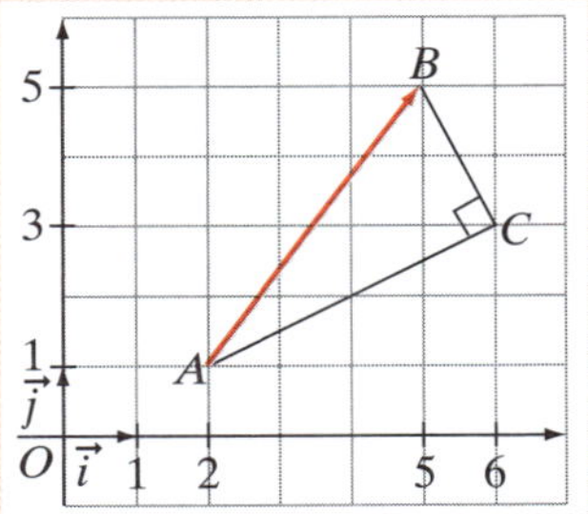

a. $A(2\,;1)$; $B(5\,;5)$ et $C(6\,;3)$.

b. $\overrightarrow{AB}(x_B - x_A\,; y_B - y_A)$; $\overrightarrow{AB}(3\,;4)$

$\overrightarrow{AC}(x_C - x_A\,; y_C - y_A)$; $\overrightarrow{AC}(4\,;2)$

$\overrightarrow{BC}(x_C - x_B\,; y_C - y_B)$; $\overrightarrow{BC}(1\,;-2)$

c. $\|\overrightarrow{AB}\| = \sqrt{3^2 + 4^2} = 5$ cm.

$\|\overrightarrow{AC}\| = \sqrt{4^2 + 2^2} = \sqrt{20} = 4{,}5$ cm.

$\|\overrightarrow{BC}\| = \sqrt{1^2 + (-2)^2} = \sqrt{5} = 2{,}2$ cm.

d. $AB^2 = 5^2 = 25$

$AC^2 + BC^2 = (\sqrt{20})^2 + (\sqrt{5})^2 = 25$

$AB^2 = AC^2 + BC^2$. D'après la réciproque du théorème de Pythagore, le triangle ABC est rectangle en C.

108

arcs	mesure en radians	mesure en degré
$\overset{\frown}{AM_1}$	$\frac{\pi}{2}$	90° $(\frac{180}{2})$
$\overset{\frown}{AM_2}$	$\frac{\pi}{3}$	60° $(\frac{180}{3})$
$\overset{\frown}{AM_3}$	$-\frac{\pi}{4}$	– 45°
$\overset{\frown}{AM_4}$	$\frac{5\pi}{6}$	150° $(\frac{5\times 180}{6})$
$\overset{\frown}{AM_5}$	$-\frac{3\pi}{4}$	– 135°

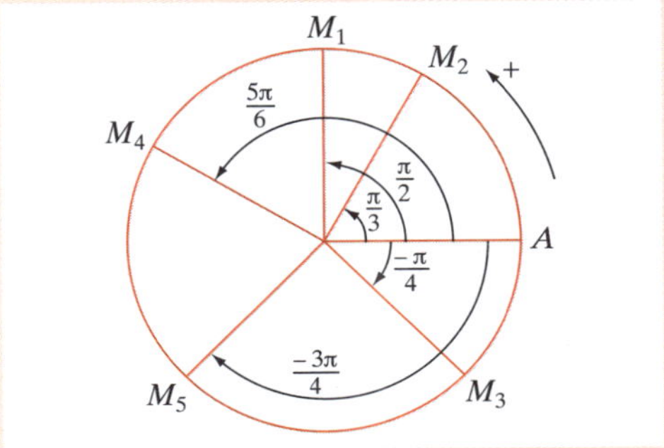

109 $\cos x = 0$; $x = \frac{\pi}{2}$ et $x = \frac{-\pi}{2}$.

$\sin x = \frac{1}{2}$; $x = \frac{\pi}{6}$ et $x = \pi - \frac{\pi}{6} = \frac{5\pi}{6}$.

$\cos x = \frac{\sqrt{2}}{2}$; $x = \frac{\pi}{4}$ et $x = -\frac{\pi}{4}$.

110 $a = 80$ mm ; $b = 50$ mm.

a. $\mathcal{S} = \frac{1}{2} \times 80 \times 50 \times \sin \alpha$;

$\mathcal{S} = 2\,000 \sin \alpha$.

α (en °)	0	5	10	20	30	40	50
$\mathcal{S}$ (en mm²)	0	174	347	684	1 000	1 286	1 532
α (en °)		70	80	90	100	110	120
$\mathcal{S}$ (en mm²)	1 732	1 879	1 970	2 000	1 970	1 879	1 732

• $\mathcal{S} = 2\,000 \times \sin 30° \approx 2\,000 \times 0{,}5 = 1\,000$.

• $1\,732 = 2\,000 \times \sin \alpha$; $\sin \alpha = \frac{1\,732}{2\,000}$. Utiliser les touches INV puis SIN. $\alpha \approx 60°$.

c.

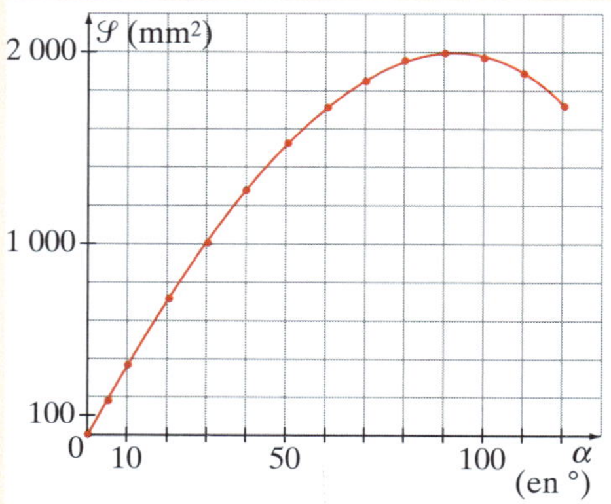

d. Valeur maximale de $\sin \alpha$ est 1.
Aire maximale = 2 000 mm² pour $\alpha = 90°$.

FORMULAIRE BEP SECTEUR INDUSTRIEL

Identités remarquables

$$(a+b)^2 = a^2 + 2ab + b^2 \; ;$$
$$(a-b)^2 = a^2 - 2ab + b^2 \; ;$$
$$(a+b)(a-b) = a^2 - b^2.$$

Puissances d'un nombre

$$(ab)^m = a^m b^m \; ; \; a^{m+n} = a^m a^n \; ; \; (a^m)^n = a^{mn}.$$

Racines carrées

$$\sqrt{ab} = \sqrt{a}\sqrt{b} \quad ; \quad \sqrt{\frac{a}{b}} = \frac{\sqrt{a}}{\sqrt{b}}.$$

Suites arithmétiques

Terme de rang 1 : u_1 ; raison r.
Terme de rang n :

$$u_n = u_{n-1} + r \; ;$$
$$u_n = u_1 + (n-1)r.$$

Suites géométriques

Terme de rang 1 : u_1 ; raison q.
Terme de rang n :

$$u_n = u_{n-1}q \; ;$$
$$u_n = u_1 q^{n-1}.$$

Statistiques

- Moyenne $\overline{x}$

$$\overline{x} = \frac{n_1x_1 + n_2x_2 + \dots n_px_p}{N}$$

- Variance V et écart type σ

$$V = \frac{n_1(x_1-\overline{x})^2 + n_2(x_2-\overline{x})^2 + \dots + n_p(x_p-\overline{x})^2}{N}$$

$$V = \frac{n_1x_1^2 + n_2x_2^2 + \dots + n_px_p^2}{N} - \overline{x}^2$$

$$\sigma = \sqrt{V}.$$

Calcul d'intérêts

C : capital ; t : taux périodique ;
n : nombre de périodes.

- Intérêts simples
  $I = Ctn$
  $A = C + I$
- Intérêts composés
  $A = C(1+t)^n$

Relations métriques dans le triangle rectangle

$AB^2 + AC^2 = BC^2$
$AH \times BC = AB \times AC$

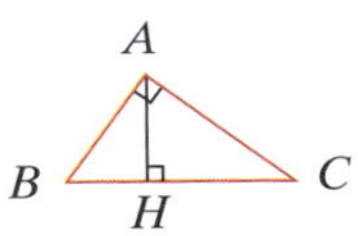

$$\sin\hat{B} = \frac{AC}{BC} \; ; \; \cos\hat{B} = \frac{AB}{BC} \; ; \; \tan\hat{B} = \frac{AC}{AB}.$$

Énoncé de Thalès (relatif au triangle)

Si $(BC)//(B'C')$,

alors $\dfrac{AB}{AB'} = \dfrac{AC}{AC'}$.

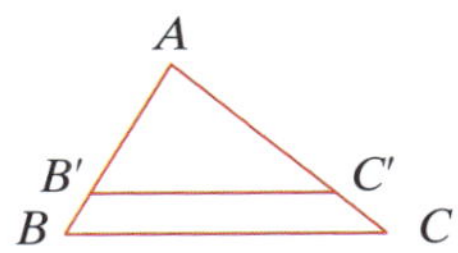

Aires dans le plan

- Triangle : $\frac{1}{2}Bh$.
- Parallélogramme : Bh.
- Trapèze : $\frac{1}{2}(B+b)h$.
- Disque : πR^2.
- Secteur circulaire angle α en degré : $\frac{\alpha}{360}\pi R^2$.

Aires et volumes dans l'espace

- Cylindre de révolution ou Prisme droit d'aire de base B et de hauteur h.
Volume : Bh.
- Sphère de rayon R.
Aire : $4\pi R^2$. Volume : $\frac{4}{3}\pi R^3$.
- Cône de révolution ou Pyramide d'aire de base B et de hauteur h :
Volume : $\frac{1}{3}Bh$.

Positions relatives de deux droites

Les droites d'équations $y = ax + b$ et $y = a'x + b'$ sont :
– parallèles si et seulement si $a = a'$;
– orthogonales si et seulement si $aa' = -1$.

Calcul vectoriel dans le plan

$$\vec{v}\begin{vmatrix} x \\ y \end{vmatrix} \; ; \; \vec{v}'\begin{vmatrix} x' \\ y' \end{vmatrix} \; ; \; \vec{v}+\vec{v}'\begin{vmatrix} x+x' \\ y+y' \end{vmatrix} \; ; \; \lambda\vec{v}\begin{vmatrix} \lambda x \\ \lambda y \end{vmatrix}.$$

$$\|\vec{v}\| = \sqrt{x^2+y^2}.$$

Trigonométrie

$\cos^2 x + \sin^2 x = 1$;

$\tan x = \dfrac{\sin x}{\cos x}$.

Résolution de triangle

$$\frac{a}{\sin\hat{A}} = \frac{b}{\sin\hat{B}} = \frac{c}{\sin\hat{C}} = 2R \; ;$$

R : rayon du cercle circonscrit.

$$a^2 = b^2 + c^2 - 2bc\cos\hat{A}.$$

PHYSIQUE CHIMIE

Épreuve écrite
Durée : 2 heures

Pour réussir l'épreuve...

Les BEP industriels sont répartis en cinq secteurs, comme l'indique la liste ci-dessous. Le tableau de la page 180 donne les paragraphes (codés E1 pour Électricité § 1, E2, etc.) faisant partie du programme pour chaque secteur. Dans la partie « Exercices », le code renvoie à la portion du cours concernée. Une couverture très large du programme est assurée.

Secteur 1 : productique et maintenance
Agent de maintenance des matériels
Carrosserie
Conduite et service dans le transport routier
Maintenance des systèmes mécaniques automatisés
Maintenance de véhicules automobiles
Métiers de la mode et des industries connexes
Microtechniques
Mise en œuvre des matériaux, matériaux métalliques moulés
Mise en œuvre des matériaux, plastiques et composites
Mise en œuvre des matériaux, céramiques
Mise en œuvre des matériaux, matériaux textiles
Outillages
Productique mécanique, option décolletage
Productique mécanique, option usinage
Réalisation d'ouvrages chaudronnés et de structures métalliques
Secteur 2 : bâtiment
Bâtiment : métaux, verre et matériaux de synthèse
Bois et matériaux associés
Construction et topographie
Construction, bâtiment gros œuvre
Équipement technique énergie
Finition
Technique du toit
Travaux publics
Secteur 3 : métiers de l'électricité - électronique - audio - industries graphiques
Électrotechnique
Métiers de l'électronique
Industries graphiques : impression
Industries graphiques : préparation de la forme imprimante
Installateur conseil en équipement électroménager
Maintenance des équipements de commande des systèmes industriels
Optique lunetterie
Secteur 4 : métiers de la santé et de l'hygiène
Maritime de conchyliculteur
Bioservices
Carrières sanitaires et sociales
Secteur 5 : chimie et procédés
Agent en assainissement radioactif
Conducteur d'appareils option C
Industrie chimique et traitement des eaux
Industrie des pâtes, papiers et cartons

Matière	Code	Cours	Secteur				
			1	2	3	4	5
ÉLECTRICITÉ	E1	Courant continu					
	E2	Courant alternatif					
	E3	Énergie et puissance électriques					
	E4	Loi d'Ohm, Loi de Joule					
	E5	Production, transport et distribution					
	E6	Sécurité					
MÉCANIQUE	M1	Équilibre d'un solide					
	M2	Statique des fluides					
	M3	Cinématique					
ÉNERGÉTIQUE CHALEUR	EC1	Énergie et puissance					
	EC2	Travail			(*)		
	EC3	Énergie potentielle, énergie cinétique			(*)		
	EC4	Transfert de chaleur					
	EC5	Isolation thermique					
	EC6	Dilatation					
ACOUSTIQUE	A1	Production et perception d'un son			(*)		
	A2	Caractéristiques d'un son					
	A3	Propagation d'un son					
OPTIQUE	O1	Réflexion			(*)		
	O2	Réfraction					
	O3	Lentilles convergentes					
CHIMIE	C1	Structure de la matière					
	C2	Réactions chimiques					
	C3	pH d'une solution aqueuse					
	C4	Oxydo-réduction	(*)				
	C5	Chimie du carbone	(*)		(*)		

(*) ne concerne que certaines spécialités.

1 ÉLECTRICITÉ

1. COURANT CONTINU

Circuit électrique

Un circuit électrique est une succession ininterrompue de conducteurs. Il comporte :

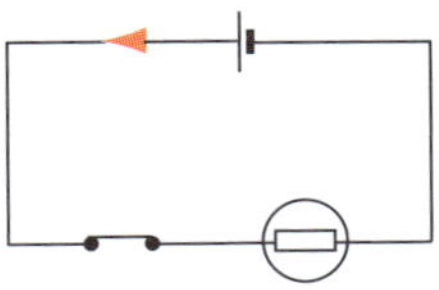

- une source de courant (générateur ou pile) ;
- des récepteurs électriques (exemple : lampe) ;
- des fils de connexion ;
- un interrupteur.

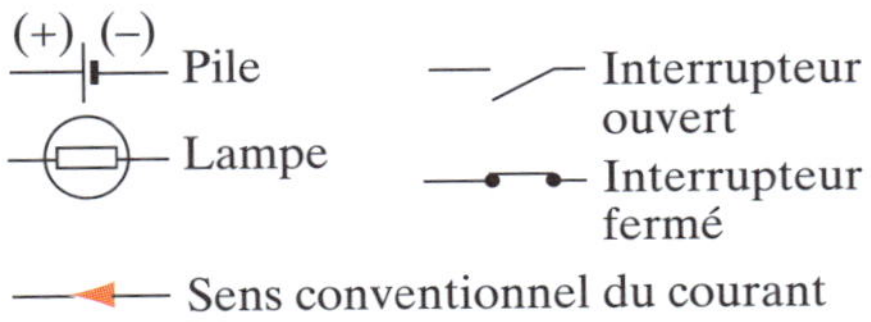

Sens conventionnel du courant

Le courant circule de la borne (+) à la borne (–) à l'extérieur du générateur.

Intensité du courant et tension électrique

L'intensité I du courant est mesurée en ampères (A) à l'aide d'un ampèremètre placé en série dans le circuit.

Pour qu'un courant circule entre les points M et N d'un circuit, il doit exister une tension électrique U_{MN} (ou différence de potentiel) entre les points M et N.

La tension est mesurée en volts (V) à l'aide d'un voltmètre.

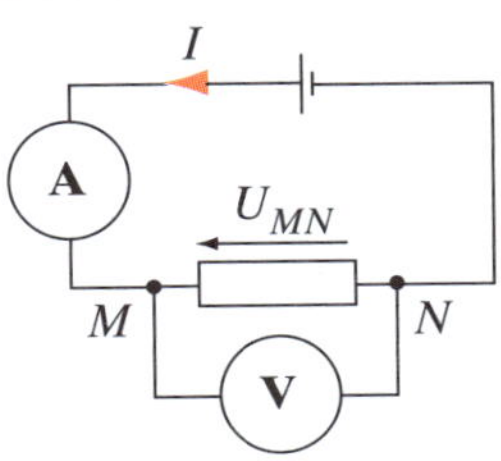

Loi des nœuds

La somme des intensités des courants qui « arrivent » à un nœud est égale à la somme des intensités des courants qui « en partent » :

$$I = I_1 + I_2$$

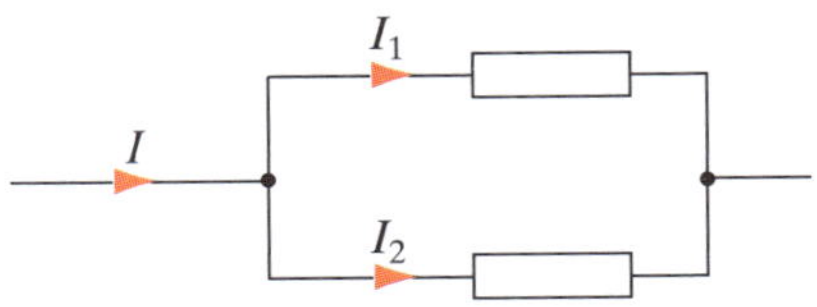

Loi des tensions

La tension aux bornes d'un groupement de récepteurs montés en série est égale à la somme des tensions aux bornes de chaque récepteur :

$$U_{AC} = U_{AB} + U_{BC}$$

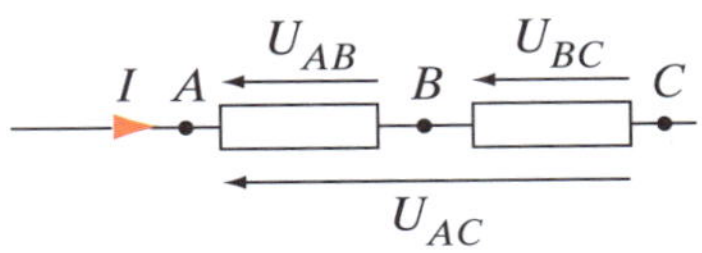

La flèche tension indique le potentiel le plus élevé

2. COURANT ALTERNATIF

Oscillogramme d'une tension alternative sinusoïdale

La représentation graphique d'une tension alternative sinusoïdale est une sinusoïde. Les variations se répètent de façon régulière : c'est une grandeur périodique.

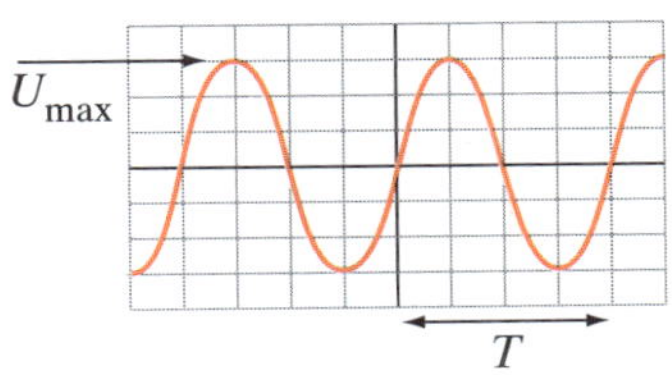

Période, fréquence

La période T est l'intervalle séparant deux répétitions.

La fréquence f est le nombre de périodes par seconde :

$$f = \frac{1}{T}$$

T en secondes (s) et f en hertz (Hz).

Valeurs maximale et efficace de la tension

La valeur maximale U_{max} de la tension et sa valeur efficace U (mesurée au voltmètre) sont liées par la relation :

$$\frac{U_{max}}{U} = \sqrt{2}$$

Courant alternatif sinusoïdal

Un récepteur soumis à une tension alternative sinusoïdale est traversé par un courant de même nature, avec :

$$\frac{I_{max}}{I} = \sqrt{2}$$

I_{max} et I sont respectivement l'intensité maximale et l'intensité efficace du courant.

3. ÉNERGIE ET PUISSANCE ÉLECTRIQUES

Énergie électrique

L'énergie électrique E consommée par une installation soumise à une tension U et traversée par un courant d'intensité I pendant une durée t est :

$$E = UIt$$

U en volts (V), I en ampères (A), t en secondes (s) et E en joules (J).

Le joule est une unité du système international.

Le wattheure est une unité pratique : 1 Wh = 3 600 J.

Puissance électrique

La puissance d'un appareil est égale à l'énergie consommée par unité de temps :

$$P = \frac{E}{t}$$

E en joules, t en secondes et P en watts (W) ou E en wattheures, t en heures et P en watts.

La puissance électrique P d'un appareil soumis à une tension U et traversé par un courant d'intensité I est donnée par la relation :

$$P = UI$$

La puissance d'une installation est égale à la somme des puissances de chaque appareil quel que soit le montage, série ou dérivation.

4. LOI D'OHM, LOI DE JOULE

Loi d'Ohm

La tension aux bornes d'un dipôle résistif est donnée par la relation :

$$U = RI$$

où I est l'intensité du courant en ampères (A) ;
R la résistance du dipôle résistif en ohm (Ω) ;
U la tension à ses bornes en volts (V).

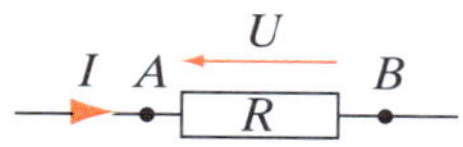

Groupement de dipôles résistifs

Groupement série

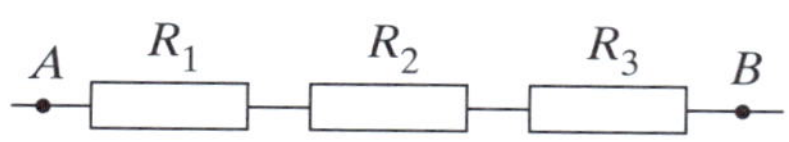

est équivalent à : 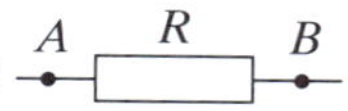

avec :

$$R = R_1 + R_2 + R_3$$

• **Groupement en dérivation**

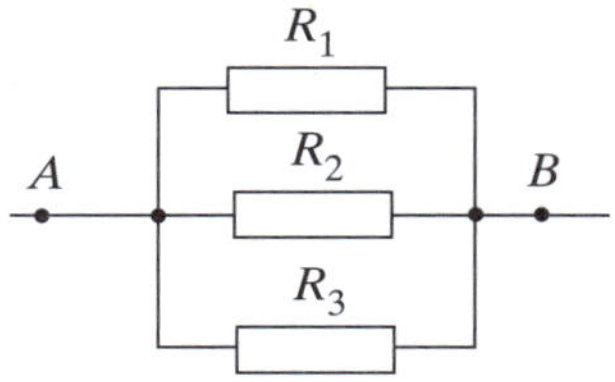

est équivalent à : 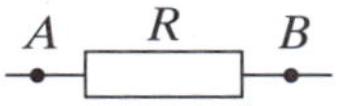

avec :

$$\frac{1}{R} = \frac{1}{R_1} + \frac{1}{R_2} + \frac{1}{R_3}$$

Cas particulier pour deux dérivations :

$$R = \frac{R_1 R_2}{R_1 + R_2}.$$

Loi de Joule

Dans le cas d'un dipôle résistif, l'énergie électrique reçue est intégralement transformée en énergie thermique par effet Joule.

Des deux relations $E = U\,I\,t$ et $U = R\,I$, nous déduisons la relation :

$$E = R\,I^2\,t$$

Des relations $P = \frac{E}{t}$ et $E = R\,I^2\,t$, nous déduisons la relation :

$$P = R\,I^2$$

Remarque : l'effet Joule apparaît dans tous les appareils électriques : une partie de l'énergie électrique est toujours transformée en énergie thermique (chaleur).

5. PRODUCTION, TRANSPORT ET DISTRIBUTION

Généralités

Dans les centrales électriques, les alternateurs entraînés par des turbines, produisent du courant triphasé.

Après élévation de la tension par des transformateurs, l'électricité est transportée par des lignes triphasées sous très haute tension (jusqu'à 400 000 V) afin de réduire les pertes par effet Joule.

La très haute tension est transformée en basse tension (moins de 1 000 V) par des transformateurs de quartier ou d'entreprise.

Les entreprises et en général les artisans sont alimentés en courant triphasé 230/400 V.

La plupart des foyers sont alimentés sous une tension de 230 V.

Transformateur

Le transformateur sert à élever ou abaisser la valeur efficace d'une tension alternative sinusoïdale.

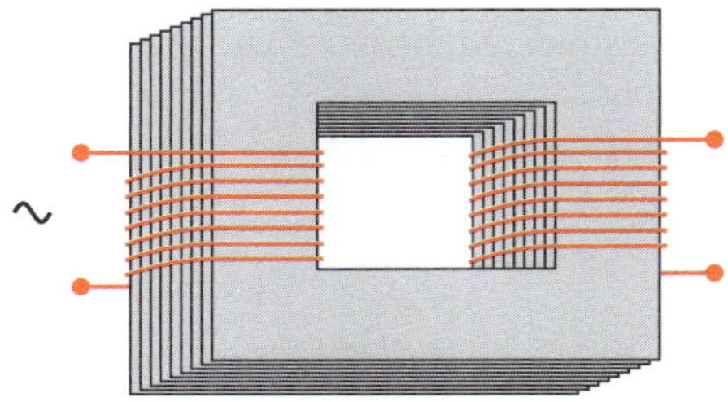

Le rapport de transformation m d'un transformateur est le rapport du nombre de spires N_2 du secondaire au nombre de spires N_1 du primaire :

$$m = \frac{N_2}{N_1}$$

Pour un transformateur parfait (pertes négligées) :

$$m = \frac{N_2}{N_1} = \frac{U_2}{U_1} = \frac{I_1}{I_2}$$

avec :

U_1 et U_2 valeurs efficaces des tensions au primaire et au secondaire.

I_1 et I_2 intensités efficaces des courants au primaire et au secondaire.

La puissance apparente S est le produit des valeurs efficaces de la tension et du courant :

$$S = U\,I$$

U en volts, I en ampères, S en voltampères (VA).

Pour un transformateur parfait :

$$S = U_1 I_1 = U_2 I_2$$

Distribution triphasée

• Tensions simples et tensions composées

Les tensions simples sont prises entre une phase et le neutre.

Les tensions simples ont même valeur efficace V.

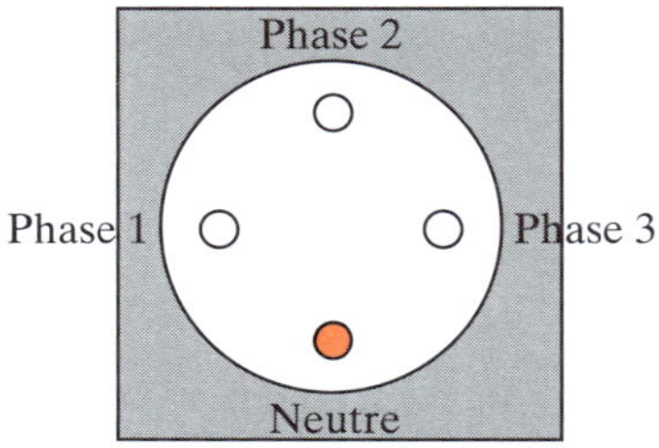

Les tensions composées sont prises entre deux phases.

Les tensions composées ont même valeur efficace U.

On admet la relation :

$$U = V\sqrt{3}$$

• Montage étoile

Chaque récepteur est branché entre une phase et le neutre.

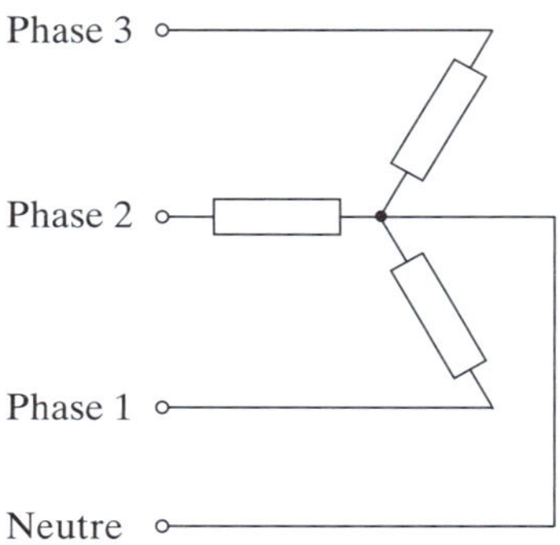

• Montage triangle

Chaque récepteur est branché entre deux phases.

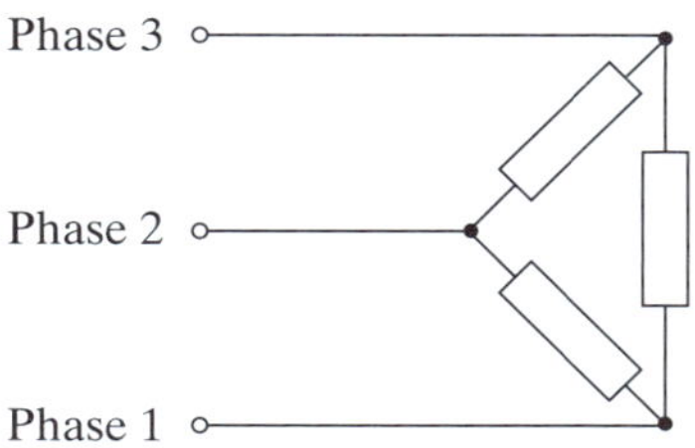

6. SÉCURITÉ

Dangers de l'électricité

• Électrocution. Elle peut produire, selon l'importance du courant, des brûlures, des convulsions, une perte de connaissance ou la mort instantanée. L'intensité du courant corporel est donnée par la loi d'Ohm :

$$I_c = \frac{U_c}{R}$$

où U_c est la tension de contact et R la résistance du corps humain.

• Court-circuit. C'est un contact accidentel ou provoqué entre deux fils de polarité différentes. L'important dégagement de chaleur dû à la surintensité (effet Joule) peut provoquer la fusion des fils ou la combustion des isolants.

Protections

• Fusible. La section du fil est telle que celui-ci fond par effet Joule à partir d'une certaine intensité.

• Disjoncteur différentiel. Il permet :
– la détection d'un courant de fuite ;
– la coupure du circuit en cas de fuite ;
– la commande générale d'une installation.

• Prise de terre. Elle sert à écouler à la terre « les fuites » de courant qui peuvent se produire dans un appareil ou une installation électrique.

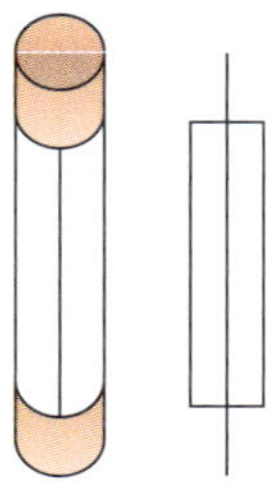

Fusible et symbole

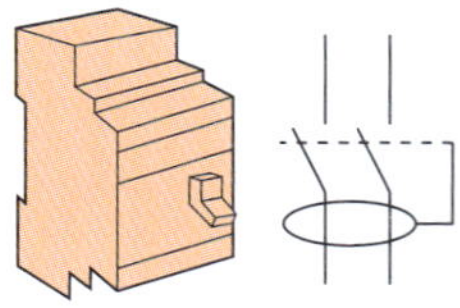

Disjoncteur différentiel et symbole

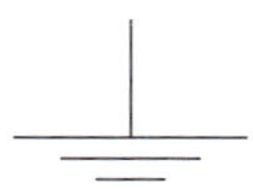

Symbole de la prise de terre

2 MÉCANIQUE

1. ÉQUILIBRE D'UN SOLIDE

Équilibre d'un solide soumis à trois forces

• **Conditions d'équilibre :** un solide soumis à trois forces non parallèles, est en équilibre si :
– les droites d'actions sont concourantes ;
– la somme vectorielle des forces est nulle : $\vec{F_1} + \vec{F_2} + \vec{F_3} = \vec{0}$.

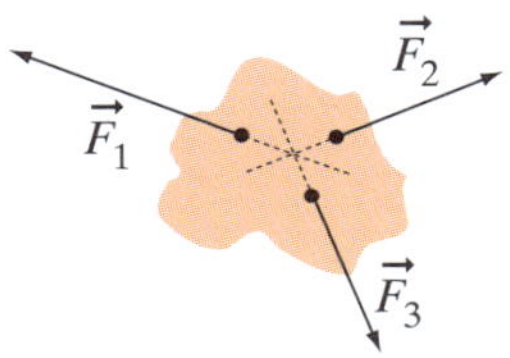

• **Dynamique des forces :** la représentation graphique de la somme des forces est appelée « dynamique des forces ».

Le solide est en équilibre si son dynamique est fermé et si les droites d'actions sont concourantes.

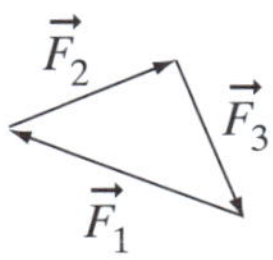

Moment d'une force

Le moment $M(\vec{F})$ d'une force est égal au produit de sa valeur F par la distance d de la droite d'action à l'axe passant par O :

$$M(\vec{F}) = Fd$$

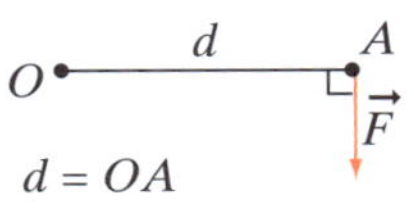

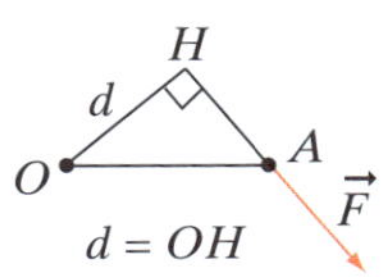

Un solide mobile autour d'un axe est en équilibre si le moment de la force qui le fait tourner dans un sens est égal au moment de la force qui le fait tourner dans l'autre sens.

2. STATIQUE DES FLUIDES

Force pressante et pression

Soit une force pressante $\vec{F}$ s'exerçant sur une surface S.

La pression p est donnée par la relation :

$$p = \frac{F}{S}$$

F en newtons, S en m^2 et p en pascals (Pa) ou F en décanewtons (daN), S en cm^2 et p en bars : 1 bar = 10^5 Pa.

Principe fondamental de l'hydrostatique

La différence de pression entre deux points d'un liquide est donnée par la relation :

$$p_A - p_B = \rho g h$$

où ρ est la masse volumique du liquide en kg/m^3.

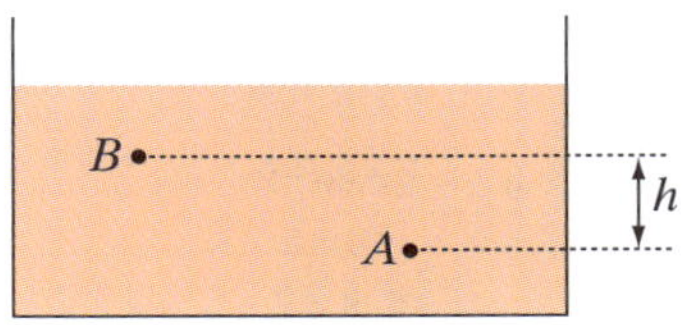

Transmission de la pression par un liquide

Toute variation de pression en un point d'un liquide se transmet en tous les autres points du liquide (Théorème de Pascal).

Dans le cas de deux pistons de sections différentes S et s et reliés par un circuit hydraulique, on a :

$$p = \frac{F}{S} = \frac{f}{s}$$

où $\vec{f}$ est la force exercée sur le petit piston et $\vec{F}$ est la force exercée par le grand piston.

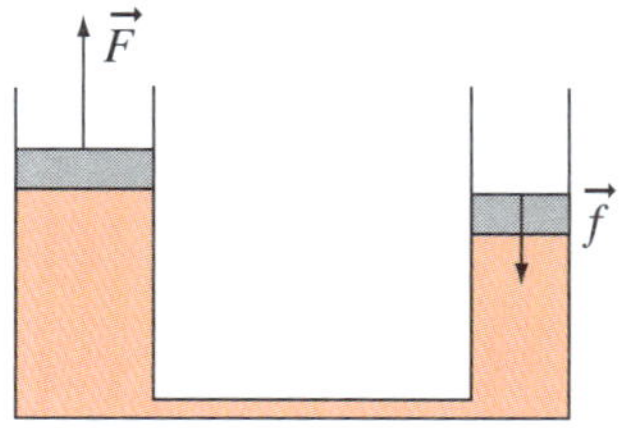

3. CINÉMATIQUE

Mouvement rectiligne uniforme

Un solide est animé d'un mouvement rectiligne uniforme si sa trajectoire est une droite et sa vitesse est constante.

Remarque : vitesse moyenne et vitesse instantanée sont confondues.

Équations du mouvement :

$$v = \text{constante}$$
$$x = vt + x_0$$

Mouvement rectiligne uniformément varié

Un solide est animé d'un mouvement rectiligne uniformément varié si sa trajectoire est une droite et si sa vitesse varie de façon constante.

La variation de la vitesse par unité de temps est l'accélération a en m/s^2.

Équations du mouvement :

Sans vitesse initiale

$$a = \text{constante}$$
$$v = at$$
$$x = \frac{a}{2}t^2$$

Avec vitesse initiale

$$a = \text{constante}$$
$$v = at + v_0$$
$$x = \frac{a}{2}t^2 + v_0 t$$

Remarque : dans le cas de la chute libre $a = g$ (accélération de la pesanteur).

Mouvement circulaire uniforme

• Vitesse angulaire :

$$\omega = \frac{\theta}{t}$$

où θ est l'angle balayé pendant le temps t.

La vitesse angulaire s'exprime en rad/s.

Un point est en mouvement circulaire uniforme si sa trajectoire est un cercle et sa vitesse angulaire est constante.

• Vitesse linéaire

La vitesse linéaire d'un point A tel que $OA = R$ est donnée par la relation :

$$v = R\,\omega$$

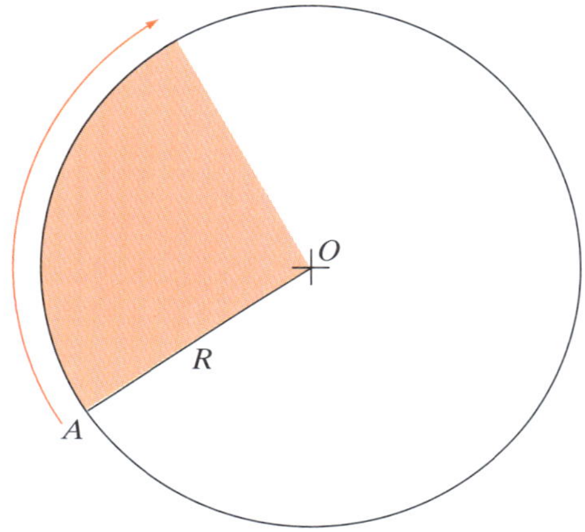

• Fréquence de rotation

La fréquence de rotation N est égale au nombre de tours accomplis par unité de temps (N s'exprime en tr/s ou en tr/min).

Relation vitesse angulaire et fréquence de rotation :

$$\omega = 2\pi N$$

Relation vitesse linéaire et fréquence de rotation :

$$v = \pi D N$$

avec $D = 2R$ (diamètre).

3 ÉNERGÉTIQUE - CHALEUR

1. ÉNERGIE ET PUISSANCE

Les formes d'énergie

Un système possède de l'énergie s'il peut fournir un travail ou de la chaleur.

Il existe différentes formes d'énergie : énergie mécanique, énergie chimique, énergie nucléaire, énergie électrique, énergie de rayonnement, énergie thermique ou chaleur (les trois dernières formes d'énergie sont, en toute rigueur, des modes de transfert d'énergie).

Unités

• Unité légale : le joule (J).
• Unité pratique utilisée dans le domaine électrique : le wattheure, 1 Wh = 3 600 J.
• Unité pratique utilisée dans les domaines thermique et diététique : la calorie, 1 cal = 4,19 J.

Principe de conservation

Lors d'une transformation, l'énergie se conserve en quantité, mais elle se dégrade en qualité (apparition de chaleur).

Le rapport de l'énergie utile E_u à l'énergie absorbée E_a est le rendement de la machine :

$$\eta = \frac{E_u}{E_a}$$

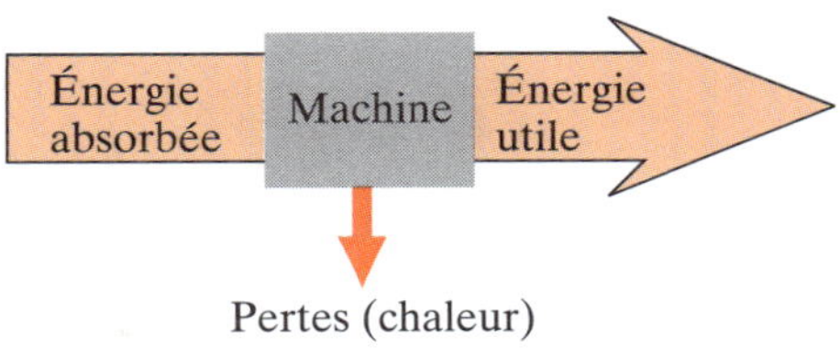

Puissance

La puissance absorbée (ou fournie) par un système est égale à l'énergie absorbée (ou fournie) par unité de temps :

$$P = \frac{E}{t}$$

E en joules, t en secondes et P en watts.

On définit de même le rendement avec les puissances :

$$\eta = \frac{P_u}{P_a}$$

2. TRAVAIL

Une force qui provoque un déplacement produit un travail mécanique. Si cette force a même direction que le déplacement, alors :

$$W = F\ell$$

avec F valeur de la force en newtons (N) ;
ℓ longueur du déplacement en mètres (m) ;
W travail en joules (J).

3. ÉNERGIE POTENTIELLE, ÉNERGIE CINÉTIQUE

Énergie potentielle

Un corps de masse m, placé à une hauteur h possède une énergie potentielle :

$$E_p = m\,g\,h$$

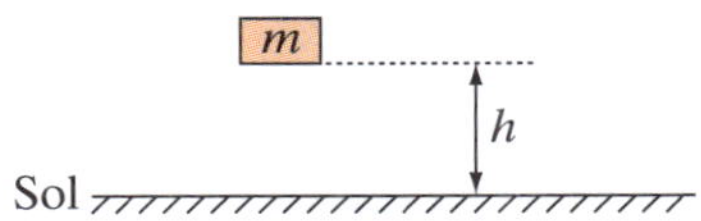

Énergie cinétique

• **Énergie cinétique de translation :**

$$E_c = \frac{1}{2}mv^2$$

m masse du corps en kg et v vitesse en m/s.

• **Énergie cinétique de rotation :**

$$E_c = \frac{1}{2}J\omega^2$$

J moment d'inertie en kg.m^2 et ω vitesse angulaire en rad/s.

Calcul du moment d'inertie

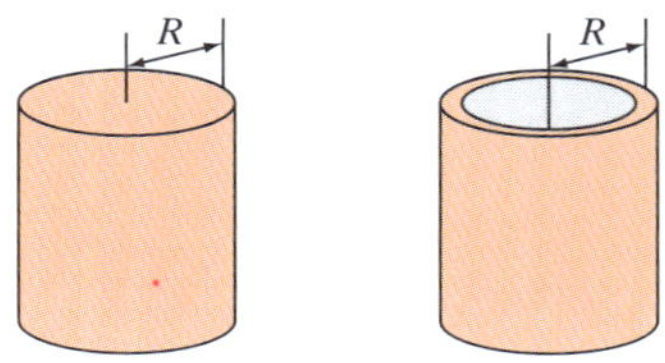

$J = \frac{1}{2} mR^2$ Cylindre plein

$J = mR^2$ Cylindre creux

4. TRANSFERT DE CHALEUR

Modes de transfert de chaleur

- **Conduction :** transfert de chaleur d'un corps chaud vers un corps froid sans transport de matière.
- **Convexion :** propagation de chaleur par déplacement de matière (dans les fluides).
- **Rayonnement :** les corps chauds émettent des rayons infrarouges qui se propagent dans l'air (même dans le vide).
Ces rayons provoquent l'échauffement des corps qui les reçoivent.

Quantité de chaleur

La quantité de chaleur Q gagnée ou cédée par un corps de masse m quand sa température varie de θ_1 à θ_2 est donnée par la relation :

$$Q = m\,c\,(\theta_2 - \theta_1)$$

avec Q : en joules, m : en kg, c : capacité thermique massique en J/(kg.°C)

5. ISOLATION THERMIQUE

Conductivité thermique

La conductivité thermique λ (en W/(m.°C)) d'un matériau exprime son aptitude à transmettre la chaleur par conduction.

Matériau	Conductivité λ
Polystyrène	0,038
Placoplâtre	0,46
Verre	1,14
Béton	1,7
Fer	72

Résistance thermique

La résistance thermique R d'un matériau est donnée par la relation :

$$R = \frac{e}{\lambda}$$

avec e épaisseur en m, λ conductivité en W/(m.°C), R en (m².°C)/W.

Résistance thermique d'une paroi

La résistance thermique d'une paroi constituée de couches de différents matériaux est égale à la somme des résistances thermiques de chacun des matériaux.

6. DILATATION

La dilatation d'un corps est l'augmentation de son volume sous l'influence de l'augmentation de température.

Dilatation linéaire (pour les solides)

$$\ell = \ell_0\,(1 + \lambda\,\theta)$$

ℓ_0 longueur à 0 °C, λ coefficient de dilatation linéaire, θ température, ℓ longueur à la température θ.

Corps	Coeff. de dilatation linéaire λ
Pyrex	3×10^{-6}
Verre	9×10^{-6}
Fer	12×10^{-6}

Dilatation volumique

$$V = V_0\,(1 + \alpha\,\theta)$$

α coefficient de dilatation volumique :
– pour les solides : $\alpha \approx 3\,\lambda$;
– pour les liquides :

Liquide	Coefficient de dilatation α
Mercure	$0{,}18 \times 10^{-3}$
Eau	$0{,}21 \times 10^{-3}$
Alcool	$1{,}1 \times 10^{-3}$

– pour tous les gaz : $\alpha = \frac{1}{273}$.

4 ACOUSTIQUE

1. PRODUCTION ET PERCEPTION D'UN SON

Un son est produit par une vibration (cordes vocales, anche d'un instrument à vent, lame d'une scie…).

Le son est perçu grâce au tympan (membrane vibrante située dans l'oreille).

2. CARACTÉRISTIQUES D'UN SON

Niveau sonore

Le niveau sonore d'un son mesure son amplitude. L'unité est le décibel (dB).

Échelle des sensations auditives

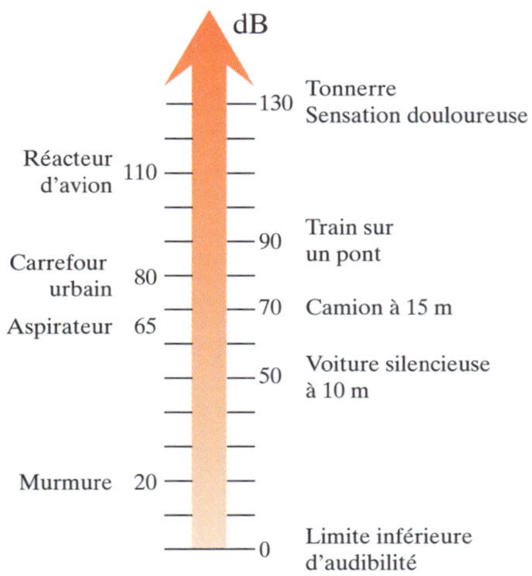

Hauteur d'un son

La hauteur d'un son est donnée par sa fréquence, exprimée en hertz (Hz).

Gamme des fréquences

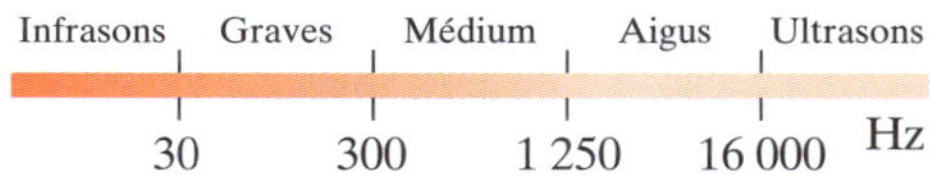

3. PROPAGATION D'UN SON

Célérité

La vitesse à laquelle l'onde sonore est transmise est la célérité du son. Elle est notée c et dépend du milieu dans lequel se propage le son.

Milieu	Célérité (m/s)
Air	330
Eau	1 500
Granit	3 950
Sapin	5 100
Acier	5 050
Verre	5 400

Longueur d'onde

(Secteur 3 uniquement.)

La longueur d'onde λ (en m) est égale à la distance parcourue par l'onde sonore pendant une période :

$$\lambda = c\,T$$

où T est la période : $T = \dfrac{1}{f}$ (en s).

5 OPTIQUE

1. RÉFLEXION

Loi de Descartes

SI : rayon incident
IR : rayon réfléchi
IN : normale au plan du miroir
$i = \widehat{SIN}$: angle d'incidence
$r = \widehat{NIR}$: angle de réflexion

$$i = r$$

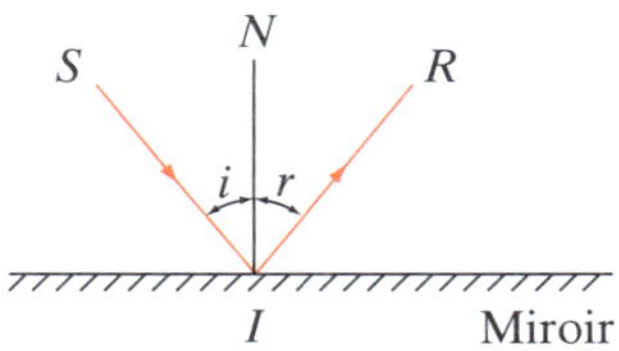

Image d'un point

Un observateur placé en O voit l'image du point A comme si le rayon provenait du point A' symétrique de A par rapport au miroir.

La construction de $(A'O)$ permet de déterminer le point d'incidence I et de déduire la marche du rayon (AI).

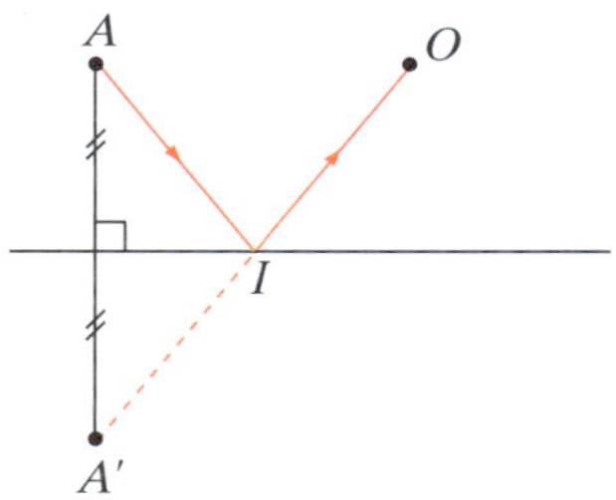

2. RÉFRACTION

Loi de Descartes

Lorsqu'un rayon lumineux passe d'un milieu transparent dans un autre, il est dévié ; on dit que le rayon est réfracté.

i_1 : angle d'incidence
$i_2 = \widehat{N'IT}$: angle de réfraction
n_1 : indice de réfraction du milieu 1
n_2 : indice de réfraction du milieu 2

$$n_1 \sin i_1 = n_2 \sin i_2$$

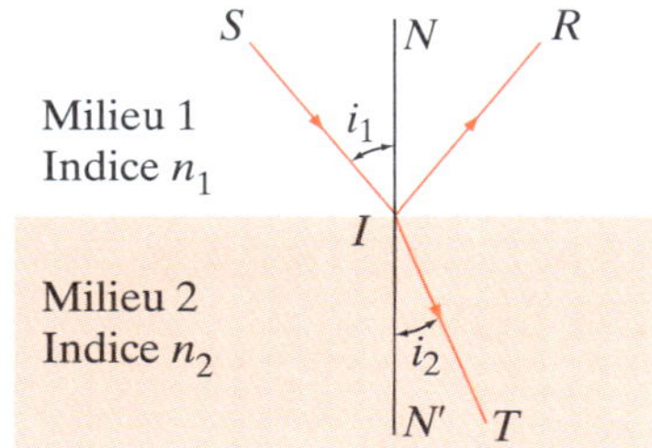

Quelques indices de réfraction			
Vide	1	Glace	1,31
Air	1	Verre	1,5
Eau	1,33	Plexiglass	1,5

Réflexion totale

Si $n_1 < n_2$ alors $i_1 > i_2$: le rayon réfracté se rapproche de la normale (IN').

Si $n_1 > n_2$ alors $i_1 < i_2$: le rayon réfracté s'éloigne de la normale (IN').

Dans ce cas, pour $i_1 = \lambda$ tel que :

$$\sin \lambda = \frac{n_2}{n_1}$$

le rayon réfracté disparaît : il y a réflexion totale.

λ est l'angle limite de réfraction.

3. LENTILLES CONVERGENTES

Lentille convergente

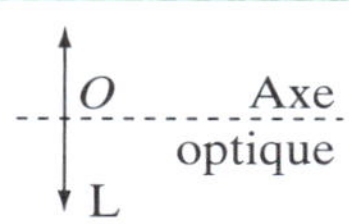

O : centre optique
L : lentille convergente

Propriétés fondamentales

- **Centre optique :** tout rayon passant par le centre optique n'est pas dévié.

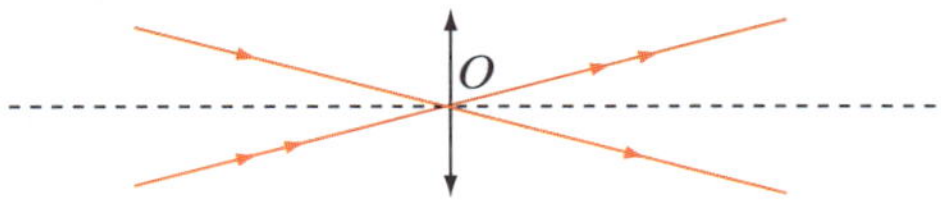

- **Foyer image :** tout rayon incident parallèle à l'axe optique émerge en passant par un point de l'axe appelé foyer image et noté F'.

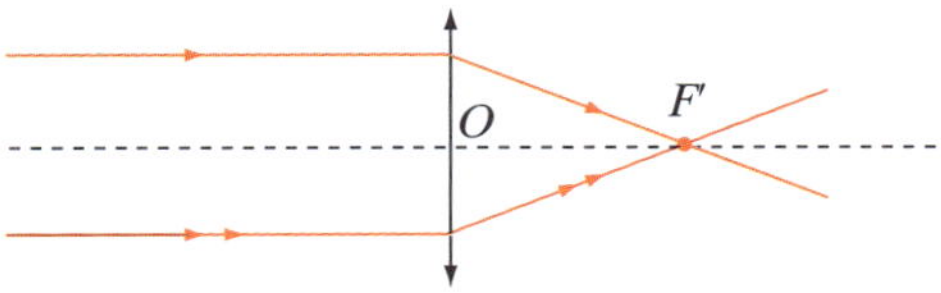

- **Foyer objet :** le foyer objet, noté F, est le point symétrique du foyer image par rapport au centre optique.
Tout rayon incident passant par le foyer objet émerge parallèlement à l'axe.

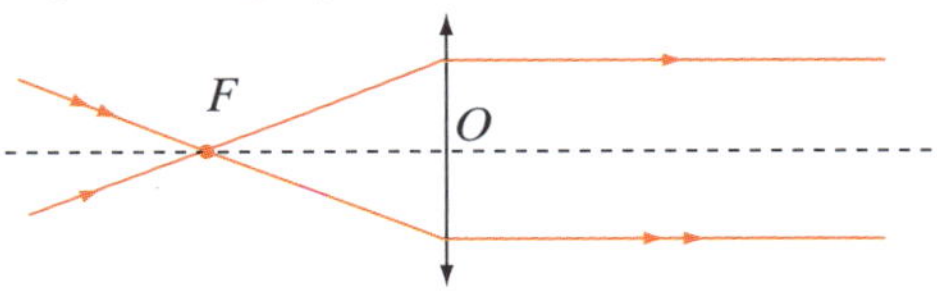

- **Distance focale :** $OF = OF' = f$.

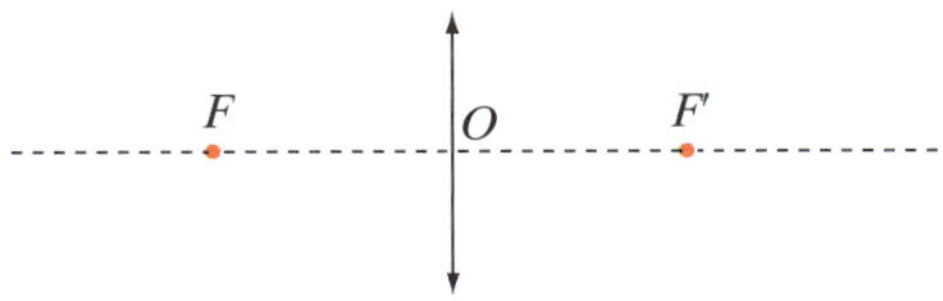

Construction de l'image d'un objet

- **L'objet est placé avant le foyer objet**

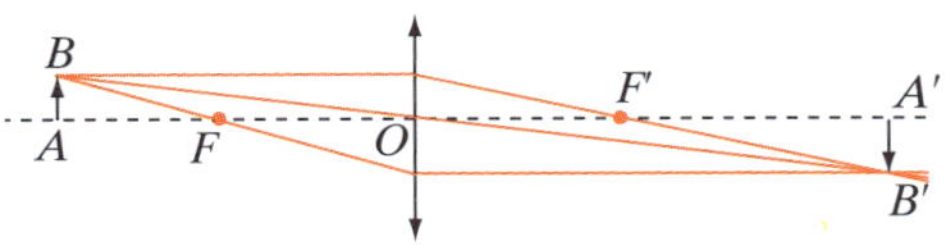

Pour déterminer l'image $A'B'$ d'un objet AB placé devant une lentille convergente, il suffit de tracer deux des trois rayons représentés ci-dessus.

- **L'objet est placé entre le foyer objet et la lentille**

L'image est située du même côté de la lentille que l'objet ; elle est virtuelle et droite.

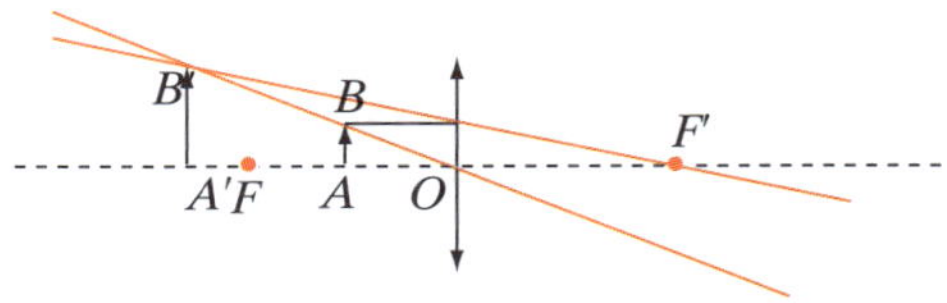

Formules des lentilles

- **Formule de conjugaison (ou de position) :**

$$\frac{1}{\overline{OA'}} - \frac{1}{\overline{OA}} = \frac{1}{\overline{OF'}}$$

Le repère étant orienté dans le sens de propagation de la lumière :
– si $\overline{OA} < 0$, l'objet est réel ; si $\overline{OA} > 0$, l'objet est virtuel ;
– si $\overline{OA'} < 0$, l'image est virtuelle ; si $\overline{OA'} > 0$, l'image est réelle.

- **Grandissement :**

$$\gamma = \frac{\overline{A'B'}}{\overline{AB}} = \frac{\overline{OA'}}{\overline{OA}}$$

Si $\gamma < 0$, l'image est inversée par rapport à l'objet ;

Si $\gamma > 0$, l'image est droite par rapport à l'objet.

- **Vergence d'une lentille :**

$$C = \frac{1}{f}$$

f en mètres (m) et C en dioptries (δ).

6 CHIMIE

1. STRUCTURE DE LA MATIÈRE

L'atome

C'est le constituant fondamental de la matière. Il est électriquement neutre. Chaque atome est constitué :
- d'un noyau formé de protons chargés d'électricité positive et de neutrons électriquement neutres ;
- d'électrons chargés d'électricité négative et qui gravitent autour du noyau.

La masse totale des électrons est négligeable par rapport à la masse du noyau.

Un corps simple est constitué d'atomes de la même espèce.

Représentations de l'atome

La constitution du noyau est donnée par la représentation :

$$^{A}_{Z}\mathrm{X}$$

avec :
A : nombre de masse (nombre de protons + nombre de neutrons) ;
Z : nombre de charge (nombre de protons) ;
X : symbole de l'élément chimique.

Exemples : $^{1}_{1}\mathrm{H}$, $A = 1$ et $Z = 1$ (1 proton et 0 neutron) ; $^{16}_{8}\mathrm{O}$, $A = 16$ et $Z = 8$ (8 protons et 8 neutrons).

La constitution du nuage électronique est donnée par la représentation de Bore : les électrons se répartissent par paire sur des couches électroniques nommées K (2 électrons au maximum), L (8 électrons au maximum), M (18 électrons au maximum)…

Règle de l'octet

Les atomes existent rarement isolés : ils sont souvent combinés avec d'autres atomes (identiques ou différents) pour former des molécules ou des édifices cristallins atomiques ou ioniques. Chaque atome a tendance à acquérir une structure stable à 8 électrons sur la couche externe. Il y a pour cela deux possibilités :
- gagner ou perdre un ou plusieurs électrons : il devient alors un ion ;
- mettre en commun des électrons avec un ou plusieurs atomes dans des liaisons covalentes.

2. RÉACTIONS CHIMIQUES

La mole

Dans le système international (SI), l'unité de quantité de matière est la mole (symbole : mol).

Une mole d'atomes (ou ions ou molécules) contient $6{,}02 \times 10^{23}$ atomes (ou ions ou molécules).

Masse molaire

C'est la masse (notée *M*) d'une mole de produit.

Exemple : calcul de la masse molaire du glucose $C_6H_{12}O_6$ sachant que $M_C = 12$ g/mol, $M_H = 1$ g/mol et $M_O = 16$ g/mol :

$$M_{glucose} = 6 \times 12 + 12 \times 1 + 6 \times 16 = 180 \text{ g/mol.}$$

Volume molaire

Dans les conditions normales de température (0 °C) et de pression (1 013 hPa), une mole d'un gaz occupe un volume de 22,4 litres.

Réaction chimique

C'est une transformation au cours de laquelle :
- des corps réagissent et disparaissent : ce sont les réactifs ;
- des corps nouveaux apparaissent : ce sont les produits.

La nature et le nombre de moles des éléments chimiques sont conservés : ainsi la masse des produits est égale à la masse des réactifs.

Équation-bilan

Une équation-bilan équilibrée traduit exactement ce qui se passe lors d'une réaction chimique : elle donne la nature et la proportion des réactifs et des produits. La loi de conservation des masses est alors respectée.

Exemple : la réaction de l'oxyde de fer III et de l'aluminium se traduit par l'équation-bilan équilibrée :

$$1\ Fe_2O_3 + 2\ Al \mapsto 2\ Fe + 1\ Al_2O_3$$

1, 2, 2, 1 sont les coefficients stœchiométriques. Lorsque le coefficient est égal à 1, il peut ne pas être écrit.

3. PH D'UNE SOLUTION AQUEUSE

Solution aqueuse

Une solution aqueuse est constituée d'un solvant (l'eau) dans lequel est dissous un produit (le soluté). La quantité de soluté dissoute dans un litre de solution définit la concentration molaire c.

Exemple : dans 5 litres d'eau, on dissout 58,5 g de chlorure de sodium NaCl. Calculons la concentration en ions Na^+ de cette solution aqueuse. On donne $M_{Na} = 23$ g/mol et $M_{Cl} = 35{,}5$ g/mol.

$M_{NaCl} = 23 + 35{,}5 = 58{,}5$ g/mol : dans 5 litres de solution aqueuse, il y a une mole de chlorure de sodium donc une mole d'ions Na^+ (et une mole d'ions Cl^-),

d'où la concentration : $c = \dfrac{1}{5} = 0{,}2$ mol/L.

On écrit également $[Na^+] = 0{,}2$ mol/L.

pH d'une solution aqueuse

La concentration molaire en ions H^+ d'une solution détermine son pH.

$[H^+] = 10^{-pH}$ mol/L ou $pH = -\log [H^+]$

$[H^+] \times [OH^-] = 10^{-14}$ à 25°C

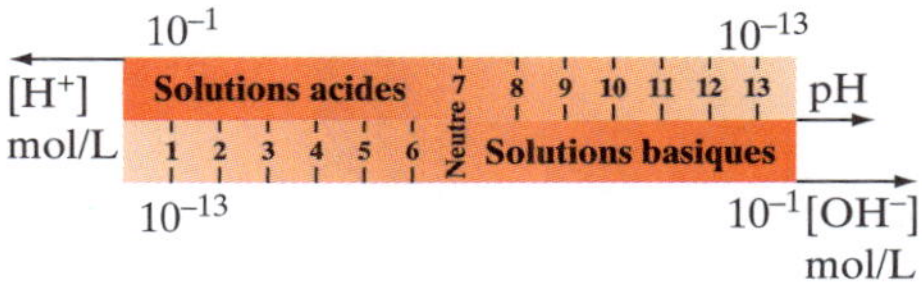

4. OXYDO-RÉDUCTION

Exemple

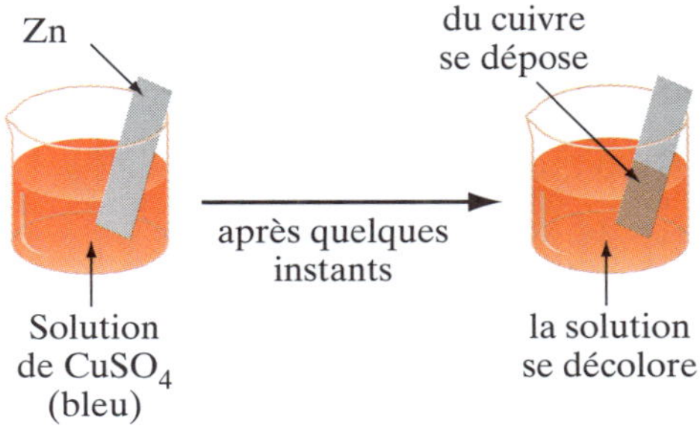

$$Cu^{2+} + 2\ e^- \rightarrow Cu$$

l'ion cuivre est réduit (gain d'électrons) ;

$$Zn \rightarrow Zn^{2+} + 2\ e^-$$

le zinc est oxydé (perte d'électrons).

Cu^{2+}/Cu et Zn^{2+}/Zn sont des couples oxydant-réducteur. Chaque couple est représenté par le schéma général :

$$\text{oxydant} + n\ e^- \rightarrow \text{réducteur}$$

Classification électrochimique

Une réaction d'oxydo-réduction se produit spontanément dans un sens bien déterminé.

L'oxydant le plus fort réagit avec le réducteur le plus fort pour donner l'oxydant le plus faible et le réducteur le plus faible.

On peut ainsi classer les couples oxydant-réducteur :

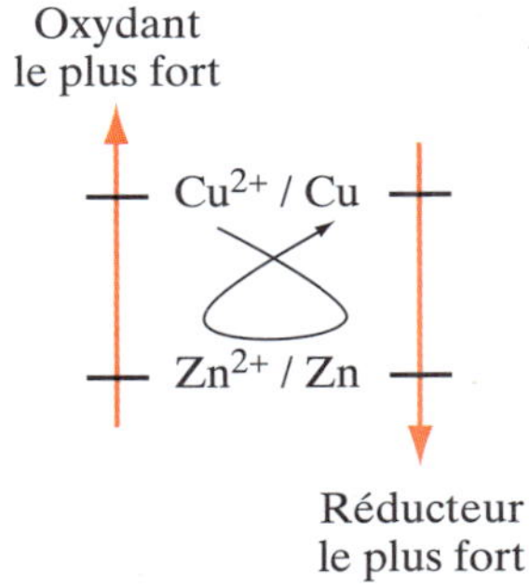

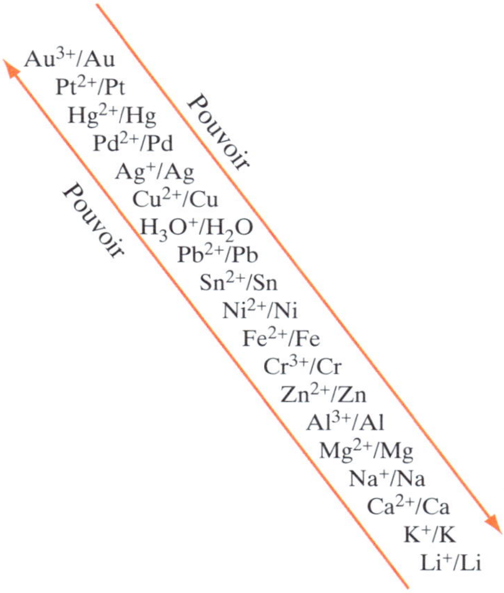

5. CHIMIE DU CARBONE

Toute substance organique, naturelle ou artificielle, renferme l'élément carbone.

L'atome de carbone

Le carbone est tétravalent ; il présente donc 4 liaisons sous forme de :

simple liaison : 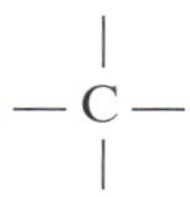 ;

double liaison : 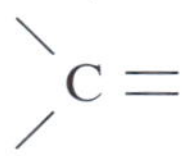 ;

triple liaison :  ;

délocalisée : 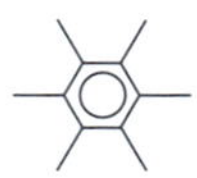 .

Formule brute, formule semi-développée, formule développée

Exemple : le butane.

– Formule brute : C_4H_{10}.

– Formule semi-développée :

$CH_3 — CH_2 — CH_2 — CH_3$

ou $CH_3 — CHCH_3 — CH_3$.

– Formule développée :

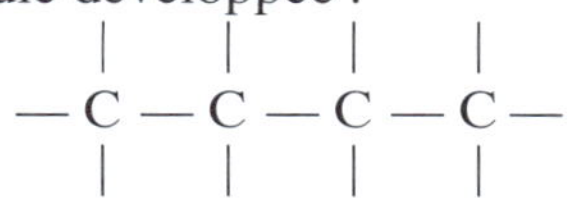

ou 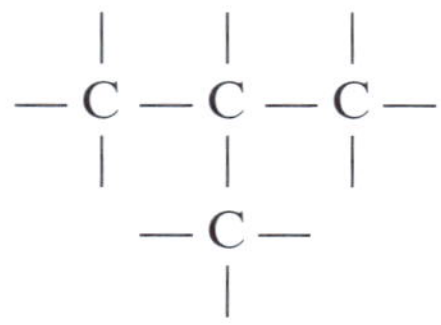

Afin d'alléger l'écriture développée, on peut ne pas représenter les atomes d'hydrogène.

Les deux formules développées représentent des **isomères**.

Composé organique oxygéné

Exemple : composé possédant le groupement fonctionnel hydroxyle — OH. Il s'agit d'un alcool.

Selon la position du groupement fonctionnel au sein de la molécule, on peut avoir :

– alcool primaire : $R — CH_2 — OH$;

– secondaire : 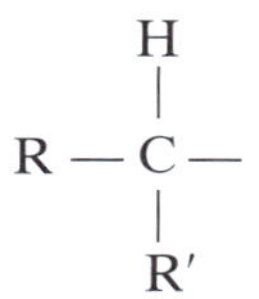 ;

– tertiaire : 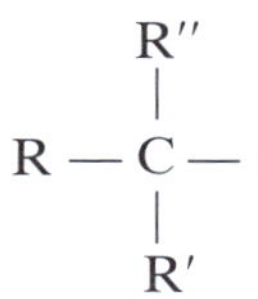 .

EXERCICES

1 ÉLECTRICITÉ

1 E1 *Corrigé page 216*

Un circuit électrique comporte une lampe montée en série avec deux résistances R_1 et R_2 de même valeur 5 Ω et montées en parallèle. Le circuit est alimenté par une batterie de 12 V.

1. Représentez le schéma du circuit :
– en indiquant le sens du courant dans les différentes branches du circuit ;
– en plaçant l'ampèremètre qui mesure l'intensité du courant traversant la lampe ;
– en plaçant le voltmètre qui mesure la tension aux bornes de la lampe.

2. La mesure de l'intensité du courant traversant la lampe est 3 A.
Déterminez l'intensité du courant qui traverse les résistances R_1 et R_2.

3. Calculez la tension aux bornes de la résistance R_1 et déduisez la mesure indiquée par le voltmètre.

2 E3, E6 *Corrigé page 216*

Une cuisinière électrique, constituée de trois plaques et d'un four, comporte les indications suivantes sur sa plaque signalétique :

6 960 W	Plaque n° 1 :	1 500 W
230 V	Plaque n° 2 :	1 500 W
50 Hz	Plaque n° 3 :	2 000 W
	Four :	1 960 W

1. Justifiez que la puissance totale de cette cuisinière est bien 6 960 W.

2. Calculez l'intensité maximale absorbée par l'appareil lorsque les trois plaques et le four fonctionnent en même temps.

3. On veut protéger l'installation avec un fusible. On dispose de fusibles : 10 A, 16 A, 20 A et 32 A.

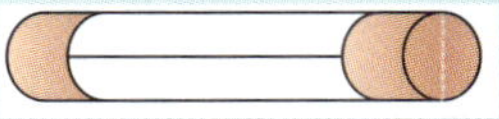

Lequel faut-il choisir ? Justifiez votre choix.

4. On fait fonctionner le four pendant deux heures et la plaque n° 1 pendant une heure. Calculez l'énergie électrique E consommée pendant ce fonctionnement. Donnez le résultat en kWh.

5. Sachant que le prix du kWh est de 0,0779 €, calculez le coût (au centime près) du fonctionnement de la cuisinière dans les conditions de la question 4.

3 E2, E3, E4, EC1 *Corrigé page 216*

Sur un fer à repasser figure une plaque signalétique.

1. Que signifient les indications (grandeurs et unités) : 1000 W ; 230 V ; 50 Hz ?

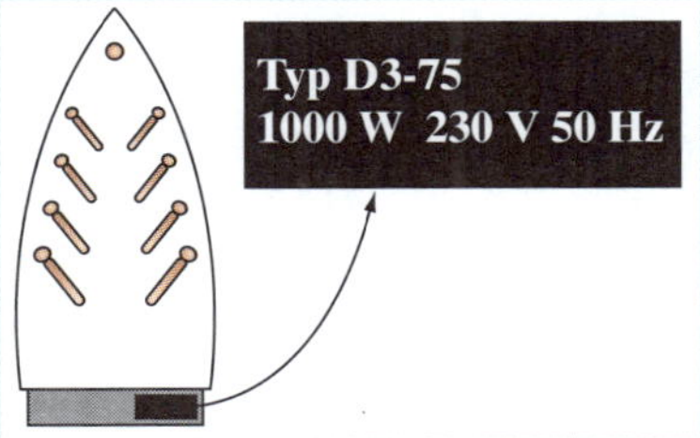

2. Pour le fer à repasser, l'énergie électrique se transforme en :
– énergie chimique ;
– énergie thermique ;
– énergie mécanique ;
– énergie nucléaire.
Recopiez la bonne réponse.

3. L'élément chauffant est constitué d'une résistance. Déterminez à l'aide des indications de la plaque signalétique, l'intensité nominale du courant.

4. Déduisez la valeur de la résistance du fer à repasser.
5. Quelle est l'énergie consommée par le fer à repasser en 30 minutes ? Donnez le résultat en Wh.

4 E3

Corrigé page 216

Le tableau ci-dessous regroupe l'équipement électrique d'un appartement et la durée moyenne d'utilisation journalière des appareils.

Appareil	Puissance	Durée d'utilisation
Lave-vaisselle	2,2 kW	0,5 h
Lave-linge	3,2 kW	1 h
Four	3,5 kW	0,5 h
Téléviseur	180 W	4 h
Fer à repasser	1 200 W	1 h
Aspirateur	800 W	0,25 h
6 lampes	60 W chacune	3 h

1. Pour que les appareils puissent fonctionner sous la même tension, quelle est la nature des branchements ?
2. Un technicien recommande l'abonnement 9 kW. Êtes-vous d'accord avec lui ? Pourquoi ?
3. Calculez le coût de l'énergie électrique journalière sachant que le prix du kWh est 0,0779 €.

5 E1. E3, E4

Corrigé page 216

Une lampe témoin du fonctionnement d'un moteur porte les indications : 24 V ; 12 W. La tension nominale du moteur est 230 V. Si l'interrupteur K est fermé, la tension U_{BC} est égale à 24 V.

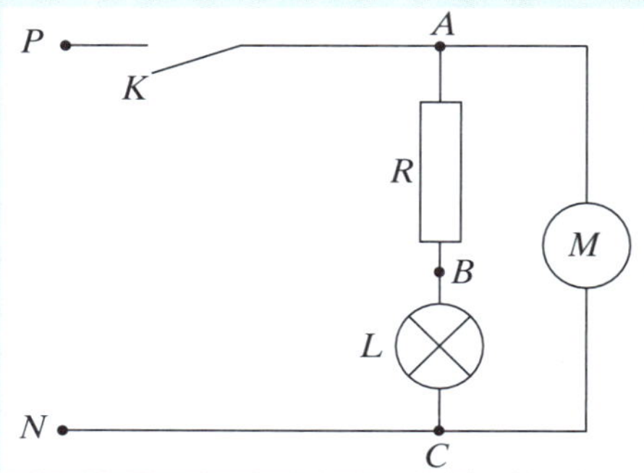

1. À quelles grandeurs correspondent chaque indication portée sur la lampe ?
2. Calculez l'intensité du courant traversant la lampe.
3. Calculez la tension U_{AB} aux bornes de la résistance R.
4. Calculez la valeur de la résistance.
5. La plaque signalétique du moteur M porte les indications : $P_u = 1{,}2$ kW ; $\eta = 0{,}9$.
Calculez :
a) l'énergie fournie par le moteur en 30 minutes ;
b) la puissance reçue par le moteur.

6 E2

Corrigé page 216

On étudie la tension aux bornes d'un dipôle D à l'aide du montage représenté ci-dessous.
Le générateur G fournit une tension alternative sinusoïdale.

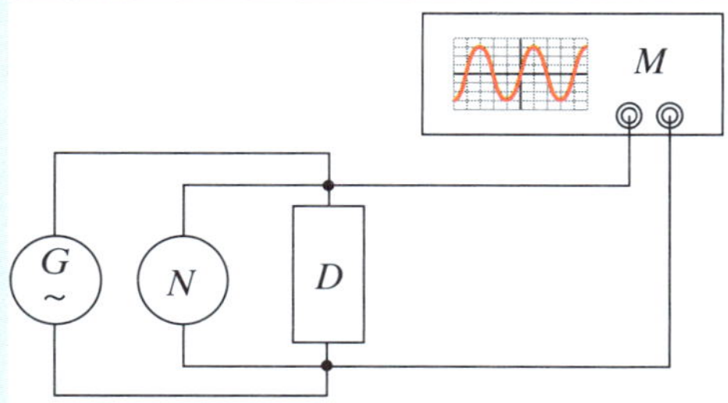

1. Indiquez la nature du branchement des appareils M et N.
2. Sur l'écran de l'appareil M, on observe la courbe représentée ci-dessous.

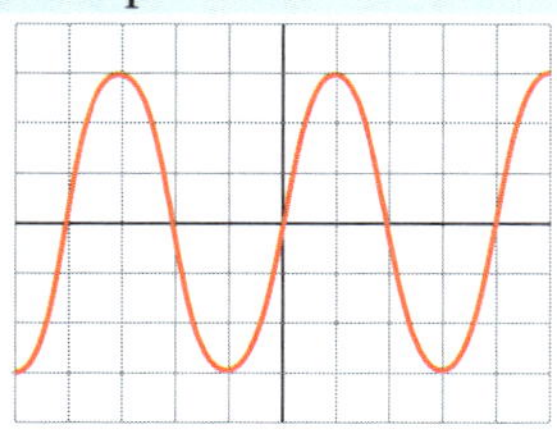

Sensibilité verticale : 5 V/div
Balayage horizontal : 5 ms/div

a) Nommez l'appareil M.
b) En utilisant la courbe, déterminez la période et la tension maximale.
3. Calculez la fréquence et la tension efficace.
4. Nommez l'appareil N qui permet de mesurer cette tension.

7 E1. E2. E4 *Corrigé page 217*

À l'aide d'un générateur de 9 V, on alimente le circuit schématisé ci-dessous.

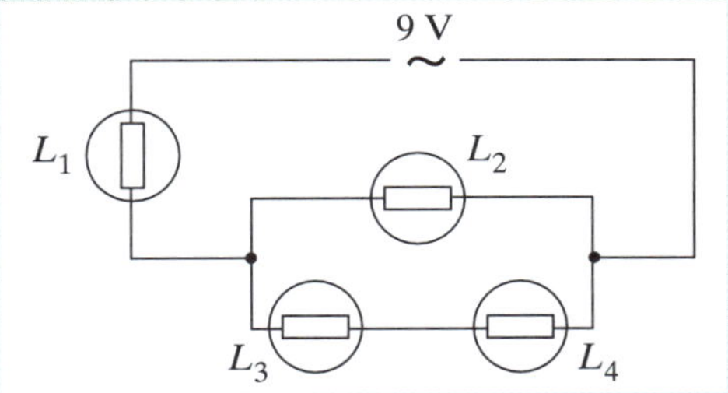

1. Reproduisez le schéma en représentant l'appareil permettant de mesurer la tension aux bornes de L_1.
2. Complétez le tableau ci-dessous :

	L_1	L_2	L_3	L_4	Générateur
Tension (V)	5			2,5	9
Intensité (A)	1,5			0,5	

3. Calculez la résistance de la lampe L_1.
4. Le graphique suivant, obtenu à partir d'un oscilloscope, représente les variations de la tension sinusoïdale délivrée par le générateur en fonction du temps.
La sensibilité verticale est de 5 V par division.
Le balayage horizontal est de 0,5 ms par division.

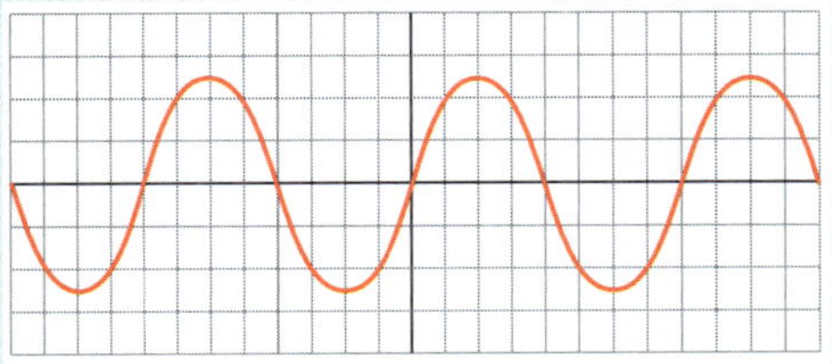

a) Déterminez graphiquement la tension maximale et la période T.
b) Calculez la fréquence.

8 E5 *Corrigé page 217*

La plaque signalétique d'un transformateur donne les indications suivantes :
– Primaire :
~ 50 Hz ; $U_1 = 230$ V
– Secondaire :
~ 50 Hz ; $U_2 = 11{,}5$ V ; $S_2 = 575$ VA
1. Donnez les significations du symbole ~ et de 50 Hz.
2. Calculez :
a) le rapport de transformation m ;
b) le nombre N_2 de spires au secondaire, sachant que le nombre N_1 de spires au primaire est de 1000 ;
c) l'intensité I_2 utilisable au secondaire ;
d) l'intensité I_1 dans le primaire.

9 E5 *Corrigé page 217*

Une installation triphasée 230/400 V - 50 Hz comprend trois lampes identiques 75 W - 230 V et trois radiateurs identiques 2 kW - 400 V.
1. Vérifiez qu'il s'agit bien d'une installation triphasée.
2. Parmi les schémas ci-dessous, repérez celui correspondant au branchement des lampes et celui correspondant au branchement des radiateurs.

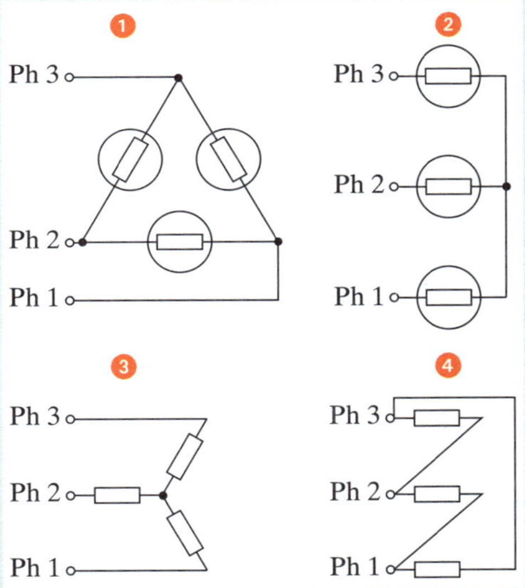

3. Calculez l'intensité I_L du courant traversant chaque lampe et l'intensité I_R du courant traversant chaque radiateur.

10 E4, E6 *Corrigé page 217*

Le schéma représenté ci-après correspond à une distribution normalisée 230 V monophasée.
1. Repérez à l'aide de leur numéro, les différents constituants de cette installation en complétant les cases sur le schéma.

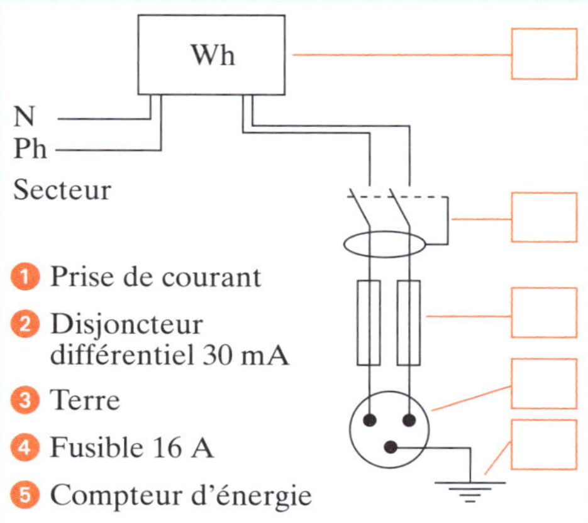

2. a) Citez le constituant qui va assurer la sécurité de l'installation en cas de contact direct entre la phase et le neutre.

b) Citez le constituant qui va assurer la sécurité de l'installation en cas de contact direct entre la phase et la masse de l'appareil.

3. Une plaque chauffante électrique offre trois allures de chauffe, qu'un sélecteur permet de choisir.
– Position 1 : l'élément chauffant a une résistance $R_1 = 125\ \Omega$.
– Position 2 : l'élément chauffant a une résistance $R_2 = 25\ \Omega$.
– Position 3 : l'élément chauffant a une résistance $R_3 = 11{,}5\ \Omega$.

a) Calculez l'intensité du courant qui alimente la plaque chauffante et la puissance dissipée pour chaque position.

b) En utilisant l'installation schématisée ci-dessus, vérifiez si la plaque fonctionne dans chacune des trois positions. Justifiez votre réponse.

11 E2, E3, E6

Corrigé page 217

Le schéma ci-après (figure 1) représente le circuit électrique simplifié d'une installation domestique. La plaque signalétique de la machine à laver est représentée ci-après, figure 2.

1. Que signifient les indications de la plaque signalétique de la machine à laver ?

2. Calculez l'intensité du courant absorbé par le circuit d'éclairage.

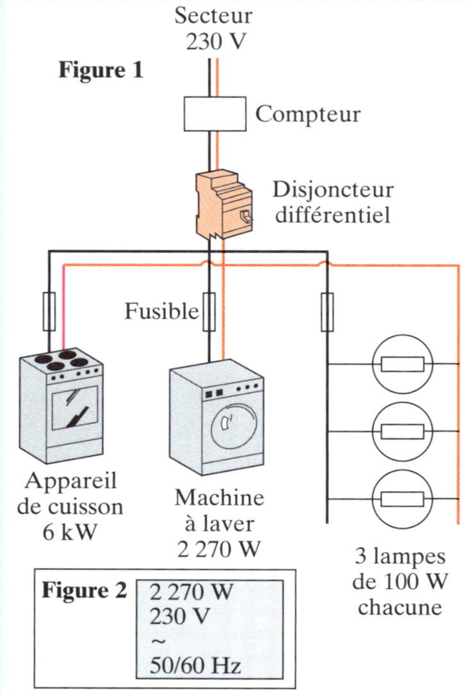

3. Il existe des fusibles de 10 A, 16 A, 20 A et 32 A.
Choisissez le fusible qui assure la protection de l'appareil de cuisson.

4. Le compteur électrique limite le courant à 40 A.
Dites, en justifiant votre réponse, si cette installation peut fonctionner.

5. Lors d'un nettoyage de la machine à laver sous tension, le disjoncteur différentiel déclenche.
Quelle est la cause probable de l'incident ?

12 E6

Corrigé page 218

Une personne touche accidentellement les deux phases d'une installation triphasée 230/400 V. On suppose que sa résistance électrique entre les deux mains est de 5 000 Ω.

1. Calculez l'intensité du courant corporel.

2. En utilisant le tableau ci-après, dites quels sont les risques physiologiques encourus par la personne.

Intensité du courant (A)	Effet physiologique
0,5 mA	Aucune sensation
1 mA	Seuil de perception
1 à 3 mA	Sensation sans douleur
3 à 10 mA	Sensation douloureuse
10 mA	Seuil de tétanisation musculaire
30 mA	Seuil de paralysie respiratoire
75 mA	Seuil de fibrillation cardiaque
250 mA	Fibrillation cardiaque
4 A	Seuil de paralysie cardiaque
> 5 A	Brûlures des tissus organiques

2 MÉCANIQUE

13 M1 Corrigé page 218

Un ressort est tendu par deux forces $\vec{F_1}$ et $\vec{F_2}$. Reproduisez le dessin des forces à l'échelle 1/1.

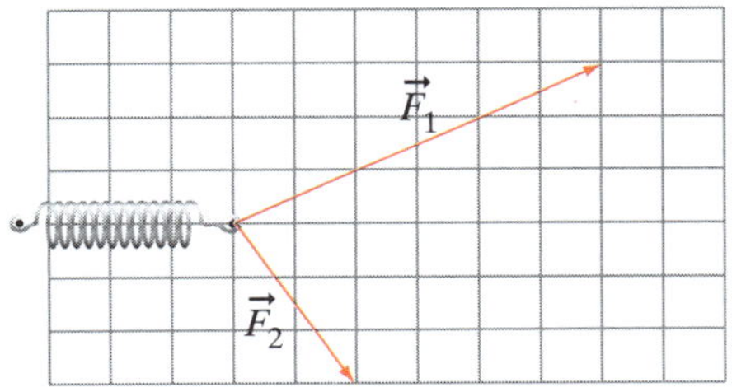

Échelle : 1 cm pour 4 N.

1. Représentez la force $\vec{F}$ qui pourrait remplacer les deux forces $\vec{F_1}$ et $\vec{F_2}$ en donnant la même déformation du ressort.
2. Déterminez à l'aide du graphique les valeurs des forces $\vec{F_1}$, $\vec{F_2}$ et $\vec{F}$.
Donnez les résultats arrondis au newton.

14 M1 Corrigé page 218

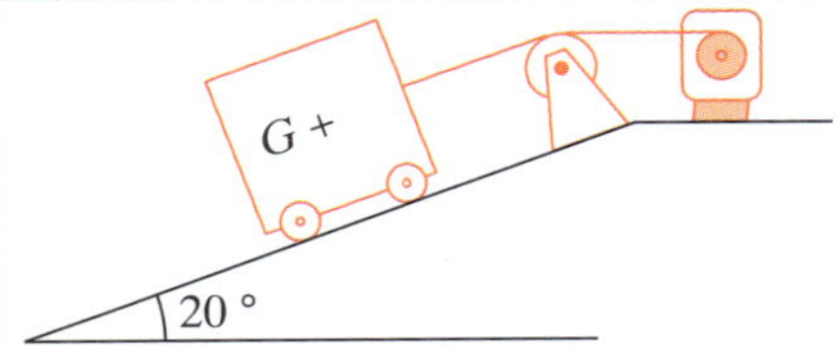

Un wagonnet ayant avec sa charge une masse $M = 800$ kg, roule sans frottement sur un plan incliné. Il est actionné à l'aide d'un treuil comme l'indique le schéma ci-dessus.

Le wagonnet est soumis à trois forces :
– son poids $\vec{P}$;
– la réaction $\vec{R}$ du plan incliné, supposée orthogonale au plan incliné et passant par G centre de gravité du wagonnet ;
– la force $\vec{F}$ exercée par le câble, de direction parallèle au plan incliné.
On suppose que :

$R = 750$ daN et $F = 200$ daN.

1. Calculez la valeur du poids $\vec{P}$ du wagonnet en prenant $g = 10$ N/kg. Reproduisez le dessin du wagonnet et représentez $\vec{P}$.
(Échelle : 1 cm pour 200 daN.)
2. Construisez le dynamique des forces.
3. Le wagonnet est-il en équilibre ? Justifiez votre réponse.
4. Si non, décrivez le mouvement du wagonnet.

15 M1 Corrigé page 218

Une barre métallique de masse négligeable peut tourner autour d'un axe fixe placé en O. Une masse marquée de 200 g est accrochée en G, milieu de la barre. Celle-ci est maintenue en équilibre par un dynamomètre comme l'indique le dessin ci-dessous.

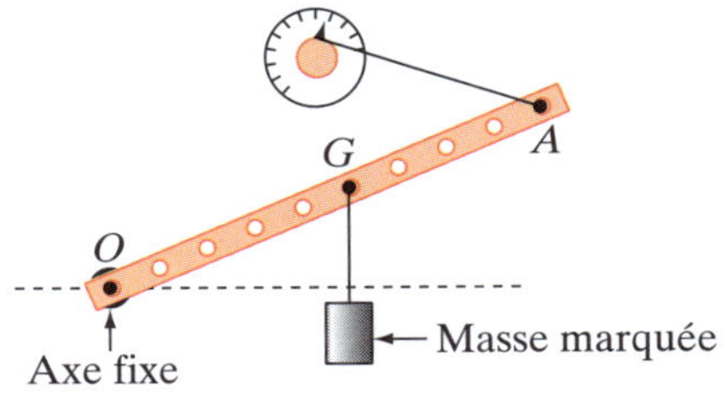

On note $\vec{F_1}$ l'action exercée par la masse marquée sur la barre ;
$\vec{F_2}$ l'action exercée par le dynamomètre sur la barre ;
$\vec{F_3}$ l'action exercée par l'axe sur la barre.
1. Calculez la valeur de $\vec{F_1}$, en prenant $g = 10$ N/kg.
2. Complétez le tracé du dynamique des forces agissant sur la barre.
3. Complétez le tableau de la page suivante en indiquant les caractéristiques des forces agissant sur cette barre.

PHYSIQUE Exercices

Force	Point d'application	Direction	Sens	Intensité
$\vec{F_1}$	G			
$\vec{F_2}$	A			
$\vec{F_3}$				

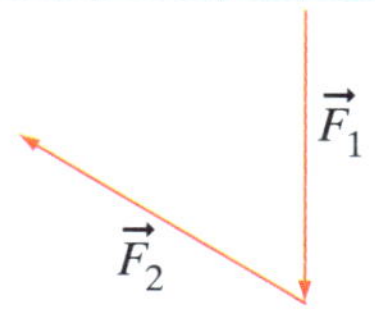

Échelle : 1 cm pour 0,5 N

Reproduisez le dessin des forces à l'échelle 1/1.

16 M1

Corrigé page 218

Un container est déplacé à l'aide d'élingues d'égales longueurs (figure 1). Une consigne de sécurité exige que celles-ci forment avec le plan horizontal un angle égal à 60°. Le container a une masse de 8 tonnes et G est son centre de gravité. On donne $AB = 4$ m.

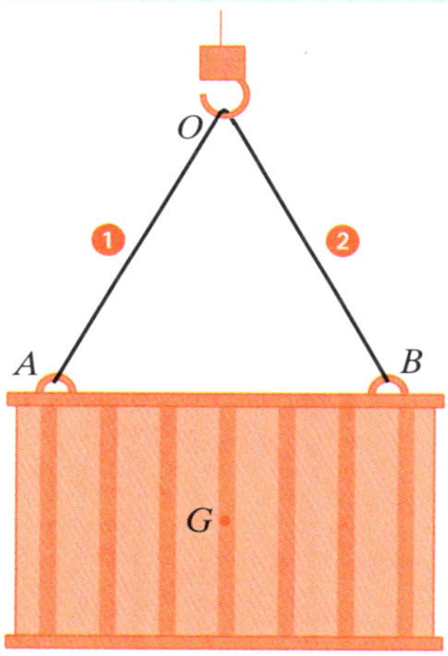

Figure 1

1. Calculez la valeur du poids $\vec{P}$ du container en prenant $g = 10$ N/kg. Exprimez le résultat en daN.

2. Donnez la nature du triangle OAB et déduisez la longueur d'une élingue.

3. Complétez le tableau de la colonne de droite en indiquant les actions s'exerçant sur le container :

Action	Élingue 1	Élingue 2	Poids
Force	$\vec{T_1}$	$\vec{T_2}$	$\vec{P}$
Droite d'action			
Sens			
Point d'application			
Intensité			

4. Le container étant en équilibre, complétez le dynamique des forces (figure 2). Échelle : 1 cm pour 2 000 daN.

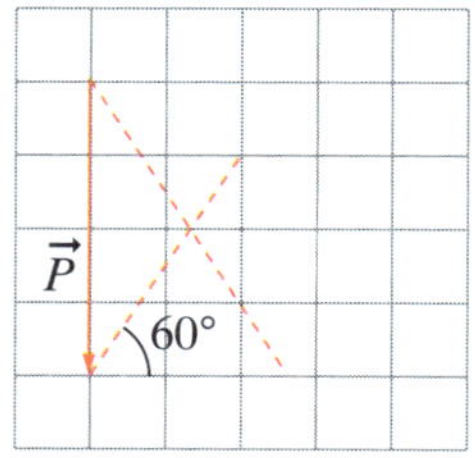

Figure 2

Reproduisez le dessin à l'échelle 1/1.

5. Déterminez à l'aide du graphique les intensités des actions exercées par les élingues 1 et 2.

6. On suppose ne disposer que d'élingues mesurant 2,5 m.

a) Calculez dans ce cas l'angle α (voir figure 3).

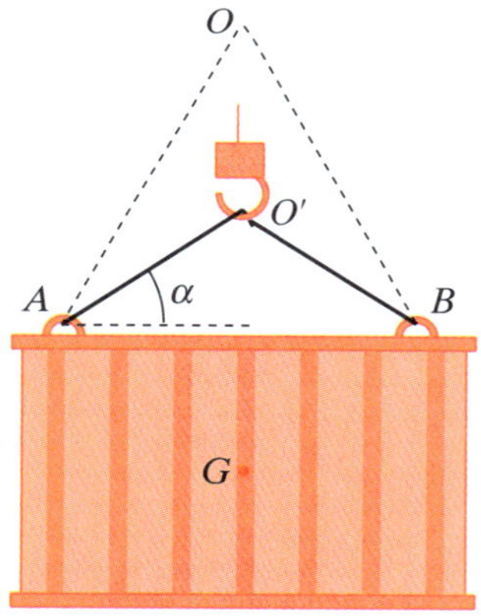

Figure 3

b) Tracez le nouveau dynamique des forces sur le graphique précédent.

c) Déduisez les valeurs des actions $\vec{T_1}$ et $\vec{T_2}$ exercées par ces nouvelles élingues.

7. Conclusion. Quelles sont les conséquences de l'utilisation d'élingues trop courtes ?

17 M1

Corrigé page 219

Suite à un incident technique, une voiture est immobilisée sur la rampe de chargement d'un camion transporteur.

Dans cette position d'équilibre, on considère que la voiture est soumise à trois forces :

– son poids $\vec{P}$, appliqué en G centre de gravité de la voiture ;

– la force $\vec{T}$ exercée par le câble, appliquée en A, parallèle à la rampe ;

– la force $\vec{R}$ exercée par la rampe, appliquée en G, perpendiculaire à la rampe.

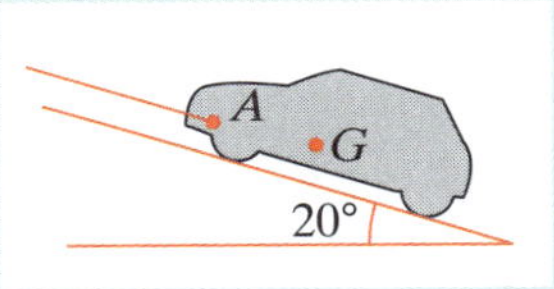

1. Calculez la valeur du poids de la voiture sachant que sa masse est 900 kg. On donne $g = 10$ N/kg.

2. Construisez le dynamique des forces, en prenant comme échelle : 1 cm pour 2 000 N.

3. À l'aide du graphique, déterminez la valeur T de la force exercée par le câble et la valeur R de la force exercée par la rampe sur la voiture.

18 M1

Corrigé page 219

Un battant de portail a une masse de 80 kg. Il repose en ① sur une crapaudine (cuvette métallique scellée dans la maçonnerie) et pivote en ② autour d'un gond.

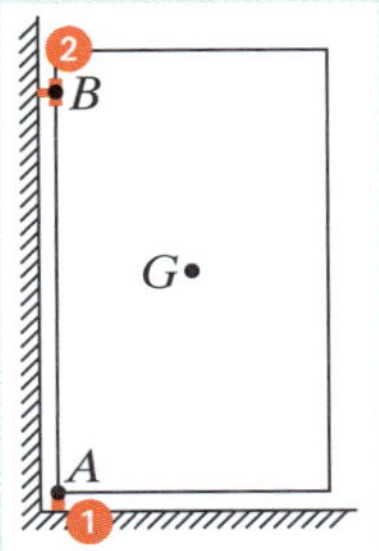

Ce battant est en équilibre sous l'action de trois forces :

– le poids $\vec{P}$ du battant ;

– la force $\vec{F_1}$ exercée en A par la crapaudine ;

– la force $\vec{F_2}$ exercée en B par le gond, de direction horizontale.

On se propose de rechercher la valeur de la force $\vec{F_2}$ afin de choisir et fixer le gond convenablement.

1. Calculez la valeur P du poids du battant, en prenant $g = 10$ N/kg.

2. Reproduisez le dessin du battant assimilé à un rectangle de dimensions 3 cm et 5 cm, le point B étant situé à 5 mm du bord supérieur.

a) Tracez les droites d'action de $\vec{P}$ et $\vec{F_2}$.

b) Déduisez la droite d'action de $\vec{F_1}$.

3. a) Construisez le dynamique des trois forces s'exerçant sur le battant du portail en prenant comme échelle 1 cm pour 200 N.

b) Déterminez graphiquement la valeur de $\vec{F_2}$.

19 M1

Corrigé page 219

Un diable est utilisée pour la manutention d'une machine à laver. L'étude est réalisée à l'arrêt.

L'ensemble « machine à laver - diable » a une masse de 60 kg, G est son centre de gravité et $\vec{P}$ est son poids. L'action exercée par les mains sur le diable est une force unique $\vec{F}$ appliquée en A de direction verticale. L'ensemble « machine à laver - diable » peut tourner autour de l'axe des roues.

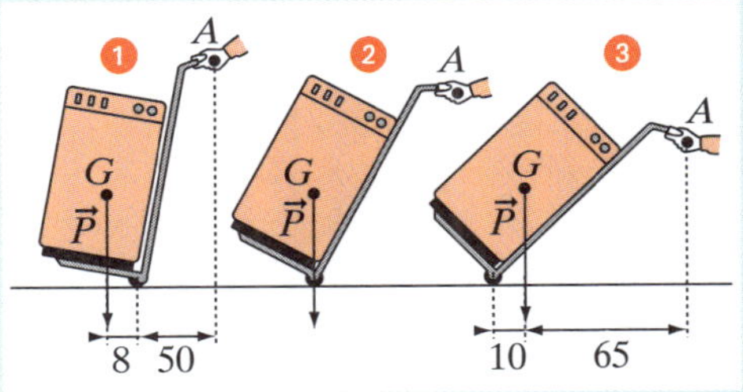

1. Calculez le poids de l'ensemble « machine à laver - diable », en prenant $g = 10$ N/kg.

2. Situation 1

a) Calculez le moment du poids $\vec{P}$ par rapport à l'axe des roues.

b) Sachant que le moment de la force $\vec{F}$ est égal au moment du poids $\vec{P}$, calculez la valeur de $\vec{F}$.

c) Donnez le sens de la force $\vec{F}$.

3. Situation 2

a) Donnez le moment du poids $\vec{P}$.

b) Déduisez la valeur de la force $\vec{F}$.

4. Situation 3

En procédant de la même façon qu'à la question 1, déterminez la valeur et le sens de la force $\vec{F}$.

5. Quelle position est-il préférable de choisir pour maintenir l'ensemble en équilibre ?

20 M1

Corrigé page 219

La biellette ① représentée ci-dessous est mobile autour d'un axe Δ perpendiculaire au plan de la figure et passant par O. Les barres ② et ③ exercent sur la biellette des forces $\vec{F_A}$ et $\vec{F_B}$ dont les caractéristiques connues sont données dans le tableau ci-dessous :

Force	Point d'application	Direction	Sens	Intensité
$\vec{F_A}$	A	—	←	300 N
$\vec{F_B}$	B	|	↑	?

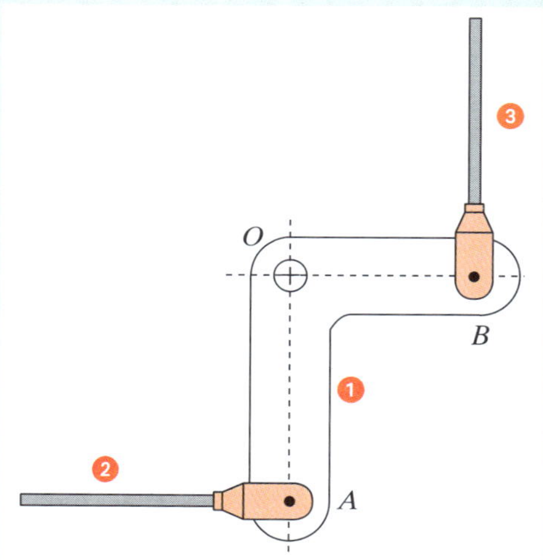

Le poids de la biellette est négligé par rapport aux forces $\vec{F_A}$ et $\vec{F_B}$. On donne OA = 12 cm , OB = 8 cm et (OA) perpendiculaire à (OB).

1. Calculez le moment de la force $\vec{F_A}$ par rapport à Δ.

2. Exprimez le moment de la force $\vec{F_B}$ par rapport à Δ.

3. On admet qu'à l'équilibre, le moment de $\vec{F_A}$ est égal au moment de $\vec{F_B}$. Calculez la valeur de la force $\vec{F_B}$.

21 M1, M2

Corrigé page 219

Un pont élévateur est schématisé ci-dessous.

Les sections du petit et du grand piston sont respectivement de 1 cm^2 et de 20 cm^2.

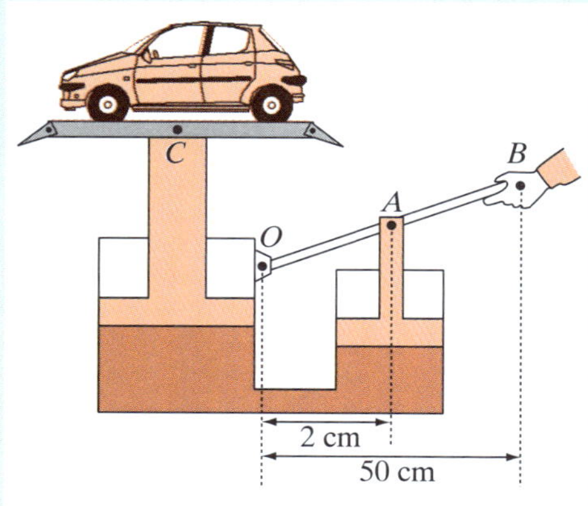

1. Le garagiste exerce une force $\vec{F_B}$ verticale en B de 20 N.

a) Calculez le moment de $\vec{F_B}$ par rapport à l'axe passant par O.

b) Déduisez la valeur de la force $\vec{F_A}$ exercée sur le petit piston, sachant que le moment de $\vec{F_A}$ est égal au moment de $\vec{F_B}$.

2. Calculez la pression exercée par le petit piston sur le liquide. Donnez le résultat en bar et en Pascal.

3. Calculez la valeur de la force $\vec{F_C}$ exercée par le grand piston sur la voiture en C.

4. Déduisez la masse de l'automobile si l'ensemble est en équilibre. On donne g = 9,8 N/kg.

22 M2

Corrigé page 219

Une bouteille contient 40 litres d'oxygène comprimé sous une pression telle que la masse volumique de l'oxygène est ρ = 215 kg/m^3.

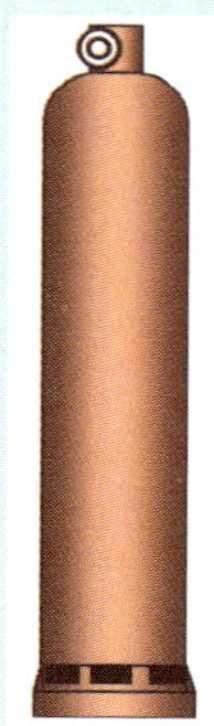

1. Calculez :

a) la masse d'oxygène contenu dans la bouteille ;

b) la différence de pression entre le haut et le bas de la bouteille, la hauteur de la bouteille étant de 1,20 m.

2. On équipe cette bouteille d'un manomètre dont la sensibilité est de 0,1 bar.

Dites si la lecture faite sur le manomètre est la même quel que soit l'emplacement du manomètre sur la bouteille. Justifiez la réponse. On donne : $g = 9{,}8$ N/kg.

23 **M3** *Corrigé page 219*

Le mouvement d'un mobile qui se déplace en ligne droite comporte trois phases. On représente la position du mobile en fonction du temps.

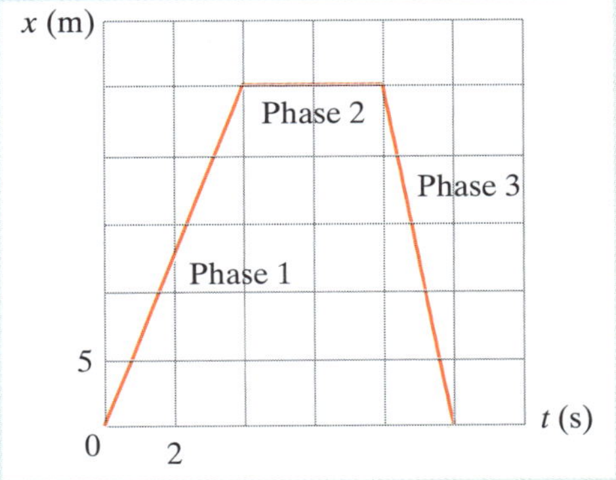

1. a) Phase 1
Indiquez la nature du mouvement. Calculez la vitesse du mobile.
b) Phase 2
Indiquez la nature du mouvement. Quelle est la vitesse ?
c) Phase 3
Calculez la vitesse du mobile.
2. Quelle est la distance totale parcourue ? Calculez la vitesse moyenne sur l'ensemble des trois phases.

24 **M3** *Corrigé page 220*

Un mélangeur est constitué d'un agitateur ❶ monté sur l'arbre d'un moteur ❷.
La fréquence de rotation de l'arbre du moteur est constante et égale à 120 tr/min.

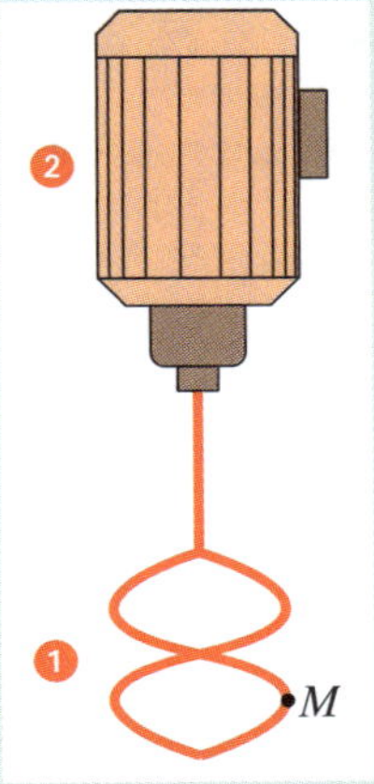

1. Calculez la vitesse angulaire ω de l'agitateur.
Arrondissez le résultat à 0,01 rad/s.
2. Quelle est la nature du mouvement du point M ?
3. Calculez la vitesse linéaire v du point M situé à 0,15 m de l'axe. Arrondissez le résultat à 0,01 m/s.

25 **M3** *Corrigé page 220*

Sur une machine d'impression textile, le tissu est entraîné à vitesse constante par une bande transporteuse.

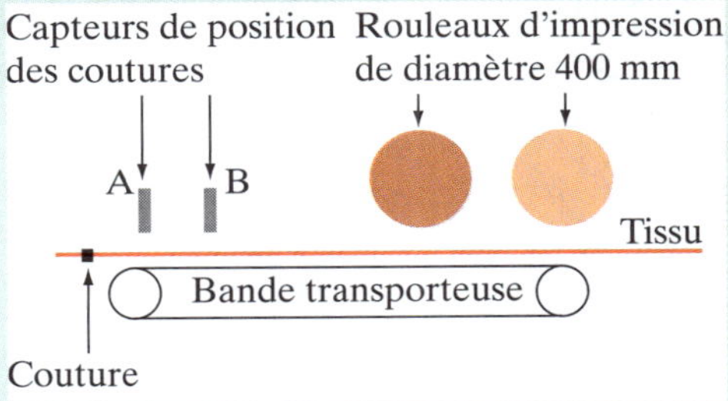

1. Précisez la nature du mouvement du tissu.
2. Une couture met 5 secondes pour passer du capteur A au capteur B, distants de 4 mètres l'un de l'autre.
Calculez :
a) la vitesse du tissu en m/s et en m/min ;
b) la durée d'impression d'un tissu si la longueur à imprimer est de 5 000 mètres. Donnez la réponse en secondes puis en heures, minutes, secondes.
3. En supposant qu'il n'y a pas de glissement entre le tissu et les rouleaux, déterminez, en tr/min, la fréquence de rotation des rouleaux d'impression.

26 **M3** *Corrigé page 220*

Un véhicule roule sur une portion de route en ligne droite.
Le diagramme ci-après représente la variation de sa vitesse en fonction du temps.

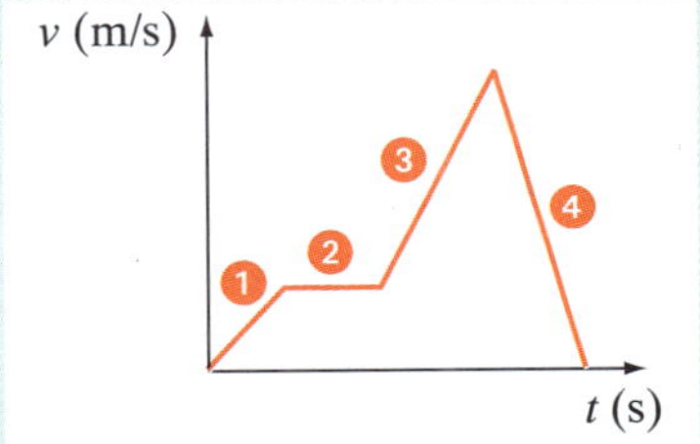

Indiquez la nature du mouvement dans chacune des quatre phases.

3 ÉNERGÉTIQUE

27 EC1 *Corrigé page 220*

Sur la plaque signalétique d'une chauffe-biberon, on relève les indications :

230 V ; 50 W.

1. Parmi la liste suivante :
- énergie mécanique ;
- énergie chimique ;
- énergie thermique ;
- énergie rayonnante ;
- énergie électrique ;

indiquez l'énergie **utilisée** et l'énergie **produite** par le chauffe-biberon.

2. Calculez l'énergie thermique dégagée lorsque l'appareil fonctionne pendant trois minutes.

28 E4, EC4 *Corrigé page 220*

Le chauffage d'une pièce dont le volume est 40 m^3 est assuré par un radiateur électrique. La température initiale de la pièce est de 14 °C et on souhaite obtenir une température de 20 °C.

1. Sachant que 1 m^3 d'air a une masse de 1,29 kg, calculez la masse d'air m contenu dans la pièce.

2. Quelle énergie thermique Q en joules le radiateur électrique doit-il fournir pour amener la température de la pièce de 14 à 20 °C ?

On suppose que les échanges thermiques avec l'extérieur sont négligeables. On donne c : chaleur massique 1 003 J/(kg.°C).

3. Sachant que la résistance du radiateur est $R = 20\ \Omega$, calculez l'intensité I du courant nécessaire pour atteindre cette température en 15 min.

29 EC4 *Corrigé page 220*

Une aide-soignante prépare un pédiluve à 38 °C. Elle prélève 5 litres d'eau chaude à 70 °C et ajoute de l'eau froide à 13 °C. Le but de l'exercice est de calculer la quantité d'eau froide nécessaire.

Les 5 litres d'eau chaude refroidissent jusqu'à 38°C ; on note Q_1 la quantité de chaleur perdue.

L'eau froide se réchauffe jusqu'à 38 °C ; on note Q_2 la quantité de chaleur reçue.

1. Calculez Q_1.

2. On note m la masse d'eau froide ajoutée. Exprimez Q_2 en fonction de m.

3. Sachant que $Q_1 = Q_2$, calculez la masse m d'eau froide.

Déduisez la quantité d'eau froide à 13 °C qu'il faut ajouter à l'eau chaude à 70°C pour obtenir un bain à 38 °C.

On donne :
- capacité thermique massique de l'eau : 4 190 J/(kg.°C) ;
- masse volumique de l'eau : 1 000 kg/m^3.

30 E3, E4, EC4 *Corrigé page 220*

Une friteuse électrique contient 2,5 L d'huile. Le préchauffage de 20 °C à 180 °C dure 7 min.

On donne :
- masse de 1 L d'huile : 0,9 kg ;
- capacité thermique massique de la friteuse et de son contenu : $c = 2\,090$ J/(kg.°C).

1. Calculez :

a) l'énergie thermique nécessaire au préchauffage ;

b) l'énergie électrique absorbée, si le rendement de la friteuse est de 0,9 ;

c) la puissance électrique absorbée pendant la durée de préchauffage.

2. La friteuse fonctionne sous une tension alternative monophasée de 230 V - 50 Hz. Calculez :

a) l'intensité du courant absorbé ;

b) la résistance à chaud de l'élément chauffant.

31 EC4, EC5 *Corrigé page 220*

Afin de réaliser des travaux d'isolation thermique, on souhaite comparer le pouvoir isolant de différents matériaux.

1. On considère un mur d'habitation séparant l'intérieur de l'extérieur.

Reproduisez et complétez le schéma faisant apparaître les trois modes de transfert de chaleur : *rayonnement*, *conduction*, *convection*.

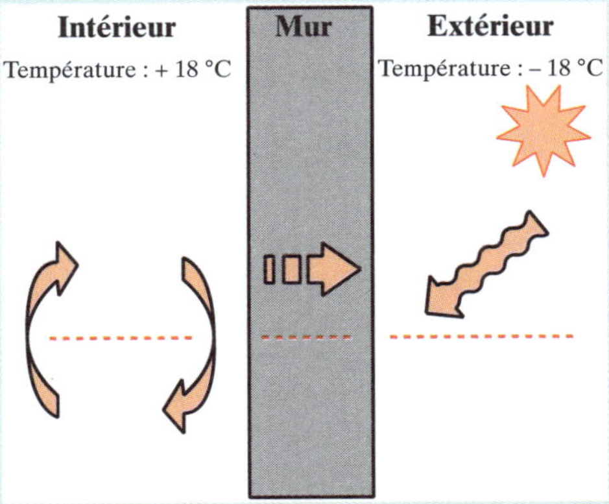

2. a) Calculez la résistance thermique d'une plaque de polystyrène d'épaisseur 3 cm, en utilisant le tableau de la page 188.
b) Calculez l'épaisseur d'une cloison de placoplâtre qui aurait même résistance thermique que la plaque de polystyrène.
3. a) Calculez la résistance thermique de chacun des deux murs suivants :

Mur 1	Placoplâtre $e = 5$ cm	Polystyrène $e = 3$ cm	Brique $R = 0{,}36$ (m^2.°C)/W
Mur 2	Placoplâtre $e = 5$ cm	Laine de verre $e = 1$ cm	Brique $R = 0{,}36$ (m^2.°C)/W

b) Quel est le mur le plus isolant ?

32 EC6 *Corrigé page 221*

Pour des raisons de simplification, on assimile la Tour Eiffel à un pylône en fer de 300 m de haut. On considère que cette longueur est mesurée à 0 °C.

1. Calculez les longueurs du pylône à 40 °C, puis à – 20 °C en utilisant le tableau de la page 188.
2. Quelle est la variation de la longueur de la barre entre les deux températures (été - hiver) ?

33 EC6 *Corrigé page 221*

On chauffe un ballon complètement rempli d'eau et muni d'un tube d'expansion. Le ballon contient 55 cL d'eau et le tube mesure 40 cm. La température est portée de 18 °C à 90 °C.

L'eau va-t-elle déborder ?
1. Calculez le volume de l'eau à 0 °C, puis à 90 °C (voir tableau page 188).
2. Lorsque la température de l'eau passe de 18 °C à 90 °C, quelle est son augmentation de volume ΔV ?
3. La section du tube est de 0,2 cm^2. De quelle hauteur l'eau va-t-elle s'élever dans le tube ? L'eau va-t-elle déborder ?

4 ACOUSTIQUE

34 A1 *Corrigé page 221*

On étudie le son produit par un synthétiseur. L'étude à l'oscilloscope a donné le relevé ci-dessous et le sonomètre a mesuré un niveau d'intensité sonore de 80 dB.

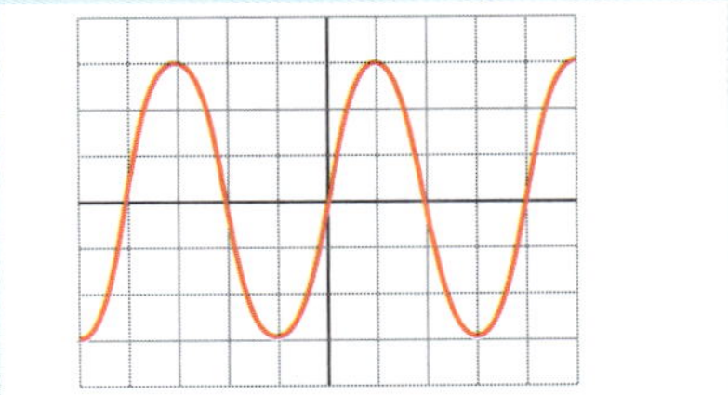

Balayage horizontal : 1 ms/div

1. Donnez la période et calculez la fréquence du son.
2. Utilisez les informations ci-dessous pour répondre aux questions suivantes.

PHYSIQUE Exercices

a) Le son est-il grave, médium, aigu ?
b) Le son présente-t-il un danger ?
c) À partir de quel niveau d'intensité sonore un son de même fréquence devient-il dangereux ?
d) Quelle est la zone des fréquences pour lesquelles un son de niveau sonore 80 dB présente un danger.

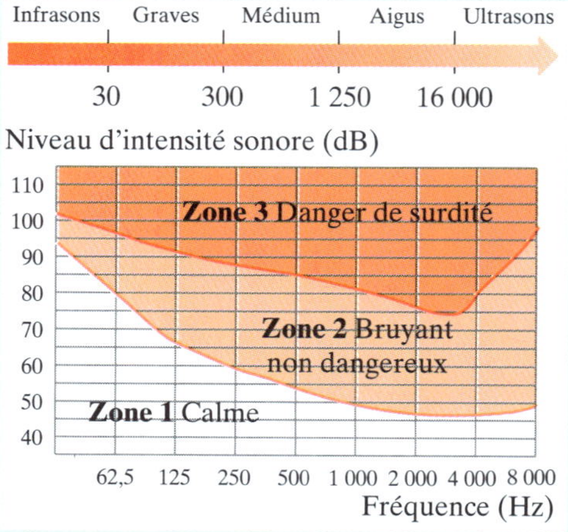

5 OPTIQUE

35 O1

Corrigé page 221

Les miroirs ① et ② sont perpendiculaires.

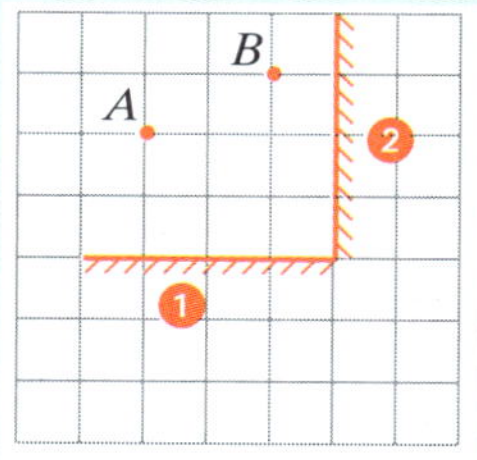

1. Déterminez le point I du miroir ① qu'il faut viser avec un laser pour que le rayon passe par A et après réflexion sur chaque miroir passe par B.
2. Tracez le trajet de lumière.

36 O1

Corrigé page 221

Un prisme, dont la section est un triangle rectangle isocèle, a pour indice de réfraction $n = 1{,}5$. Le rayon incident SI est perpendiculaire à AB.

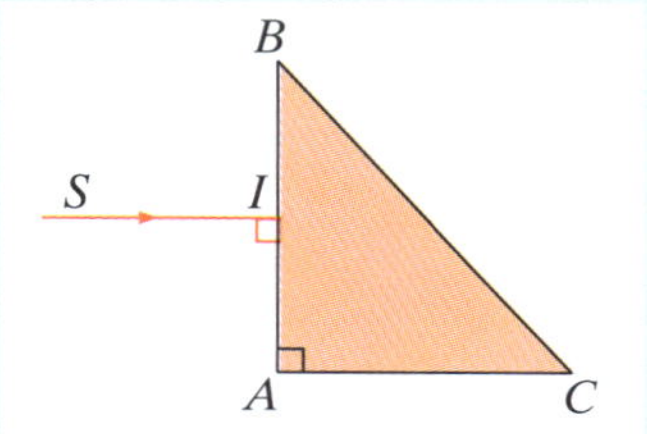

1. Calculez l'angle de réfraction limite λ.
2. Tracez la marche du rayon lumineux en justifiant toutes les constructions.

37 O1

Corrigé page 221

Un rayon arrive sur la surface libre de l'eau d'une cuve avec un angle d'incidence $i_1 = 30°$.
Ce rayon subit, simultanément, deux phénomènes : une réflexion et une réfraction.

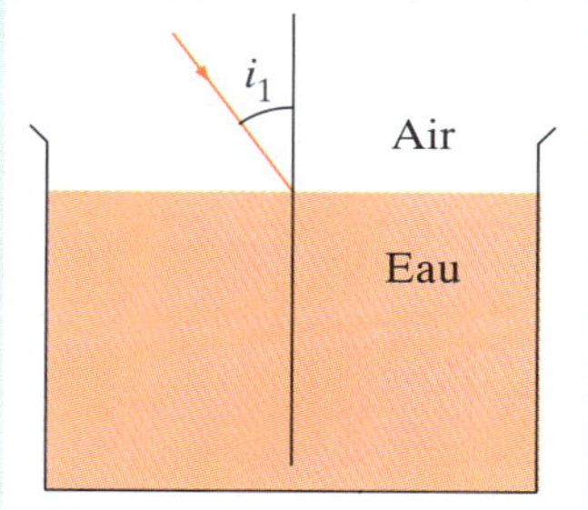

1. Donnez l'angle de réflexion r.
2. Tracez le rayon réfléchi.
3. Calculez la mesure de l'angle de réfraction i_2, arrondie au degré en utilisant le tableau d'indices de la page 190.
4. Tracez le rayon réfracté.

38 O1

Corrigé page 222

Une lentille convergente a une distance focale $f = 2{,}5$ cm et on note O son centre optique.
Le point A d'un objet AB mesurant 1,5 cm est placé sur l'axe optique de telle sorte que (AB) est perpendiculaire à l'axe et $OA = 4$ cm.
1. Calculez la vergence de la lentille.
2. Réalisez un schéma du dispositif en plaçant les points O, F, F', A et B (F et F' sont les foyers objet et image de la lentille), puis construisez l'image $A'B'$ de AB donnée par la lentille.

3. Calculez $\overline{OA}$ et vérifiez graphiquement le résultat.
4. Calculez le grandissement de la lentille puis $\overline{A'B'}$.

6 CHIMIE

39 C1

Corrigé page 222

1. Parmi les corps dont les formules sont les suivantes, lesquels contiennent l'élément oxygène ?
H_2O ; $CuSO_4$; HCl ; NaCl ; CO_2 ; FeS
2. Parmi les formules ci-dessus, citez les molécules constituées de deux atomes.

40 C1

Corrigé page 222

La représentation conventionnelle d'un atome est la suivante : ${}^{A}_{Z}X$
1. Donnez la signification de A, Z et X.
2. Recopiez puis complétez le tableau suivant :

Nom de l'atome	Hydrogène		
Symbole	H	C	
Nombre de protons	1		
Nombre d'électrons	1	6	
Nombre de neutrons	0		
A		12	
Z			
Représentation conventionnelle	${}^{1}_{1}H$		${}^{16}_{8}O$

41 C1

Corrigé page 222

L'atome de cuivre est symbolisé par ${}^{63}_{29}Cu$.
1. Donnez le nombre de protons, d'électrons et de neutrons se trouvant dans un atome de cuivre.
2. Dites si l'atome de cuivre va perdre ou gagner des électrons pour devenir l'ion Cu^{++}.

42 C1

Corrigé page 222

On donne : calcium : ${}^{40}_{20}Ca$; chlore : ${}^{35}_{17}Cl$.
1. Indiquez :
a) le nombre d'électrons contenus dans un atome de calcium ;
b) le nombre de protons contenus dans un atome de chlore ;
c) le nombre de neutrons contenus dans un atome de chlore ;
d) le nombre d'électrons de la couche externe d'un atome de chlore.
2. Un atome de calcium a deux électrons sur sa couche externe. Donnez l'écriture de l'ion calcium.

43 C2

Corrigé page 222

Un flacon contient 15 g de nitrate d'argent $AgNO_3$.
1. Calculez :
a) la masse molaire moléculaire du nitrate d'argent ;
b) le nombre de moles de nitrate d'argent contenues dans les 15 g du flacon.
2. Dites si la quantité de nitrate d'argent contenu dans le flacon est suffisante pour produire un litre de solution décimolaire. Justifiez votre réponse.
On donne : $M_{Ag} = 108$ g/mol ;
$M_N = 14$ g/mol ; $M_O = 16$ g/mol.

44 C2, C3

Corrigé page 222

On relève la composition en ions calcium (Ca^{2+}) et magnésium (Mg^{2+}) de deux eaux minérales.

Eau minérale	Composition moyenne	
	Ca^{2+} (mg/L)	Mg^{2+} (mg/L)
N° 1	103	10
N° 2	9,9	6,1

1. Calculez, en mol/L, les concentrations molaires $[Ca^{2+}]$ en ions calcium et $[Mg^{2+}]$ en ions magnésium pour chacune des deux eaux.
2. Calculez la dureté, en degré hydrotimétrique français (°TH), de chacune des deux eaux. Déduisez l'eau la plus pure.
On donne :
$M_{Ca} = 40$ g/mol ; $M_{Mg} = 24$ g/mol ;
$$\text{dureté} = \frac{[Ca^{2+}] + [Mg^{2+}]}{10^{-4}}.$$

45 C2 Corrigé page 222

L'aluminium anodisé est utilisé pour la fabrication des charpentes métalliques.
Anodiser l'aluminium consiste à l'oxyder superficiellement par électrolyse en vue d'une amélioration de la résistance à la corrosion.
Lors de cette oxydation apparaît en surface de l'oxyde d'aluminium Al_2O_3.
1. Écrivez et équilibrez l'équation-bilan de cette réaction.
2. Calculez la masse d'oxyde d'aluminium obtenue si on fait réagir 108 g d'aluminium.
On donne :
$M_{Al} = 27$ g/mol ; $M_O = 16$ g/mol.

46 C2 Corrigé page 222

L'action du dichlore Cl_2 sur l'hydroxyde de sodium (NaOH) donne l'eau de Javel (mélange de NaClO, NaCl et H_2O).
1. Écrivez et équilibrez l'équation-bilan de cette réaction.
2. Calculez les masses molaires moléculaires de NaOH et de NaCl.
3. Calculez, dans les conditions normales, le volume théorique de dichlore nécessaire pour transformer en eau de Javel une solution de soude contenant 50 kg d'hydroxyde de sodium.
4. Calculez la masse d'hypochlorite de sodium (NaClO) ainsi fabriquée.
On donne : $M_{Na} = 23$ g/mol ;
$M_{Cl} = 35{,}5$ g/mol ; $M_O = 16$ g/mol ;
$M_H = 1$ g/mol ; volume molaire :
$V = 22{,}4$ L/mol (0 °C, 1 013 hPa).

47 C2 Corrigé page 223

La combustion du benzène (C_6H_6) dans le dioxygène (O_2) donne de la vapeur d'eau (H_2O) et du gaz carbonique (CO_2).
1. Écrivez et équilibrez l'équation-bilan de cette combustion.
2. Calculez la masse de 50 cm³ de benzène.
3. La combustion d'une mole de molécules de benzène libère une énergie de 3 260 J.
Calculer l'énergie libérée par la combustion de 50 cm³ de benzène.
On donne : $M_C = 12$ g/mol ;
$M_H = 1$ g/mol ; masse volumique du benzène : $\rho = 0{,}884$ g/cm³.

48 C2, C3 Corrigé page 223

Une boite de 25 cL de boisson fruitée contient 24 g de saccharose ($C_{12}H_{22}O_{11}$). En version allégée, elle contient 130 mg d'aspartam ($C_{13}O_5N_2H_{18}$).
1. Calculez :
a) la masse molaire moléculaire du saccharose ;
b) la concentration molaire du saccharose, en moles par litre ;
c) le nombre de boîtes allégées qu'une personne de 55 kg peut boire par jour, sachant que la dose journalière admissible est de 40 mg d'aspartam par kilogramme corporel.
2. Le saccharose est « brûlé » totalement par le dioxygène (O_2) en donnant de la vapeur d'eau (H_2O) et du gaz carbonique (CO_2). Écrivez et équilibrez l'équation-bilan de la réaction de combustion.
On donne :
$M_C = 12$ g/mol ; $M_H = 1$ g/mol ;
$M_O = 16$ g/mol ; $M_N = 14$ g/mol.

49 C2, C4 Corrigé page 223

Pour le nettoyage des traces de ciment sur le carrelage, on utilise de l'acide chlorhydrique. Un ouvrier doit savoir qu'il faut alors tenir éloignés les outils en fer.
On se propose de comprendre pourquoi.
Pour cela, on réalise l'expérience suivante :

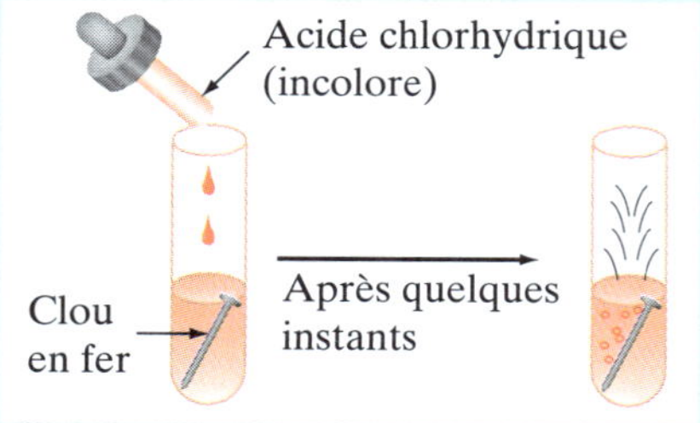

On observe que :
– la solution verdit progressivement ;
– le clou est attaqué ;
– un gaz se dégage.

1. Trois échantillons de la solution de fin de réaction sont testés avec trois réactifs différents.
Voici les résultats de ces tests :

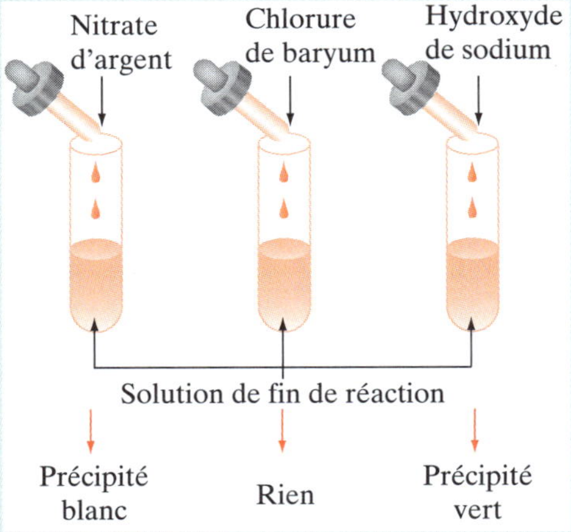

Utilisez le tableau ci-dessous et identifiez les ions présents dans la solution en fin de réaction.

Réactif	Couleur du précipité	Ion présent identifié
Nitrate d'argent	blanc	Cl^-
Chlorure de baryum	blanc	SO_4^{2-}
Hydroxyde de sodium	bleu	Cu^{2+}
	vert	Fe^{2+}
	orange	Fe^{3+}

2. L'équation-bilan de la réaction de l'acide chlorhydrique sur le fer se traduit par :

$$Fe + 2\,HCl \mapsto 2\,Cl^- + Fe^{2+} + \text{dégagement gazeux}$$

Parmi les gaz suivants, CO_2, H_2, O_2, NH_3, lequel correspond au dégagement gazeux de l'expérience ?
Justifiez votre choix.

3. L'ion fer Fe^{2+} provient d'un atome de fer (Fe) :
a) a-t-il perdu ou gagné deux électrons ?
b) a-t-il été oxydé ou réduit ?

50 C3 Corrigé page 223

On se propose de relever le pH de quelques produits connus (voir tableau colonne suivante).

Produits	pH
Coca	2,6
Eau distillée	7
Sang	7,4
Whisky	4,3
Eau de Javel	10
Vinaigre	3
Lait	6,5

1. Citez les produits acides.
2. Donnez les produits basiques.
3. Quel est le produit neutre ?
4. Le Coca est-il plus acide que le vinaigre ? Justifiez votre réponse.

51 C3 Corrigé page 223

Le tableau ci-dessous présente le pH de quelques solutions :

Solutions	pH
Eau de piscine	7,5
Terre calcaire	8,3
Eau de pluie	6,2
Citron	2,5
Sang	7,3
Eau de Javel	13
Vinaigre	3
Eau distillée	7

1. Citez les solutions acides en les ordonnant de la plus acide à la moins acide.
2. On ajoute de l'eau distillée dans de l'eau de Javel.
a) Comment varie le pH de la solution ?
b) Y a-t-il une valeur limite ? Si oui, laquelle ?

52 C3 Corrigé page 223

L'eau de Javel est vendue sous forme concentrée en dose de 200 mL.
1. Son pH est alors 10,6. Est-ce une solution acide, basique ou neutre ? Justifiez votre réponse.
2. L'eau de Javel concentrée doit être diluée avant emploi à raison de 1 volume d'eau de Javel concentrée pour 4 volumes d'eau du robinet. Quel volume d'eau de Javel diluée peut-on obtenir avec une dose de 200 mL ?

53 C3 *Corrigé page 223*

Pour réaliser un TP, on doit préparer 2 litres de solution d'hydroxyde de sodium (Na^+ ; OH^-) de concentration molaire $c = 0{,}1$ mol/L.

1. Combien contient-elle de moles d'hydroxyde de sodium ?

2. Calculez la masse molaire de NaOH.

3. Quelle est la masse de soude diluée dans la solution ?

4. Le pH de cette solution est 13. Est-elle acide, neutre ou basique ? Justifiez votre réponse.

54 C3 *Corrigé page 223*

On donne l'échelle des couleurs de 3 indicateurs colorés :

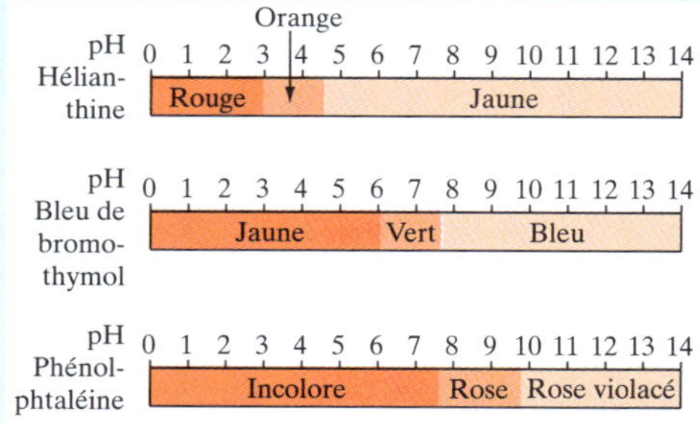

1. Recopiez et complétez le tableau ci-dessous en donnant les colorations des indicateurs colorés, les intervalles de pH correspondants ainsi que la nature de la solution étudiée.

Solution	Hélianthine	Bleu de bromothymol	Phénolphtaléine	pH	Nature de la solution : acide, basique, neutre.
Citron				2 à 2,5	
Salive				7	
Lessive ammoniaquée			rose violacé		
Bière	orange				
Eau de Javel				11	
Eau de Perrier	jaune	jaune			

2. Relevez les noms des solutions qui sont acides. Quelle est la solution la plus acide ?

3. L'étiquette d'un produit d'entretien indique pH = 9. Quel indicateur coloré permet de vérifier cette valeur de la manière la plus précise ?

4. Notez les bonnes réponses :

- Quand on dilue une solution acide :
  - son pH augmente ;
  - son pH diminue ;
  - son pH ne change pas.
- Quand on dilue une solution basique :
  - son pH augmente ;
  - son pH diminue ;
  - son pH ne change pas.

55 C2, C3 *Corrigé page 223*

Au laboratoire de chimie, une bouteille a perdu son étiquette. On sait seulement que le liquide qu'elle contient est un produit parmi les suivants :

acide sulfurique ($2H^+$; SO_4^{--}) ;
hydroxyde de sodium (Na^+ ; OH^-) ;
ammoniaque (NH_4^+ ; OH^-) ;
acide chlorhydrique (H^+ ; Cl^-) ;
eau distillée ;
acide nitrique (H^+ ; NO_3^-) ;
eau salée (Na^+ ; Cl^-).

Pour lever le doute, on place un peu de ce liquide dans des tubes à essai puis on réalise les expériences suivantes :

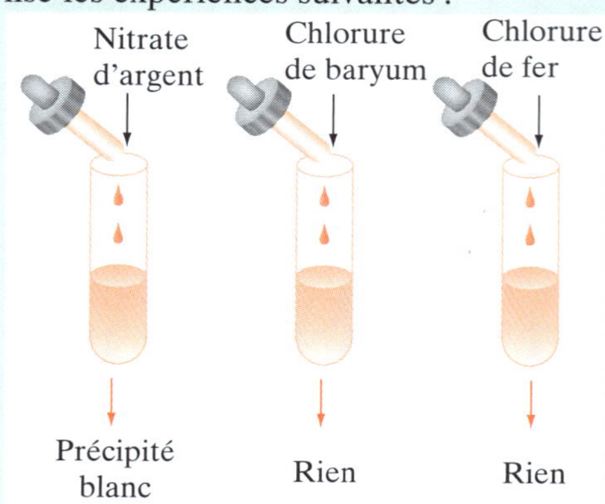

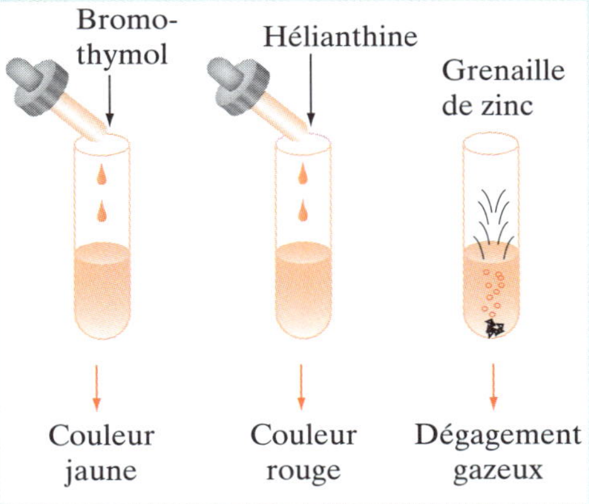

1. En vous aidant des observations précédentes et des deux tableaux suivants, dites, en justifiant votre réponse, de quel produit il s'agit.

Indicateurs colorés

pH	0	2	4	6	8	10	12	14
Hélianthine	rouge			jaune				
Bromothymol	jaune				bleu			

Test d'identification des ions

Ion	Réactif	Couleur précipité
Ca^{2+}	oxalate d'ammonium	blanc
SO_4^{2-}	chlorure de baryum	blanc
Cl^-	nitrate d'argent	blanc
Cu^{2+}	hydroxyde de sodium	bleu
Fe^{3+}	hydroxyde de sodium	rouille

2. Le zinc réagit avec le produit contenu dans la bouteille en donnant un dégagement gazeux.

a) De quel gaz s'agit-il ? Justifiez votre réponse en écrivant l'équation-bilan de la réaction. On rappelle que l'ion zinc s'écrit Zn^{2+}.

b) Avec 10 g de zinc, quel volume de gaz obtiendra-t-on ?

On donne M_{Zn} = 65,4 g/mol et volume molaire = 22,4 L/mol.

56 C4 *Corrigé page 224*

On réalise la réduction de l'oxyde de cuivre par le carbone comme indiqué sur le schéma de la colonne de droite.

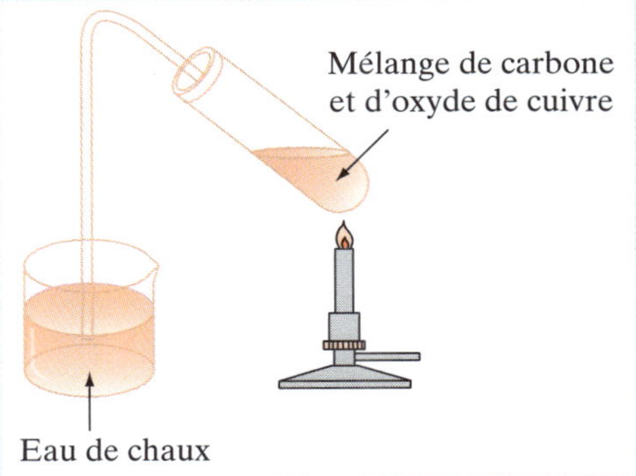

Après avoir chauffé énergiquement le mélange, on constate que :

– l'eau de chaux s'est troublée ;

– le tube à essais s'est couvert d'un dépôt rougeâtre.

1. Nommez :

a) Le produit de la réaction qui trouble l'eau de chaux ;

b) le produit de la réaction qui constitue le dépôt rougeâtre.

2. Équilibrez l'équation-bilan de la réaction : $CuO + C \mapsto Cu + CO_2$.

57 C2, C4 *Corrigé page 224*

Dans la réalisation d'un circuit imprimé, la gravure sur cuivre est assurée par une solution de $FeCl_3$ (chlorure de fer III) selon l'équation-bilan :

chlorure de fer III + cuivre ↦ chlorure de cuivre + chlorure de fer II.

Quelle est l'équation-bilan correctement équilibrée ?

a) $2\ FeCl_3 + Cu \mapsto CuCl_2 + 2\ FeCl_2$;

b) $FeCl_3 + 2\ Cu \mapsto 2\ CuCl_2 + 2\ FeCl_2$;

c) $2\ FeCl_3 + 3\ Cu \mapsto 3\ CuCl_2 + 2\ FeCl_2$.

58 C4 *Corrigé page 224*

Dans une solution bleue de chlorure de cuivre, on plonge une lame de fer.

1. Après quelques instants, on observe un dépôt de rouge sur la lame de fer. Donnez le nom du corps formé.

2. En versant quelques gouttes de soude dans la solution, on observe un précipité vert caractéristique des ions Fe^{++}. Donnez le nom de la nouvelle solution.

3. Écrivez l'équation-bilan de cette réaction d'oxydo-réduction :

$Cu^{++} + Fe \mapsto$ .... + ...

4. Sachant qu'un oxydant gagne des électrons et qu'un réducteur en perd, citez l'oxydant et le réducteur.

5. On plonge maintenant une lame de fer dans une solution de chlorure de zinc.
En utilisant le tableau ci-dessous, dites si le fer est attaqué. Justifiez votre réponse.

Pouvoir oxydant croissant ↑	Ag^{+} / Ag	↓ Pourvoir réducteur croissant
	Cu^{++} / Cu	
	Pb^{++} / Pb	
	Fe^{++} / Fe	
	Zn^{++} / Zn	

59 C2, C5

Corrigé page 224

Le sang arrive aux tissus chargé de dioxygène et il en repart chargé de dioxyde de carbone.

1. Donnez la formule chimique du dioxygène et du dioxyde de carbone.

2. Le sang transporte aussi du glucose de formule développée :

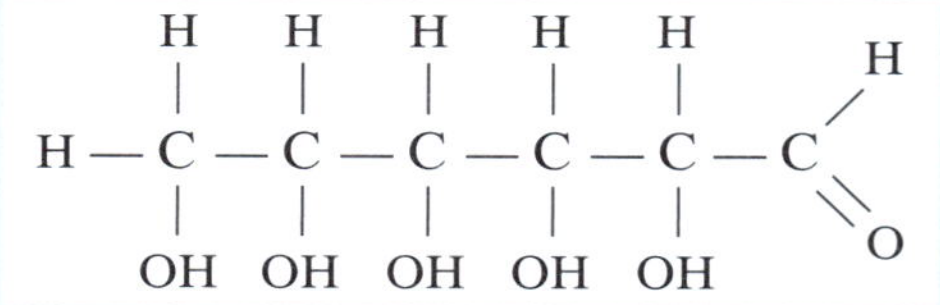

a) Écrivez la formule brute du glucose.

b) Calculez la masse molaire moléculaire du glucose.

On donne : $M_H = 1$ g /mol ;
$M_C = 12$ g /mol ; $M_O = 16$ g /mol.

3. La fermentation du glucose donne de l'éthanol de formule brute C_2H_6O et un dégagement de dioxyde de carbone selon l'équation équilibrée :

$$C_6H_{12}O_6 \mapsto 2\ C_2H_6O + 2\ CO_2$$

a) Calculez le nombre de moles de glucose présent dans un échantillon de 18 g.

b) Déterminez le nombre de moles de dioxyde de carbone obtenu par la fermentation de ces 18 g de glucose.

c) Déduisez le volume de dioxyde de carbone obtenu. Le volume molaire est de 22,4 L/mol dans les conditions normales de température et de pression.

60 C2, C5

Corrigé page 224

La combustion du propane (C_3H_8) nécessite du dioxygène. L'équation-bilan (non équilibrée) de la combustion complète est :

$$C_3H_8 + O_2 \mapsto CO_2 + H_2O$$

1. Nommez les produits formés.

2. Équilibrez l'équation-bilan de la combustion complète.

3. Donnez la formule développée de la molécule de CO_2.

4. Calculez la masse d'eau obtenue après la combustion complète de 300 g de propane.

5. En déduire le volume d'eau liquide correspondant.

On donne : $M_C = 12$ g/mol ;
$M_O = 16$ g/mol ; $M_H = 1$ g/mol ;
masse volumique de l'eau : $\rho = 1\,000$ g/L.

61 C2, C5

Corrigé page 224

L'hydrocarbure C_4H_8 peut avoir pour formule semi-développée :

$$CH_3 — CH_2 — CH = CH_2.$$

On réalise la réaction d'addition du dihydrogène sur cet hydrocarbure.

1. Écrivez l'équation-bilan de cette réaction.

2. Donnez :

a) le nom du corps formé ;

b) les noms des isomères du corps formé et leur formule semi-développée.

3. Calculez :

a) le volume de dihydrogène nécessaire à la réaction d'addition de 2,1 kg de cet hydrocarbure ;

b) la masse du corps formé.

On donne : $M_C = 12$ g/mol ; $M_H = 1$ g/mol ;
volume molaire : 22,4 L/mol (conditions normales).

62 C2, C5

Corrigé page 224

Dans la fermentation alcoolique, le glucose ($C_6H_{12}0_6$) se décompose en éthanol (C_2H_5OH).

1. Calculez les masses molaires moléculaires du glucose et de l'éthanol.

2. Un atome peut être monovalent, divalent, trivalent ou tétravalent. Précisez le terme correspondant pour chacun des atomes suivants : carbone, hydrogène et oxygène.

3. Écrivez la formule développée de l'éthanol.

4. En présence de levure, le glucose donne du dioxyde de carbone et de l'éthanol.

a) Écrivez et équilibrez l'équation-bilan de cette réaction.

b) Calculez la masse d'éthanol obtenue par la fermentation de 1 kg de glucose.

On donne : $M_C = 12$ g/mol ;
$M_H = 1$ g/mol ; $M_O = 16$ g/mol.

63 C5 *Corrigé page 224*

On donne ci-dessous la formule semi-développée d'une molécule :

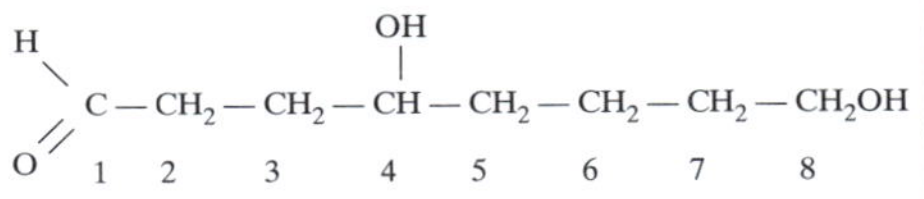

Numéro des atomes de carbone

1. Donnez la formule :
– du groupement fonctionnel d'un alcool primaire ;
– du groupement fonctionnel d'un alcool secondaire.

2. Indiquez, à l'aide du numéro de l'atome de carbone, la position de ces deux groupement dans la molécule ci-dessus.

CORRIGÉS

1 **1.**

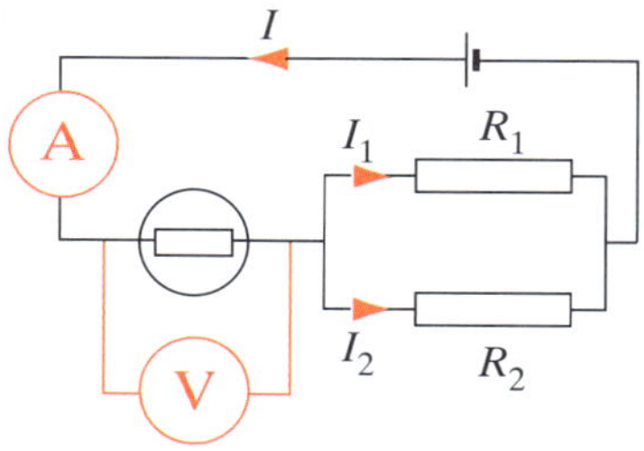

2. $I = 3$ A, $I_1 = I_2 = \frac{I}{2} = \frac{3}{2} = 1{,}5$ A.

3. $U_1 = R_1 I_1 = 5 \times 1{,}5 = 7{,}5$ V
d'où $U_L = 12 - 7{,}5 = 4{,}5$ V.
Le voltmètre indique 4,5 V.

2 **1.** La puissance totale est la somme des puissances de chaque élément :
$P = 1\,500 + 1\,500 + 2\,000 + 1\,960 = 6\,960$ W.
2. Intensité maximale :
$$I = \frac{P}{U} = \frac{6\,960}{230} \approx 30{,}3 \text{ A.}$$
3. Le fusible doit laisser passer un courant d'intensité au moins égale à l'intensité maximale (lorsque les trois plaques et le four fonctionnent en même temps) : il faut donc choisir le fusible 32 A.
4. Énergie électrique consommée par :
– le four en deux heures :
$$E = Pt = 1\,960 \times 2 = 3\,920 \text{ Wh,}$$
– la plaque en une heure :
$$E = 1\,500 \times 1 = 1\,500 \text{ Wh,}$$
soit au total : $E = 3\,920 + 1\,500 = 5\,420$ Wh ou 5,42 kWh.
5. Coût du fonctionnement :
$$5{,}42 \times 0{,}0779 \approx 0{,}42 \text{ €.}$$

3 **1.** 1 000 W est la puissance exprimée en watts ; 230 V est la tension efficace exprimée en volts ; 50 Hz est la fréquence du courant exprimée en hertz.
2. Pour le fer à repasser, l'énergie électrique se transforme en énergie thermique.
3. On utilise la relation : $P = UI$, avec :
$$P = 1000 \text{ W et } U = 230 \text{ V.}$$
En transformant la relation, il vient :
$$I = \frac{P}{U} = \frac{1\,000}{230} \approx 4{,}35 \text{ A}$$
(résultat arrondi à 0,01 A).
4. On applique la loi d'Ohm : $U = RI$, avec $U = 230$ V et $I = 4{,}35$ A.
En transformant la relation, il vient :
$$R = \frac{U}{I} = \frac{230}{4{,}35} \approx 53\ \Omega$$
(résultat arrondi à 1 Ω).
5. Énergie consommée par le fer à repasser en 30 minutes : $E = Pt = 1\,000 \times 0{,}5 = 500$ Wh.

4 **1.** Tous les appareils sont branchés en parallèle (ou dérivation).
2. Calcul de la puissance lorsque tous les appareils fonctionnent en même temps :
$P = 2{,}2 + 3{,}2 + 3{,}5 + 0{,}180 + 1{,}2 + 0{,}8 + 6 \times 0{,}06$
$= 11{,}44$ kW.
Un abonnement pour une puissance de 9 kW n'est pas suffisant pour une telle installation si l'on souhaite pouvoir utiliser tous les appareils en même temps.
3. $E = 2{,}2 \times 0{,}5 + 3{,}2 \times 1 + 3{,}5 \times 0{,}5$
$+ 0{,}18 \times 4 + 1{,}2 \times 1 + 0{,}8 \times 0{,}25 + 6 \times 0{,}06 \times 3$
$= 9{,}25$ kWh.
Prix : $9{,}25 \times 0{,}0779 \approx 0{,}72$ €.

5 **1.** L'indication 24 V correspond à la tension exprimée en volt ; l'indication 12 W est la puissance en watt.
2. Intensité du courant traversant la lampe :
$$I = \frac{P}{U} = \frac{12}{24} = 0{,}5 \text{ A.}$$
3. Tension aux bornes de la résistance :
$$U_{AB} = U_{AC} - U_{BC} = 230 - 24 = 206 \text{ V.}$$
4. Valeur de la résistance :
$$R = \frac{U}{I} = \frac{206}{0{,}5} = 412\ \Omega.$$
5. a) Énergie fournie par le moteur en 30 minutes : $E = Pt = 1\,200 \times 0{,}5 = 600$ Wh.
b) Puissance reçue par le moteur :
$$P = \frac{P_u}{\eta} = \frac{1\,200}{0{,}9} \approx 1\,330 \text{ W.}$$

6 **1.** Les appareils M et N sont branchés en dérivation.
2. a) L'appareil M est un oscilloscope.
b) Période : $T = 4 \times 5 = 20$ ms.
Tension maximale : $U_m = 3 \times 5 = 15$ V.
3. Fréquence : $f = \frac{1}{T} = \frac{1}{0{,}02} = 50$ Hz.

Tension efficace : $U = \dfrac{U_m}{\sqrt{2}} = \dfrac{15}{\sqrt{2}} \approx 10{,}6$ V.

4. L'appareil N est un voltmètre.

7 **1.**

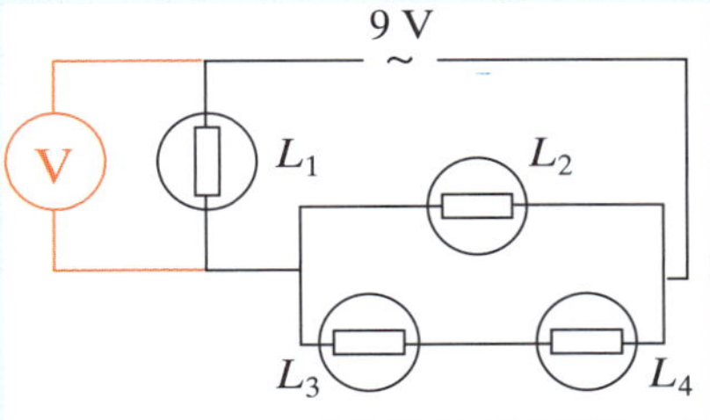

2. On note : $U = 9$ V, U_1 la tension aux bornes de la lampe L_1, etc.
De même, on note I_1 l'intensité du courant traversant la lampe L_1, etc.
$U_2 = U - U_1 = 9 - 5 = 4$ V ; $U_3 = U_2 - U_4 = 4 - 2{,}5 = 1{,}5$ V.
$I_3 = I_4 = 0{,}5$ A ; $I_2 = I_1 - I_4 = 1{,}5 - 0{,}5 = 1$ A.

	L_1	L_2	L_3	L_4	Générateur
Tension (V)	5	**4**	**1,5**	2,5	9
Intensité (A)	1,5	**1**	**0,5**	0,5	**1,5**

3. Résistance de la lampe L_1 :

$$R = \frac{U_1}{I_1} = \frac{5}{1{,}5} \approx 3{,}3\ \Omega.$$

4. a) Tension maximale : $U_m = 2{,}5 \times 5 = 12{,}5$ V.
Période : $T = 8 \times 0{,}5 = 4$ ms.

b) Fréquence : $f = \dfrac{1}{T} = \dfrac{1}{0{,}004} = 250$ Hz.

8 **1.** Le symbole ~ signifie que la tension est alternative sinusoïdale ; 50 Hz est la fréquence exprimée en hertz.

2. a) Rapport de transformation :

$$m = \frac{U_2}{U_1} = \frac{11{,}5}{230} = 0{,}05.$$

b) $m = \dfrac{N_2}{N_1}$ donc $N_2 = 0{,}05 \times 1\,000 = 50$ spires.

c) $S_2 = U_2 I_2$ donc $I_2 = \dfrac{S_2}{U_2} = \dfrac{575}{11{,}5} = 50$ A.

d) $m = \dfrac{I_1}{I_2}$ donc $I_1 = mI_2 = 0{,}05 \times 50 = 2{,}5$ A.

9 **1.** $\dfrac{400}{230} \approx 1{,}739$ et $\sqrt{3} \approx 1{,}732$ donc $\dfrac{400}{230} \approx \sqrt{3}$.
$U = 400$ V est la tension composée, $V = 230$ V est la tension simple et $\dfrac{U}{V} = \sqrt{3}$, donc l'installation est triphasée.

2. Le schéma représentant le branchement des lampes est le schéma **2**.
Le schéma représentant le branchement des radiateurs est le schéma **4**.

3. Intensité du courant dans une lampe :

$$I_L = \frac{75}{230} \approx 0{,}33 \text{ A}.$$

Intensité du courant dans un radiateur :

$$I_R = \frac{2000}{400} = 5 \text{ A}.$$

10 **1.**

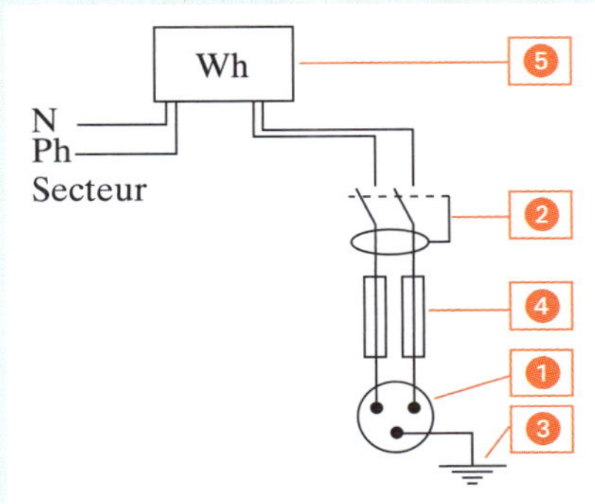

2. a) En cas de contact direct entre la phase et le neutre, la sécurité de l'installation est assurée par le fusible.

b) En cas de contact direct entre la phase et la masse de l'appareil, la sécurité de l'installation est assurée par le disjoncteur différentiel.

3. a)

Position 1 : $I_1 = \dfrac{U}{R_1} = \dfrac{230}{125} = 1{,}84$ A ;

$$P_1 = UI_1 = 230 \times 1{,}84 = 423{,}2 \text{ W}.$$

Position 2 : $I_2 = \dfrac{U}{R_2} = \dfrac{230}{25} = 9{,}2$ A ;

$$P_2 = UI_2 = 230 \times 9{,}2 = 2\,116 \text{ W}.$$

Position 3 : $I_3 = \dfrac{U}{R_3} = \dfrac{230}{11{,}5} = 20$ A ;

$$P_3 = UI_3 = 230 \times 20 = 4\,600 \text{ W}.$$

b) La plaque ne peut fonctionner sur la position 3 car l'intensité absorbée est supérieure à 16 A. Le fusible va couper le circuit dans cette position : un fusible de 16 A est inadapté pour cette plaque chauffante.

11 **1.** 2 270 W est la puissance en watts, 230 V est la tension en volts ; le symbole ~ signifie que la tension est alternative sinusoïdale ; 50/60 Hz sont les deux possibilités de fréquence en hertz.

2. Courant dans le circuit d'éclairage :

$$I = \frac{P}{U} = \frac{3 \times 100}{230} \approx 1{,}3 \text{ A}.$$

3. $I = \frac{P}{U} = \frac{6\,000}{230} \approx 26$ A. Un fusible de 32 A est nécessaire.

4. $I = \frac{P}{U} = \frac{6\,000 + 2\,270 + 300}{230} \approx 37{,}3$ A :

$I < 40$ A donc l'installation peut fonctionner.

5. Cause probable : fuite à la masse.

12 **1.** Intensité du courant corporel :

$$I_c = \frac{U}{R} = \frac{400}{5000} = 0{,}08\ A \text{ soit } 80 \text{ mA}.$$

2. La personne risque une fibrillation cardiaque.

13 **1.**

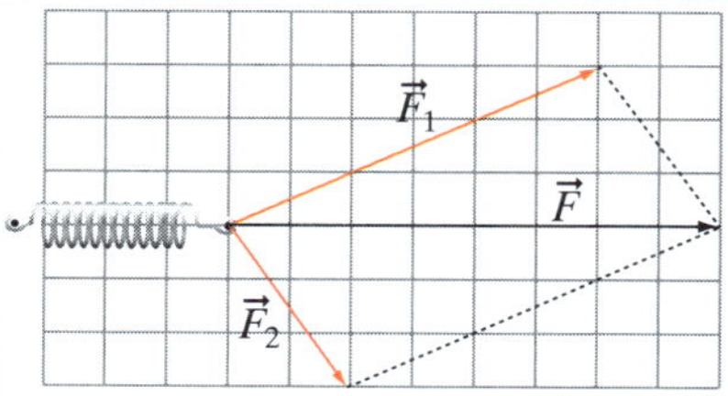

$\vec{F}$ est la somme des forces $\vec{F_1}$ et $\vec{F_2}$:

$$\vec{F} = \vec{F_1} + \vec{F_2}.$$

2. $F_1 = 6{,}7 \times 4 = 26{,}8$ soit $F_1 \approx 27$ N ;
$F_2 = 3{,}6 \times 4 = 14{,}4$ soit $F_2 \approx 14$ N.
$F = 8 \times 4 = 32$ N.

14 **1.** $P = M g = 800 \times 10 = 8\,000$ N.

2.

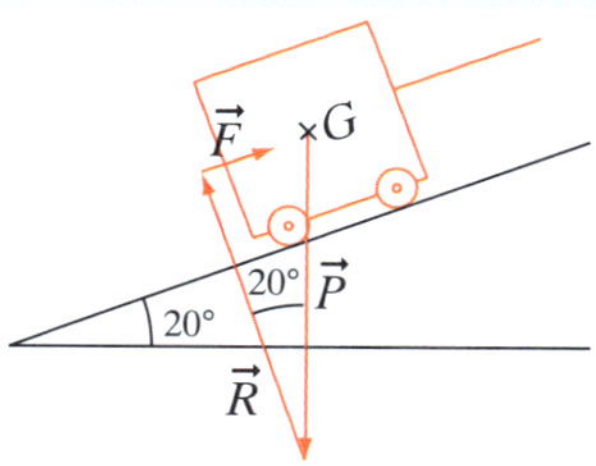

3. Le dynamique n'est pas fermé : le wagonnet n'est pas en équilibre.

4. Le wagonnet descend la pente du plan incliné (mouvement uniformément accéléré).

15 **1.** $F_1 = 0{,}2 \times 10 = 2$ N.

2.

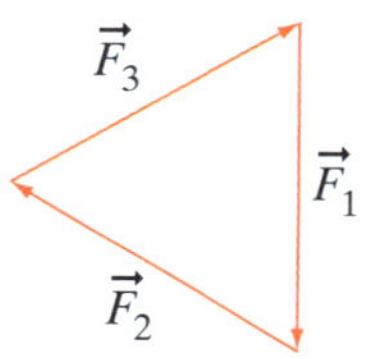

3.

Force	Point d'application	Direction	Sens	Intensité
$\vec{F_1}$	G	|	↓	2 N
$\vec{F_2}$	A	\	↖	1,75 N
$\vec{F_3}$	O	/	↗	2,25 N

16 **1.** $P = m g = 8\,000 \times 10 = 80\,000$ N soit

$$P = 8\,000 \text{ daN}.$$

2. Le triangle OAB est isocèle car $OA = OB$; de plus, il possède un angle égal à 60° donc il est équilatéral. Chaque élingue mesure donc 4 m.

3.

Action	Élingue ①	Élingue ②	Poids
Force	$\vec{T_1}$	$\vec{T_2}$	$\vec{P}$
Droite d'action	(OA)	(OB)	verticale
Sens	de A vers O	de B vers O	de haut en bas
Point d'application	A	B	G
Intensité			8 000 daN

4. Figure 1

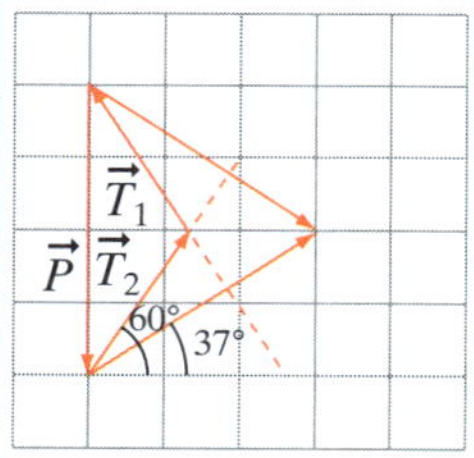

5. $T_1 = T_2 \approx 2{,}3 \times 2\,000 = 4\,600$ daN.

6. a) Dans le triangle rectangle AHO' (fig. 2) :

$$\cos \alpha = \frac{AH}{AO'} = \frac{2}{2{,}5} = 0{,}8 \text{ d'où } \alpha \approx 37°.$$

b) Figure 2

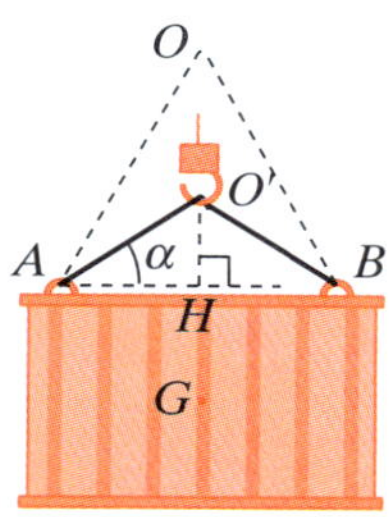

c) $T'_1 = T'_2 \approx 3{,}3 \times 2\,000 = 6\,600$ daN .

7. Si les élingues sont trop courtes les tensions qu'elles exercent, donc qu'elles subissent (principe des actions réciproques) peuvent être très importantes et entraîner des risques de ruptures.

17 **1.** $P = m\,g = 900 \times 10 = 9\,000$ N.
2. Le vecteur représentant le poids $\vec{P}$ mesure 4,5 cm.
À partir de l'extrémité de $\vec{P}$, on trace la droite faisant un angle de 20° avec l'horizontale puis on trace la perpendiculaire à cette droite passant par l'origine de $\vec{P}$. On obtient ainsi le triangle des forces ou dynamique des forces.

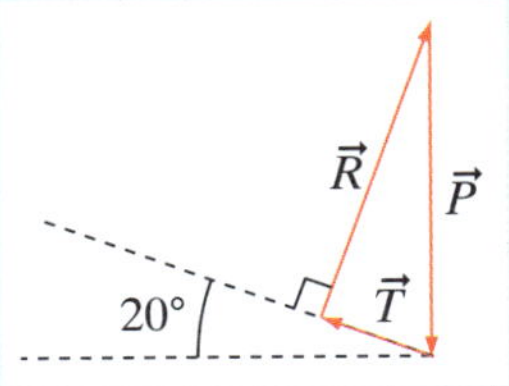

3. $T = 1{,}5 \times 2\,000 = 3\,000$ N
et $R = 4{,}2 \times 2\,000 = 8\,400$ N.

18 **1.** $P = m\,g = 80 \times 10 = 800$ N.
2. On note I le point d'intersection des droites d'action de $\vec{P}$ et $\vec{F_2}$.
Les droites d'action des trois forces étant, à l'équilibre, concourantes, la droite d'action de $\vec{F_1}$ passe nécessairement par A et I.

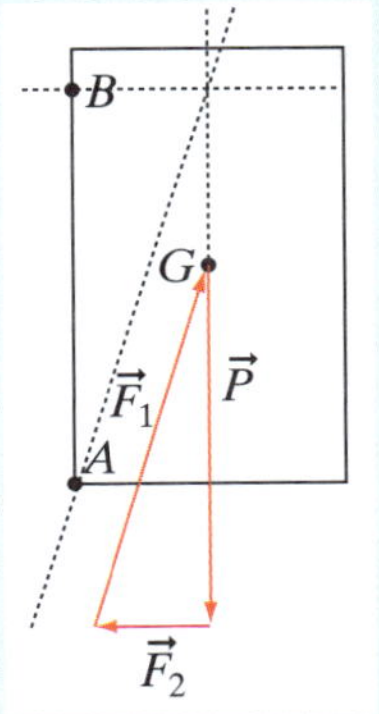

3. a) Le battant étant en équilibre, le dynamique est fermé : les trois forces forment un triangle dont les côtés ont pour direction les directions des droites d'action.
b) $F_2 = 1{,}3 \times 200 = 260$ N.

19 **1.** $P = m\,g = 60 \times 10 = 600$ N.
2. Situation 1
a) Moment du poids $\vec{P}$ par rapport à l'axe des roues : $M(\vec{P}) = P \times d = 600 \times 0{,}08 = 48$ Nm.
b) $M(\vec{F}) = M(\vec{P})$ d'où $F \times 0{,}5 = 48$ donc :

$$F = \frac{48}{0{,}5} = 96 \text{ N.}$$

c) Le sens de la force $\vec{F}$ est du haut vers le bas.
3. Situation 2
a) $M(\vec{P}) = P \times d = 600 \times 0 = 0$. **b)** $F = 0$.
4. Situation 3
$M(\vec{P}) = P \times d = 600 \times 0{,}10 = 60$ Nm.
$M(\vec{F}) = M(\vec{P})$ d'où $F \times 0{,}5 = 60$ donc :

$$F = \frac{60}{0{,}65} = 92 \text{ N.}$$

Le sens de la force $\vec{F}$ est du bas vers le haut.
5. La situation la plus aisée est la 2.

20 **1.** $M_{/\Delta}(\vec{F_A}) = F_A \times OA = 300 \times 0{,}12 = 36$ Nm.
2. $M_{/\Delta}(\vec{F_B}) = F_B \times OB = F_B \times 0{,}08$.
3. $M_{/\Delta}(\vec{F_A}) = M_{/\Delta}(\vec{F_B})$ d'où on tire l'équation d'inconnue F_B : $F_B \times 0{,}08 = 36$. Donc :

$$F_B = \frac{36}{0{,}08} = 450 \text{ N.}$$

La tige **3** exerce sur la biellette une force de valeur 450 N.

21 **a)** $M_{/O}(\vec{F_B}) = F_B \times 0{,}5 = 20 \times 0{,}5 = 10$ Nm.
b) Le moment de $\vec{F_A}$ est égal au moment de $\vec{F_B}$, donc : $M_{/O}(\vec{F_A}) = M_{/O}(\vec{F_B})$
soit $F_A \times 0{,}02 = 10$ d'où $F_A = \dfrac{10}{0{,}02} = 500$ N.
2. Calcul de la pression p exercée par le petit piston sur le liquide : $p = \dfrac{F_A}{s}$ où s est l'aire de la section du piston.
Si F_A est exprimée en daN et s en cm², p est exprimée en bar : $p = \dfrac{50}{1} = 50$ bar.
Conversion en pascal : $p = 50 \times 10^5 = 5 \times 10^6$ Pa (écriture scientifique).
3. Calcul de la valeur de $\vec{F_C}$: on peut appliquer la relation $p = \dfrac{F_C}{S}$ ou utiliser directement la relation $\dfrac{F_C}{S} = \dfrac{F_A}{s}$ (théorème de Pascal).

$$F_C = F_A \times \frac{S}{s} = 500 \times \frac{20}{1} = 10\,000 \text{ N.}$$

4. Masse de l'automobile :
$P = m\,g$ d'où $m = \dfrac{P}{g} = \dfrac{10\,000}{9{,}8} \approx 1\,020$ kg.

22 **1. a)** Masse d'oxygène :
$m = \rho\,V = 215 \times 40 \times 10^{-3} = 8{,}6$ kg.
b) $p_A - p_B = \rho\,g\,h = 215 \times 9{,}8 \times 1{,}2 = 2\,528{,}4$ Pa soit environ 0,025 bar.
2. La sensibilité du manomètre étant de 0,1 bar, il donnera la même indication quel que soit son emplacement sur la bouteille (0,025 bar < 0,1 bar).

23 **1. a) Phase 1 :** le mouvement est rectiligne et uniforme.

$$v = \frac{x}{t} = \frac{25}{4} = 6{,}25 \text{ m/s.}$$

b) Phase 2 : le mobile est à l'arrêt : $v = 0$.

b) Phase 3 : $v = \dfrac{5 \times 5}{2} = 12{,}5$ m/s.

(En toute rigueur on devrait écrire $v = -12{,}5$, car le mobile effectue un retour.)

2. Distance totale : $d = 25 + 25 = 50$ m ;

$$v_{moy} = \frac{50}{10} = 5 \text{ m/s.}$$

24 **1.** $\omega = 2\pi N = 2\pi \times \dfrac{120}{60} \approx 12{,}57$ rad/s.

2. Le mouvement du point M est circulaire uniforme.

3. $v = R\omega = 12{,}57\ ^{-}\ 0{,}15 \approx 1{,}89$ m/s.

25 **1.** Le mouvement du tissu est rectiligne et uniforme car sa vitesse est constante.

2. a) Vitesse linéaire du tissu :

$$v = \frac{4}{5} = 0{,}8 \text{ m/s soit } 48 \text{ m/min.}$$

b) Durée d'impression : $t = \dfrac{5\,000}{0{,}8} = 6\,250$ s

soit 1 h 44 min 10 s.

3. Sachant que $v = \pi\, D\, N$, on a :

$$N = \frac{v}{\pi D} = \frac{0.8}{\pi \times 0{,}4} \approx 0{,}637 \text{ tr/s}$$

soit 38,2 tr/min.

26 Phase **1** : mouvement rectiligne uniformément accéléré.

Phase **2** : mouvement rectiligne uniforme.

Phase **3** : mouvement rectiligne uniformément accéléré.

Phase **4** : mouvement rectiligne uniformément retardé.

27 **1.** Le chauffe-biberon utilise de l'énergie électrique et il produit de l'énergie thermique.

2. $E = P\,t = 50 \times 3 \times 60 = 9\,000$ J.

L'énergie thermique dégagée est de 9 000 J.

28 **1.** Masse d'air contenu dans la pièce :

$m = \rho \times V = 1{,}29 \times 40 = 51{,}6$ kg.

2. Énergie thermique fournie par le radiateur :

$Q = mc\,(\theta_2 - \theta_1) = 51{,}6 \times 1003 \times (20 - 14)$
$\approx 310\,500$ J.

3. $E = R\,I^2\,t$ et $Q = E$

d'où $I^2 = \dfrac{E}{Rt}$

et $I = \sqrt{\dfrac{E}{R\,t}} = \sqrt{\dfrac{310\,500}{20 \times 15 \times 60}} \approx 4{,}15$ A.

29 **1.** $Q_1 = mc(\theta_2 - \theta_1) = 5 \times 4\,190 \times (70 - 38)$
$= 670\,400$ J.

2. $Q_2 = m \times 4\,190 \times (38 - 13) = 104\,750\, m$.

3. $Q_1 = Q_2$ donc $104\,750\, m = 670\,400$

d'où $m = \dfrac{670\,400}{104\,750} = 6{,}4$ kg.

Il faut ajouter 6,4 L d'eau froide à 13 °C, au 5 L d'eau chaude à 70°C pour obtenir un bain à 38 °C.

30 **1. a)**

$Q = mc(\theta_2 - \theta_1) = 2{,}5 \times 0{,}9 \times 2\,090 \times (180 - 20)$
$= 752\,400$ J.

b) $E_a = \dfrac{E_u}{\eta} = \dfrac{752\,400}{0{,}9} = 836\,000$ J.

c) $P_a = \dfrac{E_a}{t} = \dfrac{836\,000}{7 \times 60} \approx 1\,990$ W.

2. a) $I = \dfrac{P}{U} = \dfrac{1\,990}{230} \approx 8{,}65$ A.

b) $R = \dfrac{U}{I} = \dfrac{230}{8{,}65} \approx 26{,}6\ \Omega$.

31 **1.**

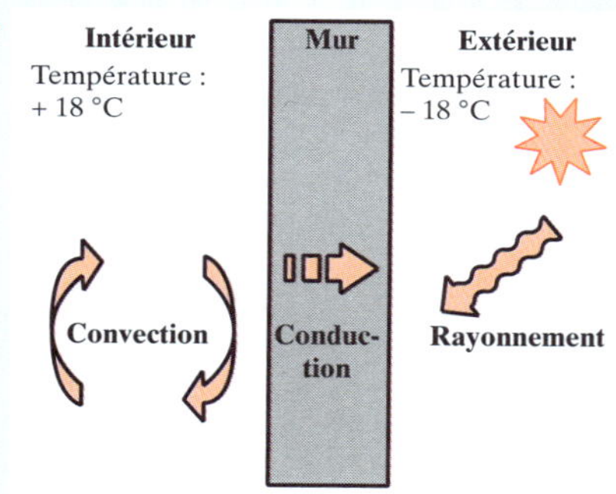

2. a) $R = \dfrac{e}{\lambda} = \dfrac{0{,}03}{0{,}038} \approx 0{,}79$ (m^2.°C) / W.

b) $e = R\lambda = 0{,}79 \times 0{,}46 = 0{,}3624$ m soit environ 36 cm.

3. a) Résistance thermique du mur n°1 :

Résistance thermique du placoplâtre :

$$R_1 = \frac{0{,}05}{0{,}46} \approx 0{,}11 \text{ (m}^2\text{.°C)/W.}$$

Résistance thermique du polystyrène :

$R_2 = 0{,}79$ (m^2.°C)/W (question précédente).

Résistance thermique de la brique :

$R_3 = 0{,}36$ (m^2.°C)/W.

Résistance thermique du mur n°1 :

$R = R_1 + R_2 + R_3$
$= 0{,}11 + 0{,}79 + 0{,}36$
$= 1{,}26$ (m^2.°C)/W.

Résistance thermique du mur n°2 :
Résistance thermique du placoplâtre :
$R_1 = 0{,}11$ (m^2.°C)/W.
Résistance thermique de la laine de verre :

$$R_2 = \frac{0{,}01}{0{,}041} \approx 0{,}24\ (\text{m}^2.°\text{C})/\text{W}.$$

Résistance thermique de la brique :
$R_3 = 0{,}36$ (m^2.°C)/W.
Résistance thermique du mur n°2 :
$R = R_1 + R_2 + R_3 = 0{,}11 + 0{,}24 + 0{,}36$
$= 0{,}71$ (m^2.°C)/W.
b) Le mur n°1 est le plus isolant car il a la plus grande résistance thermique.

32 **1.** $\ell = \ell_0\,(1 + \lambda\theta)$
– à 40 °C :
$\ell = 300(1 + 12 \times 10^{-6} \times 40) = 300{,}144$ m.
– à – 20 °C :
$\ell = 300(1 - 12 \times 10^{-6} \times 20) = 299{,}928$ m.
2. Variation de la longueur de la barre :
$\Delta\ell = 300{,}144 - 299{,}928 = 0{,}216$ m soit 21,6 cm.

33 **1.** Volume de l'eau à 18 °C : $V_{18} = 55$ cL ;
Volume de l'eau à 0 °C : $V_{18} = V_0\,(1 + \alpha\theta)$ donc :

$$V_0 = \frac{V_{18}}{1+\alpha\theta} = \frac{55}{1+0{,}21\times10^{-3}\times18} \approx 54{,}79 \text{ cL}.$$

Volume de l'eau à 90 °C :
$V_{90} = V_0(1 + \alpha\theta) = 54{,}79(1 + 0{,}21 \times 10^{-3} \times 90)$
$\approx 55{,}83$ cL.
2. Augmentation de volume :
$\Delta V = V_{90} - V_{18} = 55{,}83 - 55 = 0{,}83$ cL.
3. Nous recherchons la hauteur d'un cylindre de volume $V = 0{,}83$ cL $= 8{,}3$ cm^3 et dont la section à une aire $A = 0{,}2$ cm^2 : $V = A\,h$ d'où :

$$h = \frac{V}{A} = \frac{8{,}3}{0{,}2} = 41{,}5 \text{ cm}.$$

L'eau devrait s'élever de 41,5 cm : elle déborde.

34 **1.** $T = 4$ ms ou $T = 0{,}004$ s ;

$$f = \frac{1}{T} = \frac{1}{0{,}004} = 250 \text{ Hz}.$$

2. a) La fréquence est comprise entre 30 et 300 Hz : le son est grave.
b) Le point de coordonnées (250 ; 80) est situé dans la zone 2 : le son est bruyant, sans danger.
c) Un son de fréquence 250 Hz devient dangereux à partir de 87 dB.
d) Un son de niveau d'intensité sonore 80 dB est dangereux entre 1 400 et 4 000 Hz.

35 A' est le symétrique de A par rapport au miroir **1** et B' est le symétrique de B par rapport au miroir **2**.
La droite $(A'B')$ coupe **1** et **2** respectivement en I et I'.
Le trajet de lumière est AI - II' - $I'B$.

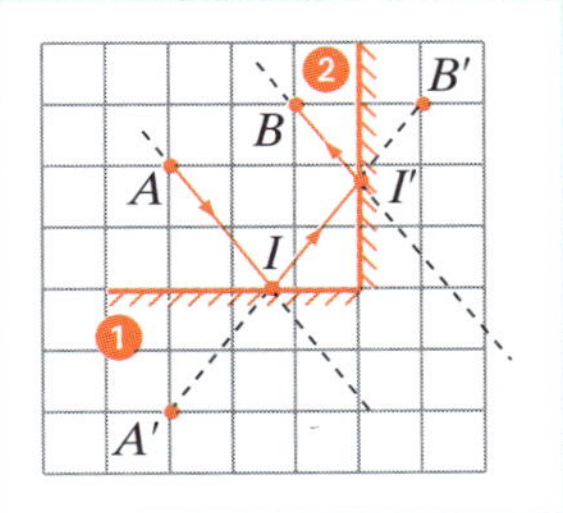

36 **1.** $\sin\lambda = \dfrac{1}{1{,}5}$ d'où $\lambda \approx 42°$.
2. Le rayon SI n'est pas dévié car l'incidence est normale (perpendiculaire à la face du prisme).
Sur BC le rayon subit une réflexion totale ($i = 45° > \lambda$).
Sur AC le rayon n'est pas dévié car l'incidence est normale.

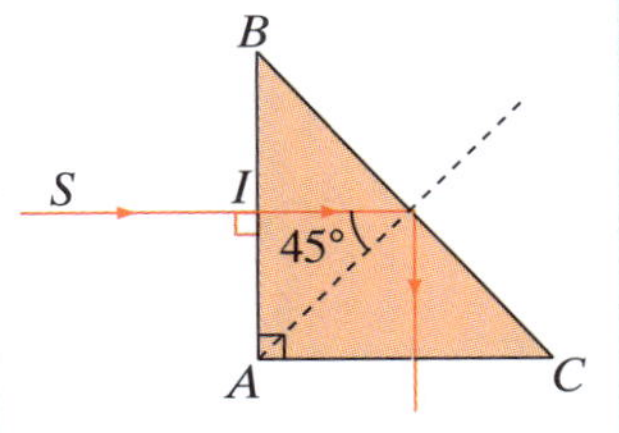

37 **1.** $r = 30°$
3. $n_1 \sin i_1 = n_2 \sin i_2$,
avec $n_1 = 1$ (air) et $n_2 = 1{,}33$ (eau) :

$\sin 30° = 1{,}33 \times \sin i_2$ d'où $\sin i_2 = \dfrac{\sin 30}{1{,}33}$

et $i_2 \approx 22°$.

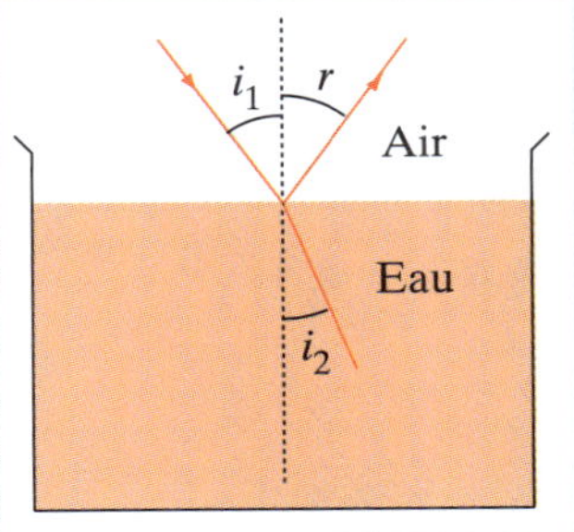

38 **1.** Vergence : $C = \frac{1}{f} = \frac{1}{0{,}025} = 40\ \delta$.

2.

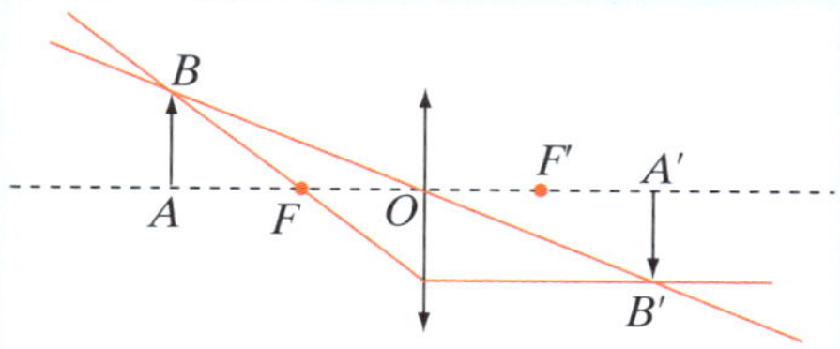

3. $\overline{OF} = -2{,}5$; $\overline{OF'} = 2{,}5$.
$\overline{OA} = -4$ ($\overline{OA} < 0$: objet réel).

$\frac{1}{\overline{OA'}} - \frac{1}{\overline{OA}} = \frac{1}{\overline{OF'}}$ d'où $\frac{1}{\overline{OA'}} - \frac{1}{-4} = \frac{1}{2{,}5}$ soit

$\frac{1}{\overline{OA'}} + \frac{1}{4} = \frac{1}{2{,}5}$ et $\frac{1}{\overline{OA'}} = \frac{1}{2{,}5} - \frac{1}{4} = 0{,}15$,

donc $\overline{OA'} = \frac{1}{0{,}15} \approx 6{,}7$ ($\overline{OA'} > 0$: image réelle).

4. $\gamma = \frac{\overline{OA'}}{\overline{OA}} = \frac{\frac{1}{0{,}15}}{-4} = -\frac{1}{0{,}6} \approx -1{,}67$ ($\gamma < 0$, l'image est inversée).

$$\overline{A'B'} = \gamma\ \overline{AB} = -\frac{1}{0{,}6} \times 1{,}5 = -2{,}5.$$

39 **1.** H_2O ; $CuSO_4$; CO_2
2. HCl ; NaCl ; FeS

40 **1.** A : nombre de masse (protons + neutrons) ; Z : nombre de protons ; X : symbole de l'élément.
2.

Nom de l'atome	Hydrogène	Carbone	Oxygène
Symbole	H	C	O
Nombre de protons	1	6	8
Nombre d'électrons	1	6	8
Nombre de neutrons	0	6	8
A	1	12	16
Z	1	6	8
Représentation conventionnelle	^1_1H	$^{12}_6C$	$^{16}_8O$

41 **1.** L'atome de cuivre comporte : 29 protons, 29 électrons et 34 neutrons.
2. L'atome de cuivre perd deux électrons pour devenir l'ion Cu^{++}.

42 **1. a)** Atome de calcium : $Z = 20$ donc l'atome de calcium comporte 20 protons et 20 électrons.
b) Atome de chlore : $Z = 17$ donc 17 protons ;
c) $A = 35$: nombre de neutrons = 35 – 17 = 18.
d) 17 = 2 + 8 + 7 : donc l'atome de chlore comporte 7 électrons sur la couche externe.
2. Écriture de l'ion calcium : Ca^{2+}.

43 **1. a)** Masse molaire moléculaire du nitrate d'argent :
$M_{AgNO_3} = 108 + 14 + 3 \times 16 = 170$ g/mol.
b) Nombre de moles de nitrate d'argent dans 15 g : $n = \frac{15}{170} \approx 0{,}0882$.
2. Pour produire un litre de solution décinormale, il faudrait 0,1 mole de nitrate d'argent. Or, on ne dispose que de 0,0882 mole : ce n'est pas suffisant.

44 **1. • Eau minérale n° 1 :**

$$[Ca^{2+}] = \frac{0{,}103}{40} \approx 2{,}58 \times 10^{-3}\ \text{mol / L} ;$$

$$[Mg^{2+}] = \frac{0{,}010}{24} \approx 4{,}17 \times 10^{-4}\ \text{mol / L}.$$

• Eau minérale n° 2 :

$$[Ca^{2+}] = \frac{0{,}0099}{40} \approx 2{,}48 \times 10^{-4}\ \text{mol / L} ;$$

$$[Mg^{2+}] = \frac{0{,}0061}{24} \approx 2{,}54 \times 10^{-4}\ \text{mol / L}.$$

2. • Eau minérale n° 1 :

$$\text{dureté} = \frac{2{,}58 \times 10^{-3} + 4{,}17 \times 10^{-4}}{10^{-4}} \approx 30°\text{TH}.$$

• Eau minérale n° 2 :

$$\text{dureté} = \frac{2{,}48 \times 10^{-4} + 2{,}55 \times 10^{-4}}{10^{-4}} \approx 5°\text{TH}.$$

L'eau minérale n° 2 est la moins dure.

45 **1.** $4\ Al + 3\ O_2 \mapsto 2\ Al_2O_3$
2. Pour 4 moles d'Al on obtient 2 moles d'Al_2O_3, donc 4 × 27 = 108 g d'Al donnent 2 × (2 × 27 + 3 × 16) = 204 g d'Al_2O_3.

46 **1.** $2\ NaOH + Cl_2 \mapsto NaClO + NaCl + H_2O$
2. $M_{NaOH} = 23 + 16 + 1 = 40$ g/mol ;
$M_{NaCl} = 23 + 35{,}5 = 58{,}5$ g/mol.
3. Deux moles de NaOH réagissent avec une mole de Cl_2. 2 × 40 = 80 grammes de NaOH réagissent avec 22,4 litres de Cl_2.
Pour 50 kg, il faudra un volume de :

$$v = \frac{50\ 000 \times 22{,}4}{80} = 14\ 000\ \text{L}.$$

4. $M_{NaClO} = 23 + 35,5 + 16 = 74,5$ g/mol.
Deux moles de NaOH donnent une mole de NaClO. 2 × 40 = 80 grammes de NaOH donnent 74,5 grammes de NaClO.
Avec 50 kg de NaOH on fabriquera

$$\frac{50\,000 \times 74,5}{80} \approx 46\,500 \text{ g de NaClO.}$$

47 **1.** $2\ C_6H_6 + 15\ O_2 \mapsto 6\ H_2O + 12\ CO_2$
2. $m = \rho \times V = 0,884 \times 50 = 44,2$ g
3. $M_{C6H6} = 6 \times 12 + 6 = 78$ g ; 78 g de C_6H_6 libèrent 3 260 J.
50 cm³ (44,2 g) de C_6H_6 libèreront :

$$\frac{44,2 \times 3\,260}{78} \approx 1\,850 \text{ J.}$$

48 **1. a)** $M_{C_{12}H_{22}O_{11}} = 12 \times 12 + 22 + 11 \times 16 = 342$ g/mol.
b) 24 g de saccharose correspondent à $\frac{24}{342} \approx 0,0702$ mole dans 0,25 L d'où une concentration : $c = \frac{0,0702}{0,25} \approx 0,281$ mol / L.
c) Nombre de boîtes : $n = \frac{55 \times 40}{130} \approx 16,9$ soit environ 17 boîtes par jour.
2. $C_{12}H_{22}O_{11} + 12\ O_2 \mapsto 12\ CO_2 + 11\ H_2O$

49 **1.** En fin de réaction, les ions présents en solution sont : Cl^- et Fe^{2+}.
2. Le seul élément chimique présent dans les réactifs mais qui n'apparaît pas comme produit de la réaction est l'hydrogène. Il y a donc dégagement de dihydrogène H_2.
3. a) Le fer a perdu deux électrons.
b) Le fer est oxydé.

50 **1.** Coca, whisky, vinaigre, lait.
2. Sang, eau de Javel.
3. Eau distillée.
4. Le Coca est plus acide que le vinaigre car son pH est plus faible (2,6 < 3).

51 **1.** Citron < vinaigre < eau de pluie
2,5 < 3 < 6,2
2. a) Le pH de la solution diminue.
b) La valeur limite sera 7 (neutralité).

52 **1.** La solution est basique car son pH est supérieur à 7.
2. $V = 200 + 4 \times 200 = 1\,000$ mL ou 1 litre.

53 **1.** La solution de soude contient :
0,1 × 2 = 0,2 mole.
2. $M_{NaOH} = 23 + 16 + 1 = 40$ g/mol.
3. $m = 0,2 \times 40 = 8$ g.
4. La solution est basique car le pH est supérieur à 7.

54 **1.**

Solution	Hélianthine	Bleu de bromothymol	Phénolphtaléine	pH	Nature de la solution : acide, basique, neutre.
Citron	rouge	jaune	incolore	2 à 2,5	acide
Salive	jaune	vert	incolore	7	neutre
Lessive ammoniaquée	jaune	bleu	rose violacé	9,5 à 14	basique
Bière	orange	jaune	incolore	3 à 4,5	acide
Eau de Javel	jaune	bleu	rose violacé	11	basique
Eau de Perrier	jaune	jaune	incolore	4,5 à 6	acide

2. Solutions acides : citron, bière, eau de Perrier. Le citron est le plus acide car son pH est le plus petit.
3. La phénolphtaléine permet de vérifier une valeur du pH comprise entre 8 et 10.
4. Quand on dilue une solution acide, son pH augmente, quand on dilue une solution basique, son pH diminue.

55 **1.** Le liquide contient des ions Cl^- (précipité blanc avec le nitrate d'argent). De plus, c'est un acide (indicateurs colorés). Il s'agit de l'acide chlorhydrique.
2. a) $Zn + 2\ HCl \mapsto ZnCl_2 + H_2$
Le dégagement gazeux est du dihydrogène.

b) Avec 1 mole de Zn on obtient 1 mole de H_2 ce qui permet d'écrire le tableau de proportionnalité suivant :
65,4 g ↦ 22,4 L
10 g ↦ x L
d'où $x = \frac{10 \times 22,4}{65,4} \approx 3,43$ L.
Avec 10 g de zinc on obtient 3,43 L de dihydrogène.

56 **1. a)** Le produit qui trouble l'eau de chaux est le dioxyde de carbone CO_2.
b) Le produit rougeâtre est le cuivre.
2. $2\ CuO + C \mapsto 2\ Cu + CO_2$

57 $2\ FeCl_3 + Cu \mapsto CuCl_2 + 2\ FeCl_2$

58 **1.** Le dépôt rougeâtre est du cuivre métal.
2. Il s'agit d'une solution de chlorure de fer (Fe^{2+} ; Cl^-).
3. $Cu^{2+} + Fe \mapsto Cu + Fe^{2+}$
4. L'ion Cu^{2+} gagne deux électrons : c'est l'oxydant, le fer Fe perd deux électrons : c'est le réducteur.
5. L'ion zinc Zn^{2+} est moins oxydant que l'ion fer Fe^{2+}. Le fer n'est donc pas attaqué.

59 **1.** Dioxygène : O_2 ; dioxyde de carbone : CO_2.
2. a) Formule brute du glucose : $C_6H_{12}O_6$.
b) $M_{C_6H_{12}O_6} = 6 \times 12 + 12 + 6 \times 16 = 180$ g/mol.
3. a) 180 g correspondent à 1 mole, donc 18 g correspondent à 0,1 mole.
b) Une mole de glucose donne par fermentation 2 moles de dioxyde de carbone.
Donc 18 g (0,1 mole) de glucose donnent 0,2 mole de dioxyde de carbone.
c) 0,2 mole de CO_2 représente un volume $v = 0{,}2 \times 22{,}4 = 4{,}48$ L.

60 **1.** Le dioxyde de carbone (CO_2) et l'eau (H_2O).
2. $C_3H_8 + 5\ O_2 \rightarrow 3\ CO_2 + 4\ H_2O$
3. Formule développée : O = C = O
4. $M_{C_3H_8} = 3 \times 12 + 8 = 44$ g/mol ;
$M_{H_2O} = 2 \times 1 + 16 = 18$ g/mol.
1 mole de C_3H_8 (44 g) donne par combustion 4 moles de H_2O (4 × 18 g) donc 300 g de C_3H_8 donnent une masse d'eau égale à :

$$m = \frac{4 \times 18 \times 300}{44} \approx 491 \text{ g.}$$

5. $V = \frac{m}{\rho} = \frac{491}{1\,000} = 0{,}491$ L.

61 **1.** $C_4H_8 + H_2 \mapsto C_4H_{10}$
2. a) Le corps formé est le butane
b) le *n*-butane : $CH_3 — CH_2 — CH_2 — CH_3$;
le méthyl-propane : $CH_3 — CHCH_3 — CH_3$
3. a) 1 mole de C_4H_8 réagit avec 1 mole d'H_2.
Soit : 56 g réagissent avec 22,4 L, d'où
2 100 g réagissent avec : $\frac{22{,}4 \times 2\,100}{56} = 840$ L.
b) 1 mole de C_4H_8 donne 1 mole de C_4H_{10}, 56 g donnent 58 g, 2 100 g donnent :

$$\frac{2\,100 \times 58}{56} = 2\,175 \text{ g.}$$

62 **1.** $M_{C_6H_{12}O_6} = 6 \times 12 + 12 + 6 \times 16 = 180$ g/mol.
$M_{C_2H_5OH} = 2 \times 12 + 6 + 16 = 46$ g/mol.
2. Le carbone est tétravalent ; l'hydrogène est monovalent ; l'oxygène est divalent.
3. Formule développée :

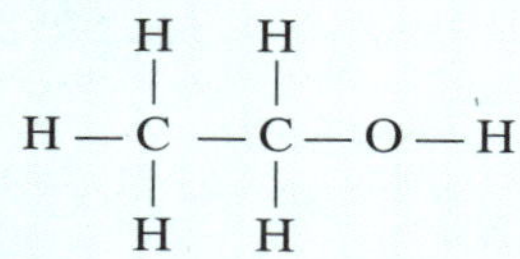

4. a) $C_6H_{12}0_6 \mapsto 2\ C_2H_5OH + 2\ CO_2$
b) 1 mole de $C_6H_{12}0_6$ donne 2 moles de C_2H_5OH, d'où 180 g de $C_6H_{12}0_6$ donnent 92 g de C_2H_5OH, et 1 000 g de $C_6H_{12}0_6$ donnent $\frac{92 \times 1\,000}{180} \approx 511$ g de C_2H_5OH.

63 **1.** Alcool primaire : R — CH_2OH ;
alcool secondaire : R — CHOH — R′.
2. Alcool primaire : carbone n° 8 ;
alcool secondaire : carbone n° 4.

Imprime en Italie par Bona
Dépôt légal juin 2007 - Collection 04 - édition 01
18/0483/0

